MARIA APARECIDA PASCHOALIN
NEUZA TEREZINHA SPADOTO

NOVA EDIÇÃO

MINIGRAMÁTICA

São Paulo – 1ª edição – 2014

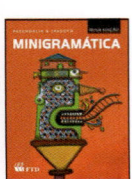

Tinta látex e *spray* sobre muro de três metros.

Grafite do autor Japem, Curitiba (PR), outubro de 2010.

Diretor editorial	Lauri Cericato
Gerente editorial	Roberta Lombardi Martins
Editora	Rosa Visconti Kono
Editora assistente	Maria Helena Ramos Lopes
Colaboradores	Regina Braz da Silva Santos Rocha, Marly Aparecida Fernandes, Melina Custódio
Assistente editorial	Denise Aparecida da Silva
Gerente de produção editorial	Mariana Milani
Coordenadora de produção	Marcia Berne Pereira
Coordenador de arte	Eduardo Evangelista Rodrigues
Projeto gráfico, capa e diagramação	Lucas Trevelin, Tangente Design
Ilustração de capa	Japem
Foto de capa	Jurandir Lima
Editor de arte	Carlos Augusto Asanuma
Ilustrações	Guilherme Vianna, Orlando, Sonia Magalhães
Coordenadora de preparação e revisão	Lilian Semenichin
Preparadores	Iracema S. Fantaguci, Juliana Valverde, Renato A. Colombo Jr.
Revisores	Desirée Araújo, Eliana A. R. S. Medina, Katia Cardoso, Oswaldo Cogo Filho, Solange Pereira
Supervisora de iconografia	Célia Maria Rosa de Oliveira
Pesquisadora	Erika Nascimento
Tratamento de imagens	Ana Isabela Pithan Maraschin, Eziquiel Racheti
Diretor de produção gráfica	Reginaldo Soares Damasceno

Dados Internacionais de Catalogação na Publicação (CIP)
(Câmara Brasileira do Livro, SP, Brasil)

Paschoalin, Maria Aparecida
 Minigramática / Maria Aparecida Paschoalin, Neuza Teresinha Spadoto. – 1. ed. – São Paulo : FTD, 2014.

 Nova edição.
 Bibliografia.
 ISBN 978-85-322-9999-4

 1. Português – Gramática (Ensino fundamental) 2. Português – Gramática – Teoria etc. I. Spadoto, Neuza Terezinha. II. Título.

14-09642   CDD-372.61

Índices para catálogo sistemático:
1. Português : Gramática : Ensino fundamental   372.61

Reprodução proibida: Art. 184 do Código Penal e Lei 9.610 de 19 de fevereiro de 1998
Todos os direitos reservados

EDITORA FTD S.A.
Rua Rui Barbosa, 156 – Bela Vista – São Paulo – SP
CEP 01326-010 Tel. (0-XX-11) 3598-6000
Caixa Postal 65149 – CEP da Caixa Postal 01390-970
www.ftd.com.br
E-mail: ensino.fundamental2@ftd.com.br

APRESENTAÇÃO

O objetivo desta obra é apresentar, tanto aos que iniciam o estudo de estruturas elaboradas da língua portuguesa como aos que pretendem nelas aprofundar-se, um trabalho que possibilite a interiorização dos mecanismos reguladores da variante culta da língua, garantindo-lhes o direito de usar essa variante, quer na forma oral, quer na forma escrita, quando julgarem oportuno ou quando houver necessidade.

A organização do trabalho obedece a critérios de desenvolvimento e apresentação dos conteúdos que julgamos mais didáticos ou facilitadores para o leitor. Os assuntos foram ordenados partindo-se dos mais simples para os mais complexos: Morfologia inicia a obra, enquanto Fonologia aparece mais adiante. Ao final, encontram-se abreviaturas e siglas, além de um índice analítico, respostas e gabaritos.

Priorizando a relação gramática/texto, são apresentados um texto inicial – objeto de reflexão sobre o que será trabalhado – e outro final – para aplicação dos conceitos estudados.

Ao final de cada capítulo, há também uma síntese do conteúdo que ajudará o leitor a rever os conceitos básicos desenvolvidos e, ao final de cada parte em que se divide a gramática, questões de exames e concursos com as quais ele pode testar e/ou ampliar seus conhecimentos.

As autoras

SUMÁRIO

INTRODUÇÃO

Conceitos básicos 22
   Um primeiro olhar 22
   LINGUAGEM 23
   SIGNOS E CÓDIGOS 23
   LÍNGUA E FALA 23
   VARIAÇÕES DE FALA 23
   GRAMÁTICA 23

MORFOLOGIA

Estrutura das palavras 26
   Um primeiro olhar 26
   CONCEITO 27
      RADICAL 27
      VOGAL TEMÁTICA 28
      TEMA 28
      DESINÊNCIA 29
      AFIXO 29
      VOGAL E CONSOANTE DE LIGAÇÃO 30
   No texto 31

Formação das palavras 32
   Um primeiro olhar 32
   DOIS PROCESSOS DE FORMAÇÃO 33
   DERIVAÇÃO 33
      DERIVAÇÃO PREFIXAL OU POR PREFIXAÇÃO 33
      DERIVAÇÃO SUFIXAL OU POR SUFIXAÇÃO 33
      DERIVAÇÃO PREFIXAL E SUFIXAL 33
      DERIVAÇÃO PARASSINTÉTICA 34
      DERIVAÇÃO REGRESSIVA 34
      DERIVAÇÃO IMPRÓPRIA 34
      PREFIXOS 35
      SUFIXOS 37
   COMPOSIÇÃO 38
      COMPOSIÇÃO POR JUSTAPOSIÇÃO 39

COMPOSIÇÃO POR AGLUTINAÇÃO	39
CASOS ESPECIAIS DE COMPOSIÇÃO	39
Compostos eruditos	39
Hibridismos	39
RADICAIS	40
OUTROS MEIOS USADOS PARA CRIAR PALAVRAS NOVAS	43
Abreviação vocabular	43
Siglonimização	44
Onomatopeia	44
FLEXÃO DAS PALAVRAS	44
PALAVRA VARIÁVEL E PALAVRA INVARIÁVEL	44
No texto	46
Substantivo	47
Um primeiro olhar	47
CONCEITO	48
CLASSIFICAÇÃO DOS SUBSTANTIVOS	49
COMUNS	49
PRÓPRIOS	49
CONCRETOS	49
ABSTRATOS	49
COLETIVOS	49
FORMAÇÃO DOS SUBSTANTIVOS	51
PRIMITIVOS	51
DERIVADOS	51
SIMPLES	51
COMPOSTOS	51
FLEXÃO DOS SUBSTANTIVOS	52
FLEXÃO DE GÊNERO	52
SUBSTANTIVOS BIFORMES	52
Formação do feminino	53
SUBSTANTIVOS UNIFORMES	53
Comuns de dois gêneros	54
Sobrecomuns	54
Epicenos	54
PARTICULARIDADES DE GÊNERO	55
O gênero de alguns substantivos	55
Significados diferentes para gêneros diferentes	56

FLEXÃO DE NÚMERO	57
FORMAÇÃO DO PLURAL	58
Plural dos substantivos simples	58
Plural dos substantivos compostos	59
PARTICULARIDADES DE NÚMERO	61
Algumas formas especiais	61
Plural dos substantivos próprios	61
Plural metafônico ou metafonia	61
Substantivos de um só número	62
Significados diferentes para números diferentes	63
FLEXÃO DE GRAU	63
FORMAÇÃO DO GRAU DO SUBSTANTIVO	63
Grau aumentativo	63
Grau diminutivo	64
Plural dos diminutivos em -(z)inho e -(z)ito	65
No texto	66
Artigo	**67**
Um primeiro olhar	67
CONCEITO	68
CLASSIFICAÇÃO DOS ARTIGOS	68
DEFINIDOS	68
INDEFINIDOS	69
FLEXÃO DOS ARTIGOS	69
No texto	70
Adjetivo	**71**
Um primeiro olhar	71
CONCEITO	72
FORMAÇÃO DOS ADJETIVOS	72
PRIMITIVOS	72
DERIVADOS	73
SIMPLES	73
COMPOSTOS	73
LOCUÇÃO ADJETIVA	73
LOCUÇÕES ADJETIVAS E ADJETIVOS CORRESPONDENTES	74
ADJETIVOS PÁTRIOS	75
FLEXÃO DOS ADJETIVOS	78

FLEXÃO DE GÊNERO	78
GÊNERO DOS ADJETIVOS SIMPLES	78
Formação do feminino	79
GÊNERO DOS ADJETIVOS COMPOSTOS	79
FLEXÃO DE NÚMERO	79
FORMAÇÃO DO PLURAL	80
Plural dos adjetivos simples	80
Plural dos adjetivos compostos	80
FLEXÃO DE GRAU	80
GRAU COMPARATIVO	80
De igualdade	81
De superioridade	81
De inferioridade	81
GRAU SUPERLATIVO	82
Relativo	82
Absoluto	82
RELAÇÃO DE ALGUNS SUPERLATIVOS ABSOLUTOS SINTÉTICOS	83
No texto	85

Numeral 86

Um primeiro olhar	86
CONCEITO	87
CLASSIFICAÇÃO DOS NUMERAIS	87
CARDINAIS	87
ORDINAIS	87
MULTIPLICATIVOS	87
FRACIONÁRIOS	88
Quadro dos numerais	88
FUNÇÃO DOS NUMERAIS	89
NUMERAL ADJETIVO	89
NUMERAL SUBSTANTIVO	89
FLEXÃO DOS NUMERAIS	90
FLEXÃO DE GÊNERO	90
FLEXÃO DE NÚMERO	91
No texto	92

Pronome 93

Um primeiro olhar	93

CONCEITO	94
CLASSIFICAÇÃO DOS PRONOMES	95
PRONOMES PESSOAIS	95
Pronomes pessoais do caso reto e do caso oblíquo	95
Formas pronominais	96
Distinção entre artigo e pronome pessoal	96
Pronomes pessoais de tratamento	97
PRONOMES POSSESSIVOS	98
PRONOMES DEMONSTRATIVOS	99
PRONOMES INDEFINIDOS	100
Locuções pronominais indefinidas	101
PRONOMES INTERROGATIVOS	101
PRONOMES RELATIVOS	102
PRONOMES SUBSTANTIVOS E PRONOMES ADJETIVOS	103
No texto	104
Verbo	**105**
Um primeiro olhar	105
CONCEITO	106
ESTRUTURA DOS VERBOS	106
CONJUGAÇÕES VERBAIS	107
VERBOS PARADIGMAS	108
FLEXÃO DOS VERBOS	108
FLEXÃO DE PESSOA E NÚMERO	109
FLEXÃO DE TEMPO E MODO	109
TEMPOS NATURAIS DO VERBO	109
MODOS DO VERBO	109
MODO INDICATIVO	110
MODO SUBJUNTIVO	111
MODO IMPERATIVO	112
FORMAS NOMINAIS DO VERBO	112
TEMPOS COMPOSTOS	113
FLEXÃO DE VOZ	115
ATIVA	115
PASSIVA	115
REFLEXIVA	115
LOCUÇÃO VERBAL	116

FORMAS RIZOTÔNICAS E ARRIZOTÔNICAS	116
TEMPOS PRIMITIVOS E DERIVADOS	117
CLASSIFICAÇÃO DOS VERBOS	118
VERBOS REGULARES	119
VERBOS IRREGULARES	120
VERBOS IRREGULARES DA 1ª CONJUGAÇÃO	121
VERBOS IRREGULARES DA 2ª CONJUGAÇÃO	123
VERBOS IRREGULARES DA 3ª CONJUGAÇÃO	134
VERBOS ANÔMALOS	137
VERBOS DEFECTIVOS	139
VERBOS ABUNDANTES	141
VERBOS AUXILIARES	142
OUTROS TIPOS DE VERBOS	143
VERBOS PRONOMINAIS	143
VERBOS REFLEXIVOS	144
VERBOS UNIPESSOAIS	145
VERBOS IMPESSOAIS	145
No texto	148
Advérbio	149
Um primeiro olhar	149
CONCEITO	150
LOCUÇÃO ADVERBIAL	151
CLASSIFICAÇÃO DOS ADVÉRBIOS	151
TEMPO	151
LUGAR	151
MODO	152
AFIRMAÇÃO	152
NEGAÇÃO	152
INTENSIDADE	152
DÚVIDA	152
ADVÉRBIOS INTERROGATIVOS	152
GRAU DOS ADVÉRBIOS	153
GRAU COMPARATIVO	153
GRAU SUPERLATIVO ABSOLUTO	154
ADJETIVOS ADVERBIALIZADOS	155
Distinção entre advérbio e pronome indefinido	155
No texto	156

Preposição ... 157
Um primeiro olhar ... 157
CONCEITO ... 158
TERMO REGENTE E TERMO REGIDO ... 158
Alguns significados estabelecidos pelas preposições ... 159
CLASSIFICAÇÃO DAS PREPOSIÇÕES ... 159
ESSENCIAIS ... 159
ACIDENTAIS ... 159
LOCUÇÃO PREPOSITIVA ... 160
COMBINAÇÃO E CONTRAÇÃO DAS PREPOSIÇÕES ... 160
CRASE ... 162
CASOS EM QUE OCORRE A CRASE ... 163
CASOS EM QUE NÃO OCORRE A CRASE ... 164
CASOS EM QUE A CRASE É FACULTATIVA ... 166
No texto ... 167

Conjunção ... 168
Um primeiro olhar ... 168
CONCEITO ... 169
LOCUÇÃO CONJUNTIVA ... 169
CLASSIFICAÇÃO DAS CONJUNÇÕES ... 170
CONJUNÇÕES COORDENATIVAS ... 170
CONJUNÇÕES SUBORDINATIVAS ... 171
No texto ... 174

Interjeição ... 175
Um primeiro olhar ... 175
CONCEITO ... 176
LOCUÇÃO INTERJECTIVA ... 177
CLASSIFICAÇÃO DAS INTERJEIÇÕES ... 177
No texto ... 178

Palavras denotativas ... 179
Um primeiro olhar ... 179
CONCEITO ... 180
No texto ... 181
EXAMES E CONCURSOS ... 183

SINTAXE

Frase, Oração, Período 200
- Um primeiro olhar 200
- FRASE 201
  - TIPOS DE FRASES 201
- ORAÇÃO 203
  - Distinção entre frase e oração 203
- PERÍODO 204
- PERÍODO SIMPLES 204
  - SUJEITO 205
  - PREDICADO 205
- No texto 206

Estudo do sujeito 207
- Um primeiro olhar 207
- POSIÇÕES DO SUJEITO NA ORAÇÃO 208
- NÚCLEO DO SUJEITO 208
- TIPOS DE SUJEITO 209
  - SUJEITO DETERMINADO: simples, composto, elíptico 209
  - SUJEITO INDETERMINADO 210
- ORAÇÃO SEM SUJEITO 211
- No texto 213

Estudo do predicado 214
- Um primeiro olhar 214
- VERBOS QUANTO À PREDICAÇÃO 215
  - VERBOS INTRANSITIVOS 215
  - VERBOS TRANSITIVOS 216
- VERBOS TRANSITIVOS E SEUS COMPLEMENTOS 216
  - VERBO TRANSITIVO DIRETO 216
  - VERBO TRANSITIVO INDIRETO 217
  - VERBO TRANSITIVO DIRETO E INDIRETO 217
  - VERBOS DE LIGAÇÃO 218
- TIPOS DE PREDICADO 219
  - PREDICADO VERBAL 219
  - PREDICADO NOMINAL 219
    - Predicativo do sujeito 219

PREDICADO VERBO-NOMINAL 220
    Predicativo do objeto 221
No texto 223

Vozes do verbo 224
Um primeiro olhar 224
SUJEITO AGENTE — VOZ ATIVA DO VERBO 225
SUJEITO PACIENTE — VOZ PASSIVA DO VERBO 225
SUJEITO AGENTE E PACIENTE — VOZ REFLEXIVA DO VERBO 225
ESTUDO DA VOZ PASSIVA 226
    PASSAGEM DA VOZ ATIVA PARA A VOZ PASSIVA 226
    TIPOS DE VOZ PASSIVA 227
    DISTINÇÃO ENTRE VOZ PASSIVA SINTÉTICA E SUJEITO INDETERMINADO ... 228
AGENTE DA PASSIVA 229
No texto 230

Complementos verbais e Complemento nominal 231
Um primeiro olhar 231
COMPLEMENTOS VERBAIS 232
    OBJETO DIRETO 232
    OBJETO INDIRETO 232
    OBJETO DIRETO E INDIRETO COM PRONOMES PESSOAIS OBLÍQUOS ... 233
    OBJETO DIRETO PREPOSICIONADO 234
    OBJETO DIRETO E OBJETO INDIRETO PLEONÁSTICOS 236
COMPLEMENTO NOMINAL 236
    Distinção entre objeto indireto e complemento nominal 237
No texto 238

Adjuntos adnominal e adverbial 239
Um primeiro olhar 239
ADJUNTO ADNOMINAL 240
    Distinção entre adjunto adnominal e complemento nominal 241
ADJUNTO ADVERBIAL 241
    Classificação dos adjuntos adverbiais 242
No texto 244

Aposto e Vocativo 245
Um primeiro olhar 245
APOSTO 246

VOCATIVO	247
No texto	248

Período composto (conceito) e Período composto por coordenação 249

Um primeiro olhar	249
CONCEITO	250
CONCEITO DE PERÍODO COMPOSTO	250
AS ORAÇÕES E SUAS RELAÇÕES	250
TIPOS DE ORAÇÃO	251
CONECTIVOS E ORAÇÕES	252
PERÍODO COMPOSTO POR COORDENAÇÃO	252
ORAÇÕES COORDENADAS	253
CLASSIFICAÇÃO DAS COORDENADAS SINDÉTICAS	253
No texto	257

Período composto por subordinação 258

Um primeiro olhar	258
CONCEITO	259
ORAÇÕES SUBORDINADAS SUBSTANTIVAS	259
CLASSIFICAÇÃO DAS SUBORDINADAS SUBSTANTIVAS	260
Distinção entre subordinada substantiva subjetiva e substantiva objetiva direta	261
ORAÇÕES SUBORDINADAS ADJETIVAS	264
CONECTIVOS DAS ORAÇÕES ADJETIVAS	266
Distinção entre **que** pronome relativo e **que** conjunção integrante	266
CLASSIFICAÇÃO DAS SUBORDINADAS ADJETIVAS	267
ORAÇÕES SUBORDINADAS ADVERBIAIS	268
CLASSIFICAÇÃO DAS SUBORDINADAS ADVERBIAIS	269
Distinção entre subordinada adverbial causal e coordenada sindética explicativa	274
ORAÇÕES SUBORDINADAS REDUZIDAS	274
CLASSIFICAÇÃO DAS SUBORDINADAS REDUZIDAS	275
Reduzidas de infinitivo	275
Reduzidas de gerúndio	276
Reduzidas de particípio	276

- No texto ... 278
- **Período misto** ... 279
  - Um primeiro olhar ... 279
  - CONCEITO ... 280
  - ORAÇÃO COORDENADA E PRINCIPAL AO MESMO TEMPO ... 280
  - ORAÇÕES SUBORDINADAS DE MESMA FUNÇÃO SINTÁTICA E COORDENADAS ENTRE SI ... 280
  - ORAÇÕES PRINCIPAIS COORDENADAS ENTRE SI ... 281
  - OUTROS TIPOS DE ORAÇÕES ... 281
    - JUSTAPOSTAS ... 281
    - INTERCALADAS ... 282
  - No texto ... 283
- **Sintaxe de concordância** ... 284
  - Um primeiro olhar ... 284
  - CONCORDÂNCIA VERBAL ... 285
    - REGRAS GERAIS ... 285
    - CONCORDÂNCIAS PARTICULARES DE SUJEITO SIMPLES ... 286
    - CONCORDÂNCIAS PARTICULARES DE SUJEITO COMPOSTO ... 289
    - CONCORDÂNCIA DO VERBO COM SUJEITO ORACIONAL ... 291
    - CONCORDÂNCIA DO VERBO ACOMPANHADO DO PRONOME **SE** ... 292
    - CONCORDÂNCIAS ESPECÍFICAS DE ALGUNS VERBOS ... 292
  - CONCORDÂNCIA NOMINAL ... 295
    - REGRA GERAL ... 295
    - REGRAS PARTICULARES ... 296
    - CONCORDÂNCIA DE ALGUMAS PALAVRAS E EXPRESSÕES ... 298
  - No texto ... 301
- **Sintaxe de regência** ... 302
  - Um primeiro olhar ... 302
  - REGÊNCIA VERBAL ... 303
  - REGÊNCIA NOMINAL ... 312
    - Relação de alguns nomes e das preposições que eles regem ... 312
  - No texto ... 314
- **Sintaxe de colocação** ... 315
  - Um primeiro olhar ... 315

COLOCAÇÃO DOS PRONOMES OBLÍQUOS ÁTONOS	316
PRÓCLISE	316
MESÓCLISE	317
ÊNCLISE	318
OS PRONOMES OBLÍQUOS ÁTONOS NAS LOCUÇÕES VERBAIS	319
No texto	321

Emprego das classes gramaticais ... 322

Um primeiro olhar	322
CLASSE GRAMATICAL E FUNÇÃO SINTÁTICA	323
FUNÇÃO SINTÁTICA DO SUBSTANTIVO	323
FUNÇÃO SINTÁTICA DO ARTIGO	325
FUNÇÃO SINTÁTICA DO ADJETIVO	326
FUNÇÃO SINTÁTICA DO NUMERAL	327
FUNÇÃO SINTÁTICA DO PRONOME	328
FUNÇÃO SINTÁTICA DO VERBO	336
FUNÇÃO SINTÁTICA DO ADVÉRBIO	341
FUNÇÃO SINTÁTICA DA PREPOSIÇÃO	341
No texto	343
EXAMES E CONCURSOS	344

FONOLOGIA

A palavra falada ... 362

Um primeiro olhar	362
FONEMA	363
ALFABETO FONOLÓGICO	363
FONEMA E LETRA	364
DÍGRAFO	366
FUNÇÃO DISTINTIVA DO FONEMA	368
SIGNIFICANTE E SIGNIFICADO	368
CLASSIFICAÇÃO DOS FONEMAS	368
VOGAIS	368
CONSOANTES	368
SEMIVOGAIS	369
SÍLABA	369
CLASSIFICAÇÃO DAS PALAVRAS QUANTO AO NÚMERO DE SÍLABAS	369
MONOSSÍLABAS	369
DISSÍLABAS	369

TRISSÍLABAS	370
POLISSÍLABAS	370
ACENTUAÇÃO TÔNICA	370
TÔNICA	370
ÁTONA	370
SUBTÔNICA	370
CLASSIFICAÇÃO DAS PALAVRAS QUANTO À POSIÇÃO DA SÍLABA TÔNICA	371
OXÍTONA	371
PAROXÍTONA	371
PROPAROXÍTONA	371
MONOSSÍLABOS ÁTONOS E MONOSSÍLABOS TÔNICOS	371
No texto	373

A sequência dos fonemas ... 374
- Um primeiro olhar ... 374
- ENCONTROS VOCÁLICOS ... 375
  - TIPOS DE ENCONTROS VOCÁLICOS ... 375
  - DITONGO ... 375
  - TRITONGO ... 376
  - HIATO ... 376
- ENCONTROS CONSONANTAIS ... 376
- No texto ... 377

Vogais e consoantes ... 378
- Um primeiro olhar ... 378
- CLASSIFICAÇÃO DAS VOGAIS ... 379
- CLASSIFICAÇÃO DAS CONSOANTES ... 380
- No texto ... 383

A pronúncia das palavras ... 384
- Um primeiro olhar ... 384
- ORTOEPIA ... 385
- PROSÓDIA ... 385
- No texto ... 387
- EXAMES E CONCURSOS ... 388

SEMÂNTICA

Significação das palavras ... 394
- Um primeiro olhar ... 394

RELAÇÕES DE SIGNIFICADO ENTRE AS PALAVRAS	395
SINONÍMIA	395
ANTONÍMIA	395
HOMONÍMIA	395
PARONÍMIA	397
POLISSEMIA	398
No texto	399

Significado do texto ... 400

Um primeiro olhar	400
COESÃO E COERÊNCIA TEXTUAL	401
COESÃO TEXTUAL	401
COERÊNCIA TEXTUAL	403
No texto	406
EXAMES E CONCURSOS	407

ESTILÍSTICA

Linguagem figurada ... 416

Um primeiro olhar	416
DENOTAÇÃO E CONOTAÇÃO	417
FIGURAS DE LINGUAGEM	418
FIGURAS DE PALAVRAS	419
COMPARAÇÃO	419
METÁFORA	419
METONÍMIA	419
PERÍFRASE	421
CATACRESE	421
SINESTESIA	421
FIGURAS DE PENSAMENTO	421
ANTÍTESE	421
PARADOXO	422
EUFEMISMO	422
HIPÉRBOLE	422
IRONIA	422
PROSOPOPEIA	422
FIGURAS SINTÁTICAS	423
ELIPSE	423
ZEUGMA	423
HIPÉRBATO	424

PLEONASMO	424
POLISSÍNDETO	424
ASSÍNDETO	424
ANACOLUTO	425
ANÁFORA OU REPETIÇÃO	425
SILEPSE	425
FIGURAS FONÉTICAS	426
ONOMATOPEIA	426
ALITERAÇÃO	427
No texto	428

Versificação 429
- Um primeiro olhar 429
- **VERSO** 430
  - FORMAÇÃO DO VERSO 430
  - TIPOS DE VERSOS 431
- **ESTROFE** 432
  - TIPOS DE ESTROFES 433
- **RIMA** 433
  - TIPOS DE RIMAS 434
- No texto 438
- **EXAMES E CONCURSOS** 439

APÊNDICE

As palavras *se* e *que* 450
- Um primeiro olhar 450
- **EMPREGO DO *SE*** 451
- **EMPREGO DO *QUE*** 452
- No texto 455

Ortografia 456
- Um primeiro olhar 456
- **O ALFABETO** 457
  - EMPREGO DAS LETRAS K, W, Y 457
    - A escrita dos nomes próprios estrangeiros 457
  - ORDEM ALFABÉTICA 458
- **DIVISÃO SILÁBICA** 458
- **ACENTUAÇÃO GRÁFICA** 459

ACENTOS AGUDO, CIRCUNFLEXO E GRAVE... 459
REGRAS GERAIS DE ACENTUAÇÃO GRÁFICA 460
OUTROS SINAIS GRÁFICOS.. 463
EMPREGO DO HÍFEN.. 463
PALAVRAS COMPOSTAS 463
PALAVRAS FORMADAS COM PREFIXOS 464
PALAVRAS FORMADAS COM SUFIXOS... 466
OUTROS CASOS EM QUE SE EMPREGA O HÍFEN 466
GRAFIA DE ALGUMAS PALAVRAS E EXPRESSÕES 467
PORQUE / PORQUÊ / POR QUE / POR QUÊ... 467
SENÃO / SE NÃO 468
HÁ / A 468
MAL / MAU 469
AONDE / ONDE.. 469
AO ENCONTRO DE / DE ENCONTRO A 470
DEMAIS / DE MAIS... 470
A FIM DE / AFIM.. 471
ACERCA DE / HÁ CERCA DE.. 471
A PRINCÍPIO / EM PRINCÍPIO.. 471
No texto... 473

Pontuação 474
Um primeiro olhar 474
SINAIS DE PONTUAÇÃO 475
PONTO FINAL, PONTO DE INTERROGAÇÃO E PONTO DE EXCLAMAÇÃO . 475
VÍRGULA 475
PONTO E VÍRGULA 477
DOIS-PONTOS... 478
RETICÊNCIAS... 479
ASPAS... 479
PARÊNTESES.. 480
TRAVESSÃO.. 480
No texto... 481
EXAMES E CONCURSOS 482

ABREVIATURAS E SIGLAS 492
ÍNDICE ANALÍTICO 496
RESPOSTAS 499
GABARITOS 511
BIBLIOGRAFIA 512

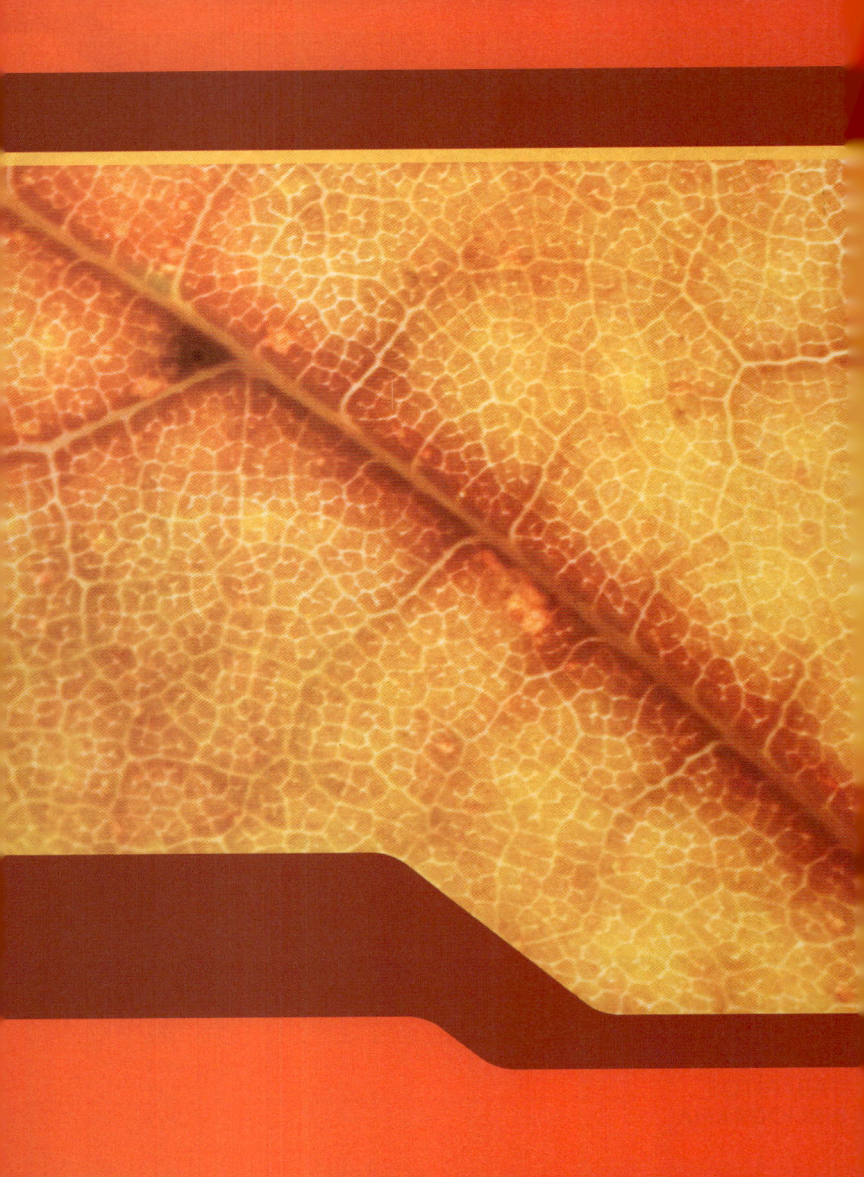

INTRODUÇÃO

A linguagem é como uma pele: com ela eu entro em contato com os outros.

Roland Barthes
Semiólogo e escritor

INTRODUÇÃO

Conceitos básicos

Um primeiro olhar

Leia a seguir uma tirinha de Calvin, personagem criado pelo quadrinista americano Bill Watterson.

WATTERSON, Bill. **A hora da vingança**: as aventuras de Calvin e Haroldo. Trad. Adriana Schwartz. São Paulo: Conrad Editora do Brasil, 2009. p. 87.

1. No primeiro quadrinho, Calvin responde à pergunta da mãe utilizando o verbo **sair**. Esse verbo pode significar "ir a algum lugar com o propósito de se distrair"; "deixar o lugar em que se está para ir a um local determinado ou não". Observe os três primeiros quadrinhos e responda.
   a) Que significado a mãe de Calvin atribui ao verbo **sair**?
   b) Com que objetivo a mãe altera o sentido do verbo utilizado por Calvin? A fala dela produziu o efeito de sentido desejado? Justifique.

2. No último quadrinho, Calvin conclui: "Português não deve ser a língua nativa dela".
   a) A fala do garotinho sugere que houve um problema na comunicação entre ele e a mãe. Explique essa afirmação.
   b) Além da fala, que outro elemento desse quadrinho sugere a indignação de Calvin em relação à explicação de sua mãe?

3. Quando nos comunicamos, é preciso levar em conta não apenas as palavras utilizadas, mas a expressão facial, a gestualidade, o contexto (quem fala, para quem, com qual objetivo, em que momento).
   a) Os elementos não verbais, como expressões faciais, gestos, espaço etc., contribuem para a compreensão da história? Justifique.
   b) Levante hipóteses: que elementos constituem a linguagem utilizada no diálogo entre mãe e filho?

LINGUAGEM

As ações desenvolvidas entre Calvin e a mãe, a atuação de um sobre o outro, por meio de falas e gestos, é **linguagem**. Toda situação interativa ocorre num dado contexto histórico e social, por isso são muitos os fatores externos à língua que influenciam a linguagem.

SIGNOS E CÓDIGOS

O ser humano comunica-se por meio de **signos**: sinais criados por ele para expressar seus pensamentos e emoções. Ele criou o desenho, a música, a dança, que são signos não verbais; e criou a palavra, que é um signo verbal ou linguístico. **Códigos** são conjuntos de signos organizados por regras próprias e que constituem sistema. Os signos não verbais formam *códigos não verbais*. Com a palavra ou signo linguístico, criou-se o *código linguístico* ou a **língua**.

LÍNGUA E FALA

A comunicação linguística entre os membros de uma comunidade envolve dois elementos fundamentais: um código linguístico comum a todos e o uso desse código pelos indivíduos. Ao código dá-se o nome de **língua**, e ao uso da língua dá-se o nome de **fala**.

Toda língua é um produto social histórico. A língua de um povo é o conjunto de palavras que formam o seu *léxico* e de regras de combinação dessas palavras. A fala é a ação comunicativa, oral ou escrita.

VARIAÇÕES DE FALA

As circunstâncias que envolvem o ato comunicativo, como o lugar e o momento em que a fala ocorre, o grau de intimidade entre os interlocutores, a intenção de cada falante etc., são fatores não linguísticos que interferem na fala e produzem variações das quais dois registros se destacam:
- **Registro formal** — orientado pelas regras da gramática normativa.
- **Registro informal** — mais espontâneo, geralmente ignora as regras da gramática normativa.

GRAMÁTICA

A **gramática normativa** compreende, basicamente, três partes:
a) **Fonologia e fonética** — estudo da estrutura sonora das palavras e suas representações gráficas. A *fonologia* tem por objeto os fonemas, elementos formadores da palavra. A *fonética* preocupa-se com o uso concreto dos fonemas.
b) **Morfologia** — estudo das possíveis formas em que as palavras podem apresentar-se e dos processos que influenciaram sua formação. Compreende o estudo das *classes de palavras* ou *classes gramaticais*.
c) **Sintaxe** — estudo das relações que se estabelecem entre os termos de uma oração e entre as orações de um texto.

MORFOLOGIA

O mundo não foi feito em alfabeto

O mundo não foi feito em alfabeto. Senão que primeiro em água e luz. Depois árvore. Depois lagartixas. Apareceu um homem na beira do rio. [...]

Manoel de Barros
Poeta

MORFOLOGIA

Estrutura das palavras

Um primeiro olhar

Leia uma tirinha do cartunista brasileiro Fernando Gonsales.

Folha de S.Paulo, 05 mar. 2014. Ilustrada, p. C8.

1. As palavras **bolinhas** e **bolonas**, presentes na tirinha, podem ser divididas de acordo com suas unidades mínimas portadoras de sentido.

   Observe:
   Bolinhas = BOL – INH – A – S
   Bolonas = BOL – ONA – S

   a) A partir de qual elemento da palavra **bola** essas palavras foram formadas?
   b) Dê outros exemplos.

2. Observe agora os seguintes elementos:

   | -inh | -ona |

   Que sentido eles conferem a essas palavras?

3. Observe que as palavras **bolinhas** e **bolonas** apresentam a terminação **-s**. Agora responda:
   Que tipo de informação essa terminação acrescenta a essas palavras?

4. O que indica o elemento **-a** em **bolinhas**?

CONCEITO

Observe as pequenas partes que formam a palavra "imperdíveis":

im + **perd** + **í** + **ve** + **is**

Essas pequenas partes são denominadas **morfemas**: elementos formadores da palavra ou **elementos mórficos**.

> **Morfemas** são as unidades mínimas de significação que formam a palavra.

São vários os **tipos de morfemas** que uma palavra pode apresentar.

RADICAL

Morfema que contém o significado básico da palavra. A ele são acrescidos os demais morfemas.

Exemplos:

radical
↕
perd | er — **perd**er
       | edor — **perd**edor
       | ido — **perd**ido

radical
↕
im ↦ **perd** | ível — im**perd**ível
             | íveis — im**perd**íveis

OBSERVAÇÃO

- As várias palavras formadas de um mesmo radical são denominadas **palavras cognatas** ou simplesmente **cognatos**.
- Há palavras formadas apenas de **radical**. É o caso dos nomes terminados em vogal tônica ou em consoante. Exemplos: sofá, amor, café, cipó, tatu, sucuri, animal, dor, paz etc.

VOGAL TEMÁTICA

É a vogal que aparece imediatamente após o radical, preparando-o para receber os outros morfemas.

Exemplo:

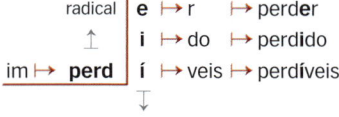

Vogais temáticas dos verbos: -a, -e, -i, vogais que caracterizam as conjugações verbais.

Exemplos:

cantar	vogal temática **a**	1ª conjugação
perder	vogal temática **e**	2ª conjugação
partir	vogal temática **i**	3ª conjugação

> **OBSERVAÇÃO**
> A vogal temática do verbo **pôr** é o **e**, presente no seu infinitivo arcaico *poer*.

Vogais temáticas dos nomes: -a, -e, -o, quando em posição final e átona.

Exemplos:

banan**a**, mes**a**, laranj**a**, cobr**a**

leit**e**, verd**e**, estudant**e**, mestr**e**

banc**o**, son**o**, bel**o**, menin**o**

TEMA

É o radical acrescido da vogal temática, já pronto para receber outros morfemas.

Exemplo:

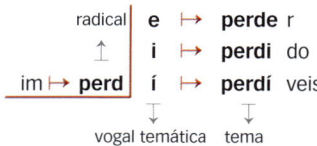

DESINÊNCIA

Morfema que indica **gênero** e **número** dos nomes e **pessoa**, **número**, **tempo** e **modo** dos verbos.

Há, portanto, dois tipos de desinências.

Nominais: -a e **-s**, que indicam, respectivamente, o feminino e o plural dos nomes (substantivos, adjetivos, numerais e pronomes).

Exemplo:

Verbais: são as desinências que indicam número e pessoa (desinências número-pessoais — DNP) e modo e tempo (desinências modo-temporais — DMT) dos verbos.

Exemplo:

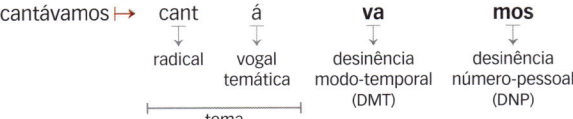

OBSERVAÇÕES

a) O **-o** final átono de palavras que possuem dois gêneros (menino/menina; belo/bela etc.) pode não ser tomado como desinência de masculino, mas como vogal temática. Nessa concepção, **menino** e **belo** possuem desinência **zero** de gênero, tratando-se o masculino de uma forma não marcada.

b) Também o singular pode ser tomado como uma forma não marcada, com desinência zero de número, pela ausência do **-s**, que é a desinência de plural.

c) A vogal final átona **-a** dos nomes é **desinência de gênero** na oposição masculino/feminino: gato/gat**a**, belo/bel**a** etc. Quando não há essa oposição, trata-se de vogal temática apenas: mes**a**, cadeir**a** etc.

AFIXO

Morfema acrescentado ao radical para a formação de palavras novas.

Há, também, dois tipos de afixos.

Prefixos: são os afixos colocados antes do radical.

Exemplo:

in	+	feliz	**in**feliz
prefixo		radical	palavra nova

Sufixos: são os afixos colocados após o radical.

Exemplo:

feliz	+	**mente**	feliz**mente**
radical		sufixo	palavra nova

VOGAL E CONSOANTE DE LIGAÇÃO

São morfemas usados por questão eufônica, para facilitar a pronúncia de certas palavras.

Exemplos:

café + i + cultura ↦ cafeicultura
↓ ↓ ↓ ↓
radical vogal radical palavra nova
 de ligação

chá + l + eira ↦ chaleira
↓ ↓ ↓ ↓
radical consoante sufixo palavra nova
 de ligação

> **OBSERVAÇÃO**
>
> Modernamente, a vogal e a consoante de ligação têm sido anexadas ao radical ou ao afixo, gerando, assim, formas variantes: *-zinho* = variante de *-inho*.

EM SÍNTESE

Morfema — unidade mínima de significação na formação da palavra.

Tipos de morfemas
- **Radical** — morfema que contém o significado básico da palavra.
- **Vogal temática** — vogal que aparece imediatamente após o radical.
- **Tema** — radical acrescido da vogal temática.
- **Afixo** — morfema que se junta ao radical para formar novas palavras.
  - Prefixo — antes do radical.
  - Sufixo — depois do radical.
- **Desinência** — morfema que indica gênero e número (nomes) ou pessoa, número, tempo e modo (verbos).

No texto

Leia, com atenção, o fragmento de poema de Carlos Drummond de Andrade e responda às questões.

Amar

Que pode uma criatura senão,
entre criaturas, amar?
amar e esquecer,
amar e malamar,
amar, desamar, amar?
sempre, e até de olhos vidrados, amar?
[...]
Este o nosso destino: amor sem conta,
distribuído pelas coisas pérfidas ou nulas,
doação ilimitada a uma completa ingratidão [...]

DRUMMOND DE ANDRADE, Carlos. **Poesia e prosa**.
Rio de Janeiro: Nova Aguilar, 1988. p. 214.

1. Os elementos mórficos podem desempenhar um papel importante na construção de sentidos e, algumas vezes, também ser utilizados de maneira criativa em textos literários. Nesse fragmento, o autor cria duas palavras formadas a partir de um mesmo radical e estabelece relação com o sentido geral do poema. Identifique-as e diga qual é o sentido de cada uma delas no texto.

2. Na segunda parte do fragmento, Drummond faz uso das palavras **ilimitada** e **ingratidão** para caracterizar as formas de amar a que todos estão destinados. Explique qual é o sentido construído pelos elementos mórficos para cada uma dessas formas de amar.

MORFOLOGIA

Formação das palavras

Um primeiro olhar

Observe a capa da revista **Ciência Hoje**, publicada em novembro de 2011.

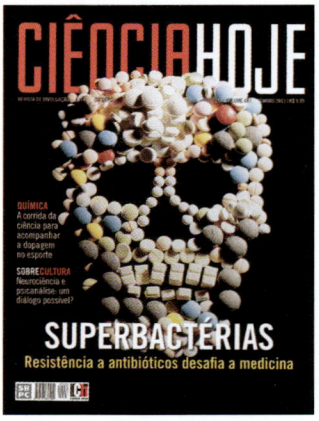

Ciência Hoje, nº 287, nov. 2011.

1. Destaca-se nessa capa a palavra SUPERBACTÉRIAS.
   a) Quais elementos entram na composição dessa palavra?
   b) Qual desses elementos acrescenta-lhe o sentido de "em posição acima de", "abundância" ou "extremamente"?
   c) Qual desses elementos possibilita a formação de outras palavras cujo sentido mantém relação com a palavra primitiva? Exemplifique.

2. Dê exemplos de outras palavras da nossa língua formadas de maneira semelhante à da palavra em destaque na capa.

3. Refletindo sobre os exemplos que você citou, como se pode definir basicamente o processo de formação de palavras em nossa língua?

DOIS PROCESSOS DE FORMAÇÃO

O léxico de uma língua é dinâmico. Há palavras que caem em desuso, outras adquirem novos significados e há ainda aquelas que vão sendo criadas de acordo com novas necessidades. Na formação de palavras, a língua portuguesa obedece, basicamente, a dois processos: **derivação** e **composição**.

DERIVAÇÃO

Há vários tipos de derivação.

> **Derivação** é o processo pelo qual palavras novas são criadas a partir de outras já existentes na língua. As palavras novas são denominadas **derivadas** e as que lhes dão origem, **primitivas**.

DERIVAÇÃO PREFIXAL OU POR PREFIXAÇÃO

Ocorre com acréscimo de **prefixo** à palavra primitiva.

Exemplo:

in + feliz ↦ **in**feliz
prefixo palavra primitiva   palavra nova (derivada)

DERIVAÇÃO SUFIXAL OU POR SUFIXAÇÃO

Ocorre com acréscimo de **sufixo** à palavra primitiva.

Exemplo:

feliz + **mente** ↦ feliz**mente**
palavra primitiva   sufixo   palavra nova (derivada)

DERIVAÇÃO PREFIXAL E SUFIXAL

Ocorre com acréscimo de **prefixo** e **sufixo**.

Exemplo:

in + feliz + **mente** ↦ **in**feliz**mente**
prefixo   palavra primitiva   sufixo   palavra nova (derivada)

DERIVAÇÃO PARASSINTÉTICA

Ocorre com acréscimo simultâneo de **prefixo** e **sufixo**. Não existe a palavra nem só com prefixo nem só com sufixo, como no processo anterior.

Exemplo:

em + pobr(e) + **ecer** ↦ **em**pobr**ecer**
prefixo   palavra primitiva   sufixo   palavra nova, derivada
(existe apenas com os dois afixos: prefixo e sufixo)

> **OBSERVAÇÃO**
> A derivação parassintética é também chamada de **parassíntese**.

DERIVAÇÃO REGRESSIVA

Ocorre com redução da palavra primitiva, pela retirada de sua parte final.

Exemplos:

ajudar — a ajuda   debater — o debate   atrasar — o atraso
perder — a perda   cortar — o corte   chorar — o choro
vender — a venda   atacar — o ataque   apelar — o apelo

> **OBSERVAÇÕES**
> a) Pelos exemplos, percebe-se que esse processo é muito usado para formar **substantivos abstratos** derivados de verbos: são os substantivos **deverbais** ou **pós-verbais**.
> b) No caso de substantivos concretos, como **casa**, **planta**, **perfume** etc., e dos respectivos verbos **casar**, **plantar**, **perfumar**, ocorre **derivação por sufixo** (casa + **ar** = *casar*, planta + **ar** = *plantar*, perfume + **ar** = *perfumar*): os verbos é que são derivados dos substantivos.

DERIVAÇÃO IMPRÓPRIA

Ocorre quando se emprega uma palavra com valor de uma classe gramatical que não é propriamente a sua.

Exemplos:

Os **bons** têm suas recompensas!
↓
adjetivo substantivado

> **OBSERVAÇÃO**
> A derivação imprópria é mais um processo estilístico ou semântico do que morfológico.

O professor explicou bem **claro** o tema da redação.
↓
adjetivo adverbializado

PREFIXOS

Alguns prefixos latinos

Prefixos	Sentido	Exemplos
ab-, abs-	afastamento, separação, intensidade	abdicar, abuso, abster-se, abscesso
a-, ad-	aproximação, direção, mudança de estado	abeirar, achegar, apodrecer, adjunto, adjacente
ambi-	duplicidade	ambivalência, ambíguo, ambidestro
ante-	anterioridade	antebraço, antessala
bene, bem-, ben-	bem, muito bom	beneficente, bem-vindo, benquerença, benfeitor
bis-, bi-	repetição, duas vezes	bisavô, bisneto, bienal, bimestre
circum, circun-	em redor, em torno	circum-ambiente, circundar, circunferência
cis-	do lado de cá, aquém	cisplatino, cisalpino, cisatlântico
com-, con-, co-	companhia, concomitância	compactuar, compatriota, conter, contemporâneo, coautor
contra-	oposição, direção contrária	contrarrevolução, contrapor, contramarcha
de-	de cima para baixo, separação	decair, declive, depenar, decrescer
des-	negação, ação contrária	desleal, desonra, desfazer, desumano
dis-, di-	separação, movimento para diversos lados, negação	dissociar, distender, dilacerar, dirimir
ex, es-, e-	para fora, estado anterior	exportar, ex-aluno, estender, emergir, emigrar, emanar
extra-	posição exterior, fora de	extraoficial, extraterreno, extraordinário, extraviar
in- (im-), i- (ir-), em- (en-)	movimento para dentro	ingerir, inalar, incorporar, importar, imigrar, irromper, embarcar, enterrar
in- (im-), i- (ir-)	negação, privação	incapaz, imperfeito, ilegal, irreal
intra-	posição interior	intravenoso, intrauterino, intramuros
intro-	movimento para dentro	introvertido, introduzir
justa-	ao lado	justapor, justamarítimo
ob-, o-	em frente, oposição	objeto, obstáculo, opor, opressor
per-	movimento através	percorrer, perfurar, perpassar, perdurar
pos-	depois	póstumo, posteridade, pós-guerra

Alguns prefixos latinos

Prefixos	Sentido	Exemplos
pre-	antes	prefácio, prefixo, pré-escolar, predizer
pro-	para a frente, em lugar de	progresso, prosseguir, pronome, pró-africano
re-	repetição, para trás, intensidade	recomeçar, repor, redobrar, regredir
retro-	para trás	retroceder, retroativo, retrocesso
sub-, sob-, so-, sus-	inferior, de baixo para cima	subalimentado, sobpor, soterrar, suspender
super, sobre-, supra-	em cima, superior, excesso	super-homem, sobreviver, sobreloja, supracitado
trans-, tras, tres-	através de, além de	transatlântico, transeunte, trasladar, trespassar
ultra-	além de, excesso	ultrapassar, ultrassom
vice-, vis-	no lugar de, inferior a	vice-presidente, vice-campeão, visconde

Alguns prefixos gregos

Prefixos	Sentido	Exemplos
an-, a-	privação, negação	anarquia, anônimo, analgésico
aná-	ação ou movimento inverso, repetição	anagrama, anacrônico, analisar, anáfora
anfi-	de um e outro lado, em torno, duplicidade	anfíbio, anfiteatro
anti-	oposição, ação contrária	antiaéreo, antípoda, antidemocrático
apó-	afastamento, separação	apogeu, apócrifo
arqui-, arc- arque, arce-	superioridade	arquiduque, arquipélago, arcanjo, arquétipo, arcebispo
catá-	de cima para baixo, oposição	catálogo, catástrofe, catarata
diá-, di-	através de, afastamento	diâmetro, diocese
dis-	dificuldade, mau estado	dispneia, disenteria
ec-, ex-	para fora	eclipse, êxodo, exorcismo
en, em-, e-	interior, dentro	encéfalo, emplastro, elipse
endo-, end-	interior, movimento para dentro	endosmose, endovenoso
epi-	superior, movimento para, posterioridade	epiderme, epitáfio, epígrafe
eu, ev-	bem, bom	eufonia, euforia, evangelho
hiper-	superior, excesso	hipérbole, hipertensão
hipo-	inferior, escassez	hipodérmico, hipotensão, hipocrisia

Alguns prefixos gregos		
Prefixos	**Sentido**	**Exemplos**
metá-, **met-**	posterioridade, mudança	me**ta**carpo, **metá**tese, **meta**morfose
pará-, **par-**	proximidade, ao lado de	**para**digma, **para**sita, **pará**bola
peri-	em torno de	**perí**metro, **perí**frase, **peri**scópio
pró-	posição em frente, anterior	**pró**logo, **prog**nóstico, **pro**grama
sin-, **sim-**, **si-**	simultaneidade, companhia	**sin**fonia, **sim**patia, **sí**laba

SUFIXOS

Há três tipos de sufixos:

- **sufixos nominais**, usados para formar substantivos e adjetivos.
- **sufixos verbais**, usados para formar verbos.
- **um sufixo adverbial** (-**mente**), usado para formar advérbios.

Alguns sufixos nominais	
Indicações	**Exemplos**
profissão, nome de agente ou de instrumento	vende**dor**, inspe**tor**, profes**sor**, maquin**ista**, estud**ante**, bibliotec**ário**, aquece**dor** etc.
nome de ação ou resultado dela	cabeç**ada**, aprendiz**agem**, poup**ança**, pirat**aria**, selvag**eria**, passe**ata**, do**ação**, molhad**ela**, descr**ença**, virul**ência**, casam**ento**, tem**or**, format**ura** etc.
qualidade, estado	cruel**dade**, paci**ência**, pequen**ez**, bel**eza**, meigu**ice**, calv**ície**, patriot**ismo**, fresc**or**, alt**itude**, azed**ume**, do**çura** etc.
diminutivo	ri**acho**, corp**úsculo**, lugar**ejo**, rapaz**elho**, vi**ela**, papel**ete**, cart**ilha**, flaut**im**, menin**inho**, rapaz**ito**, sac**ola**, velh**ota**, caix**ote**, animal**(z)inho**, poem**eto**, burr**ico**, pe**(z)ito**, hom**únculo**, cruz**eta** etc.
doença, inflamação	cefal**eia**, an**emia**, reumat**ismo**, apendic**ite**, tubercul**ose** etc.
aumentativo	menin**ão**, pe**(z)ão**, cas**arão**, can**(z)arrão**, voz**eirão**, grand**alhão**, mur**alha**, barc**aça**, ric**aço**, cop**ázio**, mulher**ona**, cabeç**orra**, corp**anzil** etc.
lugar	princip**ado**, orfan**ato**, livr**aria**, bebed**ouro**, dormit**ório** etc.
ciência, técnica, doutrina	geolo**gia**, cristian**ismo**, fís**ica**, cibern**ética**, est**ética** etc.
coleção, aglomeração	cafe**(z)al**, plum**agem**, carneir**ada**, dinheir**ama**, vasilh**ame**, mobili**ário**, grit**aria**, arvor**edo**, formigu**eiro**, cabel**eira**, dez**ena** etc.
relação	caus**al**, espirit**(u)al**, terr**estre**, afrodis**íaco**, natal**ício**, bél**ico**, arom**ático**, bov**ino**, óss**eo** etc.
abundância	pedr**ento**, corp**(u)lento**, fam**into**, ferr**enho**, med**onho**, jeit**oso**, narig**udo** etc.

Alguns sufixos nominais	
Indicações	**Exemplos**
origem	austrí**aco**, hebr**aico**, pernambuc**ano**, coimbr**ão**, hondur**enho**, madril**eno**
procedência	catarin**ense**, portugu**ês**, europ**eu**, argent**ino**, paul**ista**, moscov**ita**, cipri**ota** etc.
possibilidade, tendência	amá**vel**, comestí**vel**, mó**vel**, solú**vel**, move**diço**, lucra**tivo** etc.

Alguns sufixos verbais	
Indicações	**Exemplos**
ação que se repete (**verbos frequentativos**)	espern**ear**, got**ejar**, apedr**ejar** etc.
ação diminutiva e repetida (**verbos diminutivos**)	beber**icar**, adoc**icar**, pin**icar**, salt**itar**, dorm**itar**, mord**iscar**, chuv**iscar**, pet**iscar**, cusp**inhar**, escrev**inhar** etc.
ação que principia (**verbos incoativos**)	amanh**ecer**, amadur**ecer**, embranqu**ecer**, flor**escer**, rejuven**escer** etc.
ação causadora (**verbos causativos**)	canal**izar**, human**izar**, civil**izar**, esquen**tar**, afugen**tar** etc.

Sufixos adverbiais	
Indicações	**Exemplos**
de modo	bondosa**mente**, feliz**mente** etc.
de afirmação	certa**mente**
de intensidade	extrema**mente**

COMPOSIÇÃO

> **Composição** é o processo pelo qual palavras novas são formadas pela junção de duas ou mais palavras, ou seja, de dois ou mais radicais. Essas palavras são denominadas **compostas** em oposição às **simples**, que possuem um só radical.

A junção das palavras, no processo da composição, pode ocorrer basicamente de duas maneiras.

COMPOSIÇÃO POR JUSTAPOSIÇÃO

É a junção em que as palavras não sofrem alteração fonética.

Exemplos:

ponta + **pé** ↦ pontapé
gira + **sol** ↦ girassol
porta + **bandeira** ↦ porta-bandeira

COMPOSIÇÃO POR AGLUTINAÇÃO

É a junção em que as palavras sofrem alteração fonética.

Exemplos:

plan(o) + **alto** ↦ planalto (queda do "o")
águ(a) + **ardente** ↦ aguardente (queda do "a")
pern(a) + **alta** ↦ pernalta (queda do "a")

CASOS ESPECIAIS DE COMPOSIÇÃO

Há palavras compostas que não são formadas a partir de outras palavras da língua portuguesa, mas de radicais pertencentes a outras línguas.

São dois os tipos de composição com esses radicais.

Compostos eruditos

São palavras compostas de radicais apenas *latinos* ou apenas *gregos*.

Exemplos:

agrícola   *agri-* (latim)   + *-cola* (latim)
piscicultura   *pisci-* (latim)   + *-cultura* (latim)
pentágono   *penta-* (grego)   + *-gono* (grego)
odontologia   *odonto-* (grego)   + *-logia* (grego)

Hibridismos

São palavras compostas de radicais de línguas diferentes.

Exemplos:

monocultura   *mono-* (grego)   + *-cultura* (latim)
burocracia   *buro-* (francês)   + *-cracia* (grego)
abreugrafia   *abreu-* (português)   + *-grafia* (grego)
alcoômetro   *alcool-* (árabe)   + *-metro* (grego)

RADICAIS

Alguns radicais latinos

Primeiro elemento da composição

Forma	Significado	Exemplos
agri-	campo	agricultura, agrícola
alvi-	branco	alvinegro
api-	abelha	apicultura
arbori-	árvore	arborícola, arborizar
auri-	ouro	auriflama
avi-	ave	avícola, avicultura
bel, beli-	guerra	belígero
calori-	calor	calorífero, caloria
cent-	cem	centena, centopeia
cruci-	cruz	crucifixo
curvi-	curvo	curvilíneo
equi-	igual	equilátero, equivalência
ferri-, ferro-	ferro	ferrovia
loco-	lugar	locomotiva, locomoção
maxi-	muito grande	maxidesvalorização
mini-	muito pequeno	minissaia
morti-	morte	mortífero
multi-	muito	multicelular
nocti-	noite	noctívago
olei, oleo-	azeite, óleo	oleígeno, oleoduto
oni-	todo	onipotente
pisci-	peixe	piscicultor, pisciforme
pluri-	vários	pluricelular
quadri-	quatro	quadrúpede
reti-	reto	retilíneo, retângulo
semi-	metade	semicírculo
sesqui-	um e meio	sesquicentenário
vermi-	verme	vermífugo, vermicida

Alguns radicais latinos

Segundo elemento da composição

Forma	Significado	Exemplos
-cida	que mata	regicida, suicida
-cola	que cultiva ou habita	vitícola, arborícola
-cultura	ato de cultivar	apicultura, piscicultura
-fero	que contém ou produz	aurífero, flamífero
-fico	que faz ou produz	benéfico, frigorífico
-forme	que tem forma de	cuneiforme, uniforme
-fugo	que foge ou faz fugir	centrífugo, febrífugo
-paro	que produz	multíparo, ovíparo
-pede	pé	palmípede, velocípede
-sono	que soa	uníssono
-vago	que anda	noctívago
-voro	que come	carnívoro, herbívoro

Alguns radicais gregos

Primeiro elemento da composição

Forma	Significado	Exemplos
acro-	alto	acrópole, acrofobia
aero-	ar	aerofagia, aeronave
agro-	campo	agronomia, agrônomo
anemo-	vento	anemógrafo, anemômetro
antropo-	homem	antropófago, antropocentrismo
arque-	antigo	arqueografia, arqueologia, arcaico
aster-	estrela	asteroide, asterisco
astro-	astro	astrofísica, astronave
auto-	de si mesmo	autobiografia, autógrafo
biblio-	livro	bibliografia, biblioteca
bio-	vida	biografia, biologia
caco-	mau, desagradável	cacofonia, cacografia
cali-	belo	califasia, caligrafia
cosmo-	mundo	cosmógrafo, cosmologia
cromo-	cor	cromático, cromossomo
crono-	tempo	cronologia, cronômetro
datilo-	dedo	datilografia, datiloscopia
deca-	dez	decassílabo, decalitro
demo-	povo	democracia, demagogo
di-	dois	dígrafo, dissílabo
eletro-	eletricidade	eletroímã, eletroscopia
enea-	nove	eneágono, eneassílabo
entero-	intestino	enterite, enterologia
etno-	raça, povo	etnografia, étnico
farmaco-	medicamento	farmacologia, farmacopeia
filo-	amigo	filologia, filarmônica
fisio-	natureza	fisiologia, fisionomia
fono-	voz, som	fonógrafo, fonologia
foto-	fogo, luz	fotômetro, fotosfera
geo-	terra	geografia, geologia
hemi-	metade	hemisfério, hemistíquio
hemo-	sangue	hemoglobina, hemorragia
hepta-	sete	heptágono, heptassílabo
hetero-	outro, diferente	heterossexual, heterogêneo
hexa-	seis	hexâmetro, hexacampeão
hidro-	água	hidrogênio, hidrografia
hipo-	cavalo	hipódromo, hipofagia
hipno-	sono	hipnose, hipnofobia
iso-	igual	isócrono, isósceles, isonomia
lito-	pedra	litografia, litogravura
macro-	grande, longo	macróbio, macrodáctilo
mega-, megalo-	grande	megascópio, megalomania
melo-	canto	melodia, melopeia
meso-	meio	mesóclise, Mesopotâmia
micro-	pequeno	micróbio, microscópio
miso-	ódio, aversão	misógino, misantropo
mito-	fábula	mitologia, mitômano
mono-	um só	monarca, monótono

Alguns radicais gregos

Primeiro elemento da composição

Forma	Significado	Exemplos
necro-	morto	necrópole, necrotério
neo-	novo	neolatino, neologismo
octo-	oito	octossílabo, octaedro
odonto-	dente	odontologia, odontalgia
oftalmo-	olho	oftalmologia, oftálmico
onomato-	nome	onomatologia, onomatopeia
ornito-	ave	ornitologia, ornitorrinco
orto-	reto, justo	ortografia, ortopedia
oxi-	agudo, penetrante	oxígono, oxítono
paleo-	antigo	paleografia, paleontologia
pan-	todos, tudo	panteísmo, pan-americano
pato-	sentimento, doença	patogenético, patologia
penta-	cinco	pentacampeão, pentágono
piro-	fogo	pirosfera, pirotécnica
pluto-	riqueza	plutocrata, plutomania
pneum(o)-	pulmão	pneumonia, pneumopatia
pneumat(o)-	ar, sopro	pneumático, pneumatose
poli-	muito	poliglota, polígono
proto-	primeiro	protótipo, protozoário
pseudo-	falso	pseudônimo, pseudoesfera
psico-	alma, espírito	psicologia, psicanálise
quilo-	mil	quilograma, quilômetro
quiro-	mão	quiromancia, quirologia
rino-	nariz	rinoceronte, rinoplastia
rizo-	raiz	rizófilo, rizotônico
tecno-	arte	tecnografia, tecnologia
tele-	longe	telefone, telegrama
termo-	calor	termômetro, termoquímica
tetra-	quatro	tetrarca, tetraedro
tipo-	figura, marca	tipografia, tipologia
topo-	lugar	topografia, toponímia
tri-	três	tríade, trissílabo
xeno-	estrangeiro	xenomania, xenofobia
zoo-	animal	zoógrafo, zoologia

Alguns radicais gregos

Segundo elemento da composição

Forma	Significado	Exemplos
-agogo	que conduz, que leva	demagogo, pedagogo
-algia	dor	cefalalgia, nevralgia
-arca	que comanda	heresiarca, monarca
-arquia	comando, governo	anarquia, monarquia
-astenia	debilidade	neurastenia, psicastenia
-cicl(o)	círculo	triciclo, encíclica
-cracia	poder	democracia, plutocracia
-doxo	que opina	heterodoxo, ortodoxo
-dromo	lugar para correr	hipódromo, autódromo

Alguns radicais gregos

Segundo elemento da composição

Forma	Significado	Exemplos
-edro	base, face	pentaedro, poliedro
-fagia	ato de comer	aerofagia, antropofagia
-fago	que come	antropófago, necrófago
-filia	amizade	bibliofilia, lusofilia
-fobia	inimizade, aversão, temor	fotofobia, hidrofobia
-fobo	que odeia, inimigo	xenófobo, necrófobo
-gamia	casamento	monogamia, poligamia
-gamo	que casa	bígamo, polígamo
-geneo	que gera	heterogêneo, homogêneo
-glota, -glossa	língua	poliglota, isoglossa
-gono	ângulo	pentágono, polígono
-grafia	escrita, descrição	ortografia, geografia
-grafo	que escreve	calígrafo, polígrafo
-grama	escrita, letra	telegrama, anagrama
-logo	palavra, estudo, ciência	diálogo, psicólogo
-mancia	adivinhação	cartomancia, quiromancia
-mania	loucura, tendência	megalomania, monogamia
-mano	louco, inclinado	bibliômano, mitômano
-maquia	combate	logomaquia, tauromaquia
-metro	que mede	termômetro, pentâmetro
-morfo	que tem a forma de	antropomorfo, polimorfo
-nomia	lei, regra	agronomia, astronomia
-nomo	que regula	autônomo, metrônomo
-peia	ato de fazer	melopeia, onomatopeia
-polis, -pole	cidade	Petrópolis, metrópole
-ptero	asa	díptero, helicóptero
-scop	ato de ver, examinar	macroscopia, microscópio
-sofia	sabedoria	filosofia, teosofia
-stico	verso	dístico, monóstico
-teca	lugar onde se guarda	biblioteca, discoteca
-terapia	cura	fisioterapia, psicoterapia
-tomia	corte, divisão	dicotomia, nevrotomia
-tono	tensão, tom	barítono, monótono

OUTROS MEIOS USADOS PARA CRIAR PALAVRAS NOVAS

Além dos dois processos básicos de formação das palavras — derivação e composição —, há palavras formadas por outros meios.

Abreviação vocabular

Trata-se da abreviação de uma palavra.

Exemplos:

auto, por *automóvel*
moto, por *motocicleta*
cine, por *cinema*

pneu, por *pneumático*
extra, por *extraordinário*
quilo, por *quilograma*

foto, por *fotografia*
tevê, por *televisão*

Siglonimização

Trata-se da formação de uma sigla.

Exemplos:

CPF — **C**adastro de **P**essoas **F**ísicas
SESI — **Se**rviço **S**ocial da **I**ndústria
PIB — **P**roduto **I**nterno **B**ruto
FGTS — **F**undo de **G**arantia por **T**empo de **S**erviço
ONU — **O**rganização das **N**ações **U**nidas

Onomatopeia

Trata-se da imitação de certos sons.
Exemplos:

tique-taque	cocorocó	reco-reco
zum-zum	plaft	zás-trás
blá-blá-blá	chuá-chuá	atchim

FLEXÃO DAS PALAVRAS

PALAVRA VARIÁVEL E PALAVRA INVARIÁVEL

Uma palavra é **variável** quando sofre flexão. A rigor, sofre flexão a palavra que admite alteração em sua forma pela presença das **desinências nominais**, de gênero e número, ou das **desinências verbais**, de modo, tempo, número e pessoa.

As classes gramaticais que recebem as desinências nominais são o **substantivo** e as que também são tomadas como nomes porque ao substantivo se relacionam: artigo, adjetivo, numeral e pronome.

Exemplos:

Tenho um filho educado. (gênero masculino — ausência de desinência)
Tenho um**a** filh**a** educad**a**. (gênero feminino — presença da desinência "**a**")
Tenho um filho educado. (número singular — ausência de desinência)
Tenho un**s** filho**s** educado**s**. (número plural — presença da desinência "**s**")

As desinências verbais são próprias do **verbo**: desinências de modo e tempo (DMT) e desinências de número e pessoa (DNP).

Exemplos:

Encontrávamos os amigos todos os dias na porta da escola.

encontrá-**va**-**mos**:

> **va** = DMT (indica pretérito imperfeito do modo indicativo)
> **mos** = DNP (indica 1ª pessoa do plural)

É **invariável** a palavra que não sofre **flexão**. Dessa forma, as classes gramaticais podem ser variáveis e invariáveis. Veja:

variáveis	**invariáveis**
substantivo	advérbio
artigo	preposição
adjetivo	conjunção
numeral	interjeição
pronome	
verbo	

> **OBSERVAÇÃO**
>
> O grau, quer do substantivo, do adjetivo ou do advérbio, é formado por meio de sufixos, e não de desinências. A rigor, trata-se de derivação, e não de flexão. No entanto, é tradição estudá-lo como flexão.

EM SÍNTESE

Dois processos de formação

Derivação

- Derivação prefixal — acréscimo de prefixo à palavra primitiva.
- Derivação sufixal — acréscimo de sufixo à palavra primitiva.
- Derivação prefixal e sufixal — acréscimo de prefixo e sufixo à palavra primitiva.
- Derivação parassintética — acréscimo simultâneo de prefixo e sufixo à palavra primitiva.
- Derivação regressiva — redução da palavra primitiva.
- Derivação imprópria — emprego da palavra em uma classe gramatical que não é a sua.

Composição

- Composição por justaposição — as palavras não sofrem alteração fonética.
- Composição por aglutinação — as palavras sofrem alteração fonética.
- Casos especiais de composição:
  - Compostos eruditos — (palavras compostas de) radicais apenas latinos ou apenas gregos.
  - Hibridismos — (palavras compostas de) radicais de línguas diferentes.
- Outros meios usados para criar palavras novas:
  - Abreviação vocabular — abreviação de uma palavra.
  - Siglonimização — formação de siglas que reduzem palavras.
  - Onomatopeia — formação de palavras que imitam sons.

MORFOLOGIA

Flexão das palavras

- Palavra invariável — não sofre flexão.
  - Classes invariáveis: advérbio, preposição, conjunção, interjeição.
- Palavra variável — sofre flexão, admitindo desinências nominais e verbais.
  - Classes variáveis: substantivo, artigo, adjetivo, numeral, pronome, verbo.
  - Desinências nominais — de gênero (masculino/feminino) e número (singular/plural).
  - Desinências verbais — de modo e tempo (DMT) e de número e pessoa (DNP).

No texto

Leia esta tirinha do Calvin.

WATTERSON, Bill. **O melhor de Calvin**. Disponível em: <http://whosayni.wordpress.com/2013/10/17/calvin-and-hobbes/>. Acesso em: 14 mar. 2014.

1. O personagem Calvin encontra-se em um contexto escolar. Entretanto, em seus argumentos na conversa com a professora, utiliza-se de linguagem presente em outro contexto de atividade humana. Qual é ele?

2. Dentre outros elementos que criam o humor na tirinha, está a palavra **inalienável**. Pelo contexto, que sentido se pode atribuir a essa palavra?

3. Como foi formada a palavra **inalienável**? Explique o sentido dessa palavra, a partir de sua formação.

4. Essa palavra e outras da esfera judicial contrastam com uma afirmação de Calvin, no terceiro quadrinho, que produz efeito humorístico. Qual é a função do sufixo diminutivo em uma das palavras dessa afirmação?

5. Cite duas outras palavras formadas pelo processo de derivação que colaboram para constituir o vocabulário sofisticado de Calvin e contribuem para acentuar o tom humorístico da tirinha.

6. No último quadrinho, foi empregada uma palavra que sofreu derivação regressiva. Qual? Por que a fala final de Calvin torna a tirinha ainda mais engraçada?

MORFOLOGIA

Substantivo

Um primeiro olhar

Leia a seguir um trecho da letra da canção de Nando Reis, interpretada por Marisa Monte. Se possível, ouça a música.

Diariamente

Para calar a boca: rícino
Para lavar a roupa: omo
Para viagem longa: jato
Para difíceis contas: calculadora

Para o pneu na lona: jacaré
Para a pantalona: nesga
Para pular a onda: litoral
[...]

Para estourar pipoca: barulho
Para quem se afoga: isopor
Para levar na escola: condução
Para os dias de folga: namorado

Para o automóvel que capota: guincho
Para fechar uma aposta: paraninfo
Para quem se comporta: brinde
[...]

Para o telefone que toca
Para a água lá na poça
Para a mesa que vai ser posta
Para você, o que você gosta
Diariamente

REIS, Nando. Disponível em: <http://letras.mus.br/marisa-monte/47279/>. Acesso em: 10 mar. 2014.

RAMOS, Sérgio. **Ave**. Disponível em: <http://www.quadrantegaleria.com.br/site/ambientes/24/0000/00/00/sergio_ramos>. Acesso em: 12 mar. 2014.

SÉRGIO RAMOS. 2012. ACRÍLICA SOBRE TELA. COLEÇÃO PARTICULAR

1. Para cada finalidade, o autor apresenta uma palavra, formando uma espécie de lista. Informe o que essas palavras representam e qual é a função delas no texto. Dê exemplos.
2. Que relação existe entre a lista de palavras e o título da canção?
3. A letra da canção apresenta uma estrutura especial que se repete em quase todos os versos, com exceção dos seguintes:

> Para o telefone que toca
> Para a água lá na poça
> Para a mesa que vai ser posta

Reescreva esses versos, complementando-os com palavras que nomeiam objetos, seres ou coisas correspondentes às finalidades apresentadas.

CONCEITO

Assim que **Pedro** entrou no **carro**, caiu uma forte **chuva**.

As palavras destacadas representam **seres**. Podemos conceber como **ser** tudo aquilo que existe ou imaginamos existir.

Todo ser tem um **nome** que o distingue dos demais seres.

Pedro	carro	chuva
nome de pessoa	nome de objeto	nome de fenômeno natural

Essas palavras que representam os seres pertencem à classe gramatical chamada **substantivo**.

> **Substantivo** é a palavra que expressa os nomes dos seres.

TIRE DE LETRA

Classes gramaticais

As palavras da língua portuguesa são divididas em classes, denominadas **classes gramaticais** ou **classes de palavras**. Algumas classes gramaticais são **variáveis**, isto é, as palavras admitem alteração em sua forma. Outras são **invariáveis**, pois as palavras pertencentes a elas não sofrem alteração. Na língua portuguesa, há dez classes gramaticais e a primeira delas, o **substantivo**, estudaremos neste capítulo.

O substantivo representa todos os tipos de seres.

Observe:

Seres materiais — Lucas • criança • árvore • água

Seres espirituais ou *religiosos* — Deus • anjo • Satanás • alma

Seres mitológicos ou *fictícios* — Cupido • saci • fada • Branca de Neve

Expressa, também, os nomes das qualidades, dos estados e das ações dos seres.

Exemplos:

Qualidades	*Estados*	*Ações*
beleza	alegria	abraço
feiura	tristeza	beijo

CLASSIFICAÇÃO DOS SUBSTANTIVOS

Os substantivos classificam-se em:

COMUNS

São aqueles que representam um ser qualquer da espécie.

Exemplos: criança, rio, cidade, estado, país.

PRÓPRIOS

São aqueles que representam um ser específico da espécie.

Exemplos: João, Tietê, Recife, Ceará, Brasil.

Possuem nomes próprios:

- *pessoas* — Exemplos: Bruna, Flávio, Fernando.
- *localidades* — Exemplos: Londrina (cidade), XV de Novembro (rua), Ipanema (praia, bairro).
- *instituições* — Exemplos: Caixa Econômica Federal, Instituto Brasileiro de Geografia e Estatística.
- *animais domésticos* — Exemplos: Lulu, Túti, Tina.

CONCRETOS

São aqueles que representam seres de existência independente de outros seres.

Exemplos: mulher, Rodrigo, computador, alma, anjo, saci, bruxa etc.

ABSTRATOS

São aqueles que representam seres de existência dependente de outros seres.

Exemplos: beleza (existe no ser que é **belo**), tristeza (existe no ser que está **triste**), juventude (existe no ser que é **jovem**), corrida (existe no ser que **corre**).

São, portanto, abstratos os substantivos que expressam nomes de:

- *qualidades* — Exemplos: beleza (de **belo**), meiguice (de **meigo**), doçura (de **doce**).
- *estados* — Exemplos: tristeza (de **triste**), alegria (de **alegre**), cansaço (de **cansado**).
- *ações* — Exemplos: beijo (de **beijar**), abraço (de **abraçar**), correria / corrida (de **correr**).

COLETIVOS

O **coletivo** é um tipo de substantivo comum que, mesmo estando no singular, indica vários seres de uma mesma espécie.

Segue um quadro com alguns coletivos de uso frequente em nossa língua, acompanhados dos seres que formam os respectivos conjuntos.

Coletivos	Seres que os formam
acervo	bens materiais, obras de arte
álbum	fotografias, selos, figurinhas
alcateia	lobos
antologia	textos literários selecionados
armada	navios de guerra
arquipélago	ilhas
arsenal	armas e munições
assembleia	pessoas reunidas com fim comum
atlas	mapas
baixela	utensílios de mesa
banca	examinadores
bando	aves, ciganos, malfeitores
batalhão	soldados
biblioteca	livros
boiada	bois
cacho	bananas, uvas
cáfila	camelos
cambada	malandros, desordeiros
cancioneiro	canções, poemas
caravana	viajantes, peregrinos
cardume	peixes
código	leis
colmeia	abelhas
conselho	professores, ministros
constelação	estrelas
corja	vadios, ladrões
coro	cantores
discoteca	discos
elenco	atores
enxame	abelhas, marimbondos
enxoval	roupas
esquadra	navios de guerra
esquadrilha	aviões
fauna	animais de uma região
feixe	lenha, capim
flora	plantas de uma região
frota	navios, aviões, ônibus, táxis
girândola	fogos de artifício
horda	desordeiros, bandidos, invasores
junta	bois, médicos, examinadores
júri	jurados
legião	soldados, anjos
leva	presos, recrutas
malta	desordeiros, malfeitores
manada	animais de grande porte: búfalos, bois
matilha	cães de caça
molho	chaves, verduras
multidão	pessoas
ninhada	filhotes de aves
nuvem	insetos em geral: gafanhotos, mosquitos
orquestra	músicos
penca	frutos, flores
pinacoteca	quadros
plêiade	poetas, artistas, escritores
quadrilha	ladrões, malfeitores
ramalhete	flores
rebanho	gado em geral: ovelhas, cabras
repertório	peças de teatro, músicas
réstia	cebolas, alhos
revoada	pássaros em voo
súcia	desordeiros, malfeitores
tertúlia	amigos, parentes, intelectuais
turma	pessoas em geral
vara	porcos
vocabulário	palavras

> **OBSERVAÇÃO**
>
> Os coletivos podem ser:
>
> - *específicos* — referem-se a uma única espécie de seres. Exemplos: cardume, arquipélago, discoteca etc.
> - *não específicos* — referem-se a várias espécies de seres, por isso são seguidos dos nomes dos seres que os formam. Exemplos: cacho de bananas, de uvas; frota de táxis, de caminhões etc.
> - *numéricos* — expressam o número exato de seres. Exemplos: década, dúzia, século etc. Alguns gramáticos consideram-nos numerais.

FORMAÇÃO DOS SUBSTANTIVOS

Quanto à formação, os substantivos podem ser:

PRIMITIVOS

São aqueles que não provêm de nenhuma outra palavra da língua.

Exemplos: pedra, ferro, rosa.

DERIVADOS

São aqueles formados a partir de uma palavra já existente na língua.

Exemplos: pedreira / pedregulho / pedrada / pedraria (derivados de **pedra**); terreno / terreiro / terráqueo / subterrâneo (derivados de **terra**).

Observe:

pedr (radical) + eira / egulho / ada / aria

sub + **terr** (radical) + eno / eiro / áqueo / âneo

SIMPLES

São aqueles formados por apenas um radical.

Exemplos: flor, maçã, banana, tempo.

COMPOSTOS

São aqueles formados por dois ou mais radicais.

Exemplos:
couve-flor (couve + flor), banana-maçã (banana + maçã)
passatempo (passa + tempo sem hífen e sem alteração sonora e gráfica)
planalto (plano + alto sem hífen e com alteração sonora e gráfica)

FLEXÃO DOS SUBSTANTIVOS

O substantivo é uma classe gramatical variável. A palavra é variável quando sofre **flexão**, ou seja, admite variação na sua estrutura.

Veja, por exemplo, algumas variações da palavra **garoto**:

garot**a** — indicação de **feminino**

garoto**s** — indicação de **plural**

garot**ão** — indicação de **aumentativo**

No caso do substantivo, essas variações ocorrem para indicar flexões de **gênero**, **número** e **grau**.

Exemplos:

flexão de **gênero**	garoto — substantivo **masculino**
	garot**a** — substantivo **feminino**
flexão de **número**	garoto — substantivo **singular**
	garoto**s** — substantivo **plural**
flexão de **grau**	garoto — substantivo na proporção **normal**
	garot**ão** — substantivo na proporção **aumentada**

FLEXÃO DE GÊNERO

O gênero é relativo à palavra. Nada tem a ver com os seres biologicamente sexuados. Por isso, todos os substantivos possuem gênero, mesmo os que representam seres inanimados.

Na língua portuguesa, há dois gêneros: o **masculino** e o **feminino**. A maneira mais fácil para se identificar o gênero dos substantivos é pela anteposição do artigo.

- São **masculinos** os substantivos que admitem o artigo **o**.
  Exemplos: o ovo, **o** armário, **o** sol, **o** menino.
- São **femininos** os substantivos que admitem o artigo **a**.
  Exemplos: a janela, **a** caneta, **a** lua, **a** menina.

Há substantivos que possuem uma forma para cada gênero (biformes), e outros que possuem uma única forma para ambos os gêneros (uniformes).

SUBSTANTIVOS BIFORMES

São **biformes** os substantivos que possuem duas formas: uma que indica o gênero masculino, e outra, o gênero feminino.

Exemplos:

menino — para indicar o gênero masculino
menina — para indicar o gênero feminino
cidadão — para indicar o gênero masculino
cidadã — para indicar o gênero feminino

Formação do feminino

O feminino pode ser formado:

- pela substituição da vogal final -**o** por -**a**.
  menino / menin**a**   gato / gat**a**   pombo / pomb**a**

- pela substituição da vogal final -**e** por -**a**.
  mestre / mestr**a**   elefante / elefant**a**   parente / parent**a**

- pelo acréscimo de -**a**.
  juiz / juíz**a**   autor / autor**a**
  embaixador / embaixador**a** (funcionária chefe de embaixada)

- pela mudança do -**ão** final para -**ã**, -**oa**.
  cidadão / cidad**ã**
  irmão / irm**ã**
  patrão / patr**oa**
  leão / le**oa**

  > **OBSERVAÇÃO**
  > São exceções: cão / cadela, ladrão / ladra, perdigão / perdiz, sultão / sultana.

- pelo acréscimo de -**esa**, -**essa**, -**isa**, -**ina**, -**triz**.
  barão / baron**esa**   conde / cond**essa**
  poeta / poet**isa**   maestro / maestr**ina**
  embaixador / embaixa**triz** (esposa do embaixador)

- de maneira irregular.
  frade / freira   rei / rainha   réu / ré   avô / avó

- de radicais diferentes.

javali / gironda	zangão ou zângão / abelha	macho / fêmea
cavaleiro / amazona	cavalheiro / dama	boi, touro / vaca
pai / mãe	genro / nora	padrasto / madrasta
frei / soror ou sóror	cavalo / égua	carneiro / ovelha
padrinho / madrinha	bode / cabra	homem / mulher

SUBSTANTIVOS UNIFORMES

São **uniformes** os substantivos que possuem uma única forma para indicar ambos os gêneros.

Há três tipos de substantivos uniformes. Veja:

Comuns de dois gêneros

São substantivos que, apesar da forma única, variam em gênero. Essa variação ocorre por meio de outras palavras, como **artigos**, **adjetivos**, **pronomes** e **numerais**.

Exemplos:

gênero masculino — **o   bom   meu   dois**
               colega cliente   fã   estudantes

gênero feminino — **a   boa   minha   duas**

Outros exemplos de substantivos comuns de dois gêneros:

o/a artista	**o/a** jornalista	**o/a** dentista
o/a intérprete	**o/a** pianista	**o/a** imigrante
o/a agente	**o/a** jovem	**o/a** mártir
o/a balconista	**o/a** presidente	**o/a** gerente

Sobrecomuns

São substantivos que representam seres humanos de ambos os sexos por meio de uma única forma e um único gênero.

Exemplos:

a criança (gênero feminino)   **o** indivíduo (gênero masculino)
  para homem   para homem
  para mulher   para mulher

A identificação do sexo é fornecida pelo contexto.
Observe:

> "Atravessei. Na soleira, encolhidinha, estava **uma criança**. Com as picadas da bengala ela ergueu apressadamente o rosto, descobrindo-o para a tênue claridade da luminária distante. Era **uma menina**." *(Sérgio Faraco)*

Outros exemplos de substantivos sobrecomuns:

a criatura	**a** vítima	**a** testemunha
o carrasco	**a** pessoa	**o** cônjuge

Epicenos

São os substantivos que, assim como os sobrecomuns, possuem uma só forma e um só gênero para representar animais e plantas sexuados. A identificação do sexo ocorre por meio das palavras **macho** e **fêmea**.

Exemplos:

o jacaré (gênero masculino)
  o **macho** do jacaré / o jacaré **macho**
  a **fêmea** do jacaré / o jacaré **fêmea** ou **fêmeo**

a mosca (gênero feminino)
  o **macho** da mosca / a mosca **macho** ou **macha**
  a **fêmea** da mosca / a mosca **fêmea**

Outros exemplos de substantivos epicenos:

a águia, **a** borboleta, **a** onça, **a** cobra, **a** baleia, **a** palmeira

o tatu, **o** besouro, **o** crocodilo, **o** rouxinol, **o** gavião, **o** mamoeiro.

PARTICULARIDADES DE GÊNERO

O gênero de alguns substantivos

Alguns substantivos, mesmo na variedade culta, costumam causar dúvidas quanto ao gênero. Segue uma relação de alguns deles.

Tradicionalmente, são considerados **masculinos**:

o apêndice	o dó
o eclipse	o sósia
o clã	o eczema
o herpes	o formicida
o champanha	o decalque
o telefonema	o guaraná
o gengibre	o grama (unidade de medida de massa)

São considerados **femininos**:

a alface	a couve-flor	a libido	a gênese
a agravante	a dinamite	a comichão	a matinê
a apendicite	a ênfase	a decalcomania	a omoplata
a cal	a sucuri	a derme	a sentinela

Admitem os **dois gêneros**:

o/a ágape	o/a laringe
o/a avestruz	o/a personagem
o/a caudal	o/a xerox ou xérox

Significados diferentes para gêneros diferentes

Há substantivos que possuem formas idênticas e cujos significados estão relacionados ao gênero.

Exemplos:

A capital do Brasil é Brasília.
(feminino — cidade onde se localiza a sede do Poder Executivo.)

O capital de Guilherme não foi suficiente para a abertura da firma.
(masculino — recursos monetários, riqueza, conjunto de bens.)

É preciso cuidar d**a grama** das praças.
(feminino — do latim *gramen*: erva, relva, gramíneas.)

Comprei duzent**os gramas** de queijo.
(masculino — do grego *grámma*: unidade de medida de massa.)

Outros exemplos:

a cabeça
(feminino): parte do corpo; certas extremidades arredondadas de objetos; pessoa muito inteligente.

o/a cabeça
(comum de dois gêneros): líder, dirigente, chefe.

a caixa
(feminino): recipiente; seção de pagamentos em bancos, casas comerciais etc.

o caixa
(masculino): livro comercial em que se registram créditos e débitos.

o/a caixa
(comum de dois gêneros): pessoa que trabalha na seção de pagamentos.

a cisma
(feminino, derivado do verbo *cismar*): preocupação, suspeita, sonho, devaneio.

o cisma
(masculino, do grego *schísma*): dissidência de uma ou de várias pessoas de uma coletividade especialmente religiosa; separação.

a crisma
(feminino): cerimônia do sacramento de confirmação da graça do batismo.

o crisma
(masculino): óleo perfumado que se usa no sacramento da crisma e em outros sacramentos.

a cura
(feminino): ato ou efeito de curar ou curar-se.

o cura

(masculino): pároco, sacerdote, vigário.

a guarda

(feminino): ato ou efeito de guardar; vigilância, cuidado; destacamento militar.

o guarda

(masculino): sentinela.

a guia

(feminino): documento, formulário; limite da calçada.

o guia

(masculino): livro ou qualquer publicação destinada a orientar sobre algo específico.

a/o guia

(comum de dois gêneros): pessoa que guia ou orienta outras.

a lente

(feminino, do latim *lente*): instrumento óptico.

a/o lente

(comum de dois gêneros, do latim *legente*): professor.

a moral

(feminino): conjunto de regras de conduta válidas para a comunidade; conclusão moral de uma história.

o moral

(masculino): conjunto das faculdades morais de cada pessoa; vergonha, brio, ânimo.

a rádio

(feminino): estação emissora de programas de radiodifusão.

o rádio

(masculino): aparelho receptor de radiodifusão; osso do antebraço; elemento químico.

FLEXÃO DE NÚMERO

O substantivo possui dois números: **singular** e **plural**.

No **singular**, o substantivo indica um único ser.

Exemplo: O **jogador** acenou para a torcida. (um ser)

No **plural**, o substantivo indica dois ou mais seres.

Exemplo: Os **jogadores** acenaram para a torcida. (mais de um ser)

> **OBSERVAÇÃO**
>
> O substantivo coletivo, embora indique vários seres, pode aparecer no singular ou no plural. Veja:
>
> O **time** acenou para a torcida. / Os **times** acenaram para a torcida.

FORMAÇÃO DO PLURAL

Plural dos substantivos simples

Regra geral:

Acrescenta-se -**s** ao singular. Seguem essa regra:

- os substantivos terminados em vogal.
  casa / casa**s**   café / café**s**   ipê / ipê**s**
  saci / saci**s**   jiló / jiló**s**   solo / solo**s**
  peru / peru**s**   maçã / maçã**s**   irmã / irmã**s**

- os substantivos terminados em **ditongo oral** e **ditongo nasal** -ãe.
  pai / pai**s**   herói / herói**s**
  céu / céu**s**   mãe / mãe**s**

Regras especiais:

- Substantivos terminados em -**r** e -**z**: acréscimo de -**es**.
  pomar / pomar**es**   açúcar / açúcar**es**
  cor / cor**es**   rapaz / rapaz**es**
  vez / vez**es**   cruz / cruz**es**

- Substantivos terminados em -**m**: substituição do -**m** por -**ns**.
  homem / home**ns**   fim / fi**ns**
  som / so**ns**   álbum / álbu**ns**

- Substantivos terminados em -**n**: acréscimo de **s** ou de -**es**.
  abdômen / abdômen**s** ou abdômen**es**   hífen / hifen**s** ou hífen**es**
  gérmen / germen**s** ou gérmen**es**   líquen / liquen**s** ou líquen**es**

- Substantivos terminados em -**al**, -**el**, -**ol** e -**ul**: substituição do -**l** por -**is**.
  sinal / sina**is**   hotel / hoté**is**   farol / faró**is**   paul / pau**is**

- Substantivos terminados em -**il**:
  – **oxítonos**: substituição do -**l** por -**s**.
    funil / funi**s**   fuzil / fuzi**s**   barril / barri**s**
  – **paroxítonos**: substituição do -**il** por -**eis**.
    réptil / répt**eis**   fóssil / fóss**eis**   projétil / projét**eis**

- Substantivos terminados em -**s**:
  – os **oxítonos** e os **monossílabos**: acréscimo de -**es**.
    francês / frances**es**   país / país**es**   gás / gas**es**   mês / mes**es**

– os **paroxítonos** e os **proparoxítonos** são **invariáveis**.
o vírus / os vírus
um pires / dois pires
um ônibus / vários ônibus

- Substantivos terminados em **-x** são **invariáveis**.
  um tórax / dois tórax   o clímax / os clímax

- Substantivos terminados em **-ão** fazem o plural de três maneiras:
  – em **-ões** (a maioria).
  balão / bal**ões**   leão / le**ões**   coração / coraç**ões**
  – em **-ães**.
  pão / p**ães**   escrivão / escriv**ães**
  alemão / alem**ães**   tabelião / tabeli**ães**
  cão / c**ães**   capitão / capit**ães**
  – em **-ãos**.
  bênção / bênçã**os**   órfão / órfã**os**   órgão / órgã**os**
  sótão / sótã**os**   cidadão / cidadã**os**   cristão / cristã**os**
  irmão / irmã**os**   pagão / pagã**os**   mão / mã**os**
  grão / grã**os**   chão / chã**os**   vão / vã**os**

> **OBSERVAÇÃO**
>
> Alguns substantivos terminados em **-ão** admitem mais de um plural.
> cirurgião – cirurgiões / cirurgiães
> ancião – anciões / anciães / anciãos
> ermitão – ermitões / ermitães / ermitãos
> anão – anões / anãos
> verão – verões / verãos
> vilão – vilões / vilãos / vilães

Plural dos substantivos compostos

Substantivos compostos não ligados por hífen

Fazem o plural como os substantivos simples.

Exemplos:
pontapé / pontapé**s**, mandachuva / mandachuva**s**, girassol / girassó**is**

Substantivos compostos ligados por hífen

Podem ir para o plural os dois elementos, apenas um ou nenhum.
Observe:

- Os dois elementos vão para o plural se representados por:
  a) substantivo e substantivo — couve-flor / couves-flores

b) substantivo e adjetivo — amor-perfeito / amores-perfeitos
c) adjetivo e substantivo — má-língua / más-línguas
d) numeral e substantivo — segunda-feira / segundas-feiras

- Apenas o primeiro elemento vai para o plural:
  a) se o segundo elemento indicar finalidade ou limitar a ideia do primeiro.
  pombo-correio / pombos-correio
  banana-maçã / bananas-maçã
  café-concerto / cafés-concerto
  salário-família / salários-família
  b) se os elementos forem ligados por preposição.
  dragão-do-mar / dragões-do-mar
  cobra-d'água / cobras-d'água
  banana-da-terra / bananas-da-terra
  porquinho-da-índia / porquinhos-da-índia

- Apenas o segundo elemento vai para o plural:
  a) se o primeiro elemento for:
  verbo — guarda-chuva / guarda-chuvas
  advérbio — abaixo-assinado / abaixo-assinados
  forma reduzida (como **bel**, **grã**, **grão**) — grão-duque / grão-duques
  b) se os elementos forem:
  palavras repetidas — tico-tico / tico-ticos
  palavras onomatopaicas — tique-taque / tique-taques

OBSERVAÇÕES

a) A palavra **guarda** pode aparecer também como substantivo, caso em que varia: guarda-noturno / guardas-noturnos, guarda-civil / guardas-civis.
b) Alguns substantivos formados de verbos repetidos, como **corre-corre**, **pisca-pisca**, admitem também a variação dos dois elementos: corres-corres, piscas-piscas.
c) O plural dos substantivos **bem-te-vi** e **bem-me-quer** é, respectivamente, bem-te-vis e bem-me-queres.

- Nenhum dos elementos vai para o plural:
  a) se o primeiro for verbo e o segundo, palavra invariável.
  o bota-fora / os bota-fora — o topa-tudo / os topa-tudo
  b) se forem verbos de sentidos opostos.
  o abre-e-fecha / os abre-e-fecha — o ganha-perde / os ganha-perde

> **OBSERVAÇÃO**
>
> Outros substantivos compostos em que nenhum elemento varia: **o** *louva-a-deus* / **os** *louva-a-deus*, **o** *abre-alas* / **os** *abre-alas*, **o** *arco-íris* / **os** *arco-íris*, **o** *porta-luvas* / **os** *porta-luvas*.

PARTICULARIDADES DE NÚMERO

Algumas formas especiais

A forma plural de alguns substantivos merece comentários. Veja:

- A forma **avôs** corresponde a avô + avô; a forma **avós**, a avó + avó e avô + avó.
- No plural de **caráter** (**caracteres**), **júnior** (**juniores**) e **sênior** (**seniores**), ocorre o deslocamento da sílaba tônica.
- A forma plural **-ens** não tem acento gráfico: hífen / **hifens**, gérmen / **germens**.
- O substantivo **cânon** admite uma só forma plural: **cânones**.
- Pelos mecanismos de nossa língua, o plural de **gol** é **gois** ou **goles**, mas o uso consagrou a forma **gols**.
- O plural de **mal** é **males** e de **cônsul** é **cônsules**.
- Os substantivos **réptil** e **projétil** possuem também a forma oxítona no singular e no plural: reptil/**reptis**, projetil/**projetis**.
- O substantivo **cálice** possui também a forma **cálix**. Sua forma plural é **cálices**.
- O substantivo **fax** pode manter-se invariável ou fazer o plural em **faxes**.

Plural dos substantivos próprios

O plural dos substantivos próprios segue as mesmas regras do plural dos substantivos comuns.

Alguns exemplos:

os Antônio**s**   as Raqué**is**

os Rui**s**   as Carme**ns**

os Luís**es**   os Lucas

Plural metafônico ou metafonia

O **o** tônico fechado (**ô**) de certos substantivos, no singular, sofre mudança de timbre, ou seja, muda para **o** aberto (**ó**) quando a palavra passa para o plural. A essa mudança de som dá-se o nome de **plural metafônico** ou **metafonia**. Veja alguns exemplos no quadro a seguir:

Exemplos de metafonia

Singular (ô)	Plural (ó)	Singular (ô)	Plural (ó)
Caroço	Caroços	Osso	Ossos
Corpo	Corpos	Ovo	Ovos
Destroço	Destroços	Poço	Poços
Esforço	Esforços	Porco	Porcos
Fogo	Fogos	Porto	Portos
Forno	Fornos	Posto	Postos
Imposto	Impostos	Povo	Povos
Jogo	Jogos	Reforço	Reforços
Miolo	Miolos	Socorro	Socorros
Olho	Olhos	Tijolo	Tijolos

Não é, porém, com todos os substantivos desse tipo que ocorre plural metafônico. Veja alguns substantivos em que a vogal **o** fechada do singular mantém-se fechada também no plural:

almoços	cocos	estojos	repolhos
bolos	dorsos	globos	rolos
bolsos	encostos	gostos	rostos
cachorros	esposos	pescoços	subornos

Substantivos de um só número

Há substantivos que são usados normalmente no plural. As palavras modificadoras que se referem a esses substantivos devem concordar com eles.

Exemplos:

os afazeres	**nossas** bodas	**minhas** olheiras
as algemas	**as** cócegas	**os** parabéns
os anais (só plural)	**as** fezes	**os** pêsames
os arredores	**longas** núpcias (só plural)	**os** víveres (só plural)

Há também substantivos que, habitualmente, são usados apenas no singular.

Exemplos:

bondade	ouro	brisa
caridade	prata	neve
falsidade	cobre	lenha
sinceridade	oxigênio	sede
lealdade	hidrogênio	fome

Significados diferentes para números diferentes

Alguns substantivos têm um significado para o singular e outro para o plural.

Exemplos:

bem — benefício, virtude, propriedade, valor
bens — propriedades, valores
costa — litoral
costas — dorso, lombo, encosto
féria — renda diária
férias — período de descanso
letra — sinal gráfico
letras — cultivo da literatura e/ou da língua
óculo — luneta
óculos — lentes usadas em frente dos olhos para, geralmente, corrigir a visão

FLEXÃO DE GRAU

Os graus do substantivo são dois: **aumentativo** e **diminutivo**.

O **grau aumentativo** intensifica a significação do substantivo pelo aumento das proporções normais do ser.

Observe:

boca (significação normal)
boca **enorme**
boc**arra** (significações intensificadas)

O **grau diminutivo** atenua a significação do substantivo pela diminuição das proporções normais do ser.

Observe:

boca (significação normal)
boca **pequena**
boqu**inha** (significações atenuadas)

FORMAÇÃO DO GRAU DO SUBSTANTIVO

Tanto o grau aumentativo quanto o diminutivo possuem duas formas de representação: a **analítica** e a **sintética**.

Grau aumentativo

Forma analítica – O aumento das proporções é obtido com o auxílio de outras palavras.

Exemplos:

dente | **grande**
       | **enorme**

fogo | **imenso**
      | **forte**

Forma sintética – O aumento das proporções é obtido por meio da inclusão de sufixos.

Exemplos:

dente + -**ão** = dent**ão**   fogo + -**aréu** = fog**aréu**

pared **ão**
fog **aréu**
cas **arão**
bal **aço**
↓   ↓
radical sufixo

Sufixos com sentido aumentativo	
-ão — dent**ão**, pez**ão**	-orra — cabeç**orra**, manz**orra**
-aço — unh**aço**, animal**aço**	-arra — boc**arra**, navi**arra**
-aça — barc**aça**, barb**aça**	-aréu — fog**aréu**
-(z)arrão — homenz**arrão**, canz**arrão**	-ázio — cop**ázio**
-anzil — corp**anzil**	

Grau diminutivo

Forma analítica – A diminuição das proporções é obtida por meio de características, ou adjetivos, que dão a ideia de tamanho.

Exemplos:

dente | **pequeno**
       | **minúsculo**

fogo | **fraco**
      | **baixo**

Forma sintética – A diminuição das proporções é obtida por meio de sufixos que exprimem diminuição.

Exemplos:

dente + -**inho** = dent**inho**
fogo + -**inho** = fogu**inho**

Sufixos com sentido diminutivo	
-inho — carr**inho**, bol**inha**	-eto — poem**eto**, mal**eta**
-(z)inho — pe**zinho**, flor**zinha**	-ico — burr**ico**
-ito — rapaz**ito**, cas**ita**	-im — flaut**im**, espad**im**
-(z)ito — cão**zito**, pe**zito**	-ola — alde**ola**, bandeir**ola**
-acho — ri**acho**	-ota — ilh**ota**
-ejo — vilar**ejo**	-ote — menin**ote**
-ela — ru**ela**	-isco — chuv**isco**
-eco — livr**eco**	-ucho — papel**ucho**

OBSERVAÇÕES

a) Nos textos, as formas sintéticas nem sempre visam exprimir as dimensões do ser que representam. Muitas vezes expressam carinho, admiração — mãezinha, filhinho, paizão, amigão — ou grosseria, brutalidade, desprezo, ironia — gentinha, jornaleco, beiçorra, mulherzinha.

b) Muitas formas sintéticas, com o tempo, perdem o sentido de aumentativo ou diminutivo de seu substantivo de origem e adquirem significações próprias: cartão, portão, folhinha (calendário) etc.

Plural dos diminutivos em -(z)inho e -(z)ito

O uso do diminutivo com o sufixo -(z)**inho** é bastante comum; já com o sufixo -(z)**ito** é raro. Veja a formação do plural nesses casos:

- Flexiona-se o substantivo no seu grau normal.
  Exemplos: limão / lim**ões**, cão / c**ães**, colher / colher**es**.

- Suprime-se o **s** do plural e acrescenta-se o sufixo no plural (-zinho**s** ou -zito**s**).
  Exemplos: limõe**zinhos**, cãe**zitos**, colhere**zinhas** (os plurais **colherzinhas**, **florzinhas** são formas de registro informal, não previstos na gramática normativa).

Outros exemplos:

animal — animai(s) — animaizinhos
nuvem — nuven(s) — nuvenzinhas
farol — farói(s) — faroizinhos
pão — pãe(s) — pãezinhos
flor — flore(s) — florezinhas
papel — papéi(s) — papeizinhos
funil — funi(s) — funizinhos
túnel — túnei(s) — tuneizinhos

MORFOLOGIA

EM SÍNTESE

Substantivo é a palavra que expressa os nomes dos seres.

Classificação dos substantivos
- Comuns — representam um ser qualquer da espécie.
- Próprios — representam um ser específico da espécie.
- Concretos — representam seres de existência independente.
- Abstratos — representam seres que dependem de outros para existir.
- Coletivos — indicam um conjunto de seres.

Formação dos substantivos
- Primitivos — não provêm de outra palavra da língua.
- Derivados — formados a partir de palavra já existente.
- Simples — formados por apenas um radical.
- Compostos — formados por mais de um radical.

Flexão dos substantivos
- Flexão de gênero — masculino e feminino.
- Flexão de número — singular e plural.
- Flexão de grau — aumentativo e diminutivo.

No texto

Leia um trecho da letra da canção de Arnaldo Antunes e Rogério Duarte.

A natureza divina

Inexistência de medo;
Purificação da vida;
Compreensão transcendental;
Caridade; autocontrole;
[...]

Arnaldo Antunes e Rogério Duarte. Disponível em: <http://letras.mus.br/arnaldo-antunes/91290/>. Acesso em: 10 mar. 2014.

1. O título da canção sugere a descrição de uma realidade perfeita, além do real. Os versos expressam essa realidade por meio de substantivos. Identifique-os.
2. Os seres representados por esses substantivos possuem existência independente de outros seres? Explique.
3. Com base nos substantivos utilizados no trecho, que características você atribuiria às pessoas imersas nessa realidade?

MORFOLOGIA

Artigo

Um primeiro olhar

Esta matéria foi publicada na seção de Esportes do jornal **O Estado de S. Paulo**.

O Estado de S. Paulo, 5 mar. 2014. Esportes, p. A18.

1. Considerando-se o conjunto – o título, o subtítulo, a foto e o contexto da notícia –, o que significa a expressão **o dia**?

2. O título da notícia poderia ter sido **Um dia de Rafinha e Fernandinho**? Justifique.

3. O que o jornalista quis enfatizar ao criar esse título?

67

CONCEITO

> Na pequena cidade onde moro, há **um** rio.
>
> **O** rio corta a cidade pelo meio.

As palavras destacadas acima são **artigos**. O artigo refere-se ao substantivo, especificando ou não o ser em relação aos demais seres de sua espécie.

Observe:

O substantivo **rio**, | em **um rio**, representa um ser qualquer da espécie, não específico.
| em **o rio**, representa um ser conhecido, já mencionado, portanto específico.

Os artigos **um** e **o** estão indicando respectivamente que, no primeiro caso, trata-se de um rio qualquer e, no segundo, de um rio específico.

> **Artigo** é a palavra que se antepõe ao substantivo, indicando tratar-se de um ser específico ou genérico da espécie.

CLASSIFICAÇÃO DOS ARTIGOS

Os artigos são classificados conforme o ser é representado em relação à sua espécie. Veja:

DEFINIDOS

Indicam que se trata de um ser específico da espécie: um ser conhecido do falante e do ouvinte.

São definidos os artigos: **o**, **a**, **os**, **as**.

Exemplo:

O professor de História esclareceu-me as dúvidas. (Trata-se de um professor conhecido ou único naquela situação.)

INDEFINIDOS

Indicam que se trata de um ser qualquer da espécie: um ser não conhecido do falante e nem do ouvinte, ou conhecido apenas do falante.

São indefinidos os artigos: **um**, **uma**, **uns**, **umas**.

Exemplos:

Um professor de História esclareceu-me as dúvidas.

(Trata-se de um professor qualquer entre outros existentes naquela situação.)

Ontem encontrei **um** amigo de infância.

(Trata-se de um amigo conhecido apenas do falante.)

FLEXÃO DOS ARTIGOS

O artigo é uma classe gramatical variável. Possui formas distintas em **gênero** e **número** para concordar com o substantivo a que se refere.

Exemplos:

o menin**o** (masculino singular)

a menin**a** (feminino singular)

os menin**os** (masculino plural)

as menin**as** (feminino plural)

um menin**o** (masculino singular)

uma menin**a** (feminino singular)

uns menin**os** (masculino plural)

umas menin**as** (feminino plural)

> **OBSERVAÇÃO**
>
> Outras classes de palavras são substantivadas quando precedidas de artigo. Exemplos:
> - Com **o** raiar do sol, o grupo retomou a trilha que levava à montanha. (verbo substantivado)
> - **Os** jovens adoram **o** novo! (adjetivos substantivados)

MORFOLOGIA

EM SÍNTESE

Artigo — palavra que se antepõe ao substantivo, indicando tratar-se de um ser específico ou genérico da espécie.

Classificação dos artigos
- Definido — indica que se trata de um ser específico da espécie.
- Indefinido — indica que se trata de um ser qualquer da espécie.

Flexão dos artigos — classe gramatical variável, flexiona-se em gênero e número para concordar com o substantivo a que se refere.

No texto

Leia com atenção uma tirinha do cartunista Fernando Gonsales e responda às questões que seguem.

GONSALES, Fernando. **Níquel Náusea**.
Disponível em:<http://www2.uol.com.br/niquel/seletas.shtml>.
Acesso em: 3 jun. 2014.

1. No primeiro balão, em "a terrível ratazana infecta", há o artigo definido **a** antes do substantivo **ratazana** e, no segundo, o artigo indefinido **um** antes de **ratinho**. Justifique os respectivos empregos desses artigos, considerando o contexto geral da tirinha.

2. Com base nesse contexto, por que o uso de diferentes tipos de artigo (definido e indefinido) pode contribuir para a reação da personagem no último quadrinho?

MORFOLOGIA

Adjetivo

Um primeiro olhar

A seguir, leia uma tirinha do Hagar, personagem criado pelo cartunista norte-americano Dik Browne.

BROWNE, Chris. Hagar. **Folha de S.Paulo,** São Paulo, 8 mar. 2014. Ilustrada, p. E17.

1. Identifique, na tirinha, palavras e expressões utilizadas para caracterizar os personagens.
2. Releia o primeiro quadrinho. O que, provavelmente, Hagar esperava ouvir como resposta à sua pergunta?
3. No último quadrinho, o que se pode concluir com relação à real característica de Max?

Hagar, o Horrível é uma tirinha criada pelo cartunista norte-americano Dik Browne (apelido de Richard Arthur Allan Browne) e distribuída a 1.900 jornais em 58 países e 13 idiomas. Desde sua aposentadoria em 1988, seu filho Chris tem cuidado das tiras pessoalmente, embora já tenha começado a ajudar o pai desde 1974.

Além do *viking* Hagar, a tirinha conta ainda com outros personagens: Eddie Sortudo, companheiro de Hagar, Helga, sua esposa, Hamlet e Honi, seus filhos, e Hérnia, jovem apaixonada por Hamlet.

Os cartunistas Mort Walker e Dik Browne em evento cultural.

CONCEITO

Em nosso dia a dia, encontramos não só pessoas, mas também pessoas **interessantes**.

Nessa frase, a palavra destacada é um adjetivo. O **adjetivo** refere-se ao substantivo. Ele é empregado para descrever os seres.

Observe:

O mesmo substantivo **pessoas** | representa seres sem nenhuma descrição: **pessoas**.
| representa seres com um traço descritivo: pessoas **interessantes**.

O traço descritivo **interessantes** estabelece uma diferença entre umas e outras "pessoas". Trata-se de uma característica do ser expressa por meio de um **adjetivo**.

> **Adjetivo** é a palavra que indica a característica do ser representado pelo substantivo.

As características dos seres consistem, basicamente, em:

- **qualidades**, boas e más — Existem políticos **honestos** e políticos **desonestos**.
- **estados** em que se encontram — Minha irmã está **preocupada** com a chegada de seu bebê.
- **aspectos**, exteriores e interiores — Meu pai é um homem **gordo** e **simpático**.
- **locais de origem** — Tenho muitos amigos **cearenses**.

FORMAÇÃO DOS ADJETIVOS

Como os substantivos, os adjetivos também podem ser:

PRIMITIVOS

São aqueles que não provêm de nenhuma outra palavra da língua.
Exemplos:

A capa do caderno era **azul**.

Minha mãe é uma criatura **meiga**.

DERIVADOS

São aqueles formados a partir de uma palavra já existente na língua.

Exemplos:

Meu gato é muito **preguiçoso**. (adjetivo derivado do substantivo "preguiça")

Na sua ausência, fico com o coração **partido**. (adjetivo derivado do verbo "partir")

SIMPLES

São aqueles formados de apenas um radical.

Exemplos:

As águas **claras** do rio cortavam as montanhas.

Os cabelos **escuros** de meu avô acentuavam a severidade de seu semblante.

COMPOSTOS

São aqueles formados de dois ou mais radicais.

Exemplos:

Os cabelos **castanho-escuros** ressaltavam os olhos azuis da menina.

Em ano de eleição, as questões **socioeconômicas** são as preferidas pelos candidatos.

LOCUÇÃO ADJETIVA

Locução adjetiva é uma expressão representada por mais de uma palavra e que tem valor de adjetivo.

Exemplo:

As cidades seriam mais limpas se os *cestos* **de lixo** fossem utilizados.
       ↓
locução adjetiva

Muitas locuções adjetivas possuem adjetivos correspondentes.

Exemplos:

No acidente, o carro teve a sua *parte* **de trás** danificada.
        ↓
locução adjetiva

No acidente, o carro teve a sua *parte* **traseira** danificada.
        ↓
adjetivo

LOCUÇÕES ADJETIVAS E ADJETIVOS CORRESPONDENTES

Locução adjetiva	Adjetivo
da audição	auditivo
da voz	vocal
de abdômen	abdominal
de abelha	apícola
de águia	aquilino
de aluno	discente
de anjo	angelical
de bispo	episcopal
de boca	bucal, oral
de boi	bovino
de cabelo	capilar
de cavalo	equino
de chumbo	plúmbeo
de chuva	pluvial
de cidade	citadino, urbano
de cobra	ofídico
de coração	cardíaco
de crânio	craniano
de diamante	diamantino
de estômago	estomacal, gástrico
de estrela	estelar
de face	facial
de família	familiar
de fígado	hepático
de filho	filial
de fogo	ígneo
de frente	frontal
de gato	felino
de gelo	glacial
de guerra	bélico
de idade	etário
de ilha	insular
de intestino	intestinal, entérico
de sonho	onírico
de tarde	vespertino
de tecido	têxtil
de tórax	torácico
de umbigo	umbilical
de veia	venoso
de velho	senil
de vento	eólio, eólico

Locução adjetiva	Adjetivo
de inverno	hibernal
de irmão	fraternal, fraterno
de junho	junino
de lago	lacustre
de lebre	leporino
de leite	lácteo
de macaco	simiesco
de mãe	maternal, materno
de manhã	matinal, matutino
de marfim	ebúrneo
de mestre	magistral
de morte	mortal, letal
de nariz	nasal
de neve	niveal, níveo
de nuca	occipital
de olho	ocular
de orelha	auricular
de osso	ósseo
de ouro	áureo
de ovelha	ovino
de pai	paternal, paterno
de paixão	passional
de pedra	pétreo
de pele	cutâneo, epidérmico
de pescoço	cervical
de porco	suíno
de prata	argênteo
de professor	docente
de proteína	proteico
de pulmão	pulmonar
de rim	renal
de rio	fluvial
de selva	silvestre
de verão	estival
de vidro	vítreo
de visão	visual, ótico ou óptico
do campo	campestre, campesino, rural
do mar	marítimo
sem cheiro	inodoro
sem sabor	insípido

ADJETIVOS PÁTRIOS

São denominados **pátrios** os adjetivos que indicam locais de origem, como continentes, países, estados, cidades etc.

Em sua grande maioria, são adjetivos derivados do nome do local com o acréscimo dos sufixos: -**ês**, -**ense** e -**ano**.

Exemplos:
Tenho um amigo **francês**. (da França)
Curitiba é a capital **paranaense**. (do Paraná)
O carnaval **baiano** é animadíssimo. (da Bahia)

ADJETIVOS PÁTRIOS REFERENTES A LOCALIDADES BRASILEIRAS

Acre	acriano, acreano	**Florianópolis**	florianopolitano
Alagoas	alagoano	**Fortaleza**	fortalezense
Amapá	amapaense	**Foz do Iguaçu**	iguaçuense
Amazonas	amazonense	**Goiânia**	goianiense
Aracaju	aracajuense, aracajuano	**Goiás**	goiano
Bahia	baiano	**João Pessoa**	pessoense
Belém	belenense	**Juiz de Fora**	juiz-forense, juiz-forano, juiz-de-forano
Belo Horizonte	belo-horizontino	**Macapá**	macapaense
Boa Vista	boa-vistense	**Maceió**	maceioense
Brasília	brasiliense	**Manaus**	manauense, manauara
Cabo Frio	cabo-friense	**Marajó**	marajoara
Campinas	campineiro, campinense	**Maranhão**	maranhense
Campo Grande	campo-grandense	**Mato Grosso**	mato-grossense
Ceará	cearense	**Mato Grosso do Sul**	mato-grossense-do-sul
Cuiabá	cuiabano	**Minas Gerais**	mineiro
Curitiba	curitibano	**Natal**	natalense
Espírito Santo	espírito-santense, capixaba	**Niterói**	niteroiense

Palmas	palmense
Pará	paraense
Paraíba	paraibano
Paraná	paranaense
Pernambuco	pernambucano
Petrópolis	petropolitano
Piauí	piauiense
Poços de Caldas	caldense
Porto Alegre	porto-alegrense
Porto Velho	porto-velhense
Recife	recifense
Ribeirão Preto	ribeirão-pretense, ribeirão-pretano
Rio de Janeiro (cidade)	carioca
Rio de Janeiro (estado)	fluminense
Rio Branco	rio-branquense

Rio Grande do Norte	rio-grandense-do-norte, norte-rio-grandense potiguar
Rio Grande do Sul	rio-grandense-do-sul, sul-rio-grandense, gaúcho
Rondônia	rondoniense, rondoniano
Roraima	roraimense
Salvador	salvadorense, soteropolitano
Santa Catarina	catarinense, catarineta, barriga-verde
São Luís	são-luisense, ludovicense
São Paulo (cidade)	paulistano
São Paulo (estado)	paulista
Sergipe	sergipano
Teresina	teresinense
Tocantins	tocantinense
Três Corações	tricordiano
Vitória	vitoriense

ADJETIVOS PÁTRIOS REFERENTES A LOCALIDADES ESTRANGEIRAS

Afeganistão	afegão, afegane
Alemanha	alemão, germânico
Assunção	assuncionenho
Belém (Jordânia)	belemita
Bélgica	belga
Bogotá	bogotano
Boston	bostoniano
Buenos Aires	buenairense, bonaerense, portenho
Camarões	camaronês

Caracas	caraquenho
Costa Rica	costa-riquenho
Croácia	croata
El Salvador	salvadorenho
Estados Unidos	norte-americano, estadunidense, ianque
Etiópia	etíope
Galiza	galego, galaico
Grécia	grego, helênico
Guatemala	guatemalteco

Havana	havanês
Honduras	hondurenho
Índia	indiano, hindu
Itália	italiano
Japão	japonês, nipônico
Jerusalém	hierosolimitano, hierosolimita
La Paz	pacenho
Lima	limenho
Lisboa	lisboeta, lisbonense, lisboês, lisbonês
Madri	madrilense, madrileno
Malásia	malaio

Mônaco	monegasco
Montevidéu	montevideano
Nova Iorque	nova-iorquino
Nova Zelândia	neozelandês
Parma	parmesão, parmense
Patagônia	patagão
Pequim	pequinês
Quito	quitenho
Tirol	tirolês
Trento	tridentino

ADJETIVOS PÁTRIOS COMPOSTOS

Alguns adjetivos pátrios compostos possuem uma forma reduzida para representar o primeiro elemento.

Exemplos:

línguas **indo**-europeias

literatura **luso**-brasileira

cultura **greco**-romana

Veja, a seguir, algumas formas reduzidas.

FORMAS REDUZIDAS DE ADJETIVOS PÁTRIOS

africano	afro-
alemão, germânico	germano-, teuto-
asiático	ásio-
austríaco	austro-
chinês	sino-
espanhol	hispano-
europeu	euro-

francês	franco-
grego	greco-
indiano	indo-
inglês	anglo-
italiano	ítalo-
japonês	nipo-
português	luso-

> **OBSERVAÇÃO**
>
> Na formação do adjetivo pátrio composto, as palavras com menor número de letras aparecem primeiro. **Exemplos:** afro-brasileiro, afro-luso-brasileiro, greco-romano etc.
>
> Quando há coincidência de número de sílabas, segue-se a ordem alfabética. **Exemplos:** anglo-francês, franco-grego etc.

FLEXÃO DOS ADJETIVOS

O adjetivo é uma classe variável com flexões iguais às do substantivo: de **gênero**, **número** e **grau**. Em gênero e número, o adjetivo varia para concordar com o substantivo a que se refere.

Veja:

Variação de **gênero**	aluno *aplicado* (**masculino**)	Variação de **número**	aluno *aplicado* (**singular**)
	aluna *aplicada* (**feminino**)		alunos *aplicados* (**plural**)

Variação de **grau**
- aluno *aplicado* (**característica normal**)
- aluno *aplicadíssimo* (**característica intensificada**)

FLEXÃO DE GÊNERO

Para concordar com o substantivo, o adjetivo toma as formas **masculino** e **feminino**.

GÊNERO DOS ADJETIVOS SIMPLES

Como os substantivos, os adjetivos simples podem ser **uniformes** ou **biformes**.

São **uniformes** os adjetivos que possuem uma única forma para ambos os gêneros.

Exemplos:

interesse ***comum***	causa ***comum***
homem ***feliz***	mulher ***feliz***
momento ***anterior***	hora ***anterior***
assunto ***interessante***	palestra ***interessante***

São **biformes** os adjetivos que possuem duas formas, uma para o masculino e outra para o feminino.

Exemplos:

amigo *sincero*	amiga *sincera*
homem *honesto*	mulher *honesta*
olhar *sedutor*	voz *sedutora*

Formação do feminino

O feminino pode ser formado:

- pela substituição do -**o** final por -**a**.
  aluno educad**o**   aluna educad**a**
  professor ativ**o**   professora ativ**a**
  menino corajos**o**   menina corajos**a**

- pelo acréscimo de -**a**.
  amigo francês   amiga frances**a**
  futuro promissor   ideia promissor**a**
  legume cru   carne cru**a**
  autor espanhol   autora espanhol**a**

> **OBSERVAÇÃO**
> Não seguem essas regras: menino **mau** / menina **má**, homem **judeu** / mulher **judia**.

- pela substituição de -**ão** por -**ona** e -**ã**.
  menino comil**ão**   menina comil**ona**
  corpo s**ão**   mente s**ã**

- pela substituição de -**eu** por -**eia** e de -**éu** por -**oa**.
  homem at**eu**   mulher at**eia**
  homem ilh**éu**   mulher ilh**oa**

GÊNERO DOS ADJETIVOS COMPOSTOS

Também os adjetivos compostos podem ser **uniformes** ou **biformes**.

São **uniformes** aqueles que têm como último elemento um **substantivo** que não varia.

Exemplos:

vestido verde-**limão**   blusa verde-**limão**
terno verde-**garrafa**   gravata verde-**garrafa**
cabelo amarelo-**ouro**   saia amarelo-**ouro**

São **biformes** aqueles que têm como último elemento um **adjetivo**, em que ocorre a variação.

Exemplos:

olho castanho-**claro**   pele castanho-**clara**
atendimento médico-**cirúrgico**   clínica médico-**cirúrgica**
estudo afro-**brasileiro**   pesquisa afro-**brasileira**

Exceção: *surdo-mudo* / *surda-muda* (variam os dois elementos).

FLEXÃO DE NÚMERO

Para concordar com o substantivo, o adjetivo toma as formas **singular** e **plural**.

FORMAÇÃO DO PLURAL

Plural dos adjetivos simples

Em geral, os adjetivos simples fazem o plural seguindo as mesmas regras do plural dos substantivos.

Exemplos:

casa *bonita*	casas *bonitas*
gato *manhoso*	gatos *manhosos*
jovem *colaborador*	jovens *colaboradores*
carro *veloz*	carros *velozes*
criança *dócil*	crianças *dóceis*
garota *adorável*	garotas *adoráveis*
pessoa *jovem*	pessoas *jovens*
mulher *gentil*	mulheres *gentis*
corpo *são*	corpos *sãos*
rapaz *comilão*	rapazes *comilões*

Plural dos adjetivos compostos

O plural dos adjetivos compostos segue o mesmo processo do feminino.

- Se o último elemento for um adjetivo, apenas ele varia.

  olho *castanho-claro*   olhos *castanho-claros*
  clínica *médico-cirúrgica*   clínicas *médico-cirúrgicas*
  estudo *afro-brasileiro*   estudos *afro-brasileiros*

  > **OBSERVAÇÃO**
  >
  > a) Em *surdo-mudo*, os dois elementos variam: *surdos-mudos*.
  >
  > b) Em *azul-marinho* e *azul-celeste*, nenhum elemento varia: sapatos *azul-marinho*, saias *azul-celeste*.

- Se o último elemento for um **substantivo**, não há variação.

  vestido *verde-limão*   vestidos *verde-limão*
  saia *amarelo-ouro*   saias *amarelo-ouro*
  gravata *verde-garrafa*   gravatas *verde-garrafa*

FLEXÃO DE GRAU

Os graus do adjetivo são dois: **comparativo** e **superlativo**.

GRAU COMPARATIVO

A comparação de uma ou mais características pode ocorrer de duas maneiras.

- Entre seres diferentes.

  Exemplos:

  A *garota* é tão **inteligente** quanto seu *irmão*.
  (ser) (característica) (ser)

  A *garota* é tão **inteligente** e **estudiosa** quanto seu *irmão*.
  (ser) (característica) (característica) (ser)

- Nos mesmos seres.

  Exemplos:

  A *garota* é tão **inteligente** quanto **estudiosa**.
  (ser) (característica) (característica)

  A *garota* e seu *irmão* são tão **inteligentes** quanto **educados**.
  (ser) (ser) (característica) (característica)

O **grau comparativo** pode ser de vários tipos.

De igualdade

Formado com: **tão** + *adjetivo* + **quanto** (ou **como**).

Exemplos:

Henrique é **tão** *amoroso* **quanto** (ou **como**) Natália.

Henrique é **tão** *amoroso* **quanto** (ou **como**) *educado*.

De superioridade

Formado com: **mais** + *adjetivo* + **que** (ou **do que**).

Exemplos:

Henrique é **mais** *amoroso* (**do**) **que** Natália.

Henrique é **mais** *amoroso* (**do**) **que** *educado*.

De inferioridade

Formado com: **menos** + *adjetivo* + **que** (ou **do que**).

Exemplos:

Henrique é **menos** *amoroso* (**do**) **que** Natália.

Henrique é **menos** *amoroso* (**do**) **que** *educado*.

O grau comparativo de superioridade dos adjetivos **bom**, **mau**, **pequeno** e **grande** é expresso, respectivamente, com as palavras: **melhor**, **pior**, **menor** e **maior**.

Exemplos:

O café de hoje está **melhor** do que o de ontem. (mais bom)

Minhas mãos são **menores** do que as suas. (mais pequenas)

Quando, porém, as características referem-se aos mesmos seres, são admitidas as expressões: **mais bom**, **mais mau**, **mais pequeno** e **mais grande**.

Exemplos:

Seu estado de saúde está **mais bom** do que mau.

Minhas mãos são **mais grandes** do que gordas.

GRAU SUPERLATIVO

O **grau superlativo** pode ser:

Relativo

A característica é intensificada ao máximo na relação com outros seres.

Exemplos:

Marcelo é **o mais** *estudioso* **dos irmãos**.

Guilherme e Lucas são **os mais** *altos* **da família**.

Essa relação pode ser de:

- **superioridade**: a intensidade é para mais:
  o (a) mais + *adjetivo* + **de**.
  Exemplos:
  Aquela garota morena era **a mais** *simpática* **da turma**.
  Aquelas garotas morenas eram **as mais** *simpáticas* **da turma**.

- **inferioridade**: a intensidade é para menos:
  o (a) menos + *adjetivo* + **de**.
  Exemplos:
  Aquela garota morena era **a menos** *simpática* **da turma**.
  Aquelas garotas morenas eram **as menos** *simpáticas* **da turma**.

Absoluto

A característica é intensificada ao máximo, mas sem relação com outros seres.

Exemplos:

Marcelo é **muito** *estudioso*.

Lucas e Guilherme são **altíssimos**.

Esse grau possui dois tipos de estrutura, classificando-se em:
- **analítico**: é o superlativo absoluto formado com palavras que exprimem intensidade: **muito**, **extremamente**, **demasiadamente**, **excessivamente** etc.

Exemplo:
Valéria é **muito** *simpática*.

- **sintético**: é o superlativo absoluto formado com o acréscimo de **sufixos**.
  Exemplo:
  Beatriz é simpatic**íssima**.

O grau superlativo dos adjetivos **bom**, **mau**, **grande** e **pequeno** é expresso, respectivamente, da seguinte maneira:

a) superlativo relativo de superioridade: **o melhor, o pior, o maior, o menor**.
   Exemplo:
   Caio é **o melhor** dos irmãos.

b) superlativo absoluto sintético: **ótimo, péssimo, máximo, mínimo**.
   Exemplo:
   Caio é **ótimo**.

A maioria dos superlativos absolutos sintéticos é formada com o acréscimo do sufixo **-íssimo** ao radical da palavra na forma latina.

RELAÇÃO DE ALGUNS SUPERLATIVOS ABSOLUTOS SINTÉTICOS

acre	acérrimo	grande	máximo
ágil	agílimo	humilde	humílimo
agradável	agradabilíssimo	jovem	juveníssimo
agudo	acutíssimo	livre	libérrimo
alto	altíssimo, supremo	magro	macérrimo, magríssimo
amargo	amaríssimo	maléfico	maleficentíssimo
amável	amabilíssimo	mau	péssimo
amigo	amicíssimo	miserável	miserabilíssimo
antigo	antiquíssimo	miúdo	minutíssimo
áspero	aspérrimo	negro	nigérrimo
audaz	audacíssimo	nobre	nobilíssimo
baixo	ínfimo	notável	notabilíssimo
benéfico	beneficentíssimo	pequeno	mínimo
benévolo	benevolentíssimo	pessoal	personalíssimo
bom	boníssimo, ótimo	pobre	paupérrimo
capaz	capacíssimo	possível	possibilíssimo
célebre	celebérrimo	provável	probabilíssimo
cru	cruíssimo	respeitável	respeitabilíssimo
cruel	crudelíssimo	sábio	sapientíssimo
difícil	dificílimo	sagrado	sacratíssimo
doce	dulcíssimo	salubre	salubérrimo

dócil	docílimo	sensível	sensibilíssimo
eficaz	eficacíssimo	sério	seriíssimo
fácil	facílimo	simpático	simpaticíssimo
feio	feiíssimo	simples	simplicíssimo, simplíssimo
feliz	felicíssimo	tenaz	tenacíssimo
feroz	ferocíssimo	terrível	terribilíssimo
fiel	fidelíssimo	veloz	velocíssimo
frágil	fragílimo	visível	visibilíssimo
frio	frigidíssimo	volúvel	volubilíssimo
geral	generalíssimo	voraz	voracíssimo

OBSERVAÇÕES

a) As palavras **supremo** (ou **sumo**) e **ínfimo** correspondem, respectivamente, aos superlativos absolutos sintéticos de **alto** e **baixo. Exemplos:**

O poder de Deus é **supremo**.

O valor do objeto perdido era **ínfimo**.

b) Na linguagem informal, a tendência é usar o radical do português e o sufixo -**íssimo** para todos os adjetivos: **pobríssimo, amiguíssimo...**

c) É muito comum expressar graus do adjetivo com sufixos próprios do substantivo: **bonzinho, gorducha** etc.

EM SÍNTESE

Adjetivo — palavra que indica característica dos seres.

Formação dos adjetivos

- Primitivos — não provêm de outra palavra.
- Derivados — formados a partir de outra palavra.
- Simples — formados por apenas uma palavra.
- Compostos — formados por mais de uma palavra.

Locução adjetiva — expressão representada por mais de uma palavra e que tem valor de adjetivo.

Adjetivos pátrios — indicam locais de origem.

Flexão dos adjetivos

- Flexão de gênero — masculino e feminino.
- Flexão de número — singular e plural.
- Flexão de grau — comparativo e superlativo.

No texto

Leia o trecho de uma crônica do escritor Stanislaw Ponte Preta.

A nós o coração suplementar

Quem anuncia é um cientista chamado Adrian Kantrowitz. O homem se propõe a utilizar um tubo de borracha, ligado à corrente sanguínea, através do qual é automaticamente posto a funcionar um aparelho elétrico fora do corpo, que ajudará o funcionamento do coração, quando este começar a ratear, seja por falta de forças, seja por excesso de trabalho. A isto o cientista dá o nome de "coração suplementar".

Bonito nome, hem? Coração Suplementar! [...] E então a gente fica imaginando como seria bom se esse coração, além de ajudar o funcionamento do coração principal nas suas funções fisiológicas, ajudasse também nas suas funções sentimentais. [...]

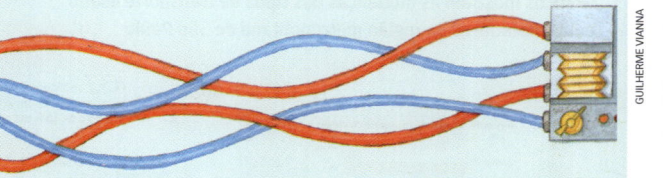

PONTE PRETA, Stanislaw. **Dois amigos e um chato**. São Paulo: Moderna, 2003. p. 17.

1. No texto, a função do coração suplementar pode ser compreendida já a partir do título com o emprego do adjetivo **suplementar**, que caracteriza esse órgão adicional. Com base nas demais informações, explique qual seria, para o narrador, o papel desse coração.

2. Que outros adjetivos, presentes no segundo parágrafo, referem-se às funções desse novo coração? Indique-os.

3. Explique o que esses adjetivos significam no contexto para ampliar as informações dadas pelo narrador quanto a esse novo experimento.

MORFOLOGIA

Numeral

Um primeiro olhar

Leia, a seguir, um infográfico publicado em um jornal.

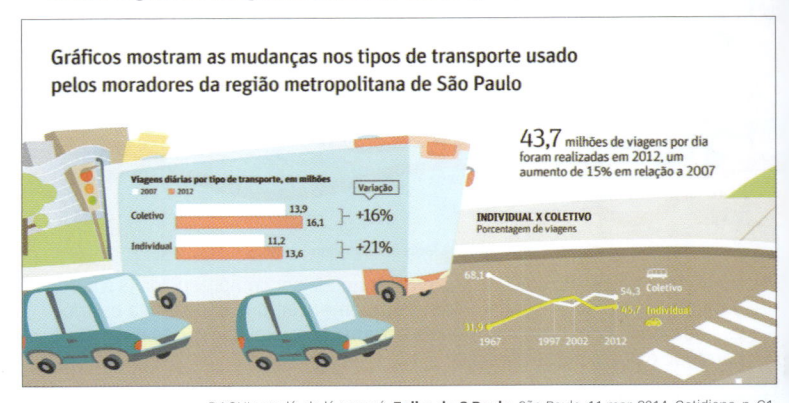

Gráficos mostram as mudanças nos tipos de transporte usado pelos moradores da região metropolitana de São Paulo

43,7 milhões de viagens por dia foram realizadas em 2012, um aumento de 15% em relação a 2007

Viagens diárias por tipo de transporte, em milhões
2007 2012 Variação
Coletivo: 13,9 / 16,1 +16%
Individual: 11,2 / 13,6 +21%

INDIVIDUAL X COLETIVO
Porcentagem de viagens
68,1 ... 54,3 Coletivo
31,9 ... 45,7 Individual
1967 1997 2002 2012

DAQUI para lá, de lá para cá. **Folha de S.Paulo**, São Paulo, 11 mar. 2014. Cotidiano, p. C1.

1. Qual o objetivo desse infográfico? Que informações estão sendo comparadas?

2. Observe o gráfico:
"Viagens diárias por tipo de transporte, em milhões".
   a) Por que os numerais são representados por algarismos e não por extenso?
   b) Em que situações seria mais adequado escrever os algarismos por extenso?

3. Analise os dados e conclua.
   a) Em que ano a troca do transporte coletivo pelo transporte individual foi mais acentuada?
   b) Que tipo de transporte mais aumentou nos últimos 45 anos? O que esse dado representa para a mobilidade urbana?

CONCEITO

Não leia apenas **um** livro dessa coleção; leia, pelo menos, **três** deles.

As palavras destacadas acima são **numerais**. O numeral liga-se ao substantivo. Ele representa indicações numéricas dos seres.

Observe:

Em "**um** *livro*" e "**três** *deles*", há a indicação da quantidade exata de *livros*: **um** e **três**, respectivamente.

> **Numeral** é a palavra que se relaciona ao substantivo, exprimindo indicações numéricas dos seres.

As indicações numéricas dos seres referem-se a:

- **quantidade** — Em casa, somos **quatro** irmãos.
- **ordem** — Hélder é o **segundo** filho do casal.
- **multiplicação** — Meu irmão ganha o **dobro** do que eu.
- **fração** — Costumo tomar **meio** copo de leite antes de dormir.

CLASSIFICAÇÃO DOS NUMERAIS

Os numerais são classificados de acordo com as ideias que exprimem.

CARDINAIS

Expressam **quantidades exatas** de seres.

Exemplo:

Hoje gastei **oitenta** reais em livros.

ORDINAIS

Expressam a **ordem** dos seres em uma série.

Exemplo:

Sento na **primeira** carteira, bem próximo à mesa do professor.

MULTIPLICATIVOS

Expressam **aumentos proporcionais** de uma quantidade, **multiplicações**.

Exemplo:

Neste mês exagerei: gastei em alimentação o **triplo** do que gastei no mês passado.

FRACIONÁRIOS

Expressam **diminuições proporcionais** de uma quantidade, **divisões** ou **frações**.

Exemplo:

Neste mês economizei: gastei em vestuário um **terço** do que gastei no mês passado.

Quadro dos numerais					
Algarismos		Cardinais	Ordinais	Multiplicativos	Fracionários
Romanos	Arábicos				
I	1	um	primeiro	—	—
II	2	dois	segundo	dobro, duplo, dúplice	meio (ou metade)
III	3	três	terceiro	triplo, tríplice	terço
IV	4	quatro	quarto	quádruplo	quarto
V	5	cinco	quinto	quíntuplo	quinto
VI	6	seis	sexto	sêxtuplo	sexto
VII	7	sete	sétimo	séptuplo	sétimo
VIII	8	oito	oitavo	óctuplo	oitavo
IX	9	nove	nono	nônuplo	nono
X	10	dez	décimo	décuplo	décimo
XI	11	onze	décimo primeiro (ou undécimo)	undécuplo	onze avos
XII	12	doze	décimo segundo (ou duodécimo)	duodécuplo	doze avos
XIII	13	treze	décimo terceiro	—	treze avos
XIV	14	quatorze (ou catorze)	décimo quarto	—	quatorze avos
XV	15	quinze	décimo quinto	—	quinze avos
XVI	16	dezesseis	décimo sexto	—	dezesseis avos
XVII	17	dezessete	décimo sétimo	—	dezessete avos
XVIII	18	dezoito	décimo oitavo	—	dezoito avos
XIX	19	dezenove	décimo nono	—	dezenove avos
XX	20	vinte	vigésimo	—	vinte avos
XXX	30	trinta	trigésimo	—	trinta avos
XL	40	quarenta	quadragésimo	—	quarenta avos
L	50	cinquenta	quinquagésimo	—	cinquenta avos
LX	60	sessenta	sexagésimo	—	sessenta avos
LXX	70	setenta	septuagésimo (ou setuagésimo)	—	setenta avos
LXXX	80	oitenta	octogésimo	—	oitenta avos
XC	90	noventa	nonagésimo	—	noventa avos
C	100	cem	centésimo	cêntuplo	centésimo

Quadro dos numerais				
Algarismos		Cardinais	Ordinais	Multiplicativos	Fracionários
Romanos	Arábicos			
CC	200	duzentos	ducentésimo	—	ducentésimo
CCC	300	trezentos	trecentésimo (ou tricentésimo)	—	trecentésimo
CD	400	quatrocentos	quadringentésimo	—	quadringentésimo
D	500	quinhentos	quingentésimo	—	quingentésimo
DC	600	seiscentos	seiscentésimo (ou sexcentésimo)	—	seiscentésimo
DCC	700	setecentos	septingentésimo (ou setingentésimo)	—	septingentésimo
DCCC	800	oitocentos	octingentésimo	—	octingentésimo
CM	900	novecentos	nongentésimo (ou noningentésimo)	—	nongentésimo
M	1 000	mil	milésimo	—	milésimo
M̄	1 000 000	milhão	milionésimo	—	milionésimo
M̿	1 000 000 000	bilhão (ou bilião)	bilionésimo	—	bilionésimo

> **OBSERVAÇÃO**
>
> Incluem-se nos numerais cardinais **zero** (0) e **ambos**, significando este último "os dois". **Exemplo:**
>
> *Pai* e *filho* procuravam emprego e, agora, **ambos** já estão trabalhando.

FUNÇÃO DOS NUMERAIS

O numeral liga-se ao substantivo de duas maneiras: **acompanhando-o** ou **substituindo-o**.

NUMERAL ADJETIVO

É aquele que acompanha o substantivo.

Exemplo:

As crianças comeram **dez** *mangas* e eu comi duas.

NUMERAL SUBSTANTIVO

É aquele que substitui o substantivo.

Exemplo:

As crianças comeram dez mangas e eu comi **duas**.

Distinção entre **um(a)** artigo indefinido e numeral

Um(a) é *artigo indefinido* quando a intenção do falante não é ressaltar a quantidade, mas apenas indicar a espécie do ser.

Um(a) é *numeral* quando a ideia de quantidade é evidente no texto: palavras que reforçam essa ideia acompanham o numeral (*apenas* **um**, *só* ou *somente* **um**).

Exemplos:

Fui para a rua e comprei **uma** camisa. (Enfoca aquilo que se comprou, a espécie "camisa".)
↓
artigo indefinido

Fui para a rua e comprei *só* **uma** camisa. (Enfoca a quantidade do que se comprou "só uma".)
↓
numeral

— *Quantos* livros você leu no mês passado?

— No mês passado, eu li **um** livro. (A pergunta pede a quantidade de livros.)
↓
numeral

— *Que tipo* de livro você leu?

— Eu li **um** livro de ficção científica. (A pergunta pede a espécie do livro.)
↓
artigo indefinido

OBSERVAÇÃO

A distinção entre artigo e numeral pode ser evidenciada pelo contexto. **Exemplos:**

Quero ver se vejo **um** filme hoje, que está muito bem recomendado. (**Um** é artigo)

Quero ver se vejo **um** filme hoje, e, se estiver sem sono, verei dois. (**Um** é numeral)

FLEXÃO DOS NUMERAIS

Os numerais apresentam variações de **gênero** e de **número**.

FLEXÃO DE GÊNERO

Apresentam variação de gênero:

- apenas os **cardinais**:
  um / **uma**; dois / **duas;** ambos / **ambas**.
  As centenas, a partir de **duzentos** (duzentos / duzentas; trezentos / trezentas; novecentos / novecentas).

- todos os **ordinais**:
  primeiro / **primeira**; segundo / **segunda**; terceiro / **terceira** etc.

- os **multiplicativos**, somente quando empregados com valor de adjetivo:
  O atleta deu um *salto* **triplo**, depois tomou uma *dose* **dupla** de vitaminas.

- os **fracionários meio** / **meia** concordam com a palavra a que se referem:
  Saiu para o trabalho ao **meio**-*dia* e **meia** (*hora*).
  O pedreiro pediu **meio** *cento* (ou **meia** *centena*) de tijolos.
  Os demais fracionários, quando acompanhados da palavra "parte" — a **terça** *parte*, a **quinta** *parte* etc.:
  Comi um *terço* (ou a **terça** *parte*) da barra de chocolate.

FLEXÃO DE NÚMERO

Apresentam variação de número:

- apenas os **cardinais** terminados em -**ão**:
  milhão / **milhões**; bilhão / **bilhões**:
  Tenho **milhões** de amigos.
  Os terminados em vogal variam quando empregados com valor de substantivo:
  Fiquei com dois **oitos** e dois **noves** em Matemática.

- todos os **ordinais**:
  primeiro / **primeiros**; centésimo / **centésimos**; milésimo / **milésimos** etc.

- os **multiplicativos**, somente quando empregados com valor de adjetivo:
  Bebeu dois *copos* **duplos** de água.

- os **fracionários**:
  meio, **metade**, **terço** e os representados pelos **ordinais**, que concordam com o número de partes em que se dividiu a quantidade: *um meio / dois meios*; *uma metade / duas metades*; *um terço / dois terços*; *um quarto / dois quartos*; *um quinto / dois quintos* etc.:
  Comeu *dois* **terços** da barra de chocolate.
  Já foram gastos *três* **quintos** da água da caixa.

EM SÍNTESE

Numeral — palavra que se liga ao substantivo para representar indicações numéricas dos seres.

Classificação dos numerais

- Cardinais — expressam quantidades exatas de seres.
- Ordinais — expressam a ordem dos seres numa série.

Numeral — palavra que se liga ao substantivo para representar indicações numéricas dos seres.

Classificação dos numerais
- Cardinais — expressam quantidades exatas de seres.
- Ordinais — expressam a ordem dos seres numa série.
- Multiplicativos — expressam aumentos proporcionais de uma quantidade.
- Fracionários — expressam diminuições proporcionais de uma quantidade.

Função dos numerais
- São adjetivos quando acompanham o substantivo.
- São substantivos quando os substituem.

Flexão dos numerais
- Variam em gênero: os cardinais **um**, **dois** e **ambos**; todos os ordinais; os multiplicativos com função adjetiva; os fracionários **meio** e os demais, quando acompanhados da palavra **parte**.
- Variam em número: os cardinais terminados em **-ão** e os terminados em **vogal** com função substantiva; todos os ordinais; os multiplicativos com função adjetiva; os fracionários **meio**, **metade**, **terço** e aqueles representados por ordinais (que concordam com o número de partes).

No texto

Leia o texto jornalístico e responda às questões que seguem.

Paulistanos enfrentam greve no metrô, trânsito e protestos

No segundo dia da greve dos metroviários, os paulistanos enfrentam uma manhã de caos nesta sexta-feira (6): 31 das 61 estações do metrô estão fechadas, o trânsito da manhã foi recorde histórico para o período [...]

Por volta das 10h30 desta sexta-feira o trânsito bateu o recorde histórico da cidade, com 252 km de lentidão, o que representa 29% dos 868 km monitorados. A média para o horário é de 12%.

Agora, a situação está um pouco melhor. [...]

Folha de S.Paulo, São Paulo, 6 jun. 2014. Cotidiano.

1. Qual é o assunto da notícia?
2. Identifique os numerais que aparecem no texto.
3. Classifique esses numerais.
4. Os numerais são de grande utilidade para esclarecer as situações relatadas nesse texto. Eles foram usados para dar que informações?
5. Escreva por extenso os numerais 61 e 252.
6. Informe a classe gramatical a que pertence a palavra **sexta-feira**.
7. O que representa **sexta** na formação da palavra **sexta-feira**?

MORFOLOGIA

Pronome

Um primeiro olhar

Leia a tirinha do cartunista estadunidense Charles Schulz. Nela, Sally conversa com seu irmão Charlie Brown.

SCHULZ, Charles M. Minduim. **O Estado de S. Paulo**, São Paulo, 9 mar. 2014. Caderno 2, p.C8.

1. Observe as palavras que Sally utiliza em suas falas.

> você   isto   eu   isso

Ela usa essas palavras para referir-se a *alguém* ou *alguma* coisa.
Indique a que ser cada uma dessas palavras se refere?

2. Ao dirigir-se ao irmão, Sally usa a palavra **você** no lugar de um substantivo. Que substantivo é esse?

3. Classifique esse substantivo.

4. No último quadrinho, a palavra **eles** também se refere a alguém. A quem?

Charles Schulz foi o criador da série **Peanuts**, da qual fazem parte os personagens Charlie Brown e seu cachorro, Snoopy, entre outros. Em algumas traduções ao português, Charlie Brown é conhecido como Minduim e Sally como Isaura. Schulz iniciou a série em 1950 e a desenhou por mais de 50 anos, até se aposentar, em dezembro de 1999. Ele faleceu em 12 de fevereiro de 2000, vitimado por um ataque cardíaco. Sua última tira foi publicada um dia depois, e nela ele se despedia de seus fãs e de seus personagens queridos.

CONCEITO

> — Priscila, **eu** preciso do dicionário de inglês. **Você** sabe onde **ele** está?
> — **Eu** não tenho certeza, Carolina, mas acho que está no **meu** armário.

As palavras destacadas são **pronomes**. O pronome indica as relações existentes entre os seres e as pessoas do discurso.

Veja o quadro:

Pessoas do discurso	
1ª pessoa	quem fala ou escreve (emissor da mensagem)
2ª pessoa	quem ouve ou lê (recebedor da mensagem)
3ª pessoa	aquele sobre quem se fala ou escreve (ser mencionado)

O ato comunicativo envolve essas três pessoas.

Observe as relações entre os seres e as pessoas do discurso, indicadas pelos pronomes destacados no diálogo entre Carolina e Priscila.

Primeira fala:

Pronomes	
eu	substitui **Carolina**, indicando o ser que representa a 1ª pessoa do discurso
você	substitui **Priscila**, indicando o ser que representa a 2ª pessoa do discurso
ele	substitui **dicionário**, indicando o ser que representa a 3ª pessoa do discurso

Segunda fala:

Pronomes	
eu	substitui **Priscila**, indicando o ser que representa a 1ª pessoa do discurso
meu	acompanha **armário**, indicando que se trata de algo que pertence à 1ª pessoa do discurso

As palavras que **substituem** ou **acompanham** o substantivo, indicando as pessoas do discurso, pertencem à classe gramatical dos **pronomes**.

> **Pronome** é a palavra que indica o tipo de relação existente entre o ser e a pessoa do discurso.

CLASSIFICAÇÃO DOS PRONOMES

Dependendo da relação que existe entre os seres e as pessoas do discurso, os pronomes classificam-se em **pessoais, possessivos, demonstrativos, indefinidos, interrogativos** e **relativos**.

PRONOMES PESSOAIS

São **pessoais** os pronomes que indicam os seres que representam as pessoas do discurso.

São de três tipos: **do caso reto**, **do caso oblíquo** e **de tratamento**.

Pronomes pessoais do caso reto e do caso oblíquo			
	Pessoas do discurso	Retos	Oblíquos
			Átonos	Tônicos
Singular	1ª pessoa	eu	me	mim, comigo
	2ª pessoa	tu	te	ti, contigo
	3ª pessoa	ele, ela	o, a, lhe, se	ele, ela, si, consigo
Plural	1ª pessoa	nós	nos	nós, conosco
	2ª pessoa	vós	vos	vós, convosco
	3ª pessoa	eles, elas	os, as, lhes, se	eles, elas, si, consigo

A divisão dos pronomes pessoais em **retos** e **oblíquos** é feita de acordo com a função que eles exercem nas orações.

- São do **caso reto** os pronomes pessoais que funcionam como sujeito e como predicativo do sujeito.
  Exemplos:
  Nós vamos sempre ao cinema.
  ↓
  sujeito

  Eu não sou **ele**.
  ↓   ↓
  sujeito predicativo do sujeito

- São do **caso oblíquo** os pronomes pessoais que funcionam fundamentalmente como **complementos**.
  Exemplos:
  Precisava do dinheiro naquele dia, mas **o** recebi somente no dia seguinte.
  ↓
  objeto direto

Não atribuam a **mim** tamanha ofensa, pois não diria tais palavras.

        ↓
   objeto indireto

- A divisão dos pronomes pessoais do caso oblíquo em **átonos** e **tônicos** é feita de acordo com a intensidade com que são pronunciados na frase.
- São **átonos** os pronunciados com menor intensidade.
  Exemplo:
  No meu aniversário, homenagearam-**me** com flores.
- São **tônicos** os pronunciados com maior intensidade.
  Exemplo:
  Nada mais existe *entre* **mim** e **ela**.

Os pronomes pessoais oblíquos tônicos são sempre precedidos de preposição. Da preposição *com*, combinada com o pronome oblíquo que a segue, é que se originam as formas **comigo**, **contigo**, **consigo**, **conosco** e **convosco**.

Formas pronominais

Os pronomes pessoais oblíquos átonos **o**, **a**, **os**, **as**, quando colocados após os verbos, podem assumir outras duas formas:

- **lo**, **la**, **los**, **las** — se o verbo terminar em **r**, **s** ou **z**, após a supressão dessas terminações.
  Exemplos:
  É preciso defende**r** os animais. / É preciso defendê-**los**.
  [defende(**r**) + **os**]
  Preservamo**s** a natureza. / Preservamo-**la**. [preservamo(**s**) + **a**]
  Fi**z** meu trabalho ontem. / Fi-**lo** ontem. [fi(**z**) + **o**]

- **no**, **na**, **nos**, **nas** — se o verbo terminar em som nasal.
  Exemplos:
  Os jogadores inocentaram o técnico. / Os jogadores inocentaram-**no**.
  Põe as camisas na gaveta. / Põe-**nas** na gaveta.

Distinção entre artigo e pronome pessoal

- **O**, **a**, **os**, **as**, quando artigos definidos, **acompanham** um substantivo, indicando tratar-se de um ser específico na espécie.
  Exemplo:
  Eu coloquei **o** *livro* na estante. (*acompanha* "livro", indicando que é um ser específico)

- **O**, **a**, **os**, **as**, quando pronomes pessoais, **substituem** um substantivo, indicando tratar-se de um ser que representa a 3ª pessoa do discurso.

Exemplo:

Eu **o** coloquei na estante. (*substitui* "livro", indicando que é da 3ª pessoa do singular)

Pronomes pessoais de tratamento

São **de tratamento** os pronomes que indicam o grau de formalidade existente entre as pessoas do discurso: o emissor dirige-se ao receptor tratando-o por **você** (tratamento íntimo, familiar) ou por **senhor** (tratamento respeitoso, cerimonioso). Certas autoridades exigem tratamentos específicos.

Veja o quadro dos pronomes de tratamento mais usados.

Pronomes de tratamento	Abreviaturas		Usados para dirigir-se a:
	Singular	Plural	
Vossa Majestade	V. M.	VV. MM.	reis, imperadores
Vossa Alteza	V. A.	VV. AA.	príncipes, duques
Vossa Santidade	V. S.	—	papa
Vossa Eminência	V. Em.ª	V. Em.ᵃˢ	cardeais
Vossa Paternidade	V. P.	VV. PP.	superiores de ordens religiosas
Vossa Reverendíssima	V. Rev.ᵐᵃ	V. Rev.ᵐᵃˢ	sacerdotes em geral
Vossa Magnificência	V. Mag.ª	V. Mag.ᵃˢ	reitores de universidades
Vossa Excelência	V. Ex.ª	V. Ex.ᵃˢ	altas autoridades do Governo e das Forças Armadas
Vossa Senhoria	V. S.ª	V. S.ᵃˢ	funcionários públicos graduados, pessoas de cerimônia

Apesar de referirem-se à 2ª pessoa do discurso, os pronomes de tratamento exigem o verbo e os outros pronomes que a eles se referem na 3ª pessoa.

Exemplo:

Vossa Excelência já **encerrou** o **seu** trabalho? (e não o *vosso* trabalho)

Na maior parte do Brasil, os pronomes de 2ª pessoa **tu** e **vós** foram substituídos, no tratamento familiar, pelos pronomes de tratamento **você** e **vocês** e, no tratamento respeitoso, por **senhor** e **senhora**.

Exemplos:

Tu vais ao encontro dela? (forma usada em algumas regiões apenas)

Você (ou o **senhor**) vai ao encontro dela? (forma mais comum)

Os pronomes de tratamento iniciados por **vossa** têm essa forma alterada para **sua** quando se referem à 3ª pessoa do discurso, isto é, à pessoa mencionada no ato comunicativo.

Exemplo:
"**Sua Excelência**, o Presidente da República, visitará, amanhã, algumas das regiões mais pobres do país", informou o porta-voz.

PRONOMES POSSESSIVOS

São **possessivos** os pronomes que indicam relações existentes entre as coisas **possuídas** e seus **possuidores**, que são as pessoas do discurso.

Exemplo:
De longe, viram **meu** *carro* sendo levado pela enxurrada.

1ª pessoa – possuidor   coisa possuída

Veja, a seguir, o quadro dos pronomes possessivos.

Pronomes possessivos		
Singular	1ª pessoa	meu, minha, meus, minhas
	2ª pessoa	teu, tua, teus, tuas
	3ª pessoa	seu, sua, seus, suas
Plural	1ª pessoa	nosso, nossa, nossos, nossas
	2ª pessoa	vosso, vossa, vossos, vossas
	3ª pessoa	seu, sua, seus, suas

Os pronomes possessivos concordam:

- em **pessoa**, com o possuidor.

  Exemplos:

  Guardei **meu** relatório numa gaveta.

  1ª pessoa do singular

  Guardei **nosso** relatório numa gaveta.

  1ª pessoa do plural

- em **gênero** e **número**, com a coisa possuída.

  Exemplos:

  Guardei **minha** *pasta* na gaveta.

  feminino singular

  Guardei **nossos** *relatórios* na gaveta.

  masculino plural

PRONOMES DEMONSTRATIVOS

São **demonstrativos** os pronomes que indicam relações de espaço entre os seres e as pessoas do discurso.

Esse espaço pode ser relativo à posição **geográfica**, **temporal** e **linguística**.

- Indicação da posição **geográfica** ou **espacial** do ser em relação às pessoas do discurso.
  Exemplos:
  Lívia, **este** é o *livro* de que lhe falei.
  este: indica que o *livro* está próximo da 1ª pessoa do discurso

  Era **esse** de capa azul, Glauce? Pensei que fosse **aquele** de capa vermelha.
  esse: indica que o *livro* está próximo da 2ª pessoa do discurso
  aquele: indica que o *livro* está distante de ambas as pessoas do discurso (1ª e 2ª)

- Indicação da posição **temporal** do ser em relação ao momento em que a pessoa fala.
  Exemplos:
  Esta *semana* a escola está tranquila.
  esta: indica a semana em curso, presente

  Essa *semana* que passou a escola esteve cheia de atividades.
  essa: indica um passado próximo em relação ao momento da fala

  Muito tranquila foi **aquela** *semana* que teve dois feriados.
  aquela: indica um passado distante do momento da fala

- Indicação da posição **linguística**, ou seja, da posição dos termos no discurso.
  Exemplos:
  O meu desejo é **este**: ver de novo aquela garota.
  este: anuncia próximos termos ou informação seguinte

  Ver de novo aquela garota. **Esse** é o meu desejo.
  esse: retoma termos ou informação já citada

  Não sei se vou a festas ou se me dedico só ao estudo. **Este** garante o futuro, **aquelas**, o prazer do momento.
  este: retoma o elemento próximo, dito por último (estudo)
  aquelas: retoma o elemento distante, dito anteriormente (festas)

Veja, a seguir, o quadro dos pronomes demonstrativos.

Pronomes demonstrativos	
Variáveis	**Invariáveis**
este, esta, estes, estas	isto
esse, essa, esses, essas	isso
aquele, aquela, aqueles, aquelas	aquilo

Também podem aparecer empregadas como pronomes demonstrativos as seguintes palavras:

- **mesmo(s)**, **mesma(s)**; **próprio(s)**, **própria(s)**.
  Exemplos:
  Na entrevista, o político disse a **mesma** coisa o tempo todo. (significando "coisa idêntica")
  A **própria** filha explicou seu problema à mãe. (significando "a filha em pessoa")

- **semelhante(s)**, equivalendo a **tal**, **tais**.
  Exemplo:
  Não faça **semelhantes** acusações sem conhecer a verdade dos fatos.

- **tal**, **tais**, equivalendo a **esta** e a **semelhante**.
  Exemplos:
  Tal era a minha situação naquele momento: ridícula. (equivalendo a "esta")
  Não acredito que você tenha feito **tal** pedido a seu pai. (equivalendo a "semelhante")

- **o**, **a**, **os**, **as**, equivalendo a **isto**, **isso**, **aquilo** e **aquele** (e variações).
  Exemplos:
  O que você está afirmando sobre o assunto não é correto. (equivalendo a "isso")
  Os que não participarem da gincana deverão compor as torcidas. (equivalendo a "aqueles")

PRONOMES INDEFINIDOS

São **indefinidos** os pronomes que se referem de maneira vaga, imprecisa, ou com quantidades indeterminadas a seres da 3ª pessoa do discurso.

Exemplos:

Conheci **alguém** muito especial. (3ª pessoa do discurso sem identificação precisa)

Vários alunos não compareceram à aula. (3ª pessoa do discurso de quantidade indeterminada)

Veja, a seguir, o quadro dos pronomes indefinidos.

Pronomes indefinidos	
Variáveis	**Invariáveis**
algum, alguma, alguns, algumas	alguém
nenhum, nenhuma, nenhuns, nenhumas	algo
todo, toda, todos, todas	ninguém
muito, muita, muitos, muitas	nada
pouco, pouca, poucos, poucas	tudo
vário, vária, vários, várias	cada

Pronomes indefinidos	
tanto, tanta, tantos, tantas	outrem
quanto, quanta, quantos, quantas	mais
outro, outra, outros, outras	menos
certo, certa, certos, certas	demais
bastante, bastantes	
qualquer, quaisquer	

Há pronomes indefinidos que se opõem pelo sentido.

Exemplos:

Vimos **alguém** na sala. (sentido afirmativo)
Não vimos **ninguém** na sala. (sentido negativo)
Vimos **algo** (ou **alguma coisa**) na sala. (sentido afirmativo)
Não vimos **nada** (ou **nenhuma coisa**) na sala. (sentido negativo)
Tem **tudo** a ver comigo. (sentido de totalidade afirmativa)
Não tem **nada** a ver comigo. (sentido de totalidade negativa)

Locuções pronominais indefinidas

São **locuções pronominais indefinidas** duas ou mais palavras que equivalem a um pronome indefinido, como **cada um**, **cada qual**, **quem quer que**, **todo aquele que**, **qualquer um** etc.

Exemplos:

Quem quer que visitasse aquela praia ficava encantado com ela.
Qualquer um tinha acesso aos ingressos para assistir àquele espetáculo.

PRONOMES INTERROGATIVOS

São **interrogativos** os pronomes empregados na formulação de perguntas, diretas ou indiretas.

Exemplos:

Que barulho é esse? (pergunta direta)
Diga-me **que** barulho é esse. (pergunta indireta)
Quem é você? (pergunta direta)
Quero saber **quem** é você. (pergunta indireta)

Veja, a seguir, o quadro dos pronomes interrogativos.

Pronomes interrogativos	
Variáveis	Invariáveis
qual, quais	que
quanto, quanta, quantos, quantas	quem

PRONOMES RELATIVOS

São **relativos** os pronomes que retomam um termo já citado anteriormente, dando início a uma nova oração.

Observe as duas estruturas:

Resolvi um *problema* sério.

O *problema* foi criado por mim mesmo.

Resolvi um *problema* sério **que** eu mesmo criei.

Na segunda estrutura, o pronome relativo **que** substitui o substantivo *problema* e inicia a oração seguinte: "**que** eu mesmo criei".

Veja, a seguir, o quadro dos pronomes relativos.

Pronomes relativos	
Variáveis	**Invariáveis**
o qual, a qual, os quais, as quais	que
cujo, cuja, cujos, cujas	quem
quanto, quantos, quantas	onde

OBSERVAÇÕES

a) O pronome relativo variável concorda com seu *antecedente* (termo que vem antes dele), com exceção de **cujo**, que concorda com o *consequente* (termo que aparece depois dele).

Este é o *livro* sobre **o qual** lhe falei.

↑ antecedente

Este é o livro **cuja** *história* é emocionante.

↑ consequente

b) **Quanto**, **quantos** e **quantas** são pronomes relativos quando empregados após os pronomes indefinidos *tudo, todos, todas*.

Trouxeram *tudo* **quanto** haviam prometido.

Procure saber a verdade com *todos* **quantos** assistiram à discussão.

c) O pronome relativo **quem** refere-se a pessoas e sempre aparece precedido de preposição.

Trata-se de uma colega *de* **quem** gostamos muito.

d) O pronome relativo **quem**, quando empregado sem antecedente, costuma ser classificado como *pronome relativo indefinido*.

Quem avisa amigo é.

PRONOMES SUBSTANTIVOS E PRONOMES ADJETIVOS

Os pronomes que substituem os substantivos são denominados **pronomes substantivos** e os que os acompanham, **pronomes adjetivos**.

Exemplos:

Não entendo o motivo de **meu** *pai* não aparecer, se **ele** prometeu que viria.
         pronome adjetivo   pronome substantivo

Poucos conhecem o **nosso** *trabalho* com artesanato.
pronome substantivo pronome adjetivo

pronome substantivo

Muitos foram aprovados na prova escrita, mas **poucos** *candidatos* mostraram-se aptos para o cargo.
                  pronome adjetivo

EM SÍNTESE

Pronome — palavra que indica o tipo de relação existente entre o ser e a pessoa do discurso.

Classificação dos pronomes

- Pronomes pessoais — indicam os seres que representam as pessoas do discurso.
  - Pronomes pessoais do caso reto — funcionam como sujeito ou predicativo do sujeito.
  - Pronomes pessoais do caso oblíquo — funcionam como complementos.
  - Pronomes pessoais de tratamento — indicam o grau de formalidade entre as pessoas do discurso.
- Pronomes possessivos — indicam relações de posse.
- Pronomes demonstrativos — indicam relações de espaço entre os seres e as pessoas do discurso.
- Pronomes indefinidos — referem-se a seres da 3ª pessoa do discurso de maneira vaga.
- Pronomes interrogativos — empregados na formulação de perguntas, diretas ou indiretas.
- Pronomes relativos — retomam um termo citado anteriormente e dão início a uma nova oração.
- Pronomes substantivos e pronomes adjetivos — substituem ou acompanham um substantivo.

No texto

Leia um trecho de um conto de Daniel Munduruku, um indígena que conta histórias de quando chegou à cidade grande.

Tempo de aprender

Quando cheguei pela primeira vez à cidade fiquei com muito medo de **algumas** coisas. Estranhei os prédios — caixas de fósforos empinhocadas umas sobre as outras. Achava estranho o elevador — uma caixa dentro de **outra** caixa que levava as pessoas para cima e para baixo. O que me causava maior espanto, porém, era o chuveiro. Achava engraçado **alguém** conseguir aprisionar a chuva e levá-la para cima por meio de canos. Para mim, era como se **alguém** tivesse descoberto o grande segredo da chuva e agora disponibilizasse para todo o mundo. E, em **alguns** lugares, a chuva poderia ser quente ou fria! [...]

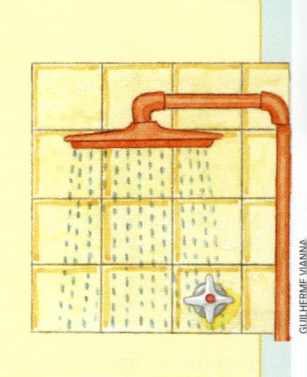

MUNDURUKU, Daniel. **Tempo de histórias**: antologia de contos indígenas de ensinamento. São Paulo: Salamandra, 2005. p. 33.

1. Como o narrador imagina a pessoa representada duas vezes no trecho pelo pronome **alguém**? E como você imagina o narrador?

2. O pronome indefinido **algumas**, na primeira frase do texto, já antecipa alguma informação sobre a relação do narrador com as coisas da cidade. Que informação é essa?

3. No trecho: "Achava estranho o elevador — uma caixa dentro de **outra** que levava as pessoas para cima e para baixo", indique a que se refere o pronome indefinido em destaque.

4. Na última parte, o narrador utiliza outro pronome indefinido: **alguns**. A que lugares ele se refere e qual o seu grande espanto?

MORFOLOGIA

Verbo

Um primeiro olhar

Leia a tirinha a seguir.

BECK, Alexandre. Disponível em: <www.facebook.com/tirasarmandinho/photos/a.
488361671209144.113963.488356901209621/728441107201198/?type=1&theater> Acesso em: 17 mar. 2014.

1. Responda.
   a) Armandinho usa três palavras que expressam ações. Identifique-as.
   b) Explique a fala presente no último quadrinho.
   c) Que outras palavras que expressam ação poderiam ser inseridas no trecho "para aventuras em lugares distantes..."?

2. Nos quadrinhos, há uma espécie de conselho ao leitor.
   a) Em qual deles o conselho dirige-se diretamente a um interlocutor? Como você descobriu?
   b) Quais palavras, na tirinha, indicam ação propriamente dita, sem situá-la no tempo nem atribuí-la especificamente a uma pessoa gramatical?

3. Mude as falas de Armandinho. Imagine-o relatando as ações como experiências dele.
   a) Que pronome pessoal ele usaria?
   b) Que palavras ele utilizaria se essas ações já tivessem ocorrido no passado?
   c) E se ele ainda fosse realizá-las?

4. Mude o pronome pessoal da questão anterior para o plural. Qual seria esse pronome?

CONCEITO

Chovia muito. O placar **era** 0 X 0. Os jogadores **corriam** desesperados pelo gramado. O juiz **apitou** o fim da partida. Nenhum gol, pouca técnica, mas muita garra. A tarde de domingo **esteve** ótima: as crianças **brincaram** muito e os pais **ficaram** felizes.

As palavras destacadas são **verbos**. Os verbos exprimem **ações**, **estados** e **fenômenos naturais**.

Observe:

ações	**estados**	**fenômenos naturais**
corriam	era	chovia
apitou	esteve	
brincaram	ficaram	

Além de exprimir ações, estados e fenômenos naturais, o verbo oferece, sobre aquilo que expressa, várias indicações.

Veja:

brincaram (ação)
- (Quem? As crianças, elas: 3ª pessoa do discurso) — indicação de **pessoa**.
- (Quantas crianças? Mais de uma, elas: plural) — indicação de **número**.
- (Quando? É uma ação já ocorrida: fato passado) — indicação de **tempo**.
- (A ação é expressa com certeza? Sim: modo indicativo) — indicação de **modo**.

A palavra **brincaram** não é verbo apenas porque exprime ação, mas porque, sobre essa ação, apresenta determinadas indicações.

> **Verbo** é a palavra que indica pessoa, número, tempo e modo de ações, estados e fenômenos naturais.

ESTRUTURA DOS VERBOS

O verbo é uma palavra constituída, basicamente, de duas partes: **radical** e **terminação**.

Exemplo:

	apit	*ei*
	apit	*aste*
radical	apit	*ou* **terminações**
(parte que contém a significação	apit	*amos* (parte que contém as indicações
básica do verbo)	apit	*astes* de pessoa, tempo etc.)
	apit	*aram*

Para fornecer essas indicações, as alterações do verbo ocorrem nas terminações.

Exemplos:

- brinc/**aremos** (nós — 1ª pessoa do plural do tempo futuro do modo indicativo)
- corr/**iam** (eles/elas — 3ª pessoa do plural do tempo passado do modo indicativo)

Há, no entanto, algumas formas do verbo cujas terminações não fazem indicação de **pessoa**, **número**, **tempo** e **modo**. Uma delas é o **infinitivo impessoal**. Essa forma é uma espécie de nome do verbo, por isso é usada para representar os verbos no dicionário.

O infinitivo impessoal termina sempre por -**r**, que, juntamente com a vogal que vem antes dele, a vogal temática, formam a terminação do infinitivo.

Veja:

cant	**ar**
vend	**er**
part	**ir**
↓	↓
radical	terminações

Para se obter o radical de uma forma verbal, é só colocá-la no infinitivo e retirar a terminação -**ar**, -**er** ou -**ir**.

Exemplos:

Forma verbal	Infinitivo	Radical
corriam	corr/**er**	**corr**
brincaram	brinc/**ar**	**brinc**
apitou	apit/**ar**	**apit**
partimos	part/**ir**	**part**

CONJUGAÇÕES VERBAIS

Conjugação verbal é o nome que se dá ao conjunto das diferentes formas que o verbo adquire pela variação de suas terminações.

Na língua portuguesa, há três conjugações verbais. Essas conjugações são formadas de acordo com as vogais temáticas **a**, **e**, **i**: que aparecem antes do **r** do infinitivo e com o qual formam as terminações **ar**, **er**, **ir**.

Observe:

1ª conjugação (verbos terminados em -AR) (vogal temática - a)	2ª conjugação (verbos terminados em -ER) (vogal temática - e)	3ª conjugação (verbos terminados em -IR) (vogal temática - i)
cantar	vender	partir
amar	chover	sorrir
sonhar	correr	abrir

> **OBSERVAÇÃO**
>
> O verbo **pôr** e seus derivados (compor, repor, depor, propor etc.) pertencem à **segunda conjugação** em razão da forma antiga desse verbo: **poer**. Apesar de a vogal temática **e** haver desaparecido do infinitivo, ela permanece em outras formas: põe, pões, põem etc.

Cada conjugação verbal possui terminações específicas, que são usadas para flexionar seus respectivos verbos. Conjugar um verbo significa juntar o seu radical às terminações de sua conjugação.

VERBOS PARADIGMAS

São **paradigmas** os verbos tidos como modelos de sua conjugação. São verbos que não apresentam nenhuma alteração no radical e suas terminações são as previstas para a sua conjugação.

Alguns exemplos de verbos paradigmas:

1ª conjugação	2ª conjugação	3ª conjugação
cantar	vender	partir
amar	bater	dividir
sonhar	sofrer	permitir
falar	correr	repartir

FLEXÃO DOS VERBOS

Por causa das várias indicações que o verbo oferece, ele é a palavra que apresenta o maior número de flexões da língua portuguesa.

O verbo varia em **pessoa**, **número**, **tempo**, **modo** e **voz**. As quatro primeiras indicações ocorrem por meio de dois tipos de flexões apenas: uma que indica **pessoa** e **número** (flexão número-pessoal) e outra que indica **modo** e **tempo** (flexão modo-temporal).

FLEXÃO DE PESSOA E NÚMERO

O verbo varia em **pessoa** e **número** de acordo com as pessoas do discurso. Como as pessoas do discurso são representadas pelos pronomes pessoais, essa flexão verbal costuma ser identificada por meio desses pronomes.

Veja:

Singular		Plural	
Pessoas do discurso (pronomes pessoais)	Formas verbais	Pessoas do discurso (pronomes pessoais)	Formas verbais
1ª pessoa (eu)	brinquei	1ª pessoa (nós)	brincamos
2ª pessoa (tu)	brincaste	2ª pessoa (vós)	brincastes
3ª pessoa (ele, ela)	brincou	3ª pessoa (eles, elas)	brincaram

FLEXÃO DE TEMPO E MODO

TEMPOS NATURAIS DO VERBO

Tempo verbal é a indicação do momento em que ocorrem as ações, os fenômenos naturais e os estados expressos pelo verbo. Ele é determinado pela relação que se estabelece entre o momento em que a pessoa fala e a ocorrência do fato expresso pelo verbo.

Os tempos naturais do verbo são três:

- **presente** — indica que, no momento em que a pessoa fala, o fato expresso pelo verbo ainda ocorre normalmente.
  Exemplo: Faço minhas lições de casa à noite.

- **pretérito** — indica que, no momento em que a pessoa fala, o fato expresso pelo verbo já ocorreu.
  Exemplo: Fiz minhas lições de casa à noite.

- **futuro** — indica que, no momento em que a pessoa fala, o fato expresso pelo verbo ainda vai ocorrer.
  Exemplo: Farei minhas lições de casa à noite.

MODOS DO VERBO

Modo verbal é a indicação da atitude de quem fala em relação ao fato expresso pelo verbo.

- **indicativo** — é aquele que indica **certeza**.
  Exemplo: Faço minhas lições de casa à noite.

- **subjuntivo** — é aquele que indica **incerteza, dúvida, hipótese**.
  Exemplo: Talvez eu **faça** minhas lições de casa à noite.
- **imperativo** — é aquele que indica **ordem, pedido, súplica, conselho**.
  Exemplo: E se você também preferir, **faça** suas lições de casa à noite!

MODO INDICATIVO

No modo indicativo, há tempos naturais que se subdividem.
Veja:

Presente

Pretérito | imperfeito
              | perfeito
              | mais-que-perfeito

Futuro | do presente
           | do pretérito

Conjugação dos verbos **cantar**, **vender** e **partir**, que são paradigmas, nos tempos do modo indicativo.

Tempos simples	1ª conjugação CANT-AR	2ª conjugação VEND-ER	3ª conjugação PART-IR
	Modo indicativo		
Presente Expressa um fato atual.	cant-o cant-as cant-a cant-amos cant-ais cant-am	vend-o vend-es vend-e vend-emos vend-eis vend-em	part-o part-es part-e part-imos part-is part-em
Pretérito imperfeito Expressa um fato passado não concluído.	cant-ava cant-avas cant-ava cant-ávamos cant-áveis cant-avam	vend-ia vend-ias vend-ia vend-íamos vend-íeis vend-iam	part-ia part-ias part-ia part-íamos part-íeis part-iam
Pretérito perfeito Expressa um fato passado concluído.	cant-ei cant-aste cant-ou cant-amos cant-astes cant-aram	vend-i vend-este vend-eu vend-emos vend-estes vend-eram	part-i part-iste part-iu part-imos part-istes part-iram
Pretérito mais-que--perfeito Expressa um fato passado anterior a outro fato passado.	cant-ara cant-aras cant-ara cant-áramos cant-áreis cant-aram	vend-era vend-eras vend-era vend-êramos vend-êreis vend-eram	part-ira part-iras part-ira part-íramos part-íreis part-iram

Tempos simples	1ª conjugação CANT-AR	2ª conjugação VEND-ER	3ª conjugação PART-IR
	Modo indicativo		
Futuro do presente Expressa um fato futuro em relação ao momento presente.	cant-arei cant-arás cant-ará cant-aremos cant-areis cant-arão	vend-erei vend-erás vend-erá vend-eremos vend-ereis vend-erão	part-irei part-irás part-irá part-iremos part-ireis part-irão
Futuro do pretérito Expressa um fato futuro em relação a um momento passado.	cant-aria cant-arias cant-aria cant-aríamos cant-aríeis cant-ariam	vend-eria vend-erias vend-eria vend-eríamos vend-eríeis vend-eriam	part-iria part-irias part-iria part-iríamos part-iríeis part-iriam

MODO SUBJUNTIVO

No modo subjuntivo, há três tempos:

- **presente**
- **pretérito imperfeito**
- **futuro**

Conjugação dos verbos paradigmas **cantar**, **vender** e **partir** ncs tempos do modo subjuntivo.

Tempos	1ª conjugação CANT-AR	2ª conjugação VEND-ER	3ª conjugação PART-IR
	Modo subjuntivo		
Presente Expressa a possibilidade de um fato atual.	cant-e cant-es cant-e cant-emos cant-eis cant-em	vend-a vend-as vend-a vend-amos vend-ais vend-am	part-a part-as part-a part-amos part-ais part-am
Pretérito imperfeito Expressa um fato passado dependente de outro fato passado.	cant-asse cant-asses cant-asse cant-ássemos cant-ásseis cant-assem	vend-esse vend-esses vend-esse vend-êssemos vend-êsseis vend-essem	part-isse part-isses part-isse part-íssemos part-ísseis part-issem
Futuro Expressa a possibilidade de um fato futuro.	cant-ar cant-ares cant-ar cant-armos cant-ardes cant-arem	vend-er vend-eres vend-er vend-ermos vend-erdes vend-erem	part-ir part-ires part-ir part-irmos part-irdes part-irem

MODO IMPERATIVO

Há dois tipos de imperativo:

- **imperativo negativo**
  Não **falem** alto.

- **imperativo afirmativo**
  Falem mais alto.

> **OBSERVAÇÃO**
> O imperativo não possui a primeira pessoa do singular porque não se pode prever ordem, pedido ou conselho a si mesmo.

Conjugação dos verbos paradigmas **cantar**, **vender** e **partir** nas formas do imperativo.

Tempos	1ª conjugação CANT-AR	2ª conjugação VEND-ER	3ª conjugação PART-IR
	Modo imperativo		
Negativo É formado do presente do subjuntivo.	— não cant-es tu não cant-e você não cant-emos nós não cant-eis vós não cant-em vocês	— não vend-as tu não vend-a você não vend-amos nós não vend-ais vós não vend-am vocês	— não part-as tu não part-a você não part-amos nós não part-ais vós não part-am vocês
Afirmativo As 2ªs pessoas, singular e plural, são do presente do indicativo sem o **s**; as outras são do presente do subjuntivo.	— cant-a tu cant-e você cant-emos nós cant-ai vós cant-em vocês	— vend-e tu vend-a você vend-amos nós vend-ei vós vend-am vocês	— part-e tu part-a você part-amos nós part-i vós part-am vocês

FORMAS NOMINAIS DO VERBO

Formas nominais do verbo são aquelas cujas terminações não apresentam flexão de **pessoa** e **número** nem de **tempo** e **modo**, com exceção do infinitivo pessoal, que possui indicações de pessoa e número.

São três as formas nominais:

Infinitivo | impessoal   **Gerúndio**   **Particípio**
            | pessoal

Formas nominais dos verbos paradigmas **cantar**, **vender** e **partir**.

	1ª conjugação CANT-AR	2ª conjugação VEND-ER	3ª conjugação PART-IR
Infinitivo impessoal	cant-ar	vend-er	part-ir
Infinitivo pessoal possui indicações de pessoa e número	cant-ar cant-**ares** cant-ar cant-**armos** cant-**ardes** cant-**arem**	vend-er vend-**eres** vend-er vend-**ermos** vend-**erdes** vend-**erem**	part-ir part-**ires** part-ir part-**irmos** part-**irdes** part-**irem**
Gerúndio	cant-ando	vend-endo	part-indo
Particípio	cant-ado	vend-ido	part-ido

Essas formas são denominadas **nominais** porque podem ser empregadas também como nomes: **substantivo**, **adjetivo** e **advérbio**.

Veja:

Vamos **jantar**?
↓
verbo

O **jantar** está servido.
↓
substantivo

Já haviam **arrumado** a mesa.
↓
verbo

A mesa já estava **arrumada**.
↓
adjetivo

Ele estava **cantando**.
↓
verbo

Ele chegou **cantando**.
↓
advérbio

TEMPOS COMPOSTOS

São **compostos** os tempos representados por mais de um verbo. O tempo composto é formado de um verbo flexionado em pessoa, número, tempo e modo, seguido de outro, no **particípio**. O flexionado é denominado **verbo auxiliar** e o que se encontra no particípio, **verbo principal**.

Veja:

Os alunos **tinham estudado** muito para a prova de Língua Portuguesa.

    ↓   ↓
verbo auxiliar **verbo principal**
(flexionado)   (no particípio)

A garota não **havia encontrado** ainda o seu grande amor.

    ↓   ↓
verbo auxiliar **verbo principal**
(flexionado)   (no particípio)

Conjugação dos verbos paradigmas **cantar**, **vender** e **partir** nos tempos compostos.

Modo indicativo	
Pretérito perfeito composto	**Pretérito mais-que-perfeito composto**
presente do verbo auxiliar **ter** + *particípio* do verbo principal	*imperfeito* do verbo auxiliar **ter** (ou **haver**) + *particípio* do verbo principal
tenho / tens / tem / temos / tendes / têm — cantado / vendido / partido	tinha / havia / tinhas / havias / tinha / havia / tínhamos / havíamos / tínheis / havíeis / tinham / haviam — cantado / vendido / partido
Futuro do presente composto	**Futuro do pretérito composto**
futuro do presente simples do verbo auxiliar **ter** (ou **haver**) + *particípio* do verbo principal	*futuro do pretérito simples* do verbo auxiliar **ter** (ou **haver**) + *particípio* do verbo principal
terei / haverei / terás / haverás / terá / haverá / teremos / haveremos / tereis / havereis / terão / haverão — cantado / vendido / partido	teria / haveria / terias / haverias / teria / haveria / teríamos / haveríamos / teríeis / haveríeis / teriam / haveriam — cantado / vendido / partido

Modo subjuntivo	
Pretérito perfeito composto	**Pretérito mais-que-perfeito composto**
presente simples do verbo auxiliar **ter** (ou **haver**) + *particípio* do verbo principal	*imperfeito simples* do verbo auxiliar **ter** (ou **haver**) + *particípio* do verbo principal
tenha / haja / tenhas / hajas / tenha / haja / tenhamos / hajamos / tenhais / hajais / tenham / hajam — cantado / vendido / partido	tivesse / houvesse / tivesses / houvesses / tivesse / houvesse / tivéssemos / houvéssemos / tivésseis / houvésseis / tivessem / houvessem — cantado / vendido / partido

Modo subjuntivo
Futuro composto
futuro simples do verbo auxiliar **ter** (ou **haver**) + *particípio* do verbo principal
tiver / houver / tiveres / houveres / tiver / houver / tivermos / houvermos / tiverdes / houverdes / tiverem / houverem — cantado / vendido / partido

Formas nominais compostas dos verbos paradigmas **cantar, vender** e **partir**.

Infinitivo pessoal composto		Infinitivo impessoal composto
infinitivo pessoal simples do verbo auxiliar **ter** (ou **haver**) + *particípio* do verbo principal		*infinitivo impessoal simples* do verbo auxiliar **ter** (ou **haver**) + *particípio* do verbo principal
		ter / haver **cantado, vendido, partido**
ter / haver teres / haveres ter / haver termos / havermos terdes / haverdes terem / haverem	**cantado** **vendido** **partido**	**Gerúndio composto**
		gerúndio simples do verbo auxiliar **ter** (ou **haver**) + *particípio* do verbo principal tendo / havendo
		cantado **vendido** **partido**

FLEXÃO DE VOZ

Algumas ações verbais permitem estruturas com diferentes atuações do sujeito. São os casos em que o verbo sofre flexão de voz.

Voz verbal é, então, a indicação de como o **sujeito** atua em alguns tipos de ações que são expressas pelo verbo.

São três as vozes verbais:

ATIVA

O sujeito é **agente** da ação verbal, ele pratica a ação.

Exemplo:

Toninho **atingiu** Ronaldo com a bola.

sujeito agente — verbo voz ativa

PASSIVA

O sujeito é **paciente** da ação verbal, ele recebe ou sofre a ação.

Exemplo:

Ronaldo **foi atingido** por Toninho com a bola.

sujeito paciente — verbo voz passiva

REFLEXIVA

O sujeito é **agente** e **paciente** da ação verbal, ou seja, ele pratica e, ao mesmo tempo, sofre a ação verbal.

Exemplo:

Toninho **machucou-se** com o briquedo.

sujeito agente e paciente — verbo voz reflexiva

> **OBSERVAÇÃO**
>
> A voz reflexiva pode indicar reciprocidade da ação.
>
> Os amigos **abraçaram-se**. (um abraçou o outro)
>
> voz reflexiva recíproca

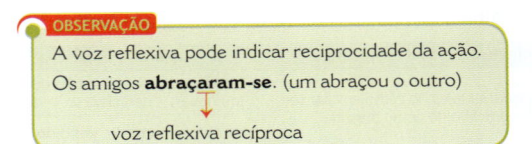

LOCUÇÃO VERBAL

Locução verbal é uma forma representada por mais de um verbo. O último verbo da locução, o verbo principal, aparece numa forma nominal, que pode ser: *infinitivo*, *gerúndio* ou *particípio*.

Veja os exemplos:

Terei de estudar muito para fazer o curso que desejo.

verbo auxiliar / verbo principal (infinitivo)

Estou estudando muito para fazer o curso que desejo.

verbo auxiliar / verbo principal (gerúndio)

Tenho estudado muito para fazer o curso que desejo.

verbo auxiliar / verbo principal (particípio)

Observe que a locução desse último exemplo é um tempo composto. O tempo composto é um tipo de locução verbal em que o verbo principal aparece sempre no particípio.

Outro exemplo:

"Como **tenho pensado** em ti na solidão das noites úmidas."

particípio

(Manuel Bandeira)

FORMAS RIZOTÔNICAS E ARRIZOTÔNICAS

A sílaba tônica, ou apenas a sua vogal, pode encontrar-se no radical ou na terminação do verbo. Dependendo de onde se encontra, a forma verbal será **rizotônica** ou **arrizotônica**.

Veja:

FORMAS RIZOTÔNICAS

São aquelas cuja sílaba tônica (ou sua vogal) se encontra no **radical**.

Exemplos:

radical / terminação	radical / terminação	radical / terminação
am-o	cres**ç**-o	**pa**rt-o
am-as	cres**c**-es	**pa**rt-es
am-a	cres**c**-e	**pa**rt-e
am-am	cres**c**-em	**pa**rt-em

FORMAS ARRIZOTÔNICAS

São aquelas cuja sílaba tônica (ou sua vogal) se encontra na **terminação**.

Exemplos:

radical / terminação	radical / terminação	radical / terminação
am-**a**mos	cresc-**ê**ssemos	sorr-**i**o
am-a**rei**	cresc-e**ria**	sorr-**is**
am-a**ram**	cresc-e**rão**	sorr-**i**riam
am-**ei**	cresc-**eu**	sorr-**iu**

TEMPOS PRIMITIVOS E DERIVADOS

São **primitivos** os tempos que não se originam de outros tempos ou formas nominais. É o caso do presente e do pretérito perfeito do modo indicativo e do infinitivo impessoal.

São **derivados** os demais tempos e formas nominais, porque se originam desses dois tempos e dessa forma nominal, que são os primitivos.

Veja:

Tempos primitivos	Tempos derivados		
Presente do indicativo	Presente do subjuntivo	Modo imperativo	
		Afirmativo	Negativo
perc/o	**perc**/a	—	—
perdes (menos o **s**)	**perc**/as	**perde** (tu)	não **perc**/as
perde	**perc**/a	**perc**/a	não **perc**/a
perdemos	**perc**/amos	**perc**/amos	não **perc**/amos
perdeis (menos o **s**)	**perc**/ais	**perdei** (vós)	não **perc**/ais
perdem	**perc**/am	**perc**/am	não **perc**/am
	Forma-se retirando o **o** da 1ª pessoa do presente do indicativo.	Forma-se do presente do subjuntivo, menos **tu** e **vós**.	Forma-se todo do presente do subjuntivo.

Tempos primitivos	Tempos derivados		
Pretérito perfeito do indicativo	Pretérito mais-que--perfeito do indicativo	Imperfeito do subjuntivo	Futuro do subjuntivo
perdi	**perde**/ra	**perde**/sse	**perde**/r
perde-ste	**perde**/ras	**perde**/sses	**perde**/res
perdeu	**perde**/ra	**perde**/sse	**perde**/r
perdemos	**perdê**/ramos	**perdê**/ssemos	**perde**/rmos
perdestes	**perdê**/reis	**perdê**/sseis	**perde**/rdes
perderam	**perde**/ram	**perde**/ssem	**perde**/rem
	São todos formados retirando-se o **-ste** da 2ª pessoa do singular do pretérito perfeito do indicativo.		
Infinitivo impessoal	Pretérito imperfeito do indicativo	Futuro do presente do indicativo	Futuro do pretérito do indicativo
perder	**perd**-er	**perde**-r	**perde**-r
	perd/ia	**perde**/rei	**perde**/ria
	perd/ias	**perde**/rás	**perde**/rias
	perd/ia	**perde**/rá	**perde**/ria
	perd/íamos	**perde**/remos	**perde**/ríamos
	perd/íeis	**perde**/reis	**perde**/ríeis
	perd/iam	**perde**/rão	**perde**/riam
	Forma-se retirando **ar**, **er**, **ir** do infinitivo impessoal.	Formam-se retirando apenas a letra **r** do infinitivo impessoal.	

Tempos derivados		
Formas nominais		
Infinitivo pessoal	Gerúndio	Particípio
perder	**perde**/ndo	**perdi**/do
perder/es		
perder		
perder/mos		
perder/des		
perder/em		
Forma-se com o acréscimo de indicações de pessoa e número ao infinitivo impessoal.	Formam-se retirando a letra **r** do infinitivo impessoal. No particípio, a letra **e** muda para **i**.	

CLASSIFICAÇÃO DOS VERBOS

Os verbos classificam-se em: **regulares**, **irregulares**, **anômalos**, **defectivos**, **abundantes** e **auxiliares**.

VERBOS REGULARES

São **regulares** os verbos que:

- não apresentam alterações no radical em sua conjugação.
  Exemplos:

cant-ar	**sonh**-ar	**vend**-er	**sofr**-er	**part**-ir	**divid**-ir
canto	**sonh**o	**vend**o	**sofr**o	**part**o	**divid**o
cantei	**sonh**ei	**vend**i	**sofr**i	**part**i	**divid**i
cantarei	**sonh**arei	**vend**erei	**sofr**erei	**part**irei	**divid**irei

- admitem as terminações próprias de sua conjugação.
  Exemplos:

cant**o**	sonh**o**	vend**o**	sofr**o**	part**o**	divid**o**
cant**ei**	sonh**ei**	vend**i**	sofr**i**	part**i**	divid**i**
cant**arei**	sonh**arei**	vend**erei**	sofr**erei**	part**irei**	divid**irei**

Todo verbo regular é verbo paradigma de sua conjugação.

VERBOS REGULARES QUE MERECEM DESTAQUE

Alguns verbos regulares apresentam certas particularidades na pronúncia e/ou na escrita.

1. **Mobiliar**

   Diferentemente da maioria dos verbos terminados em -**iliar**, cuja sílaba tônica é o **li** (auxilio, concilio etc.), o verbo **mobiliar** tem o **bi** como sílaba tônica em algumas de suas formas.

Eu mo**bí**lio	que eu mo**bí**lie
Tu mo**bí**lias	que tu mo**bí**lies
Ele mo**bí**lia	que ele mo**bí**lie
Eles mo**bí**liam	que eles mo**bí**liem

2. **Aguar, enxaguar, desaguar, averiguar, apaziguar, minguar**

   Os verbos desse tipo apresentam duas pronúncias em algumas de suas formas.

aguo/águo	averiguo/averíguo	ague/águe	averigue/averígue
aguas/águas	averiguas/averíguas	agues/águes	averigues/averígues
agua/água	averigua/averígua	ague/águe	averigue/averígue
aguam/águam	averiguam/averíguam	aguem/águem	averiguem/averíguem

3. **Optar, obstar**

   É importante pronunciar adequadamente algumas formas desses verbos: a sílaba tônica é a destacada.

Eu **op**to	**obs**to	que eu **op**te	**obs**te
Tu **op**tas	**obs**tas	que tu **op**tes	**obs**tes
Ele **op**ta	**obs**ta	que ele **op**te	**obs**te
Eles **op**tam	**obs**tam	que eles **op**tem	**obs**tem

4. **Verbos que apresentam alterações na escrita para manter a pronúncia padrão**

   Observe a pronúncia e a escrita de algumas formas dos seguintes verbos:
   - a**g**ir: a**j**o, a**g**es, a**g**e; a**j**a, a**j**amos (antes das vogais **a** e **o**, a letra **g** é substituída pela letra **j**).
   - to**c**ar: to**c**o, to**c**as; to**qu**e, to**qu**emos (antes da vogal **e**, a letra **c** é substituída pelo dígrafo **qu**).
   - pe**g**ar: pe**g**o, pe**g**as; pe**gu**e, pe**gu**emos (antes da vogal **e**, a letra **g** é substituída pelo dígrafo **gu**).
   - er**gu**er: er**g**o, er**gu**es; er**g**a, er**g**amos (antes das vogais **a** e **o**, o dígrafo **gu** é substituído pela letra **g**).
   - cres**c**er: cres**ç**o, cres**c**es; cres**ç**a, cres**ç**amos (antes das vogais **a** e **o**, a letra **c** é substituída pela letra **ç**).
   - ca**ç**ar: ca**ç**o, ca**ç**as; ca**c**e, ca**c**emos (antes da vogal **e**, a letra **ç** é substituída pela letra **c**).

VERBOS IRREGULARES

São **irregulares** os verbos que:
- apresentam alterações no radical em sua conjugação.

   Exemplo:

verbo **sentir**	radical **sent-**	presente do indicativo
1ª pessoa do singular		**sint**-o
3ª pessoa do plural		**sent**-em

- não admitem as desinências próprias de sua conjugação.

   Exemplos:

modo indicativo	paradigma	verbo irregular
1ª pessoa do presente	cant-**o**	est-**ou**
1ª pessoa do pretérito perfeito	cant-**ei**	est-**ive**

- apresentam alterações nos dois elementos: radical e desinências.

   Exemplo:

	paradigma (**vend**-er)	verbo irregular (**traz**-er)
1ª pessoa do pretérito perfeito	vend-**i**	***troux*-e**

VERBOS IRREGULARES DA 1ª CONJUGAÇÃO

DAR			
Modo indicativo			**Formas nominais**
Presente	Pretérito imperfeito	Pretérito perfeito	Infinitivo impessoal
dou	dava	dei	dar
dás	davas	deste	
dá	dava	deu	
damos	dávamos	demos	
dais	dáveis	destes	
dão	davam	deram	
Pretérito mais-que-perfeito	**Futuro do presente**	**Futuro do pretérito**	**Infinitivo pessoal**
dera	darei	daria	dar
deras	darás	darias	dares
dera	dará	daria	dar
déramos	daremos	daríamos	darmos
déreis	dareis	daríeis	dardes
deram	darão	dariam	darem
Modo subjuntivo			**Gerúndio**
Presente	Pretérito imperfeito	Futuro	
dê	desse	der	dando
dês	desses	deres	
dê	desse	der	
demos	déssemos	dermos	
deis	désseis	derdes	
deem	dessem	derem	
Modo imperativo			**Particípio**
Afirmativo	Negativo		
dá	não dês		dado
dê	não dê		
demos	não demos		
dai	não deis		
deem	não deem		

O verbo **circundar** não se conjuga como **dar**: *dar* é irregular e *circundar* é regular.

ESTAR			
Modo indicativo			**Formas nominais**
Presente	Pretérito imperfeito	Pretérito perfeito	Infinitivo impessoal
estou	estava	estive	estar
estás	estavas	estiveste	
está	estava	esteve	
estamos	estávamos	estivemos	
estais	estáveis	estivestes	
estão	estavam	estiveram	

ESTAR			
Pretérito mais-que-perfeito	Futuro do presente	Futuro do pretérito	Infinitivo pessoal
estivera	estarei	estaria	estar
estiveras	estarás	estarias	estares
estivera	estará	estaria	estar
estivéramos	estaremos	estaríamos	estarmos
estivéreis	estareis	estaríeis	estardes
estiveram	estarão	estariam	estarem

Modo subjuntivo			Formas nominais
Presente	Pretérito imperfeito	Futuro	Gerúndio
esteja	estivesse	estiver	
estejas	estivesses	estiveres	
esteja	estivesse	estiver	estando
estejamos	estivéssemos	estivermos	
estejais	estivésseis	estiverdes	
estejam	estivessem	estiverem	

Modo imperativo		Particípio
Afirmativo	Negativo	
está	não estejas	
esteja	não esteja	
estejamos	não estejamos	estado
estai	não estejais	
estejam	não estejam	

VERBOS EM -EAR E -IAR

1. Verbos terminados em -**ear**

PASSEAR			
Presente do indicativo	Presente do subjuntivo	Imperativo	
		Afirmativo	Negativo
passeio	**passeie**	–	–
passeias	**passeies**	**passeia**	não passeies
passeia	**passeie**	passeie	não passeie
passeamos	passeemos	passeemos	não passeemos
passeais	passeeis	**passeai**	não passeeis
passeiam	**passeiem**	passeiem	não passeiem

Nesses verbos é acrescentado um **i** depois do **e** nas formas rizotônicas (aquelas cujo acento tônico recai no radical).

Como **passear** são conjugados os demais verbos terminados em -**ear**: *apear, arear, atear, bloquear, cear, folhear, recear, semear* etc.

2. Verbos terminados em -iar

ANSIAR			
Presente do indicativo	Presente do subjuntivo	Imperativo	
		Afirmativo	Negativo
anseio	anseie	–	–
anseias	anseies	anseia	não anseies
anseia	anseie	anseie	não anseie
ansiamos	ansiemos	ansiemos	não ansiemos
ansiais	ansieis	ansiai	não ansieis
anseiam	anseiem	anseiem	não anseiem

Nesses verbos é acrescentado um **e** antes do **i** nas formas rizotônicas, o que faz coincidir suas vogais finais com as dos verbos terminados em -**ea**r.

Dos verbos terminados em -**iar**, cinco seguem esse modelo de conjugação: *ansiar*, *incendiar*, *mediar*, *odiar* e *remediar*. Os demais são regulares, não possuem o **e** antes do **i**: aprecio, aprecias, aprecia; sacio, sacias, sacia...

> **OBSERVAÇÃO**
> Os verbos terminados em **-iar** formados de substantivos admitem as duas formas: negocio / negoceio, negocias / negoceias, negocia / negoceia; premio / premeio, premias / premeias...

VERBOS IRREGULARES DA 2ª CONJUGAÇÃO

TER			
Modo indicativo			Formas nominais
Presente	Pretérito imperfeito	Pretérito perfeito	Infinitivo impessoal
tenho	tinha	tive	
tens	tinhas	tiveste	
tem	tinha	teve	ter
temos	tínhamos	tivemos	
tendes	tínheis	tivestes	
têm	tinham	tiveram	
Pretérito mais-que-perfeito	Futuro do presente	Futuro do pretérito	Infinitivo pessoal
tivera	terei	teria	ter
tiveras	terás	terias	teres
tivera	terá	teria	ter
tivéramos	teremos	teríamos	termos
tivéreis	tereis	teríeis	terdes
tiveram	terão	teriam	terem

MORFOLOGIA

TER				
Modo subjuntivo				Gerúndio
Presente	Pretérito imperfeito		Futuro	
tenha	tivesse		tiver	
tenhas	tivesses		tiveres	
tenha	tivesse		tiver	
tenhamos	tivéssemos		tivermos	tendo
tenhais	tivésseis		tiverdes	
tenham	tivessem		tiverem	
Modo imperativo				Particípio
Afirmativo		Negativo		
tem		não tenhas		
tenha		não tenha		
tenhamos		não tenhamos		tido
tende		não tenhais		
tenham		não tenham		

O acento circunflexo na 3ª pessoa do plural (eles **têm**) é a marca gráfica que a diferencia da 3ª pessoa do singular (ele **tem**).

Como o verbo **ter** conjugam-se os seus derivados: *ater*, *obter*, *deter*, *conter*, *manter*, *reter*, *suster*, *entreter*. Nos verbos derivados, no entanto, a distinção pelo acento gráfico ocorre de maneira diferente: ele obtém / eles obtêm; ele detém / eles detêm; ele mantém / eles mantêm.

HAVER			
Modo indicativo			Formas nominais
Presente	Pretérito imperfeito	Pretérito perfeito	Infinitivo impessoal
hei	havia	houve	
hás	havias	houveste	
há	havia	houve	haver
havemos	havíamos	houvemos	
haveis	havíeis	houvestes	
hão	haviam	houveram	
Pretérito mais-que-perfeito	Futuro do presente	Futuro do pretérito	Infinitivo pessoal
houvera	haverei	haveria	haver
houveras	haverás	haverias	haveres
houvera	haverá	haveria	haver
houvéramos	haveremos	haveríamos	havermos
houvéreis	havereis	haveríeis	haverdes
houveram	haverão	haveriam	haverem

HAVER

Modo subjuntivo			Gerúndio
Presente	Pretérito imperfeito	Futuro	
haja	houvesse	houver	havendo
hajas	houvesses	houveres	
haja	houvesse	houver	
hajamos	houvéssemos	houvermos	
hajais	houvésseis	houverdes	
hajam	houvessem	houverem	

Modo imperativo		Particípio
Afirmativo	Negativo	
há	não hajas	havido
haja	não haja	
hajamos	não hajamos	
havei	não hajais	
hajam	não hajam	

CABER

Modo indicativo			Formas nominais
Presente	Pretérito imperfeito	Pretérito perfeito	Infinitivo impessoal
caibo	cabia	coube	caber
cabes	cabias	coubeste	
cabe	cabia	coube	
cabemos	cabíamos	coubemos	
cabeis	cabíeis	coubestes	
cabem	cabiam	couberam	

Pretérito mais--que-perfeito	Futuro do presente	Futuro do pretérito	Infinitivo pessoal
coubera	caberei	caberia	caber
couberas	caberás	caberias	caberes
coubera	caberá	caberia	caber
coubéramos	caberemos	caberíamos	cabermos
coubéreis	cabereis	caberíeis	caberdes
couberam	caberão	caberiam	caberem

Modo subjuntivo			Gerúndio
Presente	Pretérito imperfeito	Futuro	
caiba	coubesse	couber	cabendo
caibas	coubesses	couberes	
caiba	coubesse	couber	
caibamos	coubéssemos	coubermos	
caibais	coubésseis	couberdes	
caibam	coubessem	couberem	

CABER	
Modo imperativo	
	Particípio
Não possui o modo imperativo.	cabido

CRER			
Modo indicativo			**Formas nominais**
Presente	Pretérito imperfeito	Pretérito perfeito	Infinitivo impessoal
creio	cria	cri	
crês	crias	creste	
crê	cria	creu	crer
cremos	críamos	cremos	
credes	críeis	crestes	
creem	criam	creram	
Pretérito mais--que-perfeito	Futuro do presente	Futuro do pretérito	Infinitivo pessoal
crera	crerei	creria	crer
creras	crerás	crerias	creres
crera	crerá	creria	crer
crêramos	creremos	creríamos	crermos
crêreis	crereis	creríeis	crerdes
creram	crerão	creriam	crerem
Modo subjuntivo			Gerúndio
Presente	Pretérito imperfeito	Futuro	
creia	cresse	crer	
creias	cresses	creres	
creia	cresse	crer	crendo
creiamos	crêssemos	crermos	
creiais	crêsseis	crerdes	
creiam	cressem	crerem	
Modo Imperativo			Particípio
Afirmativo	Negativo		
crê	não creias		
creia	não creia		
creiamos	não creiamos		crido
crede	não creiais		
creiam	não creiam		

Como o verbo **crer** conjugam-se o seu derivado **descrer** e os verbos **ler** e **reler**. No pretérito perfeito, esses verbos são regulares: cri / descri; creu / descreu; li / reli; leu / releu.

DIZER

Modo indicativo

Presente	Pretérito imperfeito	Pretérito perfeito	Formas nominais
			Infinitivo impessoal
digo	dizia	disse	
dizes	dizias	disseste	
diz	dizia	disse	dizer
dizemos	dizíamos	dissemos	
dizeis	dizíeis	dissestes	
dizem	diziam	disseram	

Pretérito mais-que-perfeito	Futuro do presente	Futuro do pretérito	Infinitivo pessoal
dissera	direi	diria	dizer
disseras	dirás	dirias	dizeres
dissera	dirá	diria	dizer
disséramos	diremos	diríamos	dizermos
disséreis	direis	diríeis	dizerdes
disseram	dirão	diriam	dizerem

Modo subjuntivo

Presente	Pretérito imperfeito	Futuro	Gerúndio
diga	dissesse	disser	
digas	dissesses	disseres	
diga	dissesse	disser	dizendo
digamos	disséssemos	dissermos	
digais	dissésseis	disserdes	
digam	dissessem	disserem	

Modo imperativo

Afirmativo	Negativo	Particípio
dize (ou diz)	não digas	
diga	não diga	
digamos	não digamos	dito
dizei	não digais	
digam	não digam	

Como o verbo **dizer** conjugam-se os seus derivados: *bendizer, contradizer, maldizer* etc.

FAZER

Modo indicativo

Presente	Pretérito imperfeito	Pretérito perfeito	Formas nominais
			Infinitivo impessoal
faço	fazia	fiz	
fazes	fazias	fizeste	
faz	fazia	fez	fazer
fazemos	fazíamos	fizemos	
fazeis	fazíeis	fizestes	
fazem	faziam	fizeram	

FAZER			
Pretérito mais--que-perfeito	Futuro do presente	Futuro do pretérito	Infinitivo pessoal
fizera	farei	faria	fazer
fizeras	farás	farias	fazeres
fizera	fará	faria	fazer
fizéramos	faremos	faríamos	fazermos
fizéreis	fareis	faríeis	fazerdes
fizeram	farão	fariam	fazerem
Modo subjuntivo			Gerúndio
Presente	Pretérito imperfeito	Futuro	
faça	fizesse	fizer	
faças	fizesses	fizeres	
faça	fizesse	fizer	fazendo
façamos	fizéssemos	fizermos	
façais	fizésseis	fizerdes	
façam	fizessem	fizerem	
Modo imperativo			Particípio
Afirmativo	Negativo		
faze (ou faz)	não faças		
faça	não faça		
façamos	não façamos		feito
fazei	não façais		
façam	não façam		

Como o verbo **fazer** conjugam-se os seus derivados: *desfazer, perfazer, refazer, satisfazer* etc.

TRAZER			
Modo indicativo			Formas nominais
Presente	Pretérito imperfeito	Pretérito perfeito	Infinitivo impessoal
trago	trazia	trouxe	
trazes	trazias	trouxeste	
traz	trazia	trouxe	trazer
trazemos	trazíamos	trouxemos	
trazeis	trazíeis	trouxestes	
trazem	traziam	trouxeram	
Pretérito mais--que-perfeito	Futuro do presente	Futuro do pretérito	Infinitivo pessoal
trouxera	trarei	traria	trazer
trouxeras	trarás	trarias	trazeres
trouxera	trará	traria	trazer
trouxéramos	traremos	traríamos	trazermos
trouxéreis	trareis	traríeis	trazerdes
trouxeram	trarão	trariam	trazerem

Modo subjuntivo			Gerúndio
Presente	Pretérito imperfeito	Futuro	
traga	trouxesse	trouxer	
tragas	trouxesses	trouxeres	
traga	trouxesse	trouxer	trazendo
tragamos	trouxéssemos	trouxermos	
tragais	trouxésseis	trouxerdes	
tragam	trouxessem	trouxerem	

Modo Imperativo		Particípio
Afirmativo	Negativo	
traze (ou traz)	não tragas	
traga	não traga	
tragamos	não tragamos	trazido
trazei	não tragais	
tragam	não tragam	

SABER			
Modo indicativo			Formas nominais
Presente	Pretérito imperfeito	Pretérito perfeito	Infinitivo impessoal
sei	sabia	soube	
sabes	sabias	soubeste	
sabe	sabia	soube	saber
sabemos	sabíamos	soubemos	
sabeis	sabíeis	soubestes	
sabem	sabiam	souberam	
Pretérito mais-que-perfeito	Futuro do presente	Futuro do pretérito	Infinitivo pessoal
soubera	saberei	saberia	saber
souberas	saberás	saberias	saberes
soubera	saberá	saberia	saber
soubéramos	saberemos	saberíamos	sabermos
soubéreis	sabereis	saberíeis	saberdes
souberam	saberão	saberiam	saberem
Modo subjuntivo			Gerúndio
Presente	Pretérito imperfeito	Futuro	
saiba	soubesse	souber	
saibas	soubesses	souberes	
saiba	soubesse	souber	sabendo
saibamos	soubéssemos	soubermos	
saibais	soubésseis	souberdes	
saibam	soubessem	souberem	

SABER		
Modo imperativo		Particípio
Afirmativo	Negativo	
sabe saiba saibamos sabei saibam	não saibas não saiba não saibamos não saibais não saibam	sabido

PODER			
Modo indicativo			Formas nominais
Presente	Pretérito imperfeito	Pretérito perfeito	Infinitivo impessoal
posso podes pode podemos podeis podem	podia podias podia podíamos podíeis podiam	pude pudeste pôde pudemos pudestes puderam	poder
Pretérito mais--que-perfeito	Futuro do presente	Futuro do pretérito	Infinitivo pessoal
pudera puderas pudera pudéramos pudéreis puderam	poderei poderás poderá poderemos podereis poderão	poderia poderias poderia poderíamos poderíeis poderiam	poder poderes poder podermos poderdes poderem
Modo subjuntivo			Gerúndio
Presente	Pretérito imperfeito	Futuro	
possa possas possa possamos possais possam	pudesse pudesses pudesse pudéssemos pudésseis pudessem	puder puderes puder pudermos puderdes puderem	podendo
Modo Imperativo			Particípio
Não possui o modo imperativo.			podido

O acento circunflexo diferencia, na escrita, a forma presente **pode** (som aberto) da passada **pôde** (som fechado).

PÔR (ANTIGO POER)			
Modo indicativo			**Formas nominais**
Presente	Pretérito imperfeito	Pretérito perfeito	Infinitivo impessoal
ponho	punha	pus	
pões	punhas	puseste	
põe	punha	pôs	pôr
pomos	púnhamos	pusemos	
pondes	púnheis	pusestes	
põem	punham	puseram	
Pretérito mais-que-perfeito	Futuro do presente	Futuro do pretérito	Infinitivo pessoal
pusera	porei	poria	pôr
puseras	porás	porias	pores
pusera	porá	poria	pôr
puséramos	poremos	poríamos	pormos
puséreis	poreis	poríeis	pordes
puseram	porão	poriam	porem
Modo subjuntivo			Gerúndio
Presente	Pretérito imperfeito	Futuro	
ponha	pusesse	puser	
ponhas	pusesses	puseres	
ponha	pusesse	puser	pondo
ponhamos	puséssemos	pusermos	
ponhais	pusésseis	puserdes	
ponham	pusessem	puserem	
Modo imperativo			Particípio
Afirmativo	Negativo		
põe	não ponhas		
ponha	não ponha		
ponhamos	não ponhamos		posto
ponde	não ponhais		
ponham	não ponham		

Como o verbo **pôr** conjugam-se os seus derivados: *antepor, compor, contrapor, decompor, depor, dispor, expor, impor, indispor, opor, pospor, predispor, pressupor, propor, recompor, repor, sobrepor, supor, transpor*.

VER			
Modo indicativo			**Formas nominais**
Presente	Pretérito imperfeito	Pretérito perfeito	Infinitivo impessoal
vejo	via	vi	
vês	vias	viste	
vê	via	viu	ver
vemos	víamos	vimos	
vedes	víeis	vistes	
veem	viam	viram	

VER			
Pretérito mais-que-perfeito	Futuro do presente	Futuro do pretérito	Infinitivo pessoal
vira	verei	veria	ver
viras	verás	verias	veres
vira	verá	veria	ver
víramos	veremos	veríamos	vermos
víreis	vereis	veríeis	verdes
viram	verão	veriam	verem

Modo subjuntivo			Gerúndio
Presente	Pretérito imperfeito	Futuro	
veja	visse	vir	
vejas	visses	vires	
veja	visse	vir	vendo
vejamos	víssemos	virmos	
vejais	vísseis	virdes	
vejam	vissem	virem	

Modo imperativo		Particípio
Afirmativo	Negativo	
vê	não vejas	
veja	não veja	
vejamos	não vejamos	visto
vede	não vejais	
vejam	não vejam	

Como o verbo **ver** conjugam-se os seus derivados: *antever, entrever, prever, rever*.

QUERER			
Modo indicativo			Formas nominais
Presente	Pretérito imperfeito	Pretérito perfeito	Infinitivo impessoal
quero	queria	quis	
queres	querias	quiseste	
quer	queria	quis	querer
queremos	queríamos	quisemos	
quereis	queríeis	quisestes	
querem	queriam	quiseram	
Pretérito mais-que-perfeito	Futuro do presente	Futuro do pretérito	Infinitivo pessoal
quisera	quererei	quereria	querer
quiseras	quererás	quererias	quereres
quisera	quererá	quereria	querer
quiséramos	quereremos	quereríamos	querermos
quiséreis	querereis	quereríeis	quererdes
quiseram	quererão	quereriam	quererem

QUERER

Modo subjuntivo			Gerúndio
Presente	**Pretérito imperfeito**	**Futuro**	
queira	quisesse	quiser	
queiras	quisesses	quiseres	
queira	quisesse	quiser	querendo
queiramos	quiséssemos	quisermos	
queirais	quisésseis	quiserdes	
queiram	quisessem	quiserem	

Modo Imperativo		Particípio
Afirmativo	**Negativo**	
quer	não queiras	
queira	não queira	
queiramos	não queiramos	querido
querei	não queirais	
queiram	não queiram	

Os verbos **bem-querer** e **malquerer** têm, também, os particípios irregulares **benquisto** e **malquisto**.

REQUERER

Modo indicativo			Formas nominais
Presente	**Pretérito imperfeito**	**Pretérito perfeito**	**Infinitivo impessoal**
requeiro	requeria	requeri	
requeres	requerias	requereste	
requer	requeria	requereu	requerer
requeremos	requeríamos	requeremos	
requereis	requeríeis	requerestes	
requerem	requeriam	requereram	

Pretérito mais-que-perfeito	**Futuro do presente**	**Futuro do pretérito**	**Infinitivo pessoal**
requerera	requererei	requereria	requerer
requereras	requererás	requererias	requereres
requerera	requererá	requereria	requerer
requerêramos	requereremos	requereríamos	requerermos
requerêreis	requerereis	requereríeis	requererdes
requereram	requererão	requereriam	requererem

Modo subjuntivo			Gerúndio
Presente	**Pretérito imperfeito**	**Futuro**	
requeira	requeresse	requerer	
requeiras	requeresses	requereres	
requeira	requeresse	requerer	requerendo
requeiramos	requerêssemos	requerermos	
requeirais	requerêsseis	requererdes	
requeiram	requeressem	requererem	

REQUERER		
Modo imperativo		Particípio
Afirmativo	Negativo	
requere (ou requer) requeira requeiramos requerei requeiram	não requeiras não requeira não requeiramos não requeirais não requeiram	requerido

Esse verbo não segue a conjugação do verbo **querer**.

OUTROS VERBOS DA 2ª CONJUGAÇÃO QUE MERECEM DESTAQUE

1. **Escrever**

    Esse verbo e seus derivados — descrever, inscrever, prescrever, proscrever, sobrescrever, subscrever — são irregulares apenas no particípio: escrito, descrito, inscrito, prescrito, proscrito, sobrescrito, subscrito.

2. **Moer**

    É irregular somente na 2ª e 3ª pessoas do presente do indicativo e na 2ª pessoa do singular do imperativo afirmativo.

    Presente do indicativo: moo, **móis**, **mói**, moemos, moeis, moem.

    Imperativo afirmativo: **mói** (tu).

    Como o verbo **moer** conjugam-se: **remoer, roer, corroer, doer-se, condoer-se**.

3. **Perder** e **valer**

    São irregulares na 1ª pessoa do singular do presente do indicativo e, consequentemente, nos tempos derivados dessa forma: presente do subjuntivo e modo imperativo.

    Presente do indicativo: **perc**-o, perdes, perde, perdemos, perdeis, perdem; **valh**-o, vales, vale, valemos, valeis, valem.

    Presente do subjuntivo: **perc**a, percas, perca, percamos, percais, percam; **valh**a, valhas, valha, valhamos, valhais, valham.

VERBOS IRREGULARES DA 3ª CONJUGAÇÃO

FERIR			Formas nominais
Modo indicativo			Formas nominais
Presente	Pretérito imperfeito	Pretérito perfeito	Infinitivo impessoal
firo feres fere ferimos feris ferem	feria ferias feria feríamos feríeis feriam	feri feriste feriu ferimos feristes feriram	ferir

FERIR			
Modo indicativo			**Formas nominais**
Pretérito mais-que-perfeito	Futuro do presente	Futuro do pretérito	Infinitivo pessoal
ferira	ferirei	feriria	ferir
feriras	ferirás	feririas	ferires
ferira	ferirá	feriria	ferir
feríramos	feriremos	feriríamos	ferirmos
feríreis	ferireis	feriríeis	ferirdes
feriram	ferirão	feririam	ferirem
Modo subjuntivo			**Gerúndio**
Presente	Pretérito imperfeito	Futuro	
fira	ferisse	ferir	ferindo
firas	ferisses	ferires	
fira	ferisse	ferir	
firamos	feríssemos	ferirmos	
firais	ferísseis	ferirdes	
firam	ferissem	ferirem	
Modo imperativo			**Particípio**
Afirmativo	Negativo		
fere	não firas		ferido
fira	não fira		
firamos	não firamos		
feri	não firais		
firam	não firam		

Como **ferir** conjugam-se os verbos: *aderir, advertir, aferir, assentir, compelir, competir, conferir, conseguir, consentir, convergir, deferir, desferir, desmentir, despir, digerir, discernir, divergir, divertir, expelir, gerir, impelir, ingerir, inserir, interferir, investir, mentir, perseguir, preferir, pressentir, preterir, proferir, prosseguir, referir, refletir, repelir, repetir, ressentir, revestir, seguir, sentir, servir, sugerir, transferir, vestir* etc.

VIR			
Modo indicativo			**Formas nominais**
Presente	Pretérito imperfeito	Pretérito perfeito	Infinitivo impessoal
venho	vinha	vim	vir
vens	vinhas	vieste	
vem	vinha	veio	
vimos	vínhamos	viemos	
vindes	vínheis	viestes	
vêm	vinham	vieram	

VIR			
Modo indicativo			Formas nominais
Pretérito mais--que-perfeito	Futuro do presente	Futuro do pretérito	Infinitivo pessoal
viera	virei	viria	vir
vieras	virás	virias	vires
viera	virá	viria	vir
viéramos	viremos	viríamos	virmos
viéreis	vireis	viríeis	virdes
vieram	virão	viriam	virem
Modo subjuntivo			Gerúndio
Presente	Pretérito imperfeito	Futuro	
venha	viesse	vier	vindo
venhas	viesses	vieres	
venha	viesse	vier	
venhamos	viéssemos	viermos	
venhais	viésseis	vierdes	
venham	viessem	vierem	
Modo imperativo			Particípio
Afirmativo	Negativo		
vem	não venhas		vindo
venha	não venha		
venhamos	não venhamos		
vinde	não venhais		
venham	não venham		

Como o verbo **vir** conjugam-se os derivados: *advir, convir, intervir, provir* e *sobrevir*.

OUTROS VERBOS DA 3ª CONJUGAÇÃO QUE MERECEM DESTAQUE

1. **Atribuir**

   É irregular somente na 2ª e 3ª pessoas do singular do presente do indicativo e na 2ª pessoa do singular do imperativo afirmativo.

   Presente do indicativo: atribuo, atribu**is**, atribu**i**, atribuímos, atribuís, atribuem.

   Imperativo afirmativo: atribu**i** (tu).

   Como **atribuir** conjugam-se os demais verbos terminados em -**uir**: *possuir, concluir, contribuir, constituir, destituir, instruir, arguir* etc. Excetuam-se o verbo **construir** e seu derivado **reconstruir**.

2. **Construir**

   Presente do indicativo: construo, constr**óis**, constr**ói**, construímos, construís, constroem.

   Imperativo afirmativo: constr**ói** (tu).

3. **Cair**

   É irregular na 1ª, 2ª e 3ª pessoas do singular do presente do indicativo, consequentemente no presente do subjuntivo e no modo imperativo.

   Presente do indicativo: ca**io**, ca**is**, ca**i**, caímos, caís, caem.

   Presente do subjuntivo: ca**ia**, ca**ias**, ca**ia**, ca**iamos**, ca**iais**, ca**iam**.

   Como **cair** conjugam-se os demais verbos terminados em -air: *abstrair, atrair, contrair, decair, distrair, esvair, extrair, recair, retrair, sair, sobressair, trair* etc.

4. **Rir**

   É irregular no presente do indicativo, consequentemente no presente do subjuntivo e no modo imperativo.

   Presente do indicativo: r**io**, r**is**, r**i**, rimos, r**ides**, r**iem**.

   Presente do subjuntivo: r**ia**, r**ias**, r**ia**, r**iamos**, r**iais**, r**iam**.

   Como **rir** conjuga-se o verbo **sorrir**.

5. **Ouvir**

   É irregular no presente do indicativo e do subjuntivo e no modo imperativo.

   Presente do indicativo: **ouç**o, ouves, ouve, ouvimos, ouvis, ouvem.

   Presente do subjuntivo: **ou**ça, ouças, ouça, ouçamos, ouçais, ouçam.

6. **Pedir** e **medir**

   São irregulares no presente do indicativo e do subjuntivo e no modo imperativo.

   Presente do indicativo: **peç**o / **meç**o; pedes / medes; pede / mede; pedimos / medimos; pedis / medis; pedem / medem.

   Presente do subjuntivo: **peç**a / **meç**a; **peç**as / **meç**as; **peç**a / **meç**a; **peç**amos / **meç**amos; **peç**ais / **meç**ais; **peç**am / **meç**am.

   Como eles conjugam-se: *desimpedir, despedir, expedir, impedir* etc.

VERBOS ANÔMALOS

São **anômalos** os verbos que apresentam irregularidades profundas, como os verbos **ir** e **ser**.

IR			
Modo indicativo			**Formas nominais**
Presente	**Pretérito imperfeito**	**Pretérito perfeito**	**Infinitivo impessoal**
vou	ia	fui	ir
vais	ias	foste	
vai	ia	foi	
vamos	íamos	fomos	
ides	íeis	fostes	
vão	iam	foram	

IR

Modo indicativo

Pretérito mais-que-perfeito	Futuro do presente	Futuro do pretérito
fora	irei	iria
foras	irás	irias
fora	irá	iria
fôramos	iremos	iríamos
fôreis	ireis	iríeis
foram	irão	iriam

Formas nominais

Infinitivo pessoal

- ir
- ires
- ir
- irmos
- irdes
- irem

Modo subjuntivo

Presente	Pretérito imperfeito	Futuro
vá	fosse	for
vás	fosses	fores
vá	fosse	for
vamos	fôssemos	formos
vades	fôsseis	fordes
vão	fossem	forem

Gerúndio: indo

Modo imperativo

Afirmativo	Negativo
vai	não vás
vá	não vá
vamos	não vamos
ide	não vades
vão	não vão

Particípio: ido

SER

Modo indicativo

Presente	Pretérito imperfeito	Pretérito perfeito
sou	era	fui
és	eras	foste
é	era	foi
somos	éramos	fomos
sois	éreis	fostes
são	eram	foram

Formas nominais — Infinitivo impessoal: ser

Pretérito mais-que-perfeito	Futuro do presente	Futuro do pretérito	Infinitivo pessoal
fora	serei	seria	ser
foras	serás	serias	seres
fora	será	seria	ser
fôramos	seremos	seríamos	sermos
fôreis	sereis	seríeis	serdes
foram	serão	seriam	serem

SER				
Modo subjuntivo			Gerúndio
Presente	Pretérito imperfeito	Futuro	
seja	fosse	for	sendo
sejas	fosses	fores	
seja	fosse	for	
sejamos	fôssemos	formos	
sejais	fôsseis	fordes	
sejam	fossem	forem	
Modo imperativo		Particípio
---	---	---
Afirmativo	Negativo	
sê	não sejas	sido
seja	não seja	
sejamos	não sejamos	
sede	não sejais	
sejam	não sejam	

VERBOS DEFECTIVOS

São **defectivos** os verbos que não possuem todas as formas de conjugação. Eles dividem-se, basicamente, em dois grupos.

1. Verbos que não possuem a 1ª pessoa do presente do indicativo e, por isso, não possuem também o presente do subjuntivo e nem todo o imperativo.

Exemplo:

COLORIR			
Presente do indicativo	Presente do subjuntivo	Modo imperativo	
		Afirmativo	Negativo
–	–	–	–
colores	–	colore	–
colore	–	–	–
colorimos	–	–	–
coloris	–	colori	–
colorem	–	–	–

Nos demais tempos e formas nominais, é conjugado normalmente: colori, coloria, colorira, colorisse, colorido etc.

Seguem esse modelo: *abolir*, *aturdir*, *banir*, *carpir*, *demolir*, *emergir*, *explodir*, *extorquir*, *imergir* etc.

2. Verbos que possuem apenas a 1ª e a 2ª pessoas do plural do presente do indicativo porque são conjugados apenas nas formas arrizotônicas (formas cuja sílaba ou vogal tônica se encontra na terminação).

Exemplo:

PRECAVER-SE			
Presente do indicativo	Presente do subjuntivo	Modo imperativo	
		Afirmativo	Negativo
–	–	–	–
–	–	–	–
–	–	–	–
precavemo-nos	–	–	–
precaveis-vos	–	precavei-vos	–
–	–	–	–

Nos demais tempos e formas nominais, segue o modelo de sua conjugação: precavi-me, precavia-me, precavera-me, precavesse-me etc.

Seguem esse modelo: *adequar*, *combalir*, *comedir-se*, *falir* etc.

O verbo **reaver** possui apenas as formas em que aparece a letra **v**. Essas formas são conjugadas como o verbo **haver**.

Veja:

REAVER			
Modo indicativo			Formas nominais
Presente	Pretérito imperfeito	Pretérito perfeito	Infinitivo impessoal
–	reavia	reouve	reaver
–	reavias	reouveste	
–	reavia	reouve	
reavemos	reavíamos	reouvemos	
reaveis	reavíeis	reouvestes	
–	reaviam	reouveram	
Pretérito mais-que-perfeito	Futuro do presente	Futuro do pretérito	Infinitivo pessoal
reouvera	reaverei	reaveria	reaver
reouveras	reaverás	reaverias	reaveres
reouvera	reaverá	reaveria	reaver
reouvéramos	reaveremos	reaveríamos	reavermos
reouvéreis	reavereis	reaveríeis	reaverdes
reouveram	reaverão	reaveriam	reaverem
Modo subjuntivo			Gerúndio
Presente	Pretérito imperfeito	Futuro	
–	reouvesse	reouver	reavendo
–	reouvesses	reouveres	
–	reouvesse	reouver	
–	reouvéssemos	reouvermos	
–	reouvésseis	reouverdes	
–	reouvessem	reouverem	

REAVER		
Modo imperativo		Particípio
Afirmativo	Negativo	
–	–	
–	–	
–	–	reavido
–	–	
reavei	–	
–	–	

VERBOS ABUNDANTES

São **abundantes** os verbos que possuem duas ou mais formas equivalentes.

Exemplos:

Construir: constróis / construis; constrói / construi; constroem / construem.
Ir: vamos / imos.
Haver: havemos / hemos.
Apiedar-**se**: apiedo-me / apiado-me.

Na quase totalidade dos verbos abundantes, as formas equivalentes encontram-se no particípio. Ao lado do *particípio regular* (com terminação -**ado** ou -**ido**), esses verbos possuem também um *particípio irregular*.

Veja:

Infinitivo impessoal	Particípio regular	Particípio irregular
Primeira conjugação		
aceitar	aceitado	aceito
anexar	anexado	anexo
cozinhar	cozinhado	cozido
dispersar	dispersado	disperso
entregar	entregado	entregue
enxugar	enxugado	enxuto
expressar	expressado	expresso
expulsar	expulsado	expulso
findar	findado	findo
ganhar	ganhado	ganho
gastar	gastado	gasto
isentar	isentado	isento
limpar	limpado	limpo
matar	matado	morto
pagar	pagado	pago
pegar	pegado	pego
salvar	salvado	salvo
segurar	segurado	seguro
soltar	soltado	solto

Infinitivo impessoal	Particípio regular	Particípio irregular
Segunda conjugação		
acender	acend**ido**	aceso
benzer	benz**ido**	bento
eleger	eleg**ido**	eleito
envolver	envolv**ido**	envolto
morrer	morr**ido**	morto
prender	prend**ido**	preso
suspender	suspend**ido**	suspenso
Terceira conjugação		
emergir	emerg**ido**	emerso
expelir	expel**ido**	expulso
exprimir	exprim**ido**	expresso
extinguir	exting**uido**	extinto
incluir	inclu**ído**	incluso
imergir	imerg**ido**	imerso
imprimir	imprim**ido**	impresso
inserir	inser**ido**	inserto
omitir	omit**ido**	omisso
submergir	submerg**ido**	submerso

Normalmente, os particípios regulares são usados com os verbos auxiliares **ter** e **haver** e os particípios irregulares, com os auxiliares **ser** e **estar**.

Exemplos:

O menino **havia prendido** o dedo na porta.

O dedo do menino **estava preso** na porta.

> **OBSERVAÇÃO**
>
> Há verbos (e seus derivados) que possuem apenas o particípio irregular: *abrir* (aberto), *cobrir* (coberto), *dizer* (dito), *escrever* (escrito), *fazer* (feito), *pôr* (posto), *ver* (visto), *vir* (vindo).
>
> Na linguagem coloquial, há certa preferência pelos particípios irregulares de alguns verbos, como *gastar* (gasto), *ganhar* (ganho), *pagar* (pago), *pegar* (pego, com som fechado [ê] ou aberto [é]).

VERBOS AUXILIARES

São **auxiliares** os verbos que antecedem o verbo principal nas locuções verbais. Enquanto o verbo principal é apresentado em uma de suas formas nominais — *particípio*, *gerúndio* e *infinitivo* —, o auxiliar é flexionado em tempo, modo, número e pessoa.

Exemplos:

Já terminei a tarefa que me **foi** *atribuída*.
  — verbo auxiliar / verbo principal no particípio

Estamos em outubro e as lojas já **estão** *fazendo* propaganda para o Natal.
  — verbo auxiliar / verbo principal no gerúndio

Essa criança, quando **começa a** *chorar*, não para mais.
  — verbo auxiliar / verbo principal no infinitivo

> **OBSERVAÇÃO**
> São vários os verbos que podem ser empregados como auxiliares, mas os de uso mais frequente são: **ser**, **estar**, **ter** e **haver**.

OUTROS TIPOS DE VERBOS

VERBOS PRONOMINAIS

São **pronominais** os verbos conjugados com pronome pessoal oblíquo átono. Esse pronome é parte intrínseca do verbo, e ambos se referem à mesma pessoa do discurso.

Exemplos:

Não **me arrependo** do que fiz. (pronome e verbo — 1ª pessoa do singular)

O paciente **queixou-se** de dor de cabeça. (verbo e pronome — 3ª pessoa do singular)

Há verbos pronominais que não admitem outro tipo de emprego, são sempre pronominais, como **queixar-se**, **arrepender-se**, **apiedar-se**, **suicidar-se**.

Há, no entanto, outros verbos que podem ser ou não pronominais, o que vai depender do sentido em que são empregados.

Veja:

O barulho da moto **agitou** o bebê. (**agitar**, **perturbar** — verbos não pronominais)

A criança **agitou-se** com o barulho da moto. (**agitar-se**, **debater-se** — verbos pronominais)

Veja a conjugação do verbo pronominal **queixar-se**.

QUEIXAR-SE			
Modo indicativo			Formas nominais
Presente	Pretérito imperfeito	Pretérito perfeito	Infinitivo impessoal
queixo-me queixas-te queixa-se queixamo-nos queixais-vos queixam-se	queixava-me queixavas-te queixava-se queixávamo-nos queixáveis-vos queixavam-se	queixei-me queixaste-te queixou-se queixamo-nos queixastes-vos queixaram-se	queixar-se
Pretérito mais--que-perfeito	Futuro do presente	Futuro do pretérito	Infinitivo pessoal
queixara-me queixaras-te queixara-se queixáramo-nos queixáreis-vos queixaram-se	queixar-me-ei queixar-te-ás queixar-se-á queixar-nos-emos queixar-vos-eis queixar-se-ão	queixar-me-ia queixar-te-ias queixar-se-ia queixar-nos-íamos queixar-vos-íeis queixar-se-iam	queixar-me queixares-te queixar-se queixarmo-nos queixardes-vos queixarem-se
Modo subjuntivo			Gerúndio
Presente	Pretérito imperfeito	Futuro	queixando-se
que me queixe que te queixes que se queixe que nos queixemos que vos queixeis que se queixem	se me queixasse se te queixasses se se queixasse se nos queixássemos se vos queixásseis se se queixassem	quando me queixar quando te queixares quando se queixar quando nos queixarmos quando vos queixardes quando se queixarem	
Modo imperativo			Particípio
Afirmativo	Negativo		
queixa-te queixe-se queixemo-nos queixai-vos queixem-se	não te queixes não se queixe não nos queixemos não vos queixeis não se queixem		Não se usa o pronome oblíquo com o particípio.

> **OBSERVAÇÃO**
>
> A 1ª pessoa do plural perde o **-s** quando o pronome é colocado depois do verbo: *queixemo-nos*, *queixávamo-nos*...

VERBOS REFLEXIVOS

Os verbos **reflexivos** também são conjugados com pronome pessoal oblíquo átono. No entanto, diferentemente do verbo pronominal, o pronome que acompanha o verbo reflexivo não é parte dele, mas um complemento indicando que a ação praticada pelo sujeito acontece no próprio sujeito.

Exemplo:

O garoto **feriu-se**. (feriu *a si mesmo*)

Um mesmo verbo pode ser ou não reflexivo. Quando a ação não acontece no próprio sujeito, mas em outro ser, o verbo não é reflexivo.

Exemplo:

O garoto **feriu** *o amigo* sem querer.

> **OBSERVAÇÃO**
>
> Com o verbo reflexivo pode ocorrer o acréscimo das expressões **a mim mesmo** (Feri-me *a mim mesmo*.) **e a si mesmo** (Feriu-se *a si mesmo*.). Já com o verbo pronominal, essa estrutura não tem sentido: "queixei-me a mim mesma", "agitou-se consigo mesmo".

VERBOS UNIPESSOAIS

São **unipessoais** os verbos que possuem sujeito em uma única pessoa do discurso: **3ª pessoa**, tanto do singular (ele, ela) quanto do plural (eles, elas).

Exemplos:

O gato **miava** em cima do telhado e *os cães* **latiam** no quintal.

Aconteceram *muitos acidentes aéreos* ultimamente.

A liberação da estrada não **ocorrerá** na data prevista.

Os verbos unipessoais exprimem ações próprias de animais (*latir*, *miar*, *ladrar*, *relinchar*, *rosnar* etc.) e indicam acontecimento, necessidade (*acontecer*, *ocorrer*, *suceder*, *convir*, *urgir* etc.).

VERBOS IMPESSOAIS

São **impessoais** os verbos que não possuem sujeito em nenhuma pessoa do discurso e são conjugados em uma única forma: **3ª pessoa do singular**.

Exemplos:

Antes da chuva, **ventou** e **trovejou** muito. (indicam fenômenos da natureza)

Na festa a que fui, só **havia** meninas. (*haver*, significando existir)

Já **faz** um ano que saí de casa para estudar. (*fazer*, indicando tempo decorrido)

> **OBSERVAÇÃO**
>
> O verbo **ser**, na indicação de tempo, também é *impessoal*. Só que ele concorda com o predicativo.
>
> **É** uma hora. / **São** duas horas.

EM SÍNTESE

Verbo — palavra variável que exprime ação, estado, fatos e fenômenos naturais.

Estrutura — é constituído de radical e terminações.

Conjugações — terminações: 1ª -**ar**; 2ª -**er**; 3ª -**ir**.
- **Verbos paradigmas** — mesmo radical e as terminações são regulares.
- **Formas rizotônicas / arrizotônicas** — sílaba tônica no radical ou terminação.
- **Pronominais** — com pronome pessoal oblíquo como parte integrante.
- **Reflexivos** — com pronome pessoal oblíquo para indicar reflexividade.
- **Verbos paradigmas** — mantêm o mesmo radical nas conjugações e apresentam terminações regulares.
- **Formas rizotônicas** ou **arrizotônicas** — a sílaba tônica (ou sua vogal) está no radical ou na terminação.

Tempos primitivos (dão origem aos demais)	**Tempos derivados** (formam-se dos primitivos)
saem do presente do indicativo:	presente do subjuntivo, imperativo afirmativo e negativo
saem do pretérito perfeito do indicativo:	pretérito mais-que-perfeito do indicativo, pretérito imperfeito e futuro do subjuntivo
saem do infinitivo impessoal:	pretérito imperfeito do indicativo, futuro do presente e futuro do pretérito do indicativo e formas nominais

Flexão dos verbos — o verbo pode flexionar-se em número, pessoa, tempo, modo e voz.

Flexão de número e pessoa — singular (pessoas: **eu**, **tu**, **ele**) / plural (pessoas: **nós**, **vós**, **eles**).

Flexão de tempo (localiza a ação no tempo) e **modo** (atitude do falante em relação ao fato ou ação relatados).

Tempos naturais
- **Presente**: ação ocorre no momento em que se fala.
- **Pretérito**: ação já ocorreu no momento em que se fala.
- **Futuro**: ação ainda ocorrerá.

Modos
- **Indicativo**: atitude de certeza do falante diante do fato. (tempos: presente / pretérito imperfeito / pretérito perfeito / pretérito mais-que-perfeito / futuro do presente / futuro do pretérito).
- **Subjuntivo**: atitude de incerteza do falante diante do fato ou de hipótese. (tempos: presente / pretérito imperfeito / futuro).
- **Imperativo**: negativo e afirmativo.

Formas nominais — infinitivo (pessoal e impessoal) / gerúndio / particípio.

Locução verbal — verbo auxiliar + verbo principal numa das formas nominais.

Tempos compostos — verbo auxiliar (**ter** / **haver**) flexionado + principal no particípio.

Flexão de voz — ativa, passiva, reflexiva.

Tipos de verbos
- **Regulares** — não apresentam alterações no radical nem nas terminações.
- **Irregulares** — apresentam alterações tanto no radical como nas terminações.
- **Anômalos** — apresentam irregularidades profundas (verbos **ir** e **ser**).
- **Defectivos** — não apresentam todas as formas de conjugação.
- **Abundantes** — apresentam duas ou mais formas equivalentes.
- **Auxiliares** — antecedem os verbos principais nas locuções verbais e nos tempos compostos.
- **Pronominais** — são conjugados juntamente com pronomes pessoais oblíquos, que são parte integrante deles.
- **Reflexivos** — podem ser conjugados com pronomes pessoais oblíquos, para indicar reflexividade.
- **Unipessoais** — conjugados numa única pessoa.
- **Impessoais** — ações não são atribuídas às pessoas do discurso, apenas declaram um fato.

No texto

Responda às questões referentes ao fragmento de um *post* publicado em uma das seções da Revista *Veja Digital*.

Escrever e coçar é só começar?

Durante muito tempo, mantive neste *blog* uma seção chamada "Começos Inesquecíveis", dedicada a aberturas especialmente brilhantes — sobretudo de romances, embora um ou outro conto tenha comparecido também. (Um desses começos, aliás, faz coro com as palavras iniciais deste *post*: "Durante muito tempo, costumava deitar-me cedo", escreveu Marcel Proust na primeira linha de *No caminho de Swann*.)

A seção não tinha dia fixo, mas era atualizada com grande frequência por exigência dos próprios leitores, que a transformaram na mais visitada do **Todoprosa**. Nunca parei para contar, mas imagino que no fim das contas o número de começos contemplados se aproximasse da casa dos três dígitos.

A popularidade dos grandes começos da literatura é um tema curioso. Parece existir em nós, leitores, e principalmente nos leitores que também escrevem ou gostariam de escrever, uma crença irracional no poder mágico das palavras de abertura de um livro. Como se elas já contivessem em miniatura tudo o que importa saber, certo espírito geral da obra. Como se, acertando no começo, o resto viesse naturalmente ao autor.

A realidade é mais complicada do que isso. Um bom início tem a responsabilidade de introduzir certo tom, certa voz, e o desafio nada banal de fazer o leitor seguir em frente. Com perdão da obviedade, porém, vale lembrar que, se uma narrativa deve começar bem, não é menos importante que continue bem e termine bem. Continuar, sobretudo, é um verbo que geralmente parece não ter fim quando se escreve um romance — e às vezes não tem mesmo. [...]

RODRIGUES, Sérgio. **Todoprosa**, Vida literária, 25 jan. 2014. Disponível em: <http://veja.abril.com.br/blog/todoprosa/vida-literaria/escrever-e-cocar-e-so-comecar/>. Acesso em: 20 mar. 2014.

1. No título deste *post*, o jornalista escolheu verbos para ilustrar o aprendizado e o ato de produzir textos literários. Indique-os.
2. Nessa escolha de formas verbais, o jornalista estabeleceu uma relação intertextual com um provérbio. Qual? Qual é o sentido da relação construída nesse processo de aproximação entre o dito popular e o ato de escrever textos literários?
3. No último parágrafo, o jornalista reconhece que escrever textos literários não parece ser tão simples assim. Para comprovar sua percepção, ele utiliza o verbo **continuar**. Explique o efeito de sentido pretendido pelo jornalista ao escolher essa forma verbal para justificar a tarefa de escritor literário.
4. O jornalista estruturou seu texto a partir de verbos no infinitivo impessoal. Justifique essa escolha, considerando a discussão proposta pelo *post*.

MORFOLOGIA

Advérbio

Um primeiro olhar

Leia as tirinhas dos personagens Hagar e Calvin.

A

TRABALHEI DURO A VIDA INTEIRA E O QUE GANHEI COM ISSO?

EU DIRIA QUE UNS TRINTA QUILOS.

MAS TUDO EM MÚSCULOS!

BROWNE, Chris. Hagar. Disponível em: <http://www1.folha.uol.com.br/ilustrada/cartum/cartunsdiarios/#23/2/2014>.

B

POSSO LEVANTAR AGORA?

VOCÊ NÃO TERMINOU O SEU JANTAR.

BEM, É QUE EU NÃO GOSTEI MUITO E TEM UM PROGRAMA NA TV QUE EU QUERO VER...

A NOSSA TV FOI ROUBADA, LEMBRA?

BEM, ENTÃO ACHO QUE VOU COMER MEU ASPARGO, FAZER O DEVER DE CASA E IR DIRETO PRA CAMA.

ESTAMOS ORGULHOSOS DE VER COMO VOCÊ SE COMPORTA NA ADVERSIDADE.

WATTERSON, Bill. Calvin e Haroldo. **O Estado de S.Paulo**, 3 jun. Caderno 2, 2014.

1. Na tira **A**, identifique as palavras ou expressões que indicam as circunstâncias em que ocorreu a ação de trabalhar na fala de Hagar.

2. Na tira **B**, identifique palavras que indicam circunstâncias relacionadas às seguintes palavras:

| levantar | terminou | gostei | ir |

3. O que essas palavras indicam?

CONCEITO

"As mãos que dizem adeus são pássaros
Que vão morrendo **lentamente**..."
(Mário Quintana)

A palavra destacada acima é um **advérbio**. Advérbio é a palavra que modifica, principalmente, o verbo, indicando a circunstância em que ocorre a ação por ele expressa.

Exemplos:

"Que *vão morrendo* **lentamente**."
↓
circunstância de modo

Vá, que *ficarei esperando* **aqui**.
↓
circunstância de lugar

As crianças *voltaram* **cedo** do passeio.
↓
circunstância de tempo

> **Advérbio** é a palavra que indica as circunstâncias em que ocorrem as ações verbais.

Há casos, porém, em que o advérbio **não** se refere a um verbo.

1º) Advérbio referindo-se a um *adjetivo*, intensificando a característica do ser.

Nas festas de jovens, o som costuma ser **muito** *alto*.
↓ ↓
advérbio de adjetivo
intensidade

2º) Advérbio referindo-se a outro *advérbio*, intensificando-lhe o sentido.

Há alunos que escrevem **muito** *bem*.
↓ ↓
advérbio advérbio de modo
de intensidade

3º) Advérbio referindo-se a uma *oração inteira*, exprimindo o parecer de quem fala sobre o conteúdo da oração.

Lamentavelmente, *o dinheiro não deu para pagar a conta do restaurante*.

LOCUÇÃO ADVERBIAL

Locução adverbial é o conjunto de duas ou mais palavras que têm valor de advérbio.

Exemplos:

Saímos **às pressas** para o teatro, porque estávamos atrasados.

De repente, sem que ninguém esperasse, caiu uma forte chuva.

O caminho era tão deserto, que parecia que ninguém havia passado **por ali**.

A escola fica em uma esquina e o aluno mora **ao lado**.

Vejo novela **de vez em quando**.

Algumas locuções adverbiais possuem advérbios correspondentes.

Veja:

Com certeza chegaremos cedo ao cinema. / **Certamente** chegaremos cedo ao cinema.

O céu escureceu **de repente**. / O céu escureceu **repentinamente**.

Saíram **às pressas**. / Saíram **apressadamente**.

CLASSIFICAÇÃO DOS ADVÉRBIOS

A classificação dos advérbios e das locuções adverbiais é a mesma. Eles representam diversos tipos de circunstâncias.

TEMPO

Advérbios: ontem, hoje, amanhã, anteontem, cedo, tarde, antes, depois, logo, agora, já, jamais, nunca, sempre, outrora, ainda, antigamente, brevemente, atualmente etc.

Locuções adverbiais: de manhã, à tarde, à noite, pela manhã, de dia, de noite, em breve, de repente, às vezes, de vez em quando etc.

LUGAR

Advérbios: aqui, ali, aí, lá, cá, acolá, perto, longe, atrás, além, aquém, acima, abaixo, adiante, dentro, fora, defronte, detrás, onde, algures (em algum lugar), alhures (em outro lugar) etc.

Locuções adverbiais: à direita, à esquerda, ao lado, a distância, de dentro, de cima, em cima, por ali, por aqui, por perto, por dentro, por fora etc.

MODO

Advérbios: bem, mal, assim, melhor, pior, depressa, devagar, rapidamente, lentamente, calmamente (e quase todos os terminados em *mente*) etc.

Locuções adverbiais: à toa, ao léu, às pressas, às claras, em vão, em geral, gota a gota, passo a passo, frente a frente, por acaso, de cor etc.

AFIRMAÇÃO

Advérbios: sim, certamente, realmente, efetivamente etc.
Locuções adverbiais: com certeza, sem dúvida, por certo.

NEGAÇÃO

Advérbios: não, absolutamente, tampouco.
Locuções adverbiais: de modo nenhum, de jeito nenhum, de forma alguma etc.

INTENSIDADE

Advérbios: bem, bastante, assaz, mais, menos, muito, pouco, demais, tão, tanto, quase, quanto etc.
Locuções adverbiais: de todo, de pouco, de muito etc.

DÚVIDA

Advérbios: talvez, acaso, quiçá, provavelmente, possivelmente, porventura etc.
Locuções adverbiais: com certeza, por certo.

> **OBSERVAÇÃO**
>
> Em alguns casos, a distinção entre a circunstância de dúvida e a de afirmação depende exclusivamente do contexto. Exemplo:
>
> É difícil que ele tenha esquecido a reunião, *com certeza* ele chegará ainda. (dúvida)
>
> É difícil que ele tenha esquecido a reunião, ele chegará ainda *com certeza*. (afirmação)

ADVÉRBIOS INTERROGATIVOS

São **interrogativos** os advérbios empregados em interrogações diretas e indiretas.

- **Onde** — expressa ideia de *lugar*.
  Exemplos:

  Onde estão suas coisas, Paula?
  Paula, não sei **onde** estão suas coisas.

- **Como** — expressa ideia de *modo*.
  Exemplos:

  Como está seu irmão?
  Diga-me **como** está seu irmão.

- **Quando** — expressa ideia de *tempo*.
  Exemplos:
  Quando você voltará da viagem?
  Quero saber **quando** você voltará da viagem.

- **Por que** — expressa ideia de *causa*.
  Exemplos:
  Por que você demorou tanto no *shopping*?
  Gostaria de saber **por que** você demorou tanto no *shopping*.

GRAU DOS ADVÉRBIOS

Apesar de os advérbios serem palavras invariáveis, alguns deles, principalmente os de modo, variam em grau. Eles possuem os graus **comparativo** e **superlativo**, formados por processos semelhantes aos do adjetivo.

GRAU COMPARATIVO

O grau comparativo é de três tipos: *igualdade*, *superioridade* e *inferioridade*.

Igualdade

É formado de **tão** + *advérbio* + **quanto** (ou **como**).

Exemplo:

A criança andava **tão** *depressa* **quanto** o pai.

Superioridade

É formado de **mais** + *advérbio* + **que** (ou **do que**).

Exemplo:

A criança andava **mais** *depressa* (**do**) **que** o pai.

Inferioridade

É formado de **menos** + *advérbio* + **que** (ou **do que**).

Exemplo:

A criança andava **menos** *depressa* (**do**) **que** o pai.

Para os advérbios **bem** e **mal** há, respectivamente, as formas **melhor** e **pior**.

Exemplo:

A garota se expressava **melhor** (**do**) **que** o irmão. (*mais bem*)

A garota se expressava **pior** (**do**) **que** o irmão. (*mais mal*)

GRAU SUPERLATIVO ABSOLUTO

O advérbio possui apenas o superlativo absoluto, que se classifica em *analítico* e *sintético*.

Analítico

O advérbio é acompanhado de um *advérbio de intensidade*.

Exemplos:

O rio passava **extremamente** *perto* da minha casa.

A menina caminhava **muito** *lentamente* pela rua deserta.

Sintético

Ao advérbio é acrescentado o sufixo *-íssimo*.

Exemplos:

O rio passava **pertíssimo** da minha casa.

A menina caminhava **lentissimamente** pela rua deserta.

OBSERVAÇÕES

a) Com o sufixo *-mente*, formam-se advérbios derivados de adjetivos: **lentamente** (lento+mente), **calmamente** (calmo+mente), **tristemente** (triste+mente) etc.

b) Para se formar o superlativo sintético dos advérbios terminados em *-mente*, toma-se a forma feminina do superlativo sintético dos adjetivos e acrescenta-se *-mente*:

lentíssima+mente — **lentissimamente**

calmíssima+mente — **calmissimamente**

tristíssima+mente — **tristissimamente**

c) Para se exprimir o limite de possibilidade, antepõe-se ao advérbio *o mais* ou *o menos*.

Fique **o mais** *longe* que puder de pessoas invejosas.

Voltarei **o mais** *cedo* possível.

d) Os advérbios empregados com sufixos nominais diminutivos, como *pertinho, cedinho, agorinha, depressinha* etc., são comuns na linguagem informal.

O menino gostava de estar sempre **pertinho** da namorada.

ADJETIVOS ADVERBIALIZADOS

São considerados adverbializados os adjetivos empregados com valor de advérbio, ou seja, indicando circunstância. Nesse caso, eles se mantêm invariáveis.

Exemplos:

Os alunos terminaram **rápido** as lições. (rapidamente)

Os funcionários foram **direto** ao chefe pedir apoio. (diretamente)

Distinção entre advérbio e pronome indefinido

Diante de palavras como *muito*, *bastante*, *pouco* etc., que ora são empregadas como advérbios, ora como pronomes indefinidos, é importante ter em mente as diferenças básicas entre essas duas classes gramaticais.

O **advérbio** refere-se a *verbo*, *adjetivo* ou a outro *advérbio* e não admite flexão de gênero nem de número.

Exemplos:

Meu amigo *caminha* **muito**. (intensifica a ação verbal)

Meu amigo caminha **muito** *despreocupado*. (intensifica o adjetivo)

Meu amigo caminha **muito** *lentamente*. (intensifica outro advérbio)

O **pronome indefinido** refere-se a *substantivo* e com ele concorda em gênero e número.

Exemplos:

Meu amigo caminha **muitas** *horas*.

Meu amigo caminha **muitos** *quilômetros*.

EM SÍNTESE

Advérbio — indica as circunstâncias em que ocorrem as ações verbais.

Locução adverbial — duas ou mais palavras que têm valor de advérbio.

Classificação dos advérbios — tempo, lugar, modo, afirmação, negação, intensidade, dúvida.

Advérbios interrogativos — empregados em interrogações diretas ou indiretas.

Adjetivos adverbializados — adjetivos empregados com valor de advérbio.

Grau dos advérbios
- **Comparativo** de igualdade, de superioridade e de inferioridade.
- **Superlativo** analítico e sintético.

No texto

Leia o texto a seguir.

5 dicas para ouvir música sem detonar o ouvido

O som alto altera a vascularização do ouvido, provocando a falta de oxigênio, que causa a morte das células auditivas. Saiba o que fazer para não prejudicar a audição.

Música nas alturas no *spinning* e na corrida, balada no máximo volume, cidade barulhenta: se você se reconhece nessas situações, melhor começar a se preocupar com sua audição. "Todo excesso de ruído contribui para a perda auditiva progressiva. Além da intensidade, o tempo de exposição ao barulho também interfere", diz Verônica Soares, fonoaudióloga e diretora da Rede Direito de Ouvir. O som alto altera a vascularização do ouvido, provocando a falta de oxigênio, que causa a morte das células auditivas. O que fazer? A especialista dá algumas instruções:

1. Regule o volume de seu fone de ouvido em um local silencioso e mantenha-o em um nível agradável. Não aumente o som, mesmo se depois você for para um lugar mais barulhento.
2. Não durma com a televisão ligada. Esse é o momento de sua audição também descansar.
3. Se o barulho na academia – ou até mesmo o ronco do marido – a incomoda demais, não hesite em usar um protetor auricular.
4. Alguns aplicativos que simulam um decibelímetro (aparelho usado para medir o nível de ruído do ambiente) podem ser baixados gratuitamente no celular. É uma boa para você checar a intensidade dos barulhos à sua volta.
5. Se sentir um zumbido no ouvido, procure um especialista para uma avaliação mais cuidadosa.

ABAIXE O SOM. Publicado na revista **Boa Forma** edição 328, em 01/02/14, página 66.
Yara Achôa/Abril Comunicações S/A.

1. Em textos com recomendações, a presença de advérbios é necessária. Informe quais são os advérbios nas cinco instruções do texto e as palavras a que se referem.
2. Em "podem ser baixados gratuitamente" e "à sua volta", qual o sentido criado pelo uso do advérbio **gratuitamente** e da expressão adverbial **à sua volta** considerando o tema abordado no texto?

MORFOLOGIA

Preposição

Um primeiro olhar

A seguir, leia a chamada de uma reportagem publicada no jornal **O Estado de S. Paulo**.

NA ACADEMIA

O apoio que vem da universidade

Instituições de ensino oferecem programas para dar suporte a pequenos negócios e ainda criam empresas juniores e incubadoras a fim de estimular postura empreendedora entre os alunos

Pág. 04

NA ACADEMIA: O apoio que vem da universidade. **O Estado de S. Paulo**, São Paulo, 23 mar. 2014. Oportunidades, p. 1.

1. Identifique expressões ou frases cujo significado indique:
   a) lugar
   b) finalidade
   c) em meio a, junto de
   d) especificação
   e) beneficiário

2. Que palavras ou locuções introduzem essas expressões?
3. O que essas palavras ou locuções têm em comum?

CONCEITO

Paula viajou **para** Maceió **com** alguns amigos.

As palavras destacadas nessa frase são **preposições**.

Observe:

(verbo)
↓
Paula *viajou* — 1º termo

para *Maceió* — 2º termo
↓
(lugar para onde viajou)

com *alguns amigos*. — 2º termo
↓
(com quem viajou)

> **Preposição** é a palavra que liga dois termos de uma oração.

TERMO REGENTE E TERMO REGIDO

Quando dois termos são ligados por uma preposição, um deles torna-se **dependente** do outro, **subordinado** a ele. Nessa dependência, são estabelecidas, também, relações de significado entre os termos.

Veja:

O professor *chegou* **de** *Belém*, onde fez uma *palestra* **sobre** *preservação do meio ambiente*.

1º termo (termo regente ou subordinante)	Preposição	2º termo (termo regido ou subordinado)	Significado
chegou	de	Belém	lugar
palestra	sobre	preservação do meio ambiente	assunto

Uma mesma preposição pode estabelecer diferentes relações de significado.

Exemplos:

Adoro as *músicas* **de** *Chico Buarque*. (indica autoria)

Perdi meu *anel* **de** *ouro*. (indica matéria)

Este é o *livro* **de** *Guilherme*. (indica posse)

Sandra gosta de *viajar* **de** *ônibus*. (indica meio)

Alguns significados estabelecidos pelas preposições	
assunto — Discutir **sobre** educação.	**limite** — Correr **até** se cansar.
autoria — Livro **de** Drummond. Tela **de** Portinari.	**lugar** — Colocar algo **sobre** a mesa. Morar **em** Araçatuba. Viajar **para** Salvador. Ir **a** Manaus. (lugar de destino). Ser **de** São Paulo. (lugar de origem)
causa — Morrer **de** fome. Promovido **por** mérito.	**matéria** — Casa **de** madeira. Massa feita **com** ovos.
companhia — Passear **com** os irmãos.	**meio** — Passear **de** carro. Andar **a** cavalo.
conteúdo — Copo **de** água.	**modo** — Ele faz tudo **com** tranquilidade.
distância — Estudar **a** uma quadra de casa.	**oposição** — Argumentou **contra** as ideias do irmão.
fim ou **finalidade** — Viajar **a** trabalho. Sair **para** o almoço. Vir **em** socorro.	**posse** — Camisa **de** Roberto. Quarto **de** Mariana.
instrumento — Ferir-se **com** a tesoura. Escrever **a** lápis.	

Há preposições que estabelecem significados opostos.

Exemplos:

A criança enfrentou o pai **com** medo. / A criança enfrentou o pai **sem** medo.

O gato dormia **sobre** a poltrona. / O gato dormia **sob** a poltrona.

CLASSIFICAÇÃO DAS PREPOSIÇÕES

Há preposições propriamente ditas e há palavras de outras classes gramaticais que, às vezes, são empregadas como preposições. As primeiras são denominadas preposições **essenciais** e as outras, **acidentais**.

ESSENCIAIS

São as preposições propriamente ditas: **a, ante, após, até, com, contra, de, desde, em, entre, para, perante, por, sem, sob, sobre, trás**.

Exemplos:

Nada mais há **entre** mim e ele.

Amanhã irei **até** sua casa **para** pegar um livro.

Não parei **de** chorar **desde** sua partida.

ACIDENTAIS

São as palavras de outras classes gramaticais que, às vezes, aparecem como preposições. As mais comuns são: **como, conforme, consoante, durante, fora, mediante, salvo, segundo, senão** etc.

Exemplos:

Atuei **como** representante da escola na festa beneficente. (= na qualidade de)
Resolvi o exercício **conforme** a orientação do professor. (= de acordo com)
Minha mãe ficou muito nervosa **durante** a consulta médica. (= no decorrer de)

LOCUÇÃO PREPOSITIVA

> São **locuções prepositivas** duas ou mais palavras que têm o valor e a função de uma preposição.

Exemplos:

Conseguimos estacionar o carro bem **em frente a**o teatro.

Chegamos a uma cabana abandonada **através de** um pequeno rio.

Algumas locuções prepositivas			
abaixo de	a par de	embaixo de	graças a
acerca de	a respeito de	em cima de	junto a
acima de	de acordo com	em frente a	junto de
além de	dentro de	em redor de	perto de
ao lado de	diante de	em vez de	por cima de

OBSERVAÇÃO

A última palavra de uma locução prepositiva é sempre uma preposição, o que não ocorre com a locução adverbial. O acréscimo de uma preposição, após um advérbio ou após uma locução adverbial, forma uma **locução prepositiva**.

perto — advérbio

por perto — locução adverbial

perto de e **por perto de** — locuções prepositivas

COMBINAÇÃO E CONTRAÇÃO DAS PREPOSIÇÕES

As preposições **a**, **de**, **em** e **por,** nas frases, podem unir-se a palavras de outras classes gramaticais, formando com elas uma só palavra. Essa união ocorre por meio de dois processos: **combinação** e **contração**.

COMBINAÇÃO

Na união, a preposição não sofre perda de som ou fonema.

A combinação ocorre com:

- a preposição **a** + os artigos definidos **o, os**.
  Os paulistanos vão **ao** Parque do Ibirapuera fazer caminhadas. (**a** + o)
- a preposição **a** + o advérbio **onde**.
  Eu costumo ir **aonde** vão meus irmãos. (**a** + onde)

CONTRAÇÃO

Na união, a preposição sofre perda de som ou fonema.
A contração ocorre com:

- as preposições **a**, **de**, **em** e **por** (na forma antiga **per**) em diversas situações.
  Gosto **do** jeito que ele trata a irmã. (**de** + o)
  Foi aqui mesmo, **neste** lugar, que nos conhecemos. (**em** + este)

Quadro das contrações	
de + artigos	**em + artigos**
o(s), a(s): **do(s), da(s)** um(ns), uma(s): **dum(ns), duma(s)**	o(s), a(s): **no(s), na(s)** um(ns), uma(s): **num(ns), numa(s)**
de + pronome pessoal	**em + pronomes demonstrativos**
ele(s), ela(s): **dele(s), dela(s)**	este(s), esta(s): **neste(s), nesta(s)** esse(s), essa(s): **nesse(s), nessa(s)** aquele(s), aquela(s): **naquele(s), naquela(s)** isto, isso, aquilo: **nisto, nisso, naquilo**
de + pronomes demonstrativos	**em + pronome indefinido**
este(s), esse(s): **deste(s), desse(s)** esta(s), essa(s): **desta(s), dessa(s)** aquele(s), aquela(s): **daquele(s), daquela(s)** isto, isso, aquilo: **disto, disso, daquilo** o(s), a(s): **do(s), da(s)**	outro(s), outra(s): **noutro(s), noutra(s)**
de + pronome indefinido	**per + artigos**
outro(s), outra(s): **doutro(s), doutra(s)**	o(s), a(s): **pelo(s), pela(s)**
de + advérbios	**a + artigo definido feminino**
aqui, aí, ali: **daqui, daí, dali**	a(s): **à(s)**
a + pronomes demonstrativos	
aquele(s), aquela(s), aquilo: **àquele(s), àquela(s), àquilo**	

MORFOLOGIA

> **OBSERVAÇÃO**
>
> O **a** pode ser:
> - **preposição** — liga termos (dá ideia de *lugar, meio, modo, instrumento, distância*).
>
>   Meus irmãos foram **a** Goiás.
>
>   Gosto de andar **a** cavalo.
>
>   Moro **a** um quarteirão do trabalho.
>
> - **pronome pessoal** — substitui um substantivo (significa *ela*).
>
>   Nós levamos *a menina* aos pais.
>
>   Nós **a** levamos aos pais.
>
> - **artigo** — acompanha um substantivo (indica um ser específico).
>
>   Nós levamos **a** menina aos pais.

CRASE

> **Crase** é a fusão de duas vogais idênticas, dois sons vocálicos iguais que se juntam formando um só. Na escrita, cada um desses sons pode ter a sua letra correspondente ou os dois sons podem ser representados por apenas uma letra.

Exemplos:

Os jovens não gostam d**e e**sperar muito por aquilo que desejam. (duas letras)
e + e

"O vento do mês de agosto lev**a a**s folhas pelo chão." (duas letras)
(Cecília Meireles)
a + a

Fui **à** cidade natal de Cândido Portinari, Brodósqui. (apenas uma letra)
a + a

Os casos típicos de crase são as contrações da preposição **a** com o artigo **a**.

Compare as duas estruturas:

1º termo   2º termo

Ontem, *fomos* **ao** *cinema* do *shopping*.

a + o (combinação: a + o = ao)

       1º termo 2º termo

Ontem, *fomos* **à** *livraria* do *shopping*.

      a + **a** (contração: a + a = à)
  preposição + artigo

De maneira geral, esse tipo de crase ocorre quando o 1º termo (termo regente) exige a preposição (**a**), e o 2º (termo regido) é uma palavra feminina que admite artigo definido. Na escrita, essa crase é indicada pelo **acento grave** (`): **a** + **a** = **à**.

CASOS EM QUE OCORRE A CRASE

1. Antes de palavra feminina que admite artigo.

Exemplos:

Quase todo mundo gosta de ir **à** praia. (ir **a** + **a** praia)

           preposição + artigo

Devemos obedecer **às** leis. (obedecer **a** + **as** leis)

           preposição + artigo

Nem sempre é simples identificar se a palavra admite ou não artigo, principalmente quando se trata de nomes próprios. No caso de nomes de lugar, empregados com o verbo **ir**, uma maneira prática de perceber a presença do artigo é construir a frase com o verbo *voltar*.

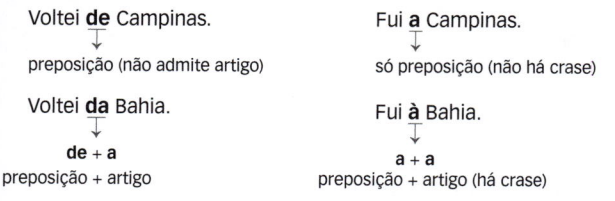

Voltei **de** Campinas.   Fui **a** Campinas.

preposição (não admite artigo)   só preposição (não há crase)

Voltei **da** Bahia.   Fui **à** Bahia.

  de + **a**   **a** + **a**
preposição + artigo   preposição + artigo (há crase)

2. Com os pronomes demonstrativos iniciados com a vogal **a**: **a**quele, **a**queles, **a**quela, **a**quelas e **a**quilo.

Exemplos:

Domingo, iremos **à**quele teatro recém-inaugurado.

As pessoas costumam dar atenção somente **à**quilo que lhes interessa.

3. Com os pronomes demonstrativos **a**, **as** (= aquela, aquelas).

Exemplos:

Hoje, assisti a uma cena igual **à** que vi ontem.

As suas cenas de hoje foram idênticas **às** da semana passada.

4. Antes dos pronomes relativos **a qual**, **as quais**.

   Exemplos:

   A moça **à qual** me referi há pouco está chegando.

   As moças **às quais** me referi há pouco estão chegando.

5. Na indicação de horas.

   Exemplos:

   Chegamos **à** uma hora.

   Saímos **às** dez horas.

6. Nas locuções adverbiais femininas.

   Exemplos:

   Saímos **à noite**.

   Sentiu-se **à vontade**.

   Sentou-se **à direita**.

   Respondeu **às pressas**.

7. Nas locuções prepositivas formadas por palavras femininas, como **à beira de**, **à custa de**, **à força de**, **à sombra de**, **à moda de** etc.

   Exemplos:

   Era bonito o entardecer **à beira d**o lago.

   A menina gostava de se vestir **à moda d**a mãe.

   > **OBSERVAÇÃO**
   >
   > Na locução **à moda de**, as palavras **moda** e **de** podem ficar subentendidas, mantendo-se a crase.
   >
   > Os sapatos com saltos altos e finos são **à** Luís XV. (à moda de Luís XV)

8. Nas locuções conjuntivas **à medida que**, **à proporção que**.

   Exemplos:

   À medida que caminhava pelas ruas de sua cidade natal, recordava-se da infância.

   A experiência aumenta **à proporção que** os anos passam.

CASOS EM QUE NÃO OCORRE A CRASE

1. Antes de palavras masculinas.

   Exemplos:

   O esporte preferido de Guilherme e Lucas é andar **a** cavalo.

> **OBSERVAÇÃO**
>
> Antes de palavra masculina, a crase só aparece quando a locução prepositiva **à moda de** estiver subentendida.
>
> O professor tentou elaborar um texto **à** Graciliano Ramos.

2. Antes de verbo.

   Exemplo:

   Todos precisam estar dispostos **a** colaborar com o meio ambiente.

3. Antes da maioria dos pronomes.

   Exemplos:

   Na reunião, nenhum professor referiu-se **a** elas, alunas do 6º ano.

   O prefeito dirigiu-se **a** Sua Excelência, o governador do estado, para solicitar mais verba aos municípios.

   > **OBSERVAÇÃO**
   >
   > Excetuam-se, no entanto, os pronomes de tratamento **senhora** e **senhorita**, porque admitem artigo.
   >
   > Exemplo:
   >
   > As crianças pediram **à** velha **senhora** que contasse mais uma história.

4. Antes de palavras no plural que não estejam definidas pelo artigo.

   Exemplos:

   O chefe está discutindo **a** portas fechadas com os funcionários.

   Alguns moradores de prédio não têm o hábito de ir **a** reuniões de condomínio.

5. Antes das palavras **casa** e **terra** sem elementos modificadores.

   Exemplos:

   Após o acontecido, o filho retornaria **a** casa somente com a autorização do pai.

   Depois de um mês em alto-mar, os turistas voltaram **a** terra.

   > **OBSERVAÇÃO**
   >
   > No entanto, acompanhadas de elementos modificadores, essas palavras admitem crase.
   >
   > Exemplos:
   >
   > Após o acontecido, o filho retornaria **à** casa **do pai** com autorização deste.
   >
   > Depois de um mês em alto-mar, os turistas voltaram **à** terra **de origem**.

6. Nas locuções adverbiais formadas com elementos repetidos.

    Exemplo:

    Gota a gota a água caía no balde.

7. Na expressão **a distância**, sem elemento modificador.

    Exemplo:

    Os pais observavam os filhos **a distância**.

> **OBSERVAÇÃO**
> Com elemento modificador, no entanto, ocorre a crase.
> Exemplo:
> Os pais observavam os filhos **à** distância de uns cem metros.

CASOS EM QUE A CRASE É FACULTATIVA

1. Antes de nomes femininos referentes a pessoas.

    Exemplos:

    Quando questiono problemas sobre escola, refiro-me **a** Luísa.

    Quando questiono problemas sobre excesso de passeios, refiro-me **à** Fernanda.

2. Antes de pronomes possessivos femininos.

    Exemplos:

    A humildade é relacionada **a** nossa capacidade de aceitação do outro.

    A humildade é relacionada **à** nossa capacidade de aceitação do outro.

EM SÍNTESE

Preposição — palavra que liga dois termos de uma oração.

Termo regente e termo regido — termos ligados por preposição e entre os quais ocorrem relações de dependência — o termo regido depende do regente.

Classificação das preposições

- **Essenciais** — preposições propriamente ditas: **a**, **de**, **em**, **para**, **por** etc.
- **Acidentais** — palavras de outras classes que atuam como preposições: **como**, **segundo**, **salvo** etc.

Locução prepositiva — duas ou mais palavras com valor de preposição.

Combinação e contração das preposições

- **Combinação** — união de preposição com outras classes gramaticais, sem perda de som ou fonema: **ao**, **aos**, **aonde**.
- **Contração** — união de preposição com outras classes de palavras com perda de som ou fonema: **dele** (de + ele), **nestas** (em + estas) etc.
- **Crase** — fusão de duas vogais idênticas. A contração da preposição **a** com outro **a** é marcada na escrita com o acento grave: **à**, **às**, **àqueles**, **àquilo**.

No texto

Leia a tirinha a seguir.

> Nas propagandas, a comida industrializada é feita com todo carinho por uma vovó.
>
> Mas que tipo de vovó faria comida com corantes, conservantes e agentes de sabor?

DAHMER, André. **Os malvados**. Disponível em: <http://www.malvados.com.br/>. Acesso em: 20 mar. 2014.

1. Na tirinha, a preposição **com** foi utilizada em dois momentos pelo cartunista. Explique o sentido em cada uma das ocorrências.

2. Em relação ao contexto da tirinha, que sentidos podem ser atribuídos às expressões "por uma vovó" e "tipo de vovó" com o uso das preposições **por** e **de**, respectivamente? Que efeito elas buscam provocar no leitor?

MORFOLOGIA

Conjunção

Um primeiro olhar

Leia a tirinha a seguir.

WALKER, Mort. Recruta Zero. **O Estado de S.Paulo**, São Paulo, 22 mar. 2014. Caderno 2, p. C8.

1. Observe o período presente na primeira fala do último quadrinho:

   "Acaba quando eu digo que acabou!"

   Reescreva esse período e identifique os verbos que nele aparecem. Depois divida as orações.

2. Que palavras desse período são empregadas para ligar as orações?
3. Uma dessas palavras introduz uma circunstância de tempo. Qual delas?
4. Substitua essa palavra por uma expressão de mesmo sentido, isto é, que também indique circunstância de tempo.
5. Agora observe a fala do Recruta Zero no último quadrinho.

   "Então diga 'está só começando', pois eu perdi o início."

   Que palavra ele utiliza para introduzir uma explicação? Substitua essa palavra por outra, sem alterar o sentido da frase.

> **Recruta Zero** é um personagem de quadrinhos e desenhos animados criado pelo cartunista norte-americano Mort Walker, cujo nome verdadeiro era Addison Morton Walker. Walker Iniciou sua carreira de desenhista cedo: aos 11 anos de idade descobriu sua vocação para os cartuns e já se arriscava entre papéis e lapiseiras, além de desenhar para alguns jornais.
> O personagem é um recruta do exército que, sempre cultivando sua preguiça e bom humor, é implacavelmente perseguido pelo Sargento Tainha, que não admite insubordinação.

CONCEITO

O ambulante juntou a mercadoria **e** o tabuleiro **e** saiu correndo **quando** viu os fiscais.

As palavras destacadas são **conjunções**. A conjunção, como a preposição, é um elemento de ligação, um **conectivo**.

Observe:

Na frase acima há três verbos, e, a cada verbo, corresponde uma oração.

1ª oração – O ambulante *juntou* a mercadoria e o tabuleiro

2ª oração – **e** *saiu correndo* (conjunção **e** liga a 2ª oração à 1ª)

3ª oração – **quando** *viu* os fiscais (conjunção **quando** liga a 3ª oração à 2ª)

Observe, ainda:

1ª oração – O ambulante | *juntou*
a mercadoria
e (conjunção **e** liga complementos
de um mesmo verbo)
o tabuleiro

> **Conjunção** é a palavra que liga orações ou termos semelhantes de uma oração.

LOCUÇÃO CONJUNTIVA

> São **locuções conjuntivas** duas ou mais palavras que têm o valor de uma conjunção.

Algumas locuções conjuntivas: **à medida que**, **à proporção que**, **logo que**, **desde que**, **ainda que**, **para que**, **afim de que**, **assim que** etc.

Exemplos:

Farei a prova de Matemática, **ainda que** minha gripe não tenha melhorado.

Assim que terminei a prova, tocou o sinal.

CLASSIFICAÇÃO DAS CONJUNÇÕES

As conjunções ligam orações coordenando ou subordinando umas às outras, podendo ser, então, **coordenativas** ou **subordinativas**.

CONJUNÇÕES COORDENATIVAS

São *coordenativas* as conjunções que ligam:

- termos semelhantes de uma mesma oração.

    Exemplo:
    Ventos fortes **e** chuvas intensas / atrasaram a construção do novo colégio.

    núcleo do sujeito — núcleo do sujeito — (um verbo = uma oração)

- duas orações independentes ou coordenadas.

    Exemplo:
    1ª oração — 2ª oração
    As crianças adormeceram / **e** o silêncio espalhou-se pela casa.
    verbo — verbo

Essas orações são independentes ou coordenadas porque nenhuma é exigida por um termo da outra, podendo cada uma, sozinha, formar uma frase.

Exemplo:
As crianças adormeceram. O silêncio espalhou-se pela casa.

As conjunções coordenativas são nomeadas de acordo com o sentido que estabelecem entre as orações que ligam.

Veja:

Aditivas

Sentido de adição, soma: **e**, **nem** (= e não), **mas** (ou **como**) **também** (depois de **não só**) etc.

Fala **e** gesticula sem parar.

Não estuda **nem** (e não) trabalha.

Não só estuda, **mas** (como) **também** trabalha.

Adversativas

Sentido de adversidade, contraste, oposição: **mas, porém, todavia, contudo, no entanto, entretanto, não obstante** etc.

Gritou por socorro, **mas** ninguém o ouviu.

A batida do carro foi violenta, **porém** ninguém se machucou.

Pensava em viajar, **no entanto** faltou-lhe dinheiro.

Alternativas

Sentido de alternância ou exclusão: **ou, ou... ou, ora... ora, quer... quer, seja... seja** etc.

(**Ou**) Fico eu na sala **ou** você.

Ora aparece, **ora** desaparece, sem nenhuma explicação.

Quer faça sol, **quer** chova, irei à praia nesta semana.

Explicativas

Sentido de explicação: **que, porque, pois** (anteposto ao verbo), **porquanto**.

Vamos embora, **que** estou morrendo de pressa.

Cuidado com o sol, **porque** ele está muito quente.

Deve estar com anemia, **pois** vive cansado.

Conclusivas

Sentido de conclusão: **logo, assim, portanto, por isso, por conseguinte, pois** (posposto ao verbo).

Conheciam-se muito bem; **logo**, um sabia de que o outro gostava.

Amavam-se muito, **por isso** um sempre estava ao lado do outro.

A filha, doente, solicitou a presença do pai; ele ficou ao lado dela, **pois**.

CONJUNÇÕES SUBORDINATIVAS

São subordinativas as conjunções que ligam duas orações, uma dependente da outra.

1ª oração principal   2ª oração subordinada

Espero / **que** você não se **atrase**.
↓   ↓
verbo   verbo

A primeira oração — "Espero" — precisa da segunda para completar o seu sentido. A segunda é, portanto, uma oração dependente da primeira, ou seja, uma *oração subordinada*. A oração que tem uma subordinada a ela é denominada *oração principal*.

As conjunções subordinativas iniciam orações adverbiais e orações substantivas. Elas são nomeadas de acordo com as circunstâncias que exprimem (adverbiais) ou com a função que exercem (substantivas).

Temporais

Iniciam *orações adverbiais* que exprimem *tempo*: **quando, enquanto, logo que, depois que, antes que, desde que, sempre que, até que, assim que** etc.

Saímos **quando** a festa acabou.
Assim que a festa acabou, saímos.
Visita-me **sempre que** vem à cidade.
Não o vejo **desde que** esteve em minha casa, no ano passado.

Causais

Iniciam *orações adverbiais* que exprimem *causa*: **porque, como** (= porque), **uma vez que, já que, visto que** etc.
Não compareceu ao serviço **porque** estava doente.
Como estava doente, não compareceu ao serviço.
Uma vez que não recebera o salário, não comprou o remédio.
Já que não pôde ir ao baile, foi ao cinema.

Condicionais

Iniciam *orações adverbiais* que exprimem *condição*: **se, caso, contanto que, salvo se, desde que** etc.

Se o professor não vier, alguém o substituirá.
Exponho o problema, **contanto que** ninguém me interrompa.
Sairei com você, **desde que** eu termine meu trabalho.

Proporcionais

Iniciam *orações adverbiais* que exprimem *proporção*: **à proporção que, à medida que, ao passo que, quanto mais, quanto menos** etc.

As ilusões diminuem **à proporção que** o tempo passa.
As dúvidas aumentam **à medida que** se aprende.
Quanto mais aprendemos, mais conhecemos nossa ignorância.

Finais

Iniciam *orações adverbiais* que exprimem *finalidade*: **para que, a fim de que** etc.

As leis existem **para que** sejam respeitadas.
Cuidamos da alimentação, **a fim de que** possamos ter uma vida mais saudável.

Consecutivas

Iniciam *orações adverbiais* que exprimem *consequência*: **que** (combinada com **tal, tanto, tão, tamanho**), **de sorte que, de forma que** etc.
Tamanho foi o susto, **que** desmaiou.
Tanta era a claridade, **que** nada vi.

Concessivas

Iniciam *orações adverbiais* que exprimem *concessão*: **embora, conquanto, ainda que, mesmo que, se bem que, apesar de que** etc.

Embora a situação esteja ruim, alimentamos esperanças.

A plantação está de pé, **ainda que** não chova há meses.

Não lhe farei a vontade, **mesmo que** chore.

Comparativas

Iniciam *orações adverbiais* que exprimem *comparação*: **como, mais**... (***do***) **que, menos**... (***do***) **que, maior**... (***do***) **que, menor**... (***do***) **que** etc.

A sala era ampla e livre **como** uma pista de dança.

A cena foi **mais** engraçada (***do***) **que** trágica.

Seus pés eram **maiores** (***do***) **que** os sapatos comprados pelo pai.

Conformativas

Iniciam *orações adverbiais* que exprimem *conformidade*: **conforme, segundo, como, consoante** etc.

A casa foi construída **conforme** o arquiteto a projetou.

Procura levar sua vida **segundo** o que os pais lhe ensinaram.

Fizemos a pesquisa **como** o professor pediu.

Integrantes

Iniciam *orações substantivas* que representam *sujeito*, *objeto direto* etc.: **que** e **se**.

Espero **que** me visite. (Espero *sua visita*.)

Não sei **se** vai me visitar. (Não sei *de sua visita*.)

> **OBSERVAÇÃO**
>
> Uma mesma conjunção ou locução conjuntiva pode iniciar orações que exprimem sentidos diferentes. Por isso, o estudo das conjunções deve voltar-se para o sentido em que estão empregadas na frase, e não à simples memorização classificatória. Exemplos:
>
> Sou *como* você. (*como* — estabelecendo comparação — ... *assim como* você é.)
>
> Faço *como* você pede. (*como* — indicando conformidade — ... *conforme* você pede.)
>
> *Como* você não veio, saí sozinho. (*como* — exprimindo causa — *Porque* você não veio...)

MORFOLOGIA

EM SÍNTESE

Conjunção — palavra que liga orações ou termos semelhantes de uma oração.

Locução conjuntiva — duas ou mais palavras que têm valor de conjunção.

Classificação das conjunções

- **Coordenativas** — ligam termos semelhantes de uma oração ou duas orações independentes: aditivas, adversativas, alternativas, explicativas e conclusivas.
- **Subordinativas** — ligam duas orações, uma dependente da outra: temporais, causais, condicionais, proporcionais, finais, consecutivas, concessivas, comparativas, conformativas e integrantes.

No texto

Leia o texto e responda às questões.

Como se forma um furacão?

Como qualquer chuvinha, o furacão se forma a partir da evaporação de água para a atmosfera. Óbvio que o furacão não é uma chuvinha qualquer: é uma mega tempestade, com torós que podem durar uma semana e ventos que ultrapassam os 200 km/h. A evaporação de água também ocorre em grandes proporções, numa área de centenas de quilômetros, e em condições especiais: no meio dos oceanos, em regiões de águas muito quentes e ventos calmos. Por isso, os furacões são fenômenos tipicamente tropicais.

No Brasil, os cientistas achavam que era impossível ocorrer algum furacão — as águas do Atlântico Sul têm temperatura inferior aos 27 °C necessários para gerar o fenômeno. Mas muitos pesquisadores mudaram de opinião em março do ano passado, quando a tempestade Catarina atingiu o sul do país. [...].

TIZIANI, Giovana. **Mundo Estranho**. Disponível em:
<http://mundoestranho.abril.com.br/materia/como-se-forma-um-furacao>. Acesso em: 21 mar. 2014.

1. Nesse texto, a jornalista cria relações de sentido, conectando informações sobre a formação dos furacões. Essas conexões são feitas com algumas conjunções ou locuções conjuntivas. No trecho "Por isso, os furacões são fenômenos tipicamente tropicais.", ao utilizar a locução **por isso**, a autora acrescenta essa informação a outras anteriores. Quais são essas informações e qual é o sentido construído nessa relação?

2. Considerando o tema abordado no texto jornalístico, em duas passagens percebe-se o uso da conjunção subordinativa integrante **que**, cuja função, nesse contexto, é a de acrescentar novos dados a respeito dos furacões. Indique quais são essas passagens e quais são essas novas informações.

MORFOLOGIA

Interjeição

Um primeiro olhar

Leia a história em quadrinhos.

SCHULZ, Charles M. **Snoopy, eu te amo!**: o amor em forma de tirinhas apaixonadas.
São Paulo: Conrad Editora do Brasil, 2004. p. 24.

1. Que palavra representa uma reação da personagem? A princípio, que sentido ela parece indicar?

2. Que palavra, no último quadrinho, indica um pedido de desculpa?

3. Por que, provavelmente, Isaura pede desculpas ao Linus?

4. O que a expressão facial do personagem Linus no último quadrinho indica?

CONCEITO

— **Nossa!** Está-se formando um temporal horrível!
— **Credo!** Vamos correndo para casa.
— **Ufa!** Ainda bem que chegamos antes da chuva!

As palavras destacadas são **interjeições**. A interjeição expressa uma reação espontânea a determinadas situações. É de caráter emocional, exprimindo diferentes tipos de sentimento.

Observe:

Nossa! — exprime sentimento de *admiração*, *espanto*.

Credo! — exprime sentimento de *aflição*, *medo*.

Ufa! — exprime sentimento de *alívio*.

> **Interjeição** é a palavra que produz efeito de sentido ao representar reações a determinadas situações.

Como tem sentido completo, a interjeição costuma ser denominada *palavra-frase*; e, por ser ligada à situação em que ocorre, o seu significado depende do momento em que é expressa e da entonação de voz do emissor.

Por se tratar de uma frase situacional:

- uma mesma interjeição pode exprimir sentimentos diferentes.

  Exemplos:

  Ah! Machuquei meu dedo... (exprimindo *dor*)

  Ah! Que coisa linda! (exprimindo *admiração*)

  Ah! Não era isso que eu queria... (exprimindo *desapontamento*)

  Ah! Então é você o autor da travessura! (exprimindo *reprovação*)

- diferentes interjeições podem exprimir sentimentos semelhantes.

  Exemplos de expressão de *alegria*:

  Oba! Nosso time ganhou!

  Oh! Que delícia estar com você!

  Viva! O pessoal chegou!

LOCUÇÃO INTERJECTIVA

> **Locução interjectiva** é o conjunto de duas ou mais palavras com valor de uma interjeição.

São locuções interjectivas: *Santo Deus! Puxa vida! Meu Deus! Valha-me Deus! Cruz-credo! Que pena! Ai de mim! Alto lá! Macacos me mordam!* etc.

Exemplos:

Santo Deus! Você vai cair daí, menino!

Até que enfim você chegou!... **Puxa vida!**

CLASSIFICAÇÃO DAS INTERJEIÇÕES

As interjeições, assim como as locuções interjectivas, são classificadas conforme os sentimentos que exprimem.

Veja:

De alegria: Ah!, Eh!, Oh!, Oba!, Viva!

De dor: Ai!, Ui!

De animação: Vamos!, Coragem!

De chamamento: Alô!, Olá!, Psiu!, Ô!, Oi!

De desejo: Tomara!, Quem me dera!, Oxalá!

De silêncio: Psiu!, Boca fechada!, Quieto!

De aplauso: Bis!, Viva!, Bravo!, Muito bem!

De medo: Ui!, Uh!, Ai!, Credo!, Que horror!

De espanto, surpresa: Ah!, Oh!, Nossa!, Ih!, Xi!

De alívio: Ufa!, Ah!, Uf!, Arre!, Meu Deus!, Uai!

De afugentamento: Fora!, Xô!, Passa!

De impaciência: Arre!, Puxa vida!

> **OBSERVAÇÃO**
>
> Na escrita, a interjeição é seguida de ponto de exclamação. Com essa estrutura linguística, própria da frase, para a maioria dos gramáticos, seria mais coerente não considerá-la uma classe gramatical à parte.

EM SÍNTESE

Interjeição — palavra que produz efeito de sentido ao representar reações a determinadas situações.

Locução interjectiva — duas ou mais palavras com valor de interjeição.

Classificação das interjeições — de alegria, de dor, de animação, de chamamento, de desejo, de silêncio, de aplauso, de medo, de espanto, de surpresa, de alívio, de afugentamento, de impaciência.

No texto

Observe a tirinha a seguir e responda às questões.

GONSALES, Fernando. **Tiras seletas rurais**. Disponível em: <http://www2.uol.com.br/niquel/seletas.shtml>. Acesso em: 20 mar. 2014.

1. Considerando o contexto da tirinha, como devem ser interpretadas as duas frases do primeiro quadrinho?

2. Observe o segundo quadrinho e explique a mudança de humor representada tanto pela expressão do homem quanto pelo uso da interjeição **UEBA!**

3. Ainda nesse segundo quadrinho, o humor da tirinha é obtido com a atitude do homem ao trocar o cavalo por coelhos para conduzir a carroça. Explique.

MORFOLOGIA

Palavras denotativas

Um primeiro olhar

A ilustração a seguir é o título de uma reportagem publicada no jornal **Folha de S.Paulo**, no caderno destinado à tecnologia.

Recusar ou Atender

EIS A QUESTÃO

Folha de S.Paulo, São Paulo, 25 nov. 2013, Tec., p. F6.

1. Tente identificar que enunciado famoso o título recupera.
2. Que palavra denota a designação de algo?

CONCEITO

> Mamãe era uma pessoa inteligente, **ou melhor**, era sábia. Conseguiu distribuir seu amor em doses exatas para cada um de seus cinco filhos.

Observe que a expressão em destaque foi empregada para retificar o sentido expresso na palavra **inteligente**.

A partir da criação da Nomenclatura Gramatical Brasileira (NGB), certas palavras e expressões, que, até então, eram classificadas como advérbios, passaram a ter uma classificação à parte e foram chamadas de **palavras denotativas**.

> **Palavras denotativas** são aquelas que não pertencem a nenhuma das dez classes gramaticais, formando uma classificação própria.

A classificação dessas palavras é feita de acordo com o sentido que elas denotam ou exprimem.

INCLUSÃO

— **inclusive**, **até**, **ainda**, **também** etc.
Todos da casa viajaram, **inclusive** os gatos.
Até os parlamentares de oposição votaram a favor do projeto.

EXCLUSÃO

— **apenas**, **só**, **somente**, **menos**, **salvo**, **senão**, **sequer**, **exceto** etc.
Apenas a vovó não foi ao baile.
Todos saíram, **menos** eu.

RETIFICAÇÃO

— **aliás**, **isto é**, **ou melhor** etc.
Eu tenho dez reais, **aliás**, cinco: os outros cinco dei de gorjeta.
A aula começa às onze horas, **ou melhor**, às onze e quinze.

EXPLICAÇÃO

— **isto é**, **ou seja**, **por exemplo**, **a saber** etc.
Ele é poliglota, **isto é**, fala várias línguas.
A vida mudou muito rápido: a televisão, **por exemplo**, não é algo tão antigo.

SITUAÇÃO

— **então**, **mas**, **afinal**, **agora** etc.
Você, **então**, não viu esse filme?
Mas seu pai conhece mesmo o tal homem?

REALCE

— **é que**, **lá**, **cá**, **não** etc.
Eu **lá** tenho dinheiro para viajar?
Ele **é que** sabe das necessidades dele...

DESIGNAÇÃO

— **eis**.
Resmungão, **eis** aqui a bola que lhe prometi.
Eis o texto para você revisar.

EM SÍNTESE

Palavras denotativas — palavras de classificação à parte, que não pertencem a nenhuma das dez classes gramaticais.

Classificação das palavras denotativas — inclusão, exclusão, retificação, explicação, situação, realce, designação.

No texto

Leia o texto e responda às questões.

O menino e o robô

O pai debruçou-se sobre o postigo e aspirou o ar da madrugada. Depois aspirou mais fundo, como se quisesse deglutir a própria noite com seu odor de resinas e seu mistério inquietante. Ah! Era bom ficar ali sorvendo o conteúdo das trevas. Lá dentro, mesmo com o ar-condicionado, era diferente. Sentia-se enclausurado. Aliás, sempre o dissera: não ia se dar bem. Nada para ele justificava a mudança. A esposa poderia ter razão. Talvez não fosse mesmo uma residência modelo, talvez não fosse mansão digna do agora Superintendente do Quarto Quadrante Lunar; mas o certo era que a casa antiga era confortável e sempre suprira razoavelmente as necessidades da família. Enfim — respirou mais fundo ainda —, coisas da mulher. Afinal era ela quem vivia mais tempo na Terra. Ele pouco parava em casa, atribuado por suas peregrinações cósmicas. Dois meses lá, uma semana aqui, e isso quando não ia mais longe, naquelas desagradáveis viagens de inspeção a Vênus ou a Marte. [...]

Parou de pensar, dominado pela paisagem. O lugar podia ser mais bonito do que na velha casa, mas era deserto, mergulhado na floresta de abetos, escorado nas encostas da montanha gelada, do outro lado da estação-chave do sistema dos foguetes nacionais. Descansou o olhar sobre o bosque envolvido por ligeira névoa. Vinha da cidade a tênue iluminação que, como luz zodiacal, balizava o cenário. Com alguma atenção podia mesmo distinguir as cintilações das torres mais altas. [...]

SCAVONE, Rubens Teixeira. **Histórias de ficção científica**. São Paulo: Ática, 2006. p. 95.

MORFOLOGIA

1. Observe os trechos retirados do texto.

   "Lá dentro, **mesmo** com o ar-condicionado, era diferente."
   "Talvez não fosse **mesmo** uma residência modelo [...]"

   A palavra em destaque nas frases apresenta sentidos distintos. Indique os sentidos construídos pelo autor em cada uma das ocorrências.

2. Observe agora este trecho.

   "**Aliás**, sempre o dissera: não ia se dar bem."

   A palavra em destaque indica **retificação**. Considerando esse significado e o contexto, o que o personagem retifica, ou seja, o que ele reconsidera em relação à mudança dele e de sua família?

3. Releia mais duas passagens do texto.

   "**Enfim** —, respirou mais fundo ainda —, coisas da mulher."
   "**Afinal** era ela quem vivia mais tempo na Terra."

   As palavras em destaque expressam sentido **de situação**. Como o personagem se sente nessa nova situação e que ideia essas palavras reforçam?

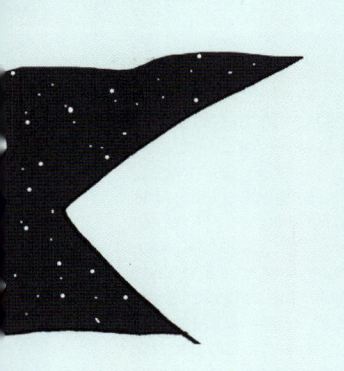

EXAMES E CONCURSOS

(INSTITUTO FEDERAL CATARINENSE) — Assistente em administração

1. Assinale a alternativa que completa corretamente, pela ordem, as lacunas.

    Esta é a moça _____ se refere Vinícius de Moraes.

    Aqui está a opção _____ propõe a chefe.

    O filme _____ assisti foi muito bom.

    Ela entendeu a poesia _____ fala o poeta.

    a. que; a que; que; de que.
    b. de que; a que; que; que.
    c. a que; de que; a que; que.
    d. de que; a que; que; de que.
    e. a que; que; a que; de que.

(FCC-TRT) — Técnico Judiciário

Instruções: Para responder às questões de números **2** a **4**, considere o texto a seguir.

Reduzido a um clique

RIO DE JANEIRO — A notícia é alarmante: "Amazon se prepara para vender livros físicos no Brasil". O alarme não se limita à iminente entrada da Amazon no mercado brasileiro de livros — algo que lembrará o passeio de um brontossauro pela Colombo. A ameaça começa pela expressão "livros físicos". É o que, a partir de agora, o diferenciará dos livros digitais.

Pelos últimos mil anos, dos manuscritos aos incunábulos e aos impressos a laser, os livros têm sido chamados de livros. Nunca precisaram de adjetivos para distingui-los dos astrolábios, das guilhotinas ou das cenouras. Quando se dizia "livro", todos entendiam um objeto de peso e volume, composto de folhas encadernadas, protegidas por papelão ou couro, nas quais se gravavam a tinta palavras ou imagens.

Há 200 anos, os livros deixaram de ser privilégio das bibliotecas públicas ou particulares e passaram a ser vendidos em lojas especializadas, chamadas livrarias. Desde sempre, as livrarias se caracterizaram por estantes altas, vendedores atenciosos, uma atmosfera de paz e a ocasional presença de um gato. Foi nelas que leitores e escritores aprenderam a se encontrar e trocar ideias, gerando uma emulação com a qual a cultura teve muito a ganhar.

A Amazon dispensa tudo isso. Ela vende livros "físicos", mas a partir de um endereço imaterial — nada físico —, acessível apenas pela internet. Dispensa as livrarias. Se você se interessar por um livro (certamente recomendado por uma lista de best-sellers), basta o número do seu cartão de crédito e um clique. Em dois dias, ele estará em suas mãos — e a um preço mais em conta, porque a Amazon não tem gastos com aluguel, escritório, luz, funcionários humanos e nem mesmo a ração do gato.

Com sorte, os livros continuarão "físicos". Mas os leitores correm o risco de ser reduzidos a um número de cartão de crédito e um clique.

CASTRO, Ruy, **Folha de S.Paulo**. Opinião, 7 ago. 2013. p. A2.

EXAMES E CONCURSOS

Observações:
1. *brontossauro* / espécie de dinossauro;
2. *Colombo* / tradicional confeitaria do Rio de Janeiro, com sua refinada arquitetura e mobiliário, seus requintados cristais e jogos de porcelana, hoje patrimônio cultural e artístico da cidade;
3. *incunábulo* / livro impresso que data dos primeiros tempos da imprensa (até o ano de 1500).

2. A construção destacada que, devido ao tempo e modo verbais empregados, expressa fato iniciado no passado e que se prolonga até o momento em que se fala é:
   a. *Com sorte, os livros continuarão "físicos".* (último parágrafo)
   b. *Foi nelas que leitores e escritores aprenderam a se encontrar e trocar ideias.* (3º parágrafo)
   c. *todos entendiam um objeto de peso e volume, composto de folhas encadernadas, protegidas por papelão ou couro.* (2º parágrafo)
   d. *...leitores e escritores aprenderam a se encontrar.* (3º parágrafo)
   e. *Pelos últimos mil anos, dos manuscritos aos incunábulos e aos impressos a laser, os livros têm sido chamados de livros.* (2º parágrafo)

3. *Quando se dizia "livro", todos entendiam um objeto de peso e volume, composto de folhas encadernadas, protegidas por papelão ou couro, nas quais se gravavam a tinta palavras ou imagens.* (2º parágrafo)

A expressão acima destacada é equivalente à sublinhada na seguinte frase:
   a. As janelas sob as quais foram gravadas as cenas eram pintadas de verde.
   b. As folhas rubricadas, as quais entreguei à secretária, foram anexadas ao prontuário.
   c. As urnas em que foram depositados os votos foram lacradas pela diretoria do clube.
   d. Os rapazes de quem foram gravados os depoimentos foram entrevistados ontem.
   e. O livro de onde retirei a citação está emprestado.

4. *Nunca precisaram de adjetivos para distingui-los dos astrolábios...* (2º parágrafo)

A forma pronominal acima, em negrito, será também encontrada em uma das frases abaixo, quando o termo nela sublinhado for substituído pelo pronome que lhe corresponde. Essa frase é:
   a. Reconheceram o valor do auxiliar e indicaram o jovem para promoção.
   b. Convocou todos os funcionários para agradecer a eles a especial colaboração.
   c. O sagaz lutador tem enfrentado seu adversário com coragem.
   d. Viu o filho da vizinha e não cumprimentou o menino pelo seu aniversário.
   e. Sabia que os nadadores estariam lá e realmente chegou a encontrar os rapazes.

(FCC-TRT) — Técnico Judiciário

> O americano Herbie Hancock, provavelmente o maior pianista de jazz em atividade, apresentou-se no Brasil em agosto de 2013. Ele relembra que estava em lua de mel no Rio, em 1968, quando Eumir Deodato, compositor e arranjador que havia conhecido em Nova York, quis lhe apresentar um então novo cantor, Milton Nascimento. "Quando Milton sentou e começou a tocar "Travessia", fiquei louco", diz Herbie. "Peguei meu gravador. Que belas harmonias e melodias! Agora me pergunta se eu sei onde está essa fita?". Recentemente, o pianista reviveu aquele encontro casual no Rio de 1968, no dia internacional do jazz, 30 de abril: em Istambul, apresentou-se com Milton e outros músicos tocando justamente "Travessia".
>
> A experiência de Hancock no Brasil, em 68, veio também num momento de travessia em sua carreira. Tinha acabado de deixar o quarteto de jazz liderado por Miles Davis (1926-1991), com o qual havia gravado e feito inúmeros shows, de 1963 a 1968. Ainda que já tivesse uma carreira solo de sucesso — basta pensar nas tão celebradas "Watermelon Man" (1962) e "Cantaloupe Island" (1964) —, sentiu que era a hora de formar seu próprio grupo.

Adaptado de: BENEVIDES, Daniel. Serafina, 2013. p. 28. Suplemento do jornal **Folha de S.Paulo**.

5. *Ainda que já tivesse uma carreira solo de sucesso [...], sentiu que era a hora de formar seu próprio grupo.*

Outra redação para a frase acima, iniciada por "Já tinha uma carreira..." e fiel ao sentido original, deve gerar o seguinte elo entre as orações:

a. de maneira que.
b. por isso.
c. mas.
d. embora.
e. desde que.

(FCC-Sabesp) — Técnico em Gestão

Para responder às questões de números **6** e **7**, considere o texto abaixo.

A marca da solidão

> Deitado de bruços, sobre as pedras quentes do chão de paralelepípedos, o menino espia. Tem os braços dobrados e a testa pousada sobre eles, seu rosto formando uma tenda de penumbra na tarde quente.
>
> Observa as ranhuras entre uma pedra e outra. Há, dentro de cada uma delas, um diminuto caminho de terra, com pedrinhas e tufos minúsculos de musgos, formando pequenas plantas, ínfimos bonsais só visíveis aos olhos de quem é capaz de parar de viver para, apenas, ver.
>
> Quando se tem a marca da solidão na alma, o mundo cabe numa fresta.

SEIXAS, Heloísa. **Contos mais que mínimos**. Rio de Janeiro: Tinta Negra Bazar, 2010. p. 47.

EXAMES E CONCURSOS

6. No texto, o substantivo usado para ressaltar o universo reduzido no qual o menino detém sua atenção é

- **a.** fresta.
- **b.** marca.
- **c.** alma.
- **d.** solidão.
- **e.** penumbra.

7. No primeiro parágrafo, o pronome "eles" substitui a palavra

- **a.** bruços.
- **b.** quentes.
- **c.** paralelepípedos.
- **d.** braços.
- **e.** tufos.

(Enem-MEC)

> A PREGUIÇA É A MÃE DE TODOS OS VÍCIOS, MAS UMA MÃE É UMA MÃE E É PRECISO RESPEITÁ-LA, PRONTO!

Disponível em: <http://clubedamafalda.blogspot.com.br>. Acesso em: 21 set. 2011.

8. Nessa charge, o recurso morfossintático que colabora para o efeito de humor está indicado pelo(a):

- **a.** emprego de uma oração adversativa, que orienta a quebra da expectativa ao final.
- **b.** uso de conjunção aditiva, que cria uma relação de causa e efeito entre as ações.
- **c.** retomada do substantivo "mãe", que desfaz a ambiguidade dos sentidos a ele atribuídos.
- **d.** utilização de forma pronominal "la", que reflete um tratamento formal do filho em relação à "mãe".
- **e.** repetição da forma verbal "é", que reforça a relação de adição existente entre as orações.

(FCC-Banco do Brasil) — Escriturário

Atenção: As questões de números **9** e **10** referem-se ao texto seguinte.

Será a felicidade necessária?

Felicidade é uma palavra pesada. Alegria é leve, mas felicidade é pesada. Diante da pergunta "Você é feliz?", dois fardos são lançados às costas do inquirido. O primeiro é procurar uma definição para felicidade, o que equivale a rastrear uma escala que pode ir da simples satisfação de gozar de boa saúde até a conquista da bem-aventurança. O segundo é examinar-se, em busca de uma resposta.

Nesse processo, depara-se com armadilhas. Caso se tenha ganhado um aumento no emprego no dia anterior, o mundo parecerá belo e justo; caso se esteja com dor de dente, parecerá feio e perverso. Mas a dor de dente vai passar, assim como a euforia pelo aumento de salário, e se há algo imprescindível, na difícil conceituação de felicidade, é o caráter de permanência. Uma resposta consequente exige colocar na balança a experiência passada, o estado presente e a expectativa futura. Dá trabalho, e a conclusão pode não ser clara.

Os pais de hoje costumam dizer que importante é que os filhos sejam felizes. É uma tendência que se impôs ao influxo das teses libertárias dos anos 1960. É irrelevante que entrem na faculdade, que ganhem muito ou pouco dinheiro, que sejam bem-sucedidos na profissão. O que espero, eis a resposta correta, é que sejam felizes. Ora, felicidade é coisa grandiosa. É esperar, no mínimo, que o filho sinta prazer nas pequenas coisas da vida. Se não for suficiente, que consiga cumprir todos os desejos e ambições que venha a abrigar. Se ainda for pouco, que atinja o enlevo místico dos santos. Não dá para preencher caderno de encargos mais cruel para a pobre criança.

Trecho do artigo de Roberto Pompeu de Toledo. **Veja**. 24 mar. 2010. p. 142.

9. *O que espero, eis a resposta correta, é que sejam felizes. Ora, felicidade é coisa grandiosa.* (3º parágrafo)

Com a palavra grifada, o autor

a. retoma o mesmo sentido do que foi anteriormente afirmado.
b. exprime reserva em relação à opinião exposta na afirmativa anterior.
c. coloca uma alternativa possível para a afirmativa feita anteriormente.
d. determina uma situação em que se realiza a probabilidade antes considerada.
e. estabelece algumas condições necessárias para a efetivação do que se afirma.

EXAMES E CONCURSOS

10. *É irrelevante que <u>entrem</u> na faculdade, que <u>ganhem</u> muito ou pouco dinheiro, que <u>sejam</u> bem-sucedidos na profissão.* (3º parágrafo)

O emprego das formas verbais grifadas acima denota

- **a.** hipótese passível de realização.
- **b.** fato real e definido no tempo.
- **c.** condição de realização de um fato.
- **d.** finalidade das ações apontadas no segmento.
- **e.** temporalidade que situa as ações no passado.

(Vunesp-Faculdade Cultura Inglesa)

11. Assinale a alternativa cujas palavras se apresentam flexionadas de acordo com a norma-padrão.

- **a.** Os tabeliãos devem preparar o documento.
- **b.** Esses cidadões tinham autorização para portar fuzis.
- **c.** Para autenticar as certidãos, procure o cartório local.
- **d.** Ao descer e subir escadas, segure-se nos corrimãos.
- **e.** Cuidado com os degrais, que são perigosos!

(Vunesp-Faculdade Cultura Inglesa)

12. Examine a charge.

[Charge: Mulher: "A ELEIÇÃO É AMANHÃ. ACHO QUE PERDI MEU TÍTULO!" Homem: "NÃO ME FALE EM PERDER TÍTULO QUE EU LEMBRO DO GALO!"]

www.chargeonline.com.br
*Galo: referência ao time do Atlético Mineiro.

O efeito de humor da charge decorre, entre outras razões,

- a. da relação de antonímia com o uso do termo *amanhã*.
- b. do uso conotativo dos verbos *achar* e *lembrar*.
- c. da polissemia no emprego do termo *título*.
- d. do duplo sentido presente no substantivo *eleição*.
- e. da ambiguidade no uso dos pronomes *meu* e *me*.

Leia o texto para responder à questão de número **13**.

> Se as pessoas estivessem mais atentas para o foco das preocupações dos governantes das três maiores potências globais, certamente não teriam alimentado a esperança de grande empenho de americanos, chineses e alemães em assumir compromissos firmes durante a Rio+20 para evitar o ecossuicídio do planeta em data incerta, lá pelos anos 2052... Vamos pensar um pouco: Obama, Hu Jintao e Angela Merkel estão envolvidos até a medula nos problemas da transição do poder cuja definição se dará antes do fim do ano. Seus governos enfrentam o desafio (cada um em sua própria dimensão) de lidar com a desaceleração econômica e as consequências do descontentamento popular com as atuais lideranças.

DELFIM NETO, Antônio. Crescer, incluir e esperar. **Carta Capital**, 27 jun 2012. Adaptado.

13. O neologismo corresponde ao emprego de palavras novas, derivadas ou formadas de outras já existentes. Um exemplo de neologismo presente no texto é:

- a. *foco*, indicando a convergência de ideias entre os líderes.
- b. *Rio+20*, indicando que virão mudanças após 20 anos.
- c. *ecossuicídio*, indicando o aniquilamento da vida do planeta.
- d. *medula*, indicando o comprometimento dos líderes com a vida.
- e. *descontentamento*, indicando o descrédito do povo pela política.

(Vunesp-Tribunal de Justiça) — Técnico Judiciário

Leia o texto para responder às questões de números **14** e **15**.

> Veja, aí estão eles, a bailar seu diabólico "pas de deux"*: sentado, ao fundo do restaurante, o cliente paulista acena, assovia, agita os braços num agônico polichinelo; encostado à parede, marmóreo e impassível, o garçom carioca o ignora com redobrada atenção. O paulista estrebucha: "Amigô?!", "Chefê?!", "Parceirô?!"; o garçom boceja, tira um fiapo do ombro, olha pro lustre.

EXAMES E CONCURSOS

> Eu disse "cliente paulista", percebo a redundância: o paulista é sempre cliente. Sem querer estereotipar, mas já estereotipando: trata-se de um ser cujas interações sociais terminam, 99% das vezes, diante da pergunta "débito ou crédito?". [...] Como pode ele entender que o fato de estar pagando não garantirá a atenção do garçom carioca? Como pode o ignóbil paulista, nascido e criado na crua batalha entre burgueses e proletários, compreender o discreto charme da aristocracia?
>
> Sim, meu caro paulista: o garçom carioca é antes de tudo um nobre. Um antigo membro da corte que esconde, por trás da carapinha entediada, do descaso e da gravata borboleta, saudades do imperador. [...] Se deixou de bajular os príncipes e princesas do século 19, passou a servir reis e rainhas do 20: levou gim tônicas para Vinicius e caipirinhas para Sinatra, uísques para Tom e leites para Nelson, recebeu gordas gorjetas de Orson Welles e autógrafos de Rockfeller; ainda hoje fala de futebol com Roberto Carlos e ouve conselhos de João Gilberto. Continua tão nobre quanto sempre foi, seu orgulho permanece intacto.
>
> Até que chega esse paulista, esse homem bidimensional e sem poesia, de camisa polo, meia soquete e sapatênis, achando que o jacarezinho de sua Lacoste é um crachá universal, capaz de abrir todas as portas. Ah, paulishhhhta otááário, nenhum emblema preencherá o vazio que carregas no peito — pensa o garçom, antes de conduzi-lo à última mesa do restaurante, a caminho do banheiro, e ali esquecê-lo para todo o sempre.
>
> Veja, veja como ele se debate, como se debaterá amanhã, depois de amanhã e até a Quarta-Feira de Cinzas, maldizendo a Guanabara, saudoso das várzeas do Tietê, onde a desigualdade é tão mais organizada: "Ô, companheirô, faz meia hora que eu cheguei, dava pra ver um cardápio?!". Acalme-se, conterrâneo. Acostume-se com sua existência plebeia. O garçom carioca não está aí para servi-lo, você é que foi ao restaurante para homenageá-lo.

PRATA, Antonio. Cliente paulista, garçom carioca. **Folha de S.Paulo**, 6 fev. 2013.
(*) Um tipo de coreografia, de dança.

14. O sentido de *marmóreo* (adjetivo) equivale ao da expressão *de mármore*. Assinale a alternativa contendo as expressões com sentidos equivalentes, respectivamente, aos das palavras *ígneo* e *pétreo*.

- **a.** De corda; de plástico.
- **b.** De fogo; de madeira.
- **c.** De madeira; de pedra.
- **d.** De fogo; de pedra.
- **e.** De plástico; de cinza.

15. Nessa passagem, a palavra *cujas* tem sentido de:
- **a.** lugar, referindo-se ao ambiente em que ocorre a pergunta mencionada.
- **b.** posse, referindo-se às interações sociais do paulista.
- **c.** dúvida, pois a decisão entre débito ou crédito ainda não foi tomada.
- **d.** tempo, referindo-se ao momento em que terminam as interações sociais.
- **e.** condição em que se deve dar a transação financeira mencionada.

(Vunesp-Tribunal de Justiça) — Técnico Judiciário

Leia o texto para responder às questões de números **16**, **17** e **18**.

> Desde o surgimento da ideia de hipertexto, esse conceito está ligado a uma nova concepção de textualidade, na qual a informação é disposta em um ambiente no qual pode ser acessada de forma não linear. **Isso** acarreta uma textualidade que funciona por associação, e não mais por sequências fixas previamente estabelecidas.
>
> Quando o cientista Vannevar Bush, na década de 40, concebeu a ideia de hipertexto, pensava, na verdade, na necessidade de substituir os métodos existentes de disponibilização e recuperação de informações ligadas especialmente à pesquisa acadêmica, que eram lineares, por sistemas de indexação e arquivamento que funcionassem por associação de ideias, seguindo o modelo de funcionamento da mente humana. O cientista, ao que parece, importava-se com a criação de um sistema que fosse como uma "máquina poética", algo que funcionasse por analogia e associação, máquinas que capturassem o brilhantismo anárquico da imaginação humana.
>
> Parece não ser obra do acaso que a ideia inicial de Bush tenha sido conceituada como hipertexto 20 anos depois de seu artigo fundador, exatamente ligada à concepção de um grande sistema de textos que pudessem estar disponíveis em rede. Na década de 60, o cientista Theodor Nelson sonhava com um sistema capaz de disponibilizar um grande número de obras literárias, com a possibilidade de interconexão entre elas. Criou, então, o "Xanadu", um projeto para disponibilizar toda a literatura do mundo, numa rede de publicação hipertextual universal e instantânea. Funcionando como um imenso sistema de informação e arquivamento, o hipertexto deveria ser um enorme arquivo virtual.

Disponível em: <http://www.pucsp.br/~cimid/4lit/longhi/hipertexto.htm>.
Acesso em: 5 fev. 2013. Adaptado.

EXAMES E CONCURSOS

16. Assinale a alternativa contendo a palavra do texto que é formada por prefixo.
- **a.** Máquina.
- **b.** Brilhantismo.
- **c.** Hipertexto.
- **d.** Textualidade.
- **e.** Arquivamento.

17. Para responder a esta questão, considere as palavras destacadas nas seguintes passagens do texto:

> **Desde** o surgimento da ideia de hipertexto...
> ... informações ligadas **especialmente** à pesquisa acadêmica...
> ... uma "máquina poética", **algo** que funcionasse por analogia e associação...
> **Quando** o cientista Vannevar Bush [...] concebeu a ideia de hipertexto...
> ... 20 anos **depois** de seu artigo fundador...

As palavras destacadas que expressam ideia de tempo são:
- **a.** algo, especialmente e Quando.
- **b.** Desde, especialmente e algo.
- **c.** especialmente, Quando e depois.
- **d.** Desde, Quando e depois.
- **e.** Desde, algo e depois.

18. Assinale a alternativa em que a expressão entre parênteses substitui a expressão destacada.
- **a.** ... a informação é disposta em um ambiente **no qual** pode ser acessada de forma não linear. (**em que**)
- **b.** ... textos **que** pudessem estar disponíveis em rede. (**cujos**)
- **c.** ... recuperação de informações ligadas especialmente à pesquisa acadêmica, **que** eram lineares... (**aonde**)
- **d.** Isso acarreta uma textualidade **que** funciona por associação... (**na qual**)
- **e.** ... esse conceito está ligado a uma nova concepção de textualidade, **na qual** a informação é disposta em um ambiente... (**em cuja**)

(Vunesp-Tribunal de Justiça) — Técnico Judiciário

Leia o texto para responder à questão de número **19**.

> A disseminação do conceito de boas práticas corporativas, que ganhou força nos últimos anos, fez surgir uma estrada sem volta no cenário global e, consequentemente, no Brasil. **Nesse** contexto, governos e empresas estão fechando o cerco contra a corrupção e a fraude, valendo-se dos mais variados mecanismos: leis severas, normas de mercado e boas práticas de gestão de riscos.

> **Isso** porque se cristalizou a compreensão de que atos ilícitos vão além de comprometer relações comerciais e o próprio caixa das empresas. Eles representam dano efetivo à reputação empresarial frente ao mercado e aos investidores, que exigem cada vez mais transparência e, em casos extremos, acabam em investigações e litígios judiciais que podem levar executivos à cadeia.

PORFÍRIO, Fernando. Pela solidez nas organizações. **Mundo Corporativo**, n. 28, abr.-jun. 2010.

19. As palavras **Nesse** e **Isso**, em destaque no texto, são empregadas para

a. indicar que o texto contém informações independentes umas das outras.
b. contrastar informações incompatíveis com o conteúdo do texto.
c. antecipar informações que serão enunciadas.
d. fazer referência a dados fora do texto, como fatos e datas.
e. recuperar informações enunciadas anteriormente.

(Vunesp-Tribunal de Justiça) — Técnico Judiciário

20. Assinale a alternativa que substitui o trecho em destaque na frase — Assinarei o documento, **contanto que garantam sua autenticidade**. — sem que haja prejuízo de sentido.

a. desde que garantam sua autenticidade.
b. no entanto garantam sua autenticidade.
c. embora garantam sua autenticidade.
d. portanto garantam sua autenticidade.
e. a menos que garantam sua autenticidade.

(Enem-MEC)

> Cultivar um estilo de vida saudável é extremamente importante para diminuir o risco de infarto, mas também de problemas como morte súbita e derrame. Significa que manter uma alimentação saudável e praticar atividade física regularmente já reduz, por si só, as chances de desenvolver vários problemas. Além disso, é importante para o controle da pressão arterial, dos níveis de colesterol e de glicose no sangue. Também ajuda a diminuir o estresse e aumentar a capacidade física, fatores que, somados, reduzem as chances de infarto. Exercitar-se, nesses casos, com acompanhamento médico e moderação, é altamente recomendável.

ATALIA, M. Nossa vida. **Época**, 23 mar. 2009.

EXAMES E CONCURSOS

21. As ideias veiculadas no texto se organizam estabelecendo relações que atuam na construção do sentido. A esse respeito, identifica-se, no fragmento, que

a. a expressão "Além disso" marca uma sequenciação de ideias.
b. o conectivo "mas também" inicia oração que exprime ideia de contraste.
c. o termo "como", em "como morte súbita e derrame", introduz uma generalização.
d. o termo "Também" exprime uma justificativa.
e. o termo "fatores" retoma coesivamente "níveis de colesterol e de glicose no sangue".

(IBFC) — Oficial de Cartório

Texto para a questão **22**.

> **O Jivaro**
> (Rubem Braga)
>
> Um Sr. Matter, que fez uma viagem de exploração à América do Sul, conta a um jornal sua conversa com um índio jivaro, desses que sabem reduzir a cabeça de um morto até ela ficar bem pequena. Queria assistir a uma dessas operações, e o índio lhe disse que exatamente ele tinha contas a acertar com um inimigo.
> O Sr. Matter:
> — Não, não! Um homem, não. Faça isso com a cabeça de um macaco.
> E o índio:
> — Por que um macaco? Ele não me fez nenhum mal!

22. Assinale a alternativa em que o vocábulo "a", destacado nas opções abaixo, seja exclusivamente um artigo.

a. "conta **a** um jornal sua conversa com um índio jivaro"
b. "desses que sabem reduzir **a** cabeça de um morto"
c. "Queria assistir **a** uma dessas operações"
d. "ele tinha contas **a** acertar com um inimigo"
e. "uma viagem de exploração **à** América do Sul"

(IBFC) — Oficial de Cartório

Texto para as questões **23**, **24** e **25**.

Mães fazem "mamaço" em unidade do Sesc em São Paulo

Por Flávia Martin

Em meio a fotografias de animais selvagens nas paisagens mais remotas e intocadas do mundo, retratados por Sebastião Salgado e expostos em "Genesis", no Sesc Belenzinho, zona leste, 20 mães faziam algo igualmente primitivo e natural: davam o peito para seus bebês mamarem.

O "mamaço" da manhã de hoje foi organizado depois que a turismóloga Geovana Cleres, 35, foi proibida de amamentar Sofia, 1 ano e 4 meses, naquela unidade do Sesc, na última quarta-feira.

Segundo Geovana, uma funcionária a abordou dizendo que não era permitido dar de mamar no espaço de leitura do Sesc e pediu que ela fosse à sala de amamentação. Trata-se de um espaço pequeno, com um micro-ondas para esquentar papinhas e mamadeiras e uma poltrona, que, naquele momento, estava ocupada por um pai que dava comida para o filho.

"Fiquei sem entender, mas, apesar do incômodo, tirei Sofia do peito. Alegaram que outras crianças poderiam ficar olhando e até sentir vontade de mamar", conta.

Geovana encaminhou a reclamação ao Sesc e desabafou no Facebook. "Gerei um burburinho e encontrei outras mães que já tinham tido esse problema aqui."

[...]

O Sesc Belenzinho afirmou que a proibição de Geovana foi um erro pontual de uma funcionária. Coordenadores da unidade acompanharam o "mamaço" e pediram desculpas para as mães presentes.

Disponível em: <http://www1.folha.uol.com.br/cotidiano/2013/11/1372731-maes-fazem-mamaco-em-unidade-do-sesc-em-sao-paulo.shtml>. Acesso em: 17 nov. 2013.

23. O vocábulo "mamaço", utilizado no texto, foi construído por analogia a outros já conhecidos da língua e baseado no seguinte processo de formação de palavras:

a. prefixação
b. composição por justaposição
c. sufixação
d. derivação imprópria
e. parassíntese

EXAMES E CONCURSOS

24. Nos trechos "Em meio a fotografias de animais selvagens" e "O Sesc Belenzinho afirmou que a proibição a Geovana", ocorre a preposição **a**.

Assinale a opção em que se faz uma análise incorreta em relação ao uso do acento grave nesses fragmentos.

a. No primeiro caso, a crase é proibida.
b. No segundo caso, pode não ocorrer crase.
c. No segundo caso, poderia ocorrer crase sem alteração de sentido.
d. No primeiro caso, ocorreria crase caso a palavra estivesse acompanhada de artigo.
e. Nos dois casos, deveria ocorrer crase obrigatoriamente.

25. "Fiquei sem entender, mas, apesar do incômodo, tirei a Sofia do peito." Considerando a relação introduzida pela conjunção **mas**, é possível perceber que esta indica:

a. alternância
b. oposição
c. consequência
d. causa
e. adição

(Vunesp-UABC) — Administrador

Leia a tira para responder às questões de números **26** e **27**.

Disponível em: <http://revistaescola.abril.com.br>. Acesso em: 21 ago. 2013.

26. Leia a frase.

Eu me referi a perguntas sobre a matéria **que** estamos estudando.

Considerando a norma-padrão da língua portuguesa, o pronome em destaque no trecho pode ser corretamente substituído por:

a. a qual
b. da qual
c. em cuja
d. na qual
e. pela qual

27. Observe a conjunção em destaque e responda.

A oração do primeiro quadrinho — **se** não houver mais perguntas [...] — está corretamente reescrita e sem alteração do sentido em:

a. ... mesmo que não hajam mais perguntas...
b. ... de modo que não houve mais perguntas...
c. ... caso não haja mais perguntas...
d. ... quando não houver mais perguntas...
e. ... ainda que não houverem mais perguntas...

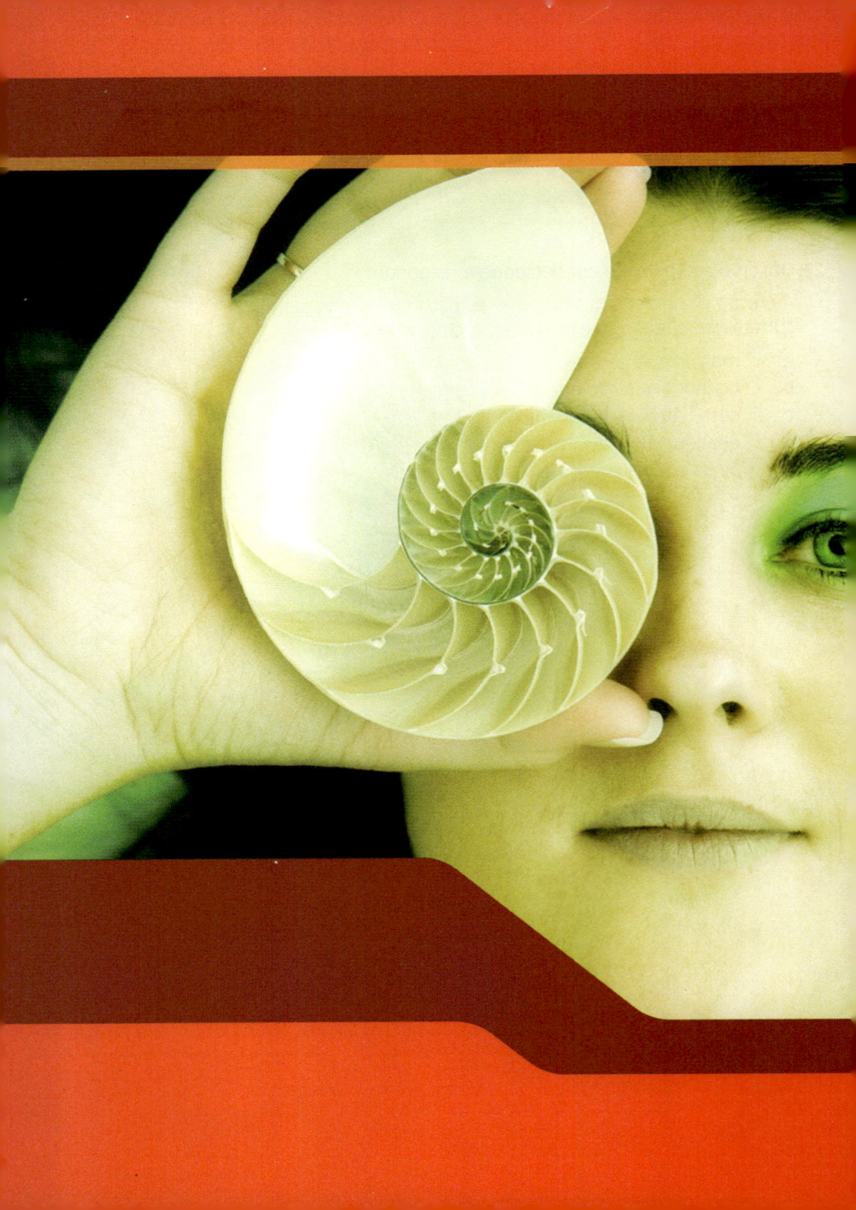

SINTAXE

[...]
A verdade é que a palavra, ela mesma, em si própria, não diz nada.
Quem diz é o acordo estabelecido entre quem fala e quem ouve.
Quando existe acordo existe comunicação,
Mas quando esse acordo se quebra ninguém diz mais nada,
Mesmo usando as mesmas palavras.

Viviane Mosé
Filósofa e poeta

IMAGEM: AMANDAROHDE/ E+/GETTY IMAGES
TEXTO. Disponível em:<https://pt-pt.facebook.com/MoseViviane/posts/479140015437129>. Acesso em: 11 ago. 2014

SINTAXE

Frase, Oração, Período

Um primeiro olhar

A seguir, leia a chamada de uma reportagem publicada em um jornal.

Descoberta
ASTEROIDE COM ANÉIS

Chariklo, um asteroide que orbita o Sol entre Saturno e Urano, tornou-se o primeiro objeto com anéis "não planeta" conhecido no sistema solar. A descoberta é de um grupo liderado por brasileiros.
METRÓPOLE / PÁG. A22

ASTEROIDE com anéis. **O Estado de S.Paulo**, São Paulo, 27 mar. 2014, p. A1.

1. Quantas frases há na chamada da reportagem? Identifique-as.

2. Compare as frases a seguir:

    "Asteroide com anéis"

    "Chariklo [...] tornou-se o primeiro objeto com anéis 'não planeta' conhecido no sistema solar."

    Que diferença estrutural você nota entre elas?

3. As frases a seguir também podem ser chamadas de **períodos**.

    "Chariklo, um asteroide que orbita o Sol entre Saturno e Urano, tornou-se o primeiro objeto com anéis 'não planeta' conhecido no sistema solar."

    "A descoberta é de um grupo liderado por brasileiros."

    Levante hipóteses: Qual delas seria um período simples e qual seria um período composto? Explique suas observações.

FRASE

> Voltei mais cedo da escola. Em casa, não deveria ter ninguém ainda. Ao me aproximar, ouvi vozes na sala. Legal! Tem gente em casa, per sei. Que nada! Era Totó dormindo sobre o controle remoto da tevê.

Esse texto possui um parágrafo formado por sete conjuntos de palavras, demarcados por pausas — ponto final e ponto de exclamação. Cada um desses conjuntos expressa uma ideia, um sentido.

Cada um deles é uma **frase**.

> **Frase** é um conjunto organizado de palavras que exprime sentido, capaz de estabelecer comunicação.

O conjunto de palavras que forma a frase varia de muito simples a complexo.

Exemplos:

- Frases muitos simples — Legal!
  Que nada!
- Frases simples — Voltei mais cedo da escola.
  Ao me aproximar, ouvi vozes na sala.
- Frase complexa — A realidade pode ser entendida como um todo formado por dois universos distintos: de um lado, a Natureza, representada pelas coisas naturais, coisas que ser humano já encontrou prontas; de outro, o universo da cultura, ao qual pertencem as coisas construídas pelas pessoas.

OBSERVAÇÃO

O sentido da frase depende do contexto. As frases muito simples possuem sentido extremamente ligado à situação em que são proferidas, por isso são denominadas **frases situacionais**. A frase "Oi!", por exemplo, dependendo da situação, pode representar um *cumprimento*, um *chamado* ou uma *resposta* a um chamado. As interjeições e locuções interjetivas são exemplos típicos de frases situacionais.

TIPOS DE FRASES

Existem alguns tipos de frases, na língua portuguesa, cuja entonação está relacionada ao sentido que exprimem.

Declarativas

Expressam declaração ou informação.

Podem ser:

- afirmativas
  Exemplo:
  Meu pai foi jogar bola.

- negativas
  Exemplo:
  Meu pai não foi jogar bola.

Interrogativas

Expressam pergunta, indagação.

A interrogação pode ser:

- direta
  Exemplo:
  Meu pai foi jogar bola?

- indireta
  Exemplo:
  Quero saber se meu pai foi jogar bola.

Exclamativas

Expressam admiração, indignação, surpresa, espanto.

Exemplos:
Meu pai foi jogar bola!   Meu pai jogando bola!

Imperativas

Expressam ordem, pedido.

Exemplos:
Pai, jogue bola comigo.   Não jogue bola hoje, pai.

Optativas

Expressam desejo.

Exemplos:
Vá com Deus!   Tomara que dê tudo certo!

Outras frases distinguem-se por possuírem ou não verbo.

Nominais

São as frases construídas sem verbo.

Exemplos:
Fogo!   Cuidado!   Belo serviço o seu, criança!

Verbais

São as frases construídas com verbo ou locução verbal.

Exemplos:
Corra, que a chuva **está chegando**.
Quero que você **cuide** dessa roupa, menino.
Menino, como você **está** lindo!

ORAÇÃO

A frase verbal pode conter um ou mais de um verbo (ou locução verbal). Para cada verbo ou locução verbal da frase, tem-se uma oração. Veja:

Que belo serviço você **fez**, criança! (um verbo, uma oração)
↓
verbo

1ª oração / 2ª oração
Quero / que você **cuide** dessa roupa, menino. (dois verbos, duas orações)
↓ verbo   ↓ verbo

1ª oração / 2ª oração / 3ª oração
É preciso / que **corramos** / porque a chuva **está chegando**. (três verbos, três orações)
↓ verbo   ↓ verbo   ↓ locução verbal

> **Oração** é uma estrutura elaborada em torno de um verbo ou locução verbal.

Distinção entre frase e oração

Considerando a característica fundamental de cada uma dessas estruturas — o **sentido** para a *frase* e o **verbo** para a *oração* —, nem toda frase é oração. Um exemplo é a frase nominal.

Veja:

Belo serviço o seu, criança! (É frase e não é oração.)

A oração pode ser apenas uma parte da frase e, por isso, não ter sentido, não equivaler a uma frase. Logo, nem toda oração é frase.

Exemplo disso é a frase que contém mais de uma oração.

1ª oração / 2ª oração
Quero / que você **cuide** dessa roupa, menino! (Cada oração é só uma parte da frase.)

Frase e oração são estruturas equivalentes quando possuem a mesma extensão, ou seja, quando a frase contém apenas uma oração.

Exemplo:

Que belo serviço você **fez**, criança! (É frase e também oração.)

PERÍODO

Toda frase verbal é também chamada de **período**.

Exemplos:

O vento forte **engrossava** as ondas do mar. (frase com uma oração = período)

Não **imaginei** que **fosse gostar** tanto assim de você! (frase com duas orações = período)

> **Período** é a frase organizada com uma ou várias orações.

O período classifica-se em **simples** e **composto**.

SIMPLES

É aquele formado por apenas uma oração.

Exemplo:

verbo
↓
Uma forte chuva **pegou**-nos na volta do passeio. (uma oração — período simples)

OBSERVAÇÕES

a) A oração que forma o período simples, por ser única, é denominada **oração absoluta**.
b) Todo período simples ou oração absoluta corresponde a uma **frase**.

COMPOSTO

É aquele formado por duas ou mais orações.

Exemplo:

verbo verbo   verbo
↓   ↓   ↓
Quando **saímos**, já **era** tarde e não **havia** ninguém na rua. (três orações — período composto)

PERÍODO SIMPLES

Estudar o período simples consiste em analisar as **partes** ou **termos** que formam uma oração.

Os termos principais ou essenciais da oração são o **sujeito** e o **predicado**.

SUJEITO

É o termo que representa o ser sobre o qual se diz alguma coisa.

Exemplo:

    sujeito
A pequena flor / recebia feliz os raios do sol.
              ↓
            verbo

PREDICADO

É o termo que contém o verbo e representa aquilo que se diz do sujeito.

Exemplo:

                predicado
A pequena flor / **recebia feliz os raios do sol**.
                ↓
             verbo

OBSERVAÇÕES

a) Os demais termos da oração, integrantes e acessórios, encontram-se dentro desses dois termos maiores, sujeito e predicado.

b) O verbo pertence sempre ao predicado, e, como não existe oração sem verbo, não existe oração sem predicado.

EM SÍNTESE

Frase — conjunto organizado de palavras com sentido, capaz de estabelecer comunicação.

Oração — estrutura elaborada em torno de um verbo ou locução verbal.

Período — frase organizada com uma ou várias orações.

- **Simples** — formado por apenas uma oração.
- **Composto** — formado por mais de uma oração.

Período simples — composto por dois termos principais ou essenciais.

- **Sujeito** — aquilo sobre o qual se diz algo.
- **Predicado** — aquilo que se diz do sujeito.

No texto

Leia o texto a seguir.

Praticamente uma pessoa

Os animais de estimação, hoje, são membros importantes da família: cuidamos deles, damos presentes, os enchemos de mimos. Mas será que tratá-los como gente é o melhor para eles?

Publicado em 01/06/2013   *POR Juliana Zambelo*

[...]

Para Larissa Runcos, veterinária especialista em comportamento, a humanização tem dois lados. A face positiva é a empatia. "A pessoa vai visualizar sentimentos ou emoções humanas nos animais, e por isso tratar bem." A negativa aparece quando o animal é tratado como um ser humano — muitas vezes como um bebê — e tem seu comportamento instintivo desconsiderado e muitas vezes até repreendido. Quantas vezes não vemos cães impedidos de correr e rolar na grama para que não se sujem?

Menos água e sabão

Entre as atitudes muito comuns hoje em dia, são equívocos os banhos semanais e o colo constante. Larissa afirma que banhos seguidos são prejudiciais para gatos e cachorros. Para ela, a não ser que o animal tenha uma condição médica que exija isso, ele não deve tomar banho toda semana. "Você tira toda a característica de cheiro e oleosidade da pele, que para eles é muito importante. Isso atrapalha o cão do ponto de vista comunicativo, ele se sente descaracterizado como indivíduo, e pode levar a problemas de pele por tirar a proteção natural do pelo", explica a veterinária. Após o banho, o cachorro leva dias para recuperar seu odor próprio, e quando finalmente está conseguindo, vai novamente para o sabão. [...]

ZAMBELO, Juliana. Praticamente uma pessoa. **Vida Simples**, São Paulo: Abril, 1º jun. 2013. Disponível em: <http://vidasimples.abril.com.br/temas/praticamente-pessoa-760644.shtml>. Acesso em: 31 mar. 2014.

1. Explique o sentido da frase declarativa presente no título, considerando o contexto da reportagem.

2. Observe agora os períodos presentes no texto que vem após o título.

    "Os animais de estimação, hoje, são membros importantes da família: cuidamos deles, damos presentes, os enchemos de mimos. Mas será que tratá-los como gente é o melhor para eles?"

    a) A ideia exposta no primeiro período está dividida em duas partes. Identifique essa divisão e explique-a.

    b) O segundo período ou frase contém o tema desenvolvido no texto. Classifique essa frase.

SINTAXE

Estudo do sujeito

Um primeiro olhar

Leia, a seguir, o título e o subtítulo de uma reportagem publicada no jornal **O Estado de S. Paulo**. Observe também a fotografia e sua respectiva legenda.

Aquecimento global ameaça cerejeiras

Mudanças climáticas afetam ciclo de vida de um dos principais símbolos do Japão, alerta a WWF; floresta no norte do país também corre risco

Guardiões de árvores. Funcionários espalhados pelo Japão, além de cuidar, zelam pela segurança das cerejeiras.

*A WWF é uma organização não governamental dedicada à conservação da biodiversidade em harmonia com a atividade humana, em prol da promoção do uso racional dos recursos naturais.

QUEIROZ, Tiago. Aquecimento global ameaça cerejeiras. **O Estado de S.Paulo**, São Paulo, 27 mar. 2014, p. A22.

1. Para atrair a atenção do leitor, um título de matéria jornalística deve transmitir a essência da notícia com clareza, usando um mínimo de palavras; deve conter ideia de atualidade e dar impressão de impessoalidade. Essas características estão presentes no título dessa matéria? Explique.

2. Observe bem a beleza da foto, principalmente a cor forte das flores de cerejeira em primeiro plano, e relacione esses elementos visuais com o sentido do verbo **ameaçar**. Que efeitos essas informações causam no leitor?

3. Identifique as formas verbais conjugadas no título, no subtítulo e na legenda.

4. Responda às questões a seguir.
   a) O que ameaça as cerejeiras?
   b) O que afeta o "ciclo de vida de um dos principais símbolos do Japão"?
   c) Quem alerta sobre isso?
   d) O que também corre risco?
   e) Quem zela "pela segurança das cerejeiras"?

5. Explique a relação existente entre as respostas dadas na questão **4** e os verbos identificados na questão **3**.

POSIÇÕES DO SUJEITO NA ORAÇÃO

Na oração, os termos possuem uma sequência natural, uma ordem direta. No entanto, a língua oferece a possibilidade de alguns termos aparecerem em outra sequência, em ordem inversa.

O sujeito, por exemplo, pode aparecer em três posições na oração.

Observe:

- **Antes** do predicado — sequência natural dos termos: **ordem direta**.

    Exemplo:

    sujeito / predicado
    O aluno / estudava atentamente.
    (verbo: estudava)

- **Depois** do predicado — sequência não natural dos termos: **ordem inversa**.

    Exemplo:

    predicado / sujeito
    Estudava atentamente / o aluno.
    (verbo: Estudava)

- **No meio** do predicado — sequência não natural dos termos: **ordem inversa**.

    Exemplos:

    predicado / sujeito / predicado
    Atentamente, / o aluno / estudava.
    (verbo: estudava)

    predicado / sujeito / predicado
    Estudava / o aluno, / atentamente.
    (verbo: Estudava)

NÚCLEO DO SUJEITO

O núcleo de qualquer termo é sempre a palavra principal dele. No caso do sujeito, o núcleo é a palavra que está diretamente relacionada ao conteúdo do predicado, mais especificamente, ao verbo.

Exemplos:

sujeito / predicado
Um **gato** de pelos longos / dormia no telhado da casa.
(núcleo do sujeito: gato; verbo: dormia)

sujeito — predicado
Meus dois **filhos** / moram longe de mim.
↓ ↓
núcleo do sujeito   verbo

sujeito — predicado
Um **bando** de pássaros / sobrevoava a cidade.
↓ ↓
núcleo do sujeito   verbo

Como o sujeito representa um ser sobre o qual se diz algo, o núcleo do sujeito é sempre um *substantivo* ou qualquer outra palavra com *valor de substantivo*.

Exemplos:

sujeito — predicado
Os **patinhos** / corriam doidos atrás da mãe.
↓
substantivo
núcleo do sujeito

sujeito — predicado
Eles / corriam bastante.
↓
pronome substantivo
núcleo do sujeito

sujeito — predicado
Correr / é bom.
↓
verbo substantivado
núcleo do sujeito

TIPOS DE SUJEITO

SUJEITO DETERMINADO

O sujeito da oração é determinado quando é possível identificar o termo — palavra ou expressão — que o representa.

O sujeito determinado pode ser:

Simples

Quando possui apenas um núcleo.

Exemplos:

sujeito simples — predicado
As **crianças** / tomaram o pote todo de sorvete.
↓
núcleo do sujeito

sujeito simples — predicado
Alguém / tomou o pote todo de sorvete.
↓
núcleo do sujeito

Composto

Quando possui dois ou mais núcleos.

Exemplo:

sujeito composto   predicado
Crianças e **adultos** / tomaram o pote todo de sorvete.
   ↓   ↓
núcleos do sujeito

Elíptico

Quando é identificado apenas pela desinência verbal; caso em que o termo que representa o sujeito está presente na oração, mas não de maneira explícita.

Exemplo:

sujeito elíptico   predicado
(**nós**) Tom**amos** o pote todo de sorvete.
         ↓
     desinência verbal

> **OBSERVAÇÃO**
>
> O *sujeito elíptico* é também chamado de **sujeito implícito** ou **sujeito oculto**.

SUJEITO INDETERMINADO

O sujeito da oração é indeterminado quando sua existência é evidente, mas não há nenhum termo que o represente, nem mesmo em orações anteriores.

O falante indetermina o sujeito por dois motivos: por desconhecê-lo realmente ou por não querer determiná-lo.

A língua oferece, então, dois recursos para indeterminar o sujeito.

- Colocar o verbo na **3ª pessoa do plural**. Essa estrutura ocorre em frases isoladas ou nos casos em que o sujeito não esteja determinado em orações anteriores.

Exemplos:

sujeito
indeterminado   predicado
   ?   *Tomaram* o pote todo de sorvete.

A festa estava ótima! *Tomaram* o pote todo de sorvete.

> **OBSERVAÇÃO**
>
> Nesse caso, não cabe o pronome *eles*, que somente será o sujeito se estiver explícito na própria oração (*Eles* tomaram o pote todo de sorvete.) ou em orações anteriores (A festa estava ótima! As crianças se deliciaram com as guloseimas. *Tomaram* o pote todo de sorvete. — sujeito elíptico *elas*, retomando o sujeito "as crianças").

- Colocar o verbo na **3ª pessoa do singular** e acrescentar o pronome *se*.

  Exemplo:

  sujeito
  indeterminado   predicado
  ___?___ *Precisou-se de mais sorvete.*

  > **OBSERVAÇÃO**
  >
  > O pronome **se** que acompanha o verbo para indeterminar o sujeito atua como **índice de indeterminação do sujeito**.

ORAÇÃO SEM SUJEITO

Apesar de o sujeito ser um termo essencial da oração, há casos em que a oração é formada somente de predicado.

Isso ocorre com os **verbos impessoais**.

- Verbos que exprimem **fenômenos da natureza**.

  Exemplos:
  Choveu muito ontem à noite.
  No inverno, **anoitece** bem cedo.
  Está chovendo pouco no sul do país.

  > **OBSERVAÇÃO**
  >
  > Quando usados em sentido figurado, esses verbos podem ter sujeito.
  > Dos edifícios, *choviam* **papéis picados**.

- Verbo **haver**, significando *existir* e *acontecer*.

  Exemplos:
  Havia poucas pessoas na reunião de pais.
  Houve algum problema com você?
  Na minha cidade, **está havendo** uma exposição de artes.

- Verbos **haver** e **fazer**, indicando tempo decorrido.

  Exemplos:
  Há anos que não o vejo.
  Faz meses que não me telefona.
  Deve fazer décadas que se casaram.

- Verbos **fazer**, **estar** e **ser**, na indicação de fenômeno natural ou de tempo.
  Exemplos:
  Faz muito calor no norte do Brasil.
  Naquela manhã, **fazia** um frio intenso!
  Já **está** tarde.
  É cedo ainda.
  É uma hora.
  São duas horas.

> **OBSERVAÇÃO**
>
> Apenas o verbo **ser** pode aparecer na 3ª pessoa do plural, concordando com o predicativo; os demais verbos impessoais aparecem sempre na 3ª pessoa do singular, estendendo para o verbo auxiliar da locução a sua impessoalidade.

EM SÍNTESE

Posições do sujeito na oração — antes, depois ou no meio do predicado.

Núcleo do sujeito — palavra principal, de maior importância significativa dentro do sujeito.

Tipos de sujeito
- **Determinado** — é possível identificar o termo que o representa.
  - Simples — possui apenas um núcleo.
  - Composto — possui dois ou mais núcleos.
  - Elíptico (ou implícito, ou oculto) — é identificado pela desinência verbal.
- **Indeterminado** — não é possível (ou não se deseja) identificar o termo que o representa.
  - Verbo aparece na 3ª pessoa do plural sem referências anteriores.
  - Verbo na 3ª pessoa do singular, seguido do pronome **se**.
- **Oração sem sujeito** — declaração do predicado não faz referência a um sujeito.
  - Verbos impessoais que expressam fenômenos da natureza.
  - Verbos haver (indicando existir e tempo decorrido), fazer, estar e ser (indicando fenômenos naturais ou tempo).

No texto

Leia o texto.

Diretor do MAR quer inverter eixo cultural da cidade

Paulo Herkenhoff programou cursos e parceria para atender 200 mil estudantes da rede municipal por ano.

[...]
"Não queremos um museu que seja vitrine, não é um museu dos grandes fetiches, dos recordes de aquisição, mas onde as coisas entram porque podem produzir algum sentido. É um museu de produção de pensamento."
Essa é a defesa entusiasmada de Paulo Herkenhoff, diretor cultural do Museu de Arte do Rio (MAR).
[...]
Para tanto, o novo museu tem em seu eixo um "arco educativo", cujo destaque é o atendimento a estudantes da rede de ensino municipal, programa que Herkenhoff diz ter buscado implementar durante sua gestão no Museu Nacional de Belas Artes.
"Há dez anos, quis fazer um programa para atender 200 mil crianças e me puxaram o tapete", conta.
"Puxar o tapete", para o curador, quer dizer que "o dinheiro foi negado". O diretor do Instituto Brasileiro de Museus (IBRAM), José do Nascimento Júnior, na época responsável pelo departamento de museus do MinC, contesta-o: "Nunca recebi dele um projeto formal para o educativo do Belas Artes, e esse é um assunto ultrapassado".
[...]
"Não se trata de criar um corpo burocrático com funcionários donos de seus espacinhos. Isso é um museu onde o pensamento é vivo", defende o diretor [do MAR].
[...]

Disponível em: <http://www1.folha.uol.com.br/fsp/ilustrada/96013-diretor-do-mar-quer-inverter-eixo-cultural-da-cidade.shtml>. Acesso em: 20 mar. 2014.

1. No texto que você leu, emprega-se uma expressão popular de nossa língua, muito frequente em contexto corporativo, que significa *agir de modo a prejudicar alguém, trapacear*. Recupere essa passagem do texto.

2. Sobre essa expressão, faça a seguinte análise: Quem "puxou o tapete" do curador do museu? Ou seja, quem é o sujeito responsável por essa ação?

3. Pense no contexto dessa informação: nos meios onde circula, nos leitores e nos prováveis valores da instituição que a publica. Por que a expressão foi empregada com esse tipo de sujeito?

4. O jornalista levanta informações a fim de descobrir quem teria "puxado o tapete" do diretor do museu. Que estratégias ele usou para esclarecer a indeterminação do sujeito? Qual foi seu raciocínio?

5. Identifique, em outra fala do diretor do museu, a ocorrência do mesmo tipo de sujeito aqui explorado.

6. Qual a diferença entre essas duas formas de indeterminar o sujeito de uma oração?

SINTAXE

Estudo do predicado

Um primeiro olhar

Leia a tirinha de Hagar, personagem do cartunista americano Dik Browne.

BROWNE, Dik. **Hagar**. Disponível em: <http://www1.folha.uol.com.br/ilustrada/cartum/cartunsdiarios/#1/3/2014>. Acesso em: 31 mar. 2014.

1. Identifique as formas verbais empregadas na tirinha.

2. Compare as duas orações.
   "Você é egoísta!"
   "Eu precisava mesmo de adjetivos novos."
   a) Em qual delas a função do verbo é ligar o sujeito a uma característica?
   b) Em qual delas o verbo expressa um desejo?

3. Releia a oração do último quadrinho.
   a) Reescreva-a, substituindo o verbo **precisar** pelo verbo **querer**.
   b) Que palavra precisou ser eliminada na oração?
   c) Se a palavra excluída na frase reescrita fosse também eliminada na frase original, o que aconteceria?

4. Atente novamente para a oração do último quadrinho.
   a) Agora elabore outra oração com um verbo do mesmo tipo do empregado na oração da tirinha.
   b) Que palavra você utilizou para ligar o verbo ao seu complemento?

VERBOS QUANTO À PREDICAÇÃO

O ponto de partida para a análise do predicado é identificar o sentido que exprime o verbo ou a locução verbal nele presente. O verbo pode exprimir um **processo** (alguma coisa em curso, em desenvolvimento, como *ação, acontecimento, desejo, atividade mental, fenômeno da natureza*) ou um **estado**.

Em função desses sentidos que adquirem no predicado, os verbos são divididos em dois grupos.

1º) Verbos **significativos** ou **nocionais**, quando exprimem **processos**.
   Exemplos:
   Você **anda** muito devagar, tem passos curtos. (ação)
   Ontem **houve** um excelente espetáculo musical na minha cidade. (acontecimento)
   Espero seu convite para um jantar próximo. (desejo)
   Penso muito em você. (atividade mental)
   Amanheceu muito frio hoje. (fenômeno natural)

2º) Verbos **não significativos** ou **não nocionais**, quando exprimem **estados**.
   Exemplos:
   A vida na cidade pequena **é** muito tranquila.
   A garota **esteve** agitada durante a aula.
   O choro da criança **parecia** de fome.

> **OBSERVAÇÃO**
> Dependendo do seu emprego, um mesmo verbo pode exprimir processo ou estado.
> Você **anda** muito devagar, tem passos curtos. (indica ação — *caminha*)
> Você **anda** muito devagar nas suas decisões. (indica estado — *tem estado lento*)

Os verbos **significativos**, aqueles que exprimem processos, são de dois tipos: **intransitivos** e **transitivos**.

VERBOS INTRANSITIVOS

São aqueles cujo processo envolve apenas o sujeito: *não transitam* para outro termo do predicado.

Exemplos:

sujeito simples   predicado
A flor / **nasceu**.
            ↓
     verbo intransitivo

sujeito simples   predicado
O menino / **chorou**.
              ↓
     verbo intransitivo

As ações *nascer* e *chorar* desenvolvem-se por inteiro no sujeito, podendo a frase terminar no próprio verbo. O verbo intransitivo encerra em si mesmo um sentido completo, por isso ele pode, sozinho, formar o predicado.

Quando outros termos compõem o predicado com o verbo intransitivo, são, normalmente, expressões que indicam lugar, tempo, modo, característica do sujeito etc.

Exemplos:
O menino **chorou** à noite. (*à noite*, ideia de tempo)

A flor **nasceu** linda. (*linda*, característica da flor)

VERBOS TRANSITIVOS

São aqueles cujo processo envolve o sujeito e, necessariamente, outro termo do predicado; **transitam** do sujeito para um complemento.

Exemplos:

sujeito simples   predicado
O menino / **comprou** *um brinquedo*.
                  ↓   ↓
         verbo transitivo   complemento do verbo

sujeito simples   predicado
A flor / **precisa** *de água*.
           ↓   ↓
   verbo transitivo complemento do verbo

As ações *comprar* e *precisar* desenvolvem-se partindo do sujeito ("aquele que" *comprou*, "aquele que" *precisa*) e terminam num complemento ("o que" *comprou*, "de que" *precisa*). O verbo transitivo precisa de um complemento para que seu sentido fique completo.

> **OBSERVAÇÃO**
>
> Há verbos transitivos que não têm sujeito. O verbo **haver** significando **existir** é um exemplo.
>
> **Há** vários livros sobre a mesa.

VERBOS TRANSITIVOS E SEUS COMPLEMENTOS

Os termos que completam o sentido dos verbos transitivos são complementos verbais denominados **objetos**.

A classificação dos verbos transitivos e de seus respectivos objetos se dá conforme a relação que se estabelece entre o verbo e seu objeto. Dessa relação, surgem três tipos de verbos transitivos: transitivo direto, indireto e direto e indireto.

VERBO TRANSITIVO DIRETO

A relação entre o verbo e seu complemento — **objeto direto** — é direta, o verbo não exige preposição.

Exemplos:

sujeito simples / predicado
Os pássaros / **fazem** seus próprios ninhos.
              verbo transitivo direto   objeto direto

sujeito indeterminado   predicado
    ?   **Derrubaram** a velha casa.
        verbo transitivo direto   objeto direto

VERBO TRANSITIVO INDIRETO

A relação entre o verbo e seu complemento — **objeto indireto** — não é direta, tem preposição, pedida pelo verbo.

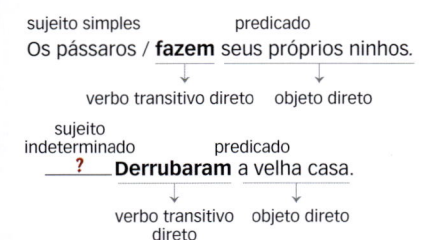

Exemplos:

sujeito simples   predicado
A natureza / **está necessitando _de_ mais respeito**.
          verbo transitivo indireto   preposição   objeto indireto

sujeito elíptico   predicado
(eu) **Acredito _em_ Deus**.
verbo transitivo indireto   objeto indireto
         preposição

VERBO TRANSITIVO DIRETO E INDIRETO

Estabelece as duas relações, direta e indireta, possuindo os dois complementos, **objeto direto** e **objeto indireto**.

Exemplos:

sujeito simples   predicado
Os alunos / **receberam** elogios _de_ seus mestres.
verbo transitivo direto e indireto   objeto direto   objeto indireto
                      preposição

sujeito elíptico   predicado
(nós) **Demos _a_ Cauê um bonito presente**.
verbo transitivo direto e indireto   objeto indireto   objeto direto
         preposição

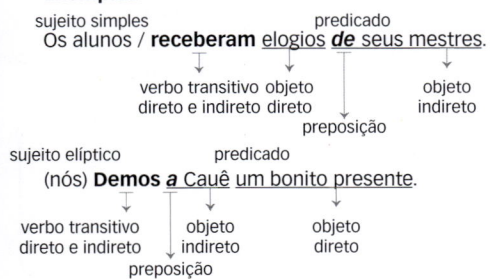

Os verbos não significativos, aqueles que exprimem estado, são denominados **verbos de ligação**.

VERBOS DE LIGAÇÃO

Ligam o sujeito a uma característica desse sujeito, contida no predicado.

Exemplos:

sujeito simples   predicado
A estrada / **estava** *escura*.
            ↓   ↓
        verbo de   característica
        ligação   do sujeito

            sujeito
predicado   simples   predicado
Pela manhã, / o mar / **parecia** *bravíssimo*.
                      ↓   ↓
                  verbo de   característica
                  ligação   do sujeito

Os verbos de ligação usados com mais frequência são: **ser**, **estar**, **parecer**, **permanecer**, **ficar**, **continuar**, **andar** (no sentido de estar), **viver**, **virar**, **tornar-se**, **fazer-se**, **achar-se**, **encontrar-se** etc.

Ao ligarem uma característica ao sujeito, esses verbos expressam diferentes estados:

- estado permanente: verbos **ser**, **viver**.
  Vitória **é** bonita.   Vitória **vive** bonita.

- estado transitório: verbos **estar**, **andar**, **encontrar-se**, **achar-se**.
  O tempo **estava** chuvoso.   O tempo **encontrava-se** chuvoso.

- estado aparente: verbo **parecer**.
  A cidade **parecia** desabitada.

- mudança de estado: verbos **ficar**, **virar**, **tornar-se**, **fazer-se**.
  A moça **ficou** bonita.   A moça **fez-se** bonita.

- continuidade de estado: verbos **continuar**, **permanecer**.
  As ruas **continuam** limpas.   As ruas **permanecem** limpas.

> **OBSERVAÇÃO**
>
> Os verbos não têm classificação fixa: dependem de como são empregados.
> O menino **chorou** à noite. (verbo intransitivo)
> O menino **chorou** lágrimas intensas. (verbo transitivo)
> Os alunos **estão** na escola. (verbo intransitivo)
> Os alunos **estão** agitados. (verbo de ligação)

TIPOS DE PREDICADO

De acordo com o tipo de informação que dá sobre o sujeito, o predicado pode ser: **verbal** — quando informa *processo* (ação, acontecimento etc.), **nominal** — quando informa *estado* (característica) ou **verbo-nominal** — quando informa *processo* e *estado* (ação e característica).

PREDICADO VERBAL

Como informa um *processo*, o predicado verbal contém *verbo significativo* — **intransitivo** ou **transitivo** — que é o seu **núcleo**.

Exemplos:

sujeito simples   **predicado verbal**
As árvores / **florescem** na primavera.
        ↓
verbo intransitivo — núcleo do predicado

sujeito simples   **predicado verbal**
Os pássaros / **fizeram** *seus ninhos* no telhado da casa.
      ↓   ↓
verbo transitivo direto   objeto direto
núcleo do predicado

O predicado verbal é, portanto, formado de **verbo intransitivo** ou **verbo transitivo**, tendo o **verbo** como seu **núcleo**.

PREDICADO NOMINAL

Como informa um *estado*, o predicado nominal contém um *verbo não significativo* — **verbo de ligação** — cuja função é ligar o sujeito a uma **característica** desse sujeito.

Exemplos:

sujeito simples   **predicado nominal**
A criança / *ficou* **feliz** com o brinquedo.
     ↓
verbo de ligação

sujeito simples   **predicado nominal**
O calor / *permaneceu* **intenso** mesmo depois da chuva.
       ↓
verbo de ligação

Predicativo do sujeito

É a característica do sujeito ligada a ele por meio de verbo: o **predicativo do sujeito** é, portanto, um termo que fica no predicado, funcionando como seu **núcleo**.

Exemplos:

          sujeito simples   **predicado nominal**
As **atitudes** de alguns homens públicos / *são* **imperdoáveis**.
   ↓   ↓   ↓
núcleo do   verbo de predicativo do sujeito
sujeito   ligação   núcleo do predicado

  sujeito simples   **predicado nominal**
A pequena **cidade** / *parecia* **desabitada** à noite.
       ↓   ↓   ↓
  núcleo do verbo de predicativo do sujeito
  sujeito   ligação   núcleo do predicado

> **OBSERVAÇÃO**
>
> O predicativo é representado por nomes: *substantivo* (ou palavra substantivada), *adjetivo* (ou locução adjetiva), *numeral* e *pronome*.
>
> A lua parece uma **bola**. (substantivo)
>
> Amar é ***viver!*** (verbo substantivado)
>
> As crianças estavam ***felizes***. (adjetivo)
>
> Em casa, somos ***três***. (numeral)
>
> Minha intenção não foi ***essa***. (pronome)

O predicado nominal é, então, formado por **verbo de ligação** e **predicativo do sujeito**, sendo o predicativo o seu núcleo e não o verbo.

PREDICADO VERBO-NOMINAL

Como informa *processo* e *estado*, o predicado verbo-nominal contém um *verbo significativo* e um *verbo de ligação subentendido*, ou seja, contém os outros dois predicados, o **verbal** e o **nominal**.

Observe:

    Sujeito   **predicado verbal**
1. Os boias-frias / **voltaram** tarde para casa.
                     ↓
            verbo intransitivo
            núcleo do predicado

sujeito   **predicado nominal**
Eles / *estavam* **cansados**.
        ↓   ↓
    verbo de predicativo do sujeito
    ligação   núcleo do predicado

> **TIRE DE LETRA**
>
> O **predicado** relaciona-se ao sujeito, atribuindo-lhe uma propriedade. Por isso, é associado no texto a uma **estrutura argumental**, uma vez que a seleção de verbos, complementos, especificadores já revela um ponto de vista do enunciador ou falante. No texto de Meserani, os predicativos do sujeito denotam apreciações do narrador sobre o personagem.

sujeito   **predicado verbo-nominal**
2. Os boias-frias / **voltaram** tarde para casa, **cansados**.
          ↓   ↓
  verbo intransitivo   predicativo do sujeito
 núcleo do predicado   núcleo do predicado

Ocorreu a transformação dos dois predicados em apenas um, sendo que, no predicado verbo-nominal, o verbo de ligação ficou subentendido.

No exemplo, os boias-frias voltaram tarde para casa (e *estavam*) cansados.

Predicativo do objeto

Não só ao sujeito, mas também ao objeto pode ser atribuído um **predicativo**.

Exemplo:

sujeito   **predicado verbo-nominal**
O rapaz / **julgava** *o amigo* **sincero**.
      ↓   ↓   ↓
  verbo   objeto   predicativo do objeto
transitivo direto   direto   núcleo do predicado
núcleo do predicado

Os verbos mais comumente empregados admitindo esse predicativo são: **julgar**, **considerar**, **achar**, **eleger**, **proclamar**, **chamar** etc.

Como é formado por dois predicados, o predicado verbo-nominal possui dois núcleos — **verbo** e **predicativo** —, podendo ser estruturado com:

- **verbo intransitivo** e **predicativo do sujeito**.

sujeito simples   **predicado verbo-nominal**
Os lavradores / **retornaram cansados**.
                      ↓   ↓
                verbo intransitivo   predicativo do sujeito
               núcleo do predicado   núcleo do predicado

- **verbo transitivo** e **predicativo do sujeito**.

sujeito simples   **predicado verbo-nominal**
Os alunos / **fizeram** *a prova* **tranquilos**.
    ↓   ↓   ↓
verbo transitivo direto   objeto   predicativo do sujeito
núcleo do predicado   direto   núcleo do predicado

- **verbo transitivo** e **predicativo do objeto**.

sujeito simples   **predicado verbo-nominal**
Os alunos / **acharam** *a prova* **fácil**.
      ↓   ↓   ↓
verbo transitivo direto   objeto   predicativo do objeto
núcleo do predicado   direto   núcleo do predicado

OBSERVAÇÕES

a) Às vezes, a posição do predicativo do objeto dá ao verbo um sentido duplo, ambíguo. Exemplos:

Meu filho **achou** *a calça* **suja**. (encontrou, localizou, considerou, julgou)

Meu filho **achou suja** *a calça*. (considerou, julgou)

b) O predicativo do objeto refere-se, via de regra, a um *objeto direto*. Mas há o verbo "chamar", que admite predicativo do objeto indireto. Exemplo:

Chamei-lhe de preguiçoso.
     ↓   ↓

 objeto indireto   predicativo do
                            objeto indireto

EM SÍNTESE

Verbos quanto à predicação
- **Verbos intransitivos**
- **Verbos transitivos**
   - Transitivo direto.
   - Transitivo indireto.
   - Transitivo direto e indireto.
- **Verbos de ligação**

Verbos transitivos e seus complementos
- Transitivo direto + objeto direto.
- Transitivo indireto + objeto indireto.
- Transitivo direto e indireto + objeto direto e objeto indireto.

Tipos de predicado
- **Verbal**: verbo intransitivo ou verbo transitivo + complemento (núcleo = o verbo).
- **Nominal**: verbo de ligação + predicativo do sujeito (núcleo = o predicativo).
   - Predicativo do sujeito — característica ligada ao sujeito por meio de verbo.
- **Verbo-nominal**: verbo intransitivo + predicativo do sujeito ou verbo transitivo + predicativo do sujeito ou predicativo do objeto (núcleos = o verbo e o predicativo).
   - Predicativo do objeto — característica ligada ao objeto direto de alguns verbos.

No texto

Leia o texto da escritora Marina Colasanti.

A moça tecelã

Acordava ainda no escuro, como se ouvisse o sol chegando atrás das beiradas da noite. E logo sentava-se ao tear.

Linha clara, para começar o dia. Delicado traço de luz, que ela ia passando entre os fios estendidos, enquanto lá fora a claridade da manhã desenhava o horizonte.

Depois lãs mais vivas, quentes lãs iam tecendo hora a hora, em longo tapete que nunca acabava.

Se era forte demais o sol, e no jardim pendiam as pétalas, a moça colocava na lançadeira grossos fios cinzentos do algodão mais felpudo. Em breve, na penumbra trazida pelas nuvens, escolhia um fio de prata, que em pontos longos rebordava sobre o tecido. Leve, a chuva vinha cumprimentá-la à janela.

Mas se durante muitos dias o vento e frio brigavam com as folhas e espantavam os pássaros, bastava a moça tecer com seus belos fios dourados, para que o sol voltasse a acalmar a natureza.

Assim, jogando a lançadeira de um lado para outro e batendo os grandes pentes do tear para a frente e para trás, a moça passava seus dias.

[...]

Nada lhe faltava. Na hora da fome tecia um lindo peixe, com cuidado de escamas. E eis que o peixe estava na mesa, pronto para ser comido. Se sede vinha, suave era a lã cor de leite que entremeava o tapete. E à noite, depois de lançar seu fio de escuridão, dormia tranquila.

Tecer era tudo o que fazia. Tecer era tudo o que queria fazer.

[...]

COLASANTI, Marina. **Doze reis e a moça no labirinto do vento**. Rio de Janeiro: Nórdica, 1982. p. 126.

1. Identifique a oração do texto em que há verbo de ligação. Informe qual é o predicativo do sujeito e o tipo de predicado.
2. Os demais verbos do texto são significativos. O que esses verbos expressam e que tipo de predicado formam?
3. Com esse tipo de verbo predominante, a autora cria dois cenários que se movimentam ao mesmo tempo. Que cenários são esses?
4. Como esses cenários se desenvolvem: isoladamente ou um interferindo no outro? Justifique.

SINTAXE

Vozes do verbo

Um primeiro olhar

Leia a propaganda a seguir.

Você S/A. São Paulo: Abril, n. 190, mar. 2014. p. 85.

1. Identifique o sujeito da oração: "Em dois anos, o *spam* será resolvido". Esse sujeito pratica a ação expressa pelo verbo?
2. Considerando que a declaração é feita pelo empresário norte-americano Bill Gates, quem executaria a ação de "resolver o spam"?
3. Como ficaria a oração se Bill Gates destacasse como sujeito o responsável por "resolver o *spam*"?

As vozes do verbo são três: **ativa**, **passiva** e **reflexiva**. Ocorre flexão de voz nos verbos porque o verbo transitivo direto e o verbo transitivo direto e indireto permitem estruturas em que o **sujeito** pode aparecer como **agente**, como **paciente** ou como **agente** e **paciente** da ação verbal. Veja:

SUJEITO AGENTE — VOZ ATIVA DO VERBO

Sujeito agente é aquele que *pratica* a ação expressa pelo verbo, é o **agente** do processo verbal.

Exemplo:

sujeito agente   predicado
A criança / **quebrou** o copo.
           voz ativa   objeto direto

Com **sujeito agente**, o verbo encontra-se na **voz ativa**.

Nessa estrutura, o *objeto* recebe a ação, que é praticada pelo *sujeito*.

SUJEITO PACIENTE — VOZ PASSIVA DO VERBO

Sujeito paciente é aquele que *sofre* a ação expressa pelo verbo, é o **paciente** do processo verbal.

Exemplo:

sujeito paciente   predicado
O copo / **foi quebrado** pela criança.
       voz passiva   agente da passiva

Com **sujeito paciente**, o verbo encontra-se na **voz passiva**.

Nessa estrutura, o *sujeito* recebe a ação, que é praticada pelo *agente da passiva*.

SUJEITO AGENTE E PACIENTE — VOZ REFLEXIVA DO VERBO

Sujeito agente e paciente é aquele que, ao mesmo tempo, *pratica* e *sofre* a ação expressa pelo verbo, é **agente** e **paciente** do processo verbal.

Exemplo:

sujeito agente
e paciente   predicado
A criança / **machucou**-se.
      voz reflexiva   objeto direto

Com **sujeito agente e paciente**, o verbo encontra-se na **voz reflexiva**. Nessa estrutura, o *sujeito* recebe uma ação praticada por *ele mesmo*.

> **OBSERVAÇÃO**
>
> O **se** da voz reflexiva é um **pronome reflexivo** e possui função sintática: no caso, **objeto direto**.
>
> Também são pronomes reflexivos *te*, *me*, *nos*, *vos*, *você(s)*.
>
> Tu *te* machucaste?
>
> Eu não *me* machuquei.

ESTUDO DA VOZ PASSIVA

PASSAGEM DA VOZ ATIVA PARA A VOZ PASSIVA

É possível passar para a voz passiva uma oração que, na voz ativa, tenha **sujeito** (determinado ou indeterminado) e **objeto direto**.

Observe a transformação.

- **Voz ativa**

  sujeito agente — predicado
  *A justiça / **condenou** os culpados.*
  ↓ ↓
  verbo transitivo direto — objeto direto
  forma verbal simples

- **Voz passiva**

  sujeito paciente — predicado
  *Os culpados / **foram condenados** pela justiça.*
  ↓ ↓
  verbo auxiliar + particípio — agente da passiva
  forma verbal composta

O esquema de passagem da voz ativa para a voz passiva é fixo. Na conversão, ocorrem as seguintes alterações:

- o **objeto direto** da voz ativa passa a ser **sujeito paciente** da voz passiva;
- o **sujeito agente** da voz ativa passa a ser **agente da passiva**, pois continua sendo ele o agente da ação verbal;
- a forma verbal, que é **simples** na voz ativa, passa a ser **composta** na voz passiva;
- o **verbo** concorda com o **sujeito**.

> **OBSERVAÇÕES**
>
> a) O *agente da passiva* é sempre precedido de preposição, normalmente da preposição **por** (e suas combinações) e com menor frequência da preposição **de**.
>
> b) O sujeito implícito da voz ativa torna-se explícito como agente da passiva.
>
>   Exemplo: (nós) **Condenamos** <u>os culpados</u>.
>
>   Os culpados **foram condenados** <u>por nós</u>.
>
> c) O sujeito indeterminado da voz ativa permanece indeterminado como agente da passiva. Exemplo:
>
>   <u>___?___</u> **Condenaram** <u>o culpado</u>.   <u>___?___</u> **Condenaram** <u>os culpados</u>.
>
>   O culpado **foi condenado**. <u>___?___</u>   Os culpados **foram condenados**. <u>___?___</u>

TIPOS DE VOZ PASSIVA

A voz passiva possui dois tipos de estruturas.

Passiva analítica

Quando elaborada por **forma verbal composta** (ou *locução verbal*).

Exemplos:

As casas **foram construídas** pelos moradores do local.
   forma composta

As casas **foram construídas**. (agente da passiva indeterminado)
   forma composta

> **OBSERVAÇÕES**
>
> a) A forma verbal composta da voz passiva analítica possui um **verbo auxiliar** (geralmente o verbo *ser*), seguido do particípio do **verbo principal**.
>
> b) Além do verbo **ser**, outros verbos podem aparecer como auxiliares na voz passiva analítica. Exemplos:
>
>   A casa *estava protegida* pelas grades.
>
>   O filho *vinha puxado* pela mãe.
>
>   O carro do governador *ia escoltado* pelos batedores.
>
>   O edifício *ficou deteriorado* com o tempo.

Passiva sintética
Quando elaborada por **forma verbal simples**, acompanhada do pronome **se**. **Exemplos:** **Construiu-se** a casa.   **Construíram-se** as casas. forma simples + se   forma simples + se A passiva sintética é uma maneira de construir a voz passiva com agente indeterminado e forma verbal simples.

SINTAXE

Passiva sintética

Compare:
- **Voz passiva analítica**

      sujeito paciente   predicado
  O melhor aluno / **foi premiado**. (agente da passiva indeterminado)
                       forma composta

- **Voz passiva sintética**

      predicado   sujeito paciente
  Premiou-se / o melhor aluno. (agente da passiva indeterminado)
  forma simples + se

OBSERVAÇÕES

a) O pronome **se** que acompanha o verbo na voz passiva sintética é denominado **pronome apassivador**.

b) Na voz passiva, analítica ou sintética, o sujeito paciente é explícito; por isso, o termo que acompanha o verbo na voz passiva sintética deve concordar com ele em número e pessoa, porque é seu sujeito.

Exemplos:

Condenou-se o culpado.   **Premiou-se** o melhor aluno.
Condenaram-se os culpados.   **Premiaram-se** os melhores alunos.

DISTINÇÃO ENTRE VOZ PASSIVA SINTÉTICA E SUJEITO INDETERMINADO

Voz passiva sintética e *sujeito indeterminado* com o verbo na 3ª pessoa do singular, seguido de **se**, possuem estruturas bem próximas.

Veja alguns exemplos e as características de cada um.

VOZ PASSIVA SINTÉTICA	SUJEITO INDETERMINADO

predicado   sujeito paciente
Cortou-se / a madeira.
↓
verbo transitivo direto
	sujeito indeterminado predicado
	____?____ / **Precisa-se** de madeira.
	               ↓ ↓
	      verbo objeto indireto
	   transitivo indireto

predicado   sujeito paciente
Cortaram-se / as madeiras.
↓
verbo transitivo direto
	sujeito indeterminado predicado
	____?____ / **Precisa-se** de madeiras.
	               ↓ ↓
	      verbo objeto indireto
	   transitivo indireto

predicado   sujeito paciente
Vende-se / uma casa de campo.
↓
verbo transitivo direto
	sujeito indeterminado predicado
	____?____ / **Vive-se** bem numa casa de campo.
	               ↓
	      verbo intransitivo

VOZ PASSIVA SINTÉTICA	SUJEITO INDETERMINADO
predicado suj. paciente predicado **Deram-se** / presentes / às crianças. ↓ verbo transitivo direto e indireto	sujeito indeterminado predicado _____?_____ / Nunca **se está** livre de problemas. ↓ verbo de ligação
CARACTERÍSTICAS DA VOZ PASSIVA SINTÉTICA	**CARACTERÍSTICAS DO SUJEITO INDETERMINADO**
• O verbo é transitivo direto. • O sujeito é determinado e explícito. • O verbo concorda com o sujeito, ficando no singular ou no plural. • O **se** é pronome apassivador. • É possível passar para a passiva analítica. **Exemplos:** Presentes **foram dados** às crianças. Uma casa de campo **foi vendida**.	• Tem outro tipo de verbo. • O sujeito não é determinado. • O verbo está sempre na 3ª pessoa do singular. • O **se** é índice de indeterminação do sujeito. • A transformação é impossível. **Exemplos:** Trata-se de uma situação delicada. Trabalha-se exageradamente hoje.

AGENTE DA PASSIVA

Como já vimos, **agente da passiva** é o termo que representa quem pratica a ação verbal quando o verbo está na voz passiva, caso em que o sujeito é paciente.

O agente da passiva aparece determinado apenas na voz *passiva analítica*. Mesmo assim, não necessariamente em todas as orações de voz passiva. Quando aparece, é normalmente introduzido pela preposição **por** e, com menor frequência, por outras preposições.

Exemplos:

sujeito paciente
A grama / foi cortada **por Marilisa**.
                      agente da passiva

sujeito paciente
O cantor / estava rodeado **de fãs**.
                      agente da passiva

EM SÍNTESE

Vozes do verbo
- **Voz ativa** — o sujeito é agente, pratica a ação expressa pelo verbo.
- **Voz passiva** — o sujeito é paciente, sofre a ação expressa pelo verbo.
- **Voz reflexiva** — o sujeito pratica e sofre a ação expressa pelo verbo.

Estudo da voz passiva
- **Passagem da voz ativa para a passiva** — sujeito agente da voz ativa passa a ser o agente da passiva; o objeto direto passa a ser o sujeito paciente do verbo na voz passiva.

- **Tipos de voz passiva**
  - **Passiva analítica** — forma verbal composta (verbo auxiliar + particípio do verbo principal).
  - **Passiva sintética** — forma verbal simples + pronome **se**.
- **Agente da passiva** — agente da ação verbal na voz passiva.

No texto

Leia o texto jornalístico.

Atividade microbiana é achada no lugar mais fundo do mar

Local fica no oceano Pacífico e possui 11 km de profundidade

DAS AGÊNCIAS DE NOTÍCIAS

Níveis considerados elevados de atividade microbiana foram descobertos na fossa das Marianas, localizada no oceano Pacífico e considerado o lugar mais profundo da crosta terrestre. Os achados foram publicados hoje no periódico "Nature Geoscience".

A fossa das Marianas, um rasgo de 2 550 km de comprimento, chega a alcançar 11 km de profundidade no abismo de Challenger.

Devido a sua extrema profundidade, a fossa está envolta em uma escuridão perpétua e possui temperaturas glaciais.

Muitos cientistas consideram que quanto mais profundo é o oceano, menos alimento disponível existe [...]

ATIVIDADE microbiana é achada no lugar mais fundo do mar. **Folha de S.Paulo**, São Paulo. Saúde + ciência.
Disponível em: <www1.folha.uol.com.br/fsp/saudeciencia/
99118-atividade-microbiana-e-achada-no-lugar-mais-fundo-do-mar.shtml>. Acesso em: 10 abr. 2014.

No contexto científico, as investigações e os resultados das pesquisas devem parecer isentos de influências pessoais. Essa forte característica de neutralidade do universo científico marca o estilo de grande parte dos textos dessa área.

1. Identifique o sujeito do período que constitui o título da notícia.
2. Esse sujeito pratica ou sofre a ação do verbo?
3. Em que voz está o verbo dessa oração?
4. Quem praticou as ações indicadas no título e nos dois primeiros períodos da notícia?
5. De maneira geral, qual o efeito de sentido produzido no texto pelo emprego da voz passiva analítica, sem a presença do agente da passiva?

SINTAXE

Complementos verbais e Complemento nominal

Um primeiro olhar

Observe a propaganda e as frases transcritas na lateral da imagem.

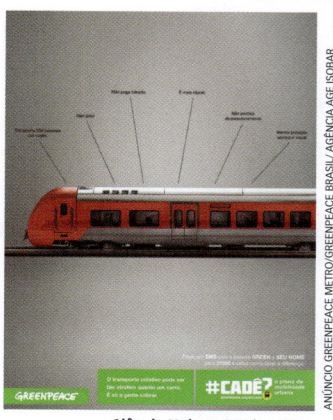

- Transporta 350 pessoas por vagão.
- Não polui.
- Não pega trânsito.
- É mais rápido.
- Não precisa de estacionamento.
- Menos poluição sonora e visual.

Ciência Hoje, n. 315, jun. 2014.

1. Releia estas orações.

    "Não polui."
    "Não pega **trânsito**."
    "Não precisa **de estacionamento**."

    Observe os termos em destaque e compare os verbos empregados nessas orações, destacando as semelhanças e diferenças entre eles.

2. Releia agora todas as orações que fazem referência ao trem. Localize outra oração que apresenta um verbo transitivo direto e identifique seu complemento verbal.

3. Relacionando ao tema da propaganda, escreva uma oração em que a expressão "poluição sonora e visual" seja:

    a) objeto direto.
    b) objeto indireto.

231

COMPLEMENTOS VERBAIS

Como já vimos, são **complementos verbais** os termos da oração que completam o sentido dos verbos transitivos diretos e dos verbos transitivos indiretos: o **objeto direto** e o **objeto indireto**.

OBJETO DIRETO

É o termo que completa o sentido do **verbo transitivo direto**, ligando-se a ele **sem** a presença obrigatória da preposição.

Exemplos:

sujeito simples / predicado verbal
O perfume das flores / **contaminava** a casa.
→ verbo transitivo direto / objeto direto

sujeito elíptico / predicado verbal
(nós) **Vimos** você ontem no cinema.
→ verbo transitivo direto / objeto direto

OBJETO INDIRETO

É o termo que completa o sentido do **verbo transitivo indireto**, ligando-se a ele com a presença obrigatória da preposição, exigida pelo verbo.

Exemplos:

sujeito simples / predicado verbal
O casal de namorados / **assistiu** *ao* filme.
→ verbo transitivo indireto / objeto indireto
preposição **a** + artigo **o**

sujeito simples / predicado verbal
Os alunos / **assistiram** *à* peça de teatro.
→ verbo transitivo indireto / objeto indireto
preposição **a** + artigo **a**

> **OBSERVAÇÕES**
>
> a) Em "assistiu *ao* filme", há a combinação da preposição **a** (exigida pelo verbo: **assistir a** alguma coisa) e o artigo **o** (que acompanha o substantivo masculino **filme**).
>
> b) Em "assistiram *à* peça de teatro", há uma crase: fusão da preposição **a** (exigida pelo verbo) e o artigo **a** (que acompanha o substantivo feminino **peça**).

OBJETOS DIRETO E INDIRETO COM PRONOMES PESSOAIS OBLÍQUOS

Os pronomes pessoais oblíquos podem, em sua maioria, ser empregados como objeto direto ou como objeto indireto, dependendo da transitividade do verbo.

Exemplos:

Meus filhos **me** *amam*.

- **me** — objeto direto
- *amam* — verbo transitivo direto

Ninguém **nos** *viu*.

- **nos** — objeto direto
- *viu* — verbo transitivo direto

Meus filhos **me** *obedecem*.

- **me** — objeto indireto
- *obedecem* — verbo transitivo indireto

Ninguém **nos** *disse* nada.

- **nos** — objeto indireto
- *disse* — verbo transitivo direto e indireto
- nada — objeto direto

Alguns pronomes pessoais oblíquos, no entanto, possuem funções específicas.

1) Os pronomes **o**, **a**, **os**, **as** e suas variantes **lo**, **la**, **los**, **las**, **no**, **na**, **nos**, **nas** funcionam apenas como **objeto direto**.

   Exemplos:

   Qualquer resposta negativa *abalava*-**o** profundamente.
   - *abalava* — verbo transitivo direto
   - **o** — objeto direto

   Poderei *vê*-**las** mais tarde.
   - *vê* — verbo transitivo direto
   - **las** — objeto direto

2) O pronome **lhe** funciona sempre como **objeto indireto**.

   Exemplo:

   Diante da situação, nada **lhe** *respondi*.
   - nada — objeto direto
   - **lhe** — objeto indireto
   - *respondi* — verbo transitivo direto e indireto

Núcleos dos objetos direto e indireto

O *núcleo dos objetos direto e indireto* é sempre um substantivo ou palavra com valor de substantivo.

Exemplos:

Enviamos lindos **presentes** às **crianças**. (substantivos como núcleos)
- **presentes** — objeto direto
- **crianças** — objeto indireto

O dramaturgo uniu o **belo** ao **trágico**. (adjetivos substantivados como núcleos)
- **belo** — objeto direto
- **trágico** — objeto indireto

> **OBSERVAÇÃO**
>
> Os objetos direto e indireto podem apresentar mais de um núcleo. Exemplos:
>
> Visitamos **museus** e **universidades**.
> - Visitamos → verbo transitivo direto
> - museus → núcleo do objeto direto
> - universidades → núcleo do objeto direto
>
> Obedeça aos **pais** e aos **irmãos** mais velhos.
> - Obedeça → verbo transitivo indireto
> - pais → núcleo do objeto indireto
> - irmãos → núcleo do objeto indireto

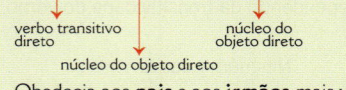

OBJETO DIRETO PREPOSICIONADO

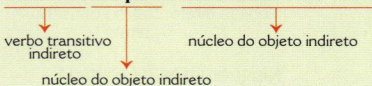

O **objeto direto preposicionado**, como o próprio nome diz, consiste na presença de uma preposição entre o verbo transitivo direto e o objeto direto.

Isso pode ocorrer nos casos a seguir.

1) Com *objeto direto* formado por:
   - pronome pessoal oblíquo tônico.
     Exemplo:
     Não *julgues* **a** *mim*.
     - julgues → verbo transitivo direto
     - a mim → objeto direto preposicionado

   - pronome indefinido.
     Exemplo:
     A mudança de local *atrapalhou* **a** *todos*.
     - atrapalhou → verbo transitivo direto
     - a todos → objeto direto preposicionado

   - substantivo que remete a pessoas.
     Exemplo:
     Não *prejudique* **a**o *próximo*.
     - prejudique → verbo transitivo direto
     - ao próximo → objeto direto preposicionado

2) Quando se quer passar ideia de *parte*, *porção*.
   Exemplo:
   Bebi **de** *seu vinho*.
   - Bebi → verbo transitivo direto
   - de seu vinho → objeto direto preposicionado

3) Para evitar ambiguidade.

   Exemplo:

           predicado   sujeito
   Abraçou **a**o *pai* / o filho mais velho.

   verbo transitivo → *Abraçou*
   direto

   objeto direto preposicionado → **a**o *pai*

   > **OBSERVAÇÃO**
   >
   > Em "Abraçou o pai o filho mais velho.", não se distinguem sujeito e objeto direto: tanto o pai pode ter abraçado o filho como o filho ter abraçado o pai. O sentido que se pretende dar fica esclarecido colocando-se preposição no objeto direto.
   >
   > Abraçou **a**o pai / o filho mais velho.
   >   objeto direto preposicionado — sujeito
   >
   > Abraçou / o pai / **a**o filho mais velho.
   >   sujeito — objeto direto preposicionado

Distinção entre objeto indireto e objeto direto preposicionado

O **objeto indireto** é o complemento de um *verbo transitivo indireto*, verbo que exige, obrigatoriamente, uma preposição.

Exemplo:

Confiamos em sua inteligência.

verbo transitivo indireto — objeto indireto
(esse verbo exige a preposição **em**: confiar em... alguém ou alguma coisa)

O **objeto direto preposicionado** é o complemento de um *verbo transitivo direto*, verbo que não exige preposição. Portanto, ainda que o objeto seja introduzido por preposição, continua sendo objeto direto, só que preposicionado.

Exemplo:

Amamos a Deus.

verbo transitivo direto — objeto direto preposicionado

O importante na distinção desses objetos é verificar a transitividade do verbo.

OBJETO DIRETO E OBJETO INDIRETO PLEONÁSTICOS

São denominados **pleonásticos** o objeto direto e o objeto indireto quando, por motivo de ênfase, aparecem repetidos na frase.

Exemplos:

- de *objeto direto pleonástico*.

  Meus amigos, *respeito*-**os** muito.

  objeto direto — objeto direto

  Suas roupas, *passei*-**as** ontem.

  objeto direto — objeto direto

- de *objeto indireto pleonástico*.

  Aos gatos, *davam*-**lhes** ração.

  objeto indireto — objeto indireto — objeto direto

  A mim, *ensinaram*-**me** belas lições.

  objeto indireto — objeto indireto — objeto direto

COMPLEMENTO NOMINAL

Complemento nominal é o termo que completa o sentido de um **nome** (substantivo, adjetivo e advérbio), ligando-se a ele por meio de preposição.

Exemplos:

  sujeito / predicado

  A *lembrança* **do passado** / martelava-lhe na cabeça.

  substantivo — preposição — complemento nominal

  sujeito / predicado

  A escrivaninha de meu pai / vivia *cheia* **de livros**.

  adjetivo — preposição — complemento nominal

  sujeito / predicado

  Pessoas de boa índole / agem *favoravelmente* **a seu próximo**.

  advérbio — preposição — complemento nominal

Um grande número de nomes que pedem complemento são substantivos abstratos derivados de verbos significativos, intransitivos e transitivos.

Veja alguns exemplos:

- do verbo *queimar*: queima **de fogos**
- do verbo *amar*: amor **ao próximo**
- do verbo *voltar*: volta **à casa do pai**
- do verbo *regressar*: regresso **ao lar**

- do verbo *respeitar*: respeito **aos mais velhos**
- do verbo *obedecer*: obediência **às leis**
- do verbo *remeter*: remessa **de lucros**
- do verbo *resistir*: resistência **ao medo**
- do verbo *confiar*: confiança **na justiça**
- do verbo *necessitar*: necessidade **de amor**

Distinção entre objeto indireto e complemento nominal

Tanto o *objeto indireto* como o *complemento nominal* são introduzidos por preposição. Para distingui-los, é preciso verificar a palavra que está pedindo o complemento.

- Quando a palavra que pede o complemento é um **verbo transitivo indireto**, trata-se de **objeto indireto**.

  Exemplos:

  Confio em você.
  - Confio → verbo transitivo indireto
  - em → preposição
  - você → objeto indireto

  Necessito de você.
  - Necessito → verbo transitivo indireto
  - de → preposição
  - você → objeto indireto

- Quando a palavra que pede o complemento é um **nome** (substantivo, adjetivo ou advérbio), trata-se de **complemento nominal**.

  Exemplos:

  Tenho *confiança* em você.
  - Tenho → verbo
  - confiança → nome
  - em você → complemento nominal

  Tenho *necessidade* de você.
  - Tenho → verbo
  - necessidade → nome
  - de você → complemento nominal

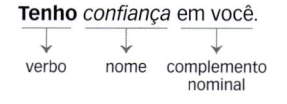

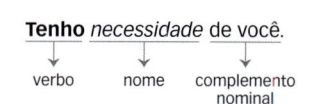

EM SÍNTESE

Complementos verbais
- Objeto direto (OD) — completa o sentido de um verbo transitivo direto.
- Objeto indireto (OI) — completa o sentido do verbo transitivo indireto.
- Objeto direto e indireto com pronomes pessoais oblíquos: de maneira geral, dependem da transitividade do verbo.
  - **O**, **a**, **os**, **as**: sempre como objeto direto.
  - **Lhe**, **lhes**: sempre como objeto indireto.
- Objeto direto preposicionado — verbo transitivo direto com preposição.
- Objeto direto e objeto indireto pleonásticos — objeto direto e objeto indireto repetidos para dar ênfase.

Complemento nominal

Termo que completa o sentido de um nome, ligando-se a ele por meio de preposição.

No texto

Leia o texto a seguir.

CONSTITUIÇÃO DA REPÚBLICA FEDERATIVA DO BRASIL DE 1988

Seção IV

DA ASSISTÊNCIA SOCIAL

Art. 203. A assistência social será prestada a quem dela necessitar, independentemente de contribuição à seguridade social, e tem por objetivos:

I – a proteção à família, à maternidade, à infância, à adolescência e à velhice;

II – o amparo às crianças e adolescentes carentes;

III – a promoção da integração ao mercado de trabalho;

IV – a habilitação e reabilitação das pessoas portadoras de deficiência e a promoção de sua integração à vida comunitária;

V – a garantia de um salário mínimo de benefício mensal à pessoa portadora de deficiência e ao idoso que comprovem não possuir meios de prover à própria manutenção ou de tê-la provida por sua família, conforme dispuser a lei.

Disponível em: <http://www.stf.jus.br/portal/constituicao/artigobd.asp?item=%201873>.
Acesso em: 8 ago. 2014.

O texto acima é um dos artigos que compõem a Constituição da República Federativa do Brasil de 1988.

Esse artigo é responsável por delimitar e regular todas as ações do Estado.

Ele trata dos objetivos da assistência social oferecida pelo Estado, os quais são apresentados por meio de incisos numerados em algarismos romanos.

1. Releia e analise o início de cada inciso. Em seguida, repare nas semelhanças entre os períodos. Todos são complementos de um único verbo do art. 203.

   Identifique esse verbo e informe a sua transitividade.

2. Transcreva apenas a primeira palavra de cada inciso que representa o núcleo do complemento verbal.

3. Informe a classe gramatical a que essas palavras pertencem e se são concretas ou abstratas, primitivas ou derivadas.

4. Cada um desses nomes identificados designa uma ação que tem um alvo.

   No primeiro inciso, quais termos se configuram como alvo da ação indicada pelo nome? Qual a classificação sintática desses termos?

5. Levante uma hipótese. Por que na redação de um texto de lei é preferível o emprego de substantivos ao emprego de verbos?

SINTAXE

Adjuntos adnominal e adverbial

Um primeiro olhar

Leia a propaganda ao lado.

1. Observe o texto da parte superior da propaganda:

   PASSAPORTE VERDE

   TURISMO SUSTENTÁVEL
   POR UM PLANETA VIVO

   a) Identifique os substantivos utilizados na propaganda.

   b) Que palavras se ligam a esses substantivos?
   A que classe gramatical pertencem essas palavras?

2. Releia a oração.

   "Leve consciência na bagagem [...]".

   a) Segundo o dicionário, o verbo **levar**, no sentido de "carregar consigo", é transitivo direto. Identifique seu objeto direto.

   b) Que locução aparece na oração para indicar circunstância de lugar?

3. Observe agora este período.

   "Ajude a fazer um planeta mais vivo".

   a) Que palavra intensifica a característica dada a **planeta**?
   b) A que classe gramatical pertence esse termo?

ADJUNTO ADNOMINAL

Adjuntos são termos da oração denominados acessórios porque não aparecem como núcleos de outros termos. São de dois tipos: **adjunto adnominal** e **adjunto adverbial**.

> **Adjunto adnominal** é todo termo que se liga a um núcleo representado por um **nome**.

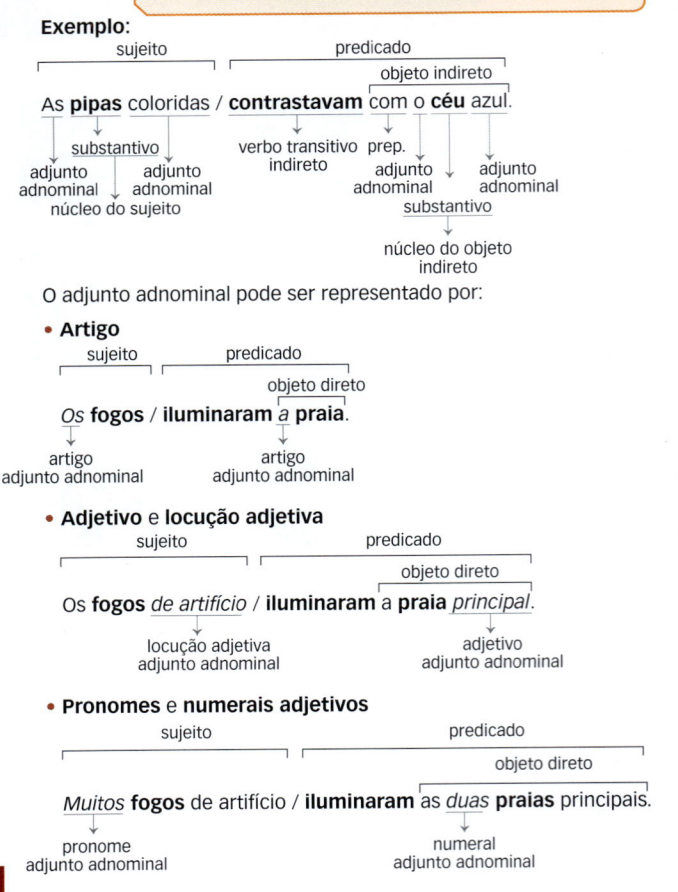

Exemplo:

As **pipas** coloridas / **contrastavam** com o **céu** azul.

- sujeito: As **pipas** coloridas
  - As → artigo → adjunto adnominal
  - pipas → substantivo → núcleo do sujeito
  - coloridas → adjunto adnominal
- predicado: **contrastavam** com o **céu** azul
  - contrastavam → verbo transitivo indireto
  - objeto indireto: com o **céu** azul
    - com → prep.
    - o → adjunto adnominal
    - céu → substantivo → núcleo do objeto indireto
    - azul → adjunto adnominal

O adjunto adnominal pode ser representado por:

- **Artigo**

  Os fogos / iluminaram *a* praia.
  - Os → artigo / adjunto adnominal
  - a → artigo / adjunto adnominal

- **Adjetivo** e **locução adjetiva**

  Os **fogos** *de artifício* / **iluminaram** a **praia** *principal*.
  - de artifício → locução adjetiva / adjunto adnominal
  - principal → adjetivo / adjunto adnominal

- **Pronomes** e **numerais adjetivos**

  Muitos **fogos** de artifício / **iluminaram** as *duas* **praias** principais.
  - Muitos → pronome / adjunto adnominal
  - duas → numeral / adjunto adnominal

OBSERVAÇÕES

a) São também classificados como adjuntos adnominais os pronomes pessoais oblíquos empregados com sentido possessivo.

Pisou-*me* o pé. (*me*: adjunto adnominal = *meu* pé)

b) Nos casos das combinações e contrações da preposição, o adjunto adnominal aparece ligado à preposição.

Dirija-se <u>ao</u> lado! É proibida a entrada <u>nesta</u> sala.

a + o
preposição + artigo
— adjunto adnominal

em + esta
preposição + pronome
— adjunto adnominal

Distinção entre adjunto adnominal e complemento nominal

A semelhança com o complemento nominal ocorre apenas quando o adjunto adnominal se liga, por meio de preposição, a um substantivo derivado de verbo (um nome de ação).

Para distingui-los, é só observar o seguinte:

- Se o termo expressar ideia de agente dessa ação, trata-se de **adjunto adnominal**.

  A *visita* **dos pais** deixou os filhos felizes.

  quem visitou — agente
  adjunto adnominal

- Se o termo expressar ideia de alvo, de destino dessa ação, ele é **complemento nominal**.

  A *visita* **aos pais** deixou os filhos felizes.

  quem foi visitado — alvo
  complemento nominal

ADJUNTO ADVERBIAL

Adjunto adverbial é o termo que acompanha, principalmente, o **verbo** para indicar circunstâncias de *tempo*, *lugar*, *modo* etc.

Exemplos:

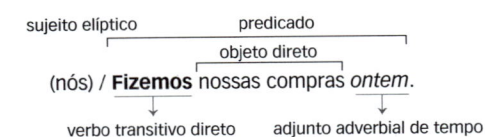

sujeito / predicado
Meu pai / **entrou** *subitamente* *na sala*.

- **entrou** → verbo intransitivo
- *subitamente* → adjunto adverbial de modo
- *na sala* → adjunto adverbial de lugar

sujeito elíptico / predicado (objeto direto)
(nós) / **Fizemos** nossas compras *ontem*.

- **Fizemos** → verbo transitivo direto
- *ontem* → adjunto adverbial de tempo

O adjunto adverbial pode ser representado por *advérbio*, *locução adverbial* ou *expressão adverbial*.

Exemplo:

predicado / sujeito / predicado
Ontem à noite, / ninguém / **saiu** *de casa* *devido ao frio*.

- *Ontem* → advérbio → adjunto adverbial de tempo
- *à noite* → locução adverbial → adjunto adverbial de tempo
- **saiu** → verbo intransitivo
- *de casa* → expressão adverbial → adjunto adverbial de lugar
- *devido ao frio* → expressão adverbial → adjunto adverbial de causa

Além de acompanhar o *verbo*, o adjunto adverbial de **intensidade** pode referir-se também a um *adjetivo* e a um *advérbio*. **Exemplos:**

sujeito / predicado
O professor / **falava** *muito*. (intensifica o verbo)

- **falava** → verbo intransitivo
- *muito* → adjunto adverbial de intensidade

O professor / **falava** *muito* alto. (intensifica o adjetivo *alto*)

- *muito* → adjunto adverbial de intensidade

O professor / **falava** *muito* bem. (intensifica o advérbio *bem*)

- *muito* → adjunto adverbial de intensidade

CLASSIFICAÇÃO DOS ADJUNTOS ADVERBIAIS

Os **adjuntos adverbiais** são classificados de acordo com as circunstâncias que indicam. Eles representam todas as circunstâncias do advérbio e mais outras.

Veja algumas dessas circunstâncias:

- *de tempo*: **Naquele ano**, trabalhei **doze horas por dia**.
- *de lugar*: Adoro ir **ao teatro**.
- *de modo*: Falou **com entusiasmo** sobre o livro.
- *de afirmação*: **Sim**, ele virá **com certeza**.
- *de negação*: **Não** aceitarei a proposta **em hipótese alguma**.
- *de dúvida*: **Talvez** eu seja perdoada por ele.
- *de intensidade*: Falou **muito pouco**.
- *de meio*: Quando criança, viajava **de trem**.
- *de instrumento*: Podavam-se as plantas **com uma grande tesoura**.
- *de companhia*: Eu ia ao cinema **com meu irmão**.
- *de causa*: **Com a seca**, meu jardim acabou.
- *de fim, finalidade*: Viajo sempre **a negócio**.
- *de matéria*: Fez um vaso **com jornal**.
- *de preço*: Não compro mercadoria pirata nem **por um real**.
- *de concessão*: **Apesar da chuva**, saímos.
- *de assunto*: Aqui se fala muito **sobre política**.

EM SÍNTESE

Adjunto adnominal — termo que se liga a um núcleo representado por **nome**.

Adjunto adverbial — termo que acompanha, principalmente, o **verbo** para indicar circunstâncias.

Classificação dos adjuntos adverbiais — indicam, entre outras, circunstâncias de tempo, lugar, modo, afirmação, negação, dúvida, intensidade, meio, instrumento, companhia, causa, finalidade, matéria, preço, concessão, assunto.

No texto

Leia atenciosamente o texto a seguir.

> Ao senhor delegado da Delegacia Adida do Estádio do Mineirão.
>
> Durante o evento *Cruzeiro X Atlético* **no Mineirão**, efetuávamos o policiamento preventivo **nas imediações dos bares**, quando ao nos aproximarmos **do bar 30**, deparamos com uma briga generalizada entre torcedores da torcida do Atlético; ao intervirmos, constatamos que o senhor João José furtou a camisa do clube Atlético Mineiro, de uma das vítimas que estava caída **ao solo**. Ao abordá-lo, o mesmo tentou se evadir **do local** com o produto, através de solavancos e safanões. **Nesse momento**, foi lhe dado voz de prisão por resistência. A vítima do furto, devido à enorme confusão da briga generalizada, não foi localizada, entretanto o produto do furto foi apreendido com o autor da resistência. **Após os fatos relatados**, o mesmo foi conduzido a vossa presença, ficando à disposição para providências futuras. **No momento da imobilização do autor**, o mesmo lesionou a cabeça ao bater no solo, tendo sido encaminhado **ao posto médico local**, onde recebeu atendimento médico.

TRISTÃO, Roberto Mauro de Souza. **O Boletim de Ocorrência sob o aspecto da dêixis de base espacial como processo de instauração e manutenção de referência**. 2007. p. 123. Dissertação (Mestrado em Estudos Linguísticos) UFMG. Belo Horizonte.

O texto acima é um boletim de ocorrência, conhecido também como "B.O.". Trata-se de um documento utilizado pelos órgãos da Polícia para registrar fatos juridicamente relevantes.

1. Releia o B.O. e identifique o tipo de informação contido nos termos destacados.

    Essas informações são importantes para o contexto de uma investigação policial? Por quê?

2. Como são classificados esses termos sintaticamente?

3. No B.O. existe a informação da ocorrência de uma "briga **generalizada**". Nesse contexto, o termo destacado é importante para o entendimento do caso pelos investigadores da polícia? Por quê?

4. Como se classifica sintaticamente esse termo?

SINTAXE

Aposto e Vocativo

Um primeiro olhar

Leia a propaganda a seguir.

PENSADORES DE VÁRIAS ÁREAS DISCUTEM UM SÓ TEMA: O SÉCULO 21.

Pensar o contemporâneo, terceiro volume da série Fronteiras do Pensamento, pretende contribuir para uma reflexão aberta, variada e bem informada sobre alguns dos temas mais urgentes e instigantes deste começo de século.

Carlo Ginzburg
Christopher Hitchens
Kwame Anthony Appiah
Leymah Gbowee

Luc Ferry
Manuel Castells
Michel Onfray

FRONTEIRAS DO PENSAMENTO

PENSADORES de várias áreas discutem um só tema: o século 21.
Folha de S.Paulo, São Paulo, 21 mar. 2014. Ilustrada. p. E7.

1. Observe a oração principal da propaganda. Que expressão retoma outro termo da oração para explicá-lo?

2. A que termo sintático essa expressão se refere?

3. Identifique sujeito, verbo e objeto na oração.

APOSTO

> **Aposto** é um termo que retoma outro termo da oração para explicar, ampliar, desenvolver ou resumir esse termo.

O **aposto** se refere a substantivos (ou outros termos nominais) e possui o mesmo valor sintático do termo a que se refere.

Exemplos:

Mário de Andrade, *poeta modernista*, / era um pesquisador de nossa cultura.
- Mário de Andrade → substantivo (sujeito)
- poeta modernista → aposto (no sujeito, dando informações sobre ele)

(nós) / Trouxemos o seu **material** escolar: *lápis*, *caderno*, *livro e borracha*.
- sujeito elíptico: (nós)
- material → substantivo (objeto direto)
- lápis, caderno, livro e borracha → aposto (no objeto direto, enumerando os itens do material)

A jovem / estava ansiosa por **tudo**, *por todos* os *detalhes de sua viagem*.
- tudo → pronome (complemento nominal)
- por todos os detalhes de sua viagem → aposto (no complemento nominal, desenvolvendo o sentido de *tudo*)

Músicas, livros, roupas, fotos, *tudo* / lembrava seu filho ausente.
- Músicas, livros, roupas, fotos → substantivos (sujeito)
- tudo → aposto (no sujeito, resumindo seus itens)

Minha **amiga** *Júlia* / é muito divertida.
- amiga → substantivo (sujeito)
- Júlia → aposto (no sujeito, especificando a amiga com seu nome próprio)

> **OBSERVAÇÕES**
>
> a) Como o aposto costuma ser destacado por pausas, na escrita é separado por vírgulas, dois-pontos ou travessões. Há casos, porém, em que não ocorre pausa. Exemplo:
>
>   O meu **filho** *Edson* está sempre lendo alguma coisa.
>
> b) Em alguns casos (no objeto indireto, no complemento nominal e no adjunto adverbial), o aposto pode aparecer precedido de preposição. Exemplo:
>
>   A mãe cuidava de **tudo**, *dos afazeres da casa ao atendimento a clientes na mercearia.*
>
> c) O aposto pode aparecer precedido de expressões explicativas. Exemplo:
>
>   Alguns ecologistas, a saber, *biólogos*, *professores*, *humanistas*, *políticos*, lutam pela preservação da natureza.

VOCATIVO

Enquanto o aposto é um termo acessório da oração, o vocativo é independente, não se liga a nenhum outro termo da oração.

> **Vocativo** é um termo que não mantém relação sintática com nenhum outro termo da oração. Não pertence, portanto, nem ao sujeito nem ao predicado.

O vocativo não é um termo da oração, trata-se de um nome usado quando se quer atrair a atenção da pessoa do discurso, da pessoa com quem se fala.

Exemplos:

vocativo   sujeito   predicado
Crianças, / vocês / vão para o banho agora!

 predicado   vocativo
Perdoe-me, / **meu amor**. (sujeito elíptico: **você**)

Ó pedaço de mim, ↦ vocativo

Ó metade afastada de mim, ↦ vocativo

Leva o teu olhar [...] ↦ **predicado** (sujeito elíptico **tu**)

(Chico Buarque)

> **OBSERVAÇÃO**
>
> Como o aposto, o **vocativo** também é separado por vírgulas na escrita.

EM SÍNTESE

Aposto — retoma outro termo da oração para explicá-lo, ampliá-lo, desenvolvê-lo ou mesmo resumi-lo.

Vocativo — termo que não mantém relação sintática com nenhum outro termo da oração.

Atenção! Esse termo da oração não pertence, portanto, a nenhum dos termos essenciais da oração, que são o sujeito e o predicado.

No texto

Leia o trecho de um poema.

Respeitem meus cabelos, brancos

Respeitem meus cabelos, brancos
Chegou a hora de falar
Vamos ser francos
Pois quando um preto fala
O branco cala ou deixa a sala
Com veludo nos tamancos
[...]

CÉSAR, Chico. **Respeitem meus cabelos, brancos**. Rio de Janeiro: MZA.
Disponível em: <http://letras.mus.br/chico-cesar/134011/>. Acesso em: 10 mar. 2014.

1. O texto acima é um trecho da letra de uma canção, produzida e interpretada pelo cantor paraibano Chico César.

    Identifique o apelo de ordem social contido nessa canção.

2. Qual termo presente no trecho permitiu a você identificar a canção como um pedido, um apelo?

3. Classifique sintaticamente esse termo.

4. Caso a vírgula fosse suprimida nesse texto, haveria prejuízo de sentido à canção?

SINTAXE

Período composto (conceito) e Período composto por coordenação

Um primeiro olhar

A WWF é uma organização não governamental dedicada à conservação da biodiversidade em harmonia com a atividade humana, em prol da promoção do uso racional dos recursos naturais. A seguir, veja uma propaganda dessa instituição.

É MAIS FÁCIL SALVAR O PLANETA DO QUE LIGAR PARA SUA MÃE E CONVERSAR SOBRE SUA VIDA AMOROSA.
USE O SEU PODER E SALVE O PLANETA.

Ciência Hoje, n. 312, v. 52, mar. 2014.

1. Leia o *slogan* da propaganda.

   "Use o seu poder e salve o planeta."

   a) Quantos verbos há nele? Identifique-os.
   b) Quantas orações há no período? Identifique-as.
   c) Que palavra liga as orações?

2. Como denominamos o período que apresenta mais de uma oração?

3. O que se observa ao separar as orações desse período?

CONCEITO

CONCEITO DE PERÍODO COMPOSTO

Estudar o período composto consiste em separar as orações que o formam e identificar as relações que se estabelecem entre elas.

> Um **período composto** terá tantas orações quantos forem os seus **verbos** ou **locuções verbais**. Essas orações poderão ou não possuir um elemento de ligação, isto é, um **conectivo**, entre elas.

Observe:

        1ª oração   2ª oração   3ª oração
Nas noites frias, **tomamos** chá, / **vemos** televisão / _e_ **vamos dormir** cedo.
                       verbo   verbo   conectivo   locução verbal

Esse é um período composto de três orações, em que a segunda está ligada à primeira, sem conectivo, e a segunda à terceira, pelo conectivo **e**.

AS ORAÇÕES E SUAS RELAÇÕES

Entre as orações organizadas no período composto são estabelecidas relações sintáticas. A primeira e mais ampla relação que se estabelece é a de **independência** ou **dependência** entre uma e outra oração.

Compare as orações de cada período:

    1ª oração   2ª oração   1ª oração   2ª oração
Eu **amo** você / _e_ você **sabe** disso.   Você **sabe** / _que_ eu **amo** você.
      ↓   ↓   ↓
   objeto conectivo   objeto   conectivo
   direto   indireto   objeto direto

- No primeiro exemplo, os objetos dos verbos estão presentes nas suas respectivas orações: <u>você</u> — na 1ª; <u>disso</u> — na 2ª.
- Uma oração não depende de um termo da outra.
- Há uma relação de **independência** entre as orações.
- No segundo exemplo, o objeto do verbo **sabe** não está presente na 1ª oração: é a 2ª oração toda.
- A 2ª oração depende do verbo da 1ª oração.
- Há uma relação de **dependência** entre as orações: a 2ª depende da 1ª.

TIPOS DE ORAÇÃO

Com base nas relações de *independência* e *dependência*, as orações classificam-se em **coordenadas**, **subordinadas** e **principais**.

Oração coordenada

É a oração que se junta a uma outra de modo que ambas se mantenham **independentes** entre si.

Exemplo:

1ª oração / 2ª oração / 3ª oração
Estudei o assunto, / **listei** os itens principais / e **elaborei** um texto.

verbo – objeto direto – verbo – objeto direto – conectivo – verbo – objeto direto

São três **orações coordenadas**, estando a segunda ligada à primeira sem conectivo, e a terceira ligada à segunda por meio do conectivo **e**.

As orações coordenadas, por possuírem independência sintática, equivalem a orações absolutas dos períodos simples.

Veja:

período simples — período simples — período simples
Estudei o assunto. **Listei** os itens principais. **Elaborei** um texto.
oração absoluta — oração absoluta — oração absoluta

Oração subordinada

É a oração que se junta a uma outra de modo que seja **dependente** dela.

Exemplo:

1ª oração / 2ª oração (objeto direto)
O professor **pediu** / que os alunos **fizessem** silêncio.

verbo transitivo direto – conectivo – verbo

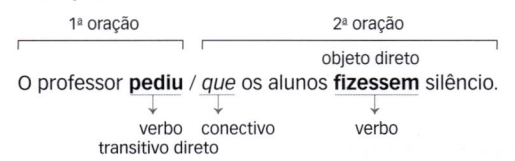

A segunda oração é o objeto direto do verbo "pediu" da primeira oração. A segunda oração é, portanto, uma **oração subordinada** à primeira e a ela está ligada por meio do conectivo **que**.

Oração principal

É a oração da qual depende a oração subordinada.

Exemplo:

1ª oração — 2ª oração (objeto direto)

Todo eleitor **espera** / *que* seu candidato **cumpra** o prometido.
↓ verbo transitivo direto   ↓ conectivo   ↓ verbo

Como a segunda oração é subordinada, a oração de que ela depende, que é a primeira, é a **oração principal**. Nesse sentido, toda oração que tem uma outra a ela subordinada é principal em relação a essa subordinada.

CONECTIVOS E ORAÇÕES

Nem todas as orações se ligam por meio de conectivos. Nos casos em que há conectivos, eles podem ser:

- **conjunções coordenativas** — que introduzem orações coordenadas.
  Exemplo:

  1ª oração / 2ª oração
  Você não deveria sair, / **pois** ainda está febril.
  oração coordenada

- **conjunções subordinativas** — que introduzem orações subordinadas.
  Exemplo:

  1ª oração / 2ª oração
  Quando me trouxer a encomenda, / pagar-lhe-ei.
  oração subordinada

- **pronomes relativos** — que também introduzem orações subordinadas.
  Exemplo:

  1ª oração / 2ª oração
  É pequena a cidade / **onde** nasci.
  oração subordinada

PERÍODO COMPOSTO POR COORDENAÇÃO

> O período composto é classificado de acordo com os tipos de orações que o formam. O **período composto por coordenação**, portanto, é formado por **orações coordenadas**.

ORAÇÕES COORDENADAS

As **orações coordenadas** podem ser introduzidas ou não por conectivos. Dependendo da presença ou da ausência desse elemento, elas podem ser:

1) **Coordenadas assindéticas** são coordenadas que não possuem conectivo. Oralmente, elas são delimitadas por **pausas**; na escrita, as pausas são representadas por **vírgulas**.

   Exemplo:

   1ª oração   2ª oração   3ª oração
   Veio, / **gostou**, / **ficou** para sempre.
    ↓   ↓   ↓
   verbo   verbo   verbo

   Nesse período composto por coordenação há três orações:

   1ª — oração coordenada assindética (ou coordenada inicial)

   2ª — oração coordenada assindética

   3ª — oração coordenada assindética

2) **Coordenadas sindéticas** são coordenadas que possuem conectivo.

   Exemplo:

   1ª oração 2ª oração   3ª oração
   Veio, / **gostou** / e **ficou** para sempre.
    ↓   ↓   ↓
   verbo   verbo   verbo
                             conectivo

   Nesse período composto por coordenação há três orações:

   1ª — oração coordenada assindética (ou coordenada inicial)

   2ª — oração coordenada assindética

   3ª — **oração coordenada sindética** (presença do conectivo **e**)

CLASSIFICAÇÃO DAS COORDENADAS SINDÉTICAS

As conjunções coordenativas, que introduzem as orações coordenadas sindéticas, são classificadas conforme o sentido que exprimem: *adição, adversidade, alternância, explicação* e *conclusão*.

As orações introduzidas por essas conjunções possuem a mesma classificação.

Aditivas

Exprimem adição, soma.

Conjunções (e locuções) coordenativas aditivas: **e**, **nem** (= e + não), **mas também**, **como também**...

Exemplo:

1ª oração — Aproximou-se / 2ª oração — e observou tudo à sua volta.
(verbo) (conjunção) (verbo)

Nesse período composto por coordenação há duas orações:

1ª — oração coordenada assindética (ou coordenada inicial)

2ª — **oração coordenada sindética aditiva** (o 2º fato é adicionado ao 1º)

Outros exemplos:

Não veio *nem* telefonou.

Chico Buarque não só compõe, *mas também* canta.

O aluno não só estudava, *como também* trabalhava.

Adversativas

Exprimem oposição, contraste, compensação.

Conjunções (e locuções) coordenativas adversativas: **mas**, **porém**, **todavia**, **contudo**, **no entanto**, **entretanto**...

Exemplo:

1ª oração — Tem carro, / 2ª oração — *mas só anda a pé*.
(verbo) (conjunção) (verbo)

Nesse período composto por coordenação há duas orações:

1ª — oração coordenada assindética (ou coordenada inicial)

2ª — **oração coordenada sindética adversativa** (a 2ª oração contraria a "lógica" da 1ª oração)

Outros exemplos:

Tem emprego, *porém* não trabalha.

Os brasileiros viajam muito, *no entanto* poucos conhecem bem o Brasil.

É um homem trabalhador, *entretanto* não para em nenhum emprego.

Não ficou para a reunião, *todavia* deixou suas opiniões comigo.

Alternativas

Exprimem alternância, escolha.

Conjunções (e locuções) coordenativas alternativas: **ou**, **ou... ou**, **ora... ora**, **já... já**, **quer... quer**...

Exemplo:

1ª oração   2ª oração
Ora chama pela mãe, / ora quer o pai.

conjunção verbo   conjunção verbo

Nesse período composto por coordenação há duas orações:

1ª — oração coordenada sindética alternativa (também possui conjunção)

2ª — **oração coordenada sindética alternativa**

Outros exemplos:

O cliente queria a mercadoria perfeita, *ou o dinheiro de volta*. (a 1ª oração é assindética)

Ou fique de uma vez, ou vá para sempre!

Este é o nosso horário de trabalho, *quer você concorde, quer você não concorde*.

Apenas a conjunção **ou** pode ser empregada isoladamente; as demais são usadas aos pares, fazendo com que as duas orações sejam sindéticas.

Explicativas

Exprimem explicação, justificativa.

Conjunções (e locuções) coordenativas explicativas: **que**, **porque**, **pois** (colocada antes do verbo).

Exemplo:

1ª oração   2ª oração
Vá logo, / que já é tarde.

verbo conjunção verbo

> **OBSERVAÇÃO**
>
> A oração coordenada explicativa é a justificativa ou explicação de um fato anterior: uma ordem, suposição ou sugestão é expressa e, em seguida, esse fato é explicado ou justificado.

Nesse período composto por coordenação há duas orações:

1ª — oração coordenada assindética (ou coordenada inicial)

2ª — **oração coordenada sindética explicativa** (justifica a ordem contida na 1ª oração)

Outros exemplos:

Não deve ter chovido por aqui, *porque a grama está seca*. (justifica a suposição)

Leve um agasalho, *pois deverá esfriar*. (justifica uma sugestão)

Conclusivas

Exprimem conclusão.

Conjunções (e locuções) coordenativas conclusivas: **logo**, **por isso**, **portanto**, **pois** (colocada depois do verbo).

Exemplo:

```
         1ª oração              2ª oração
É um bom profissional,   logo  fará um bom trabalho.
         ↓                 ↓     ↓
       verbo           conjunção verbo
```

1ª — oração coordenada assindética (ou coordenada inicial)

2ª — **oração coordenada sindética conclusiva** (conclui, seguindo o raciocínio da 1ª oração)

Outros exemplos:

Está sempre com problemas, _por isso_ vive mal-humorado.

Não estuda, _portanto_ não se sai bem nas provas.

Nasci em Salvador, sou, _pois_, soteropolitano.

> **OBSERVAÇÕES**
>
> a) Também são coordenados os termos semelhantes de uma mesma oração.
>   Exemplos: O avô **e** o neto estavam sempre juntos. (coordenam-se os núcleos do sujeito)
>   Comprei _banana_, _laranja_ **e** _abacate_. (coordenam-se os núcleos do objeto direto)
>
> b) Os verbos transitivo direto e transitivo indireto, quando coordenados, devem estar seguidos de seus respectivos objetos.
>   Exemplos: Eu amo _você_ **e** preciso _de você_. (e não: Eu amo e preciso de você.)
>   Precisamos _do seu voto_ **e** contamos _com ele_. (e não: Precisamos e contamos com o seu voto.)
>
> c) Mesmo havendo conjunções específicas para cada sentido que se estabelece entre as orações coordenadas sindéticas, nem sempre essa correspondência ocorre.
>   Exemplos: "É ferida que dói e não se sente." (Camões) — o **e** tem sentido adversativo.
>   Era um homem trabalhador, mas era principalmente honesto. — o **mas** tem sentido aditivo.
>
> d) Há estruturas coordenadas assindéticas cuja relação de sentido coloca-as na classificação de sindéticas.
>   Exemplo: O artista chegou disfarçado; ninguém o reconheceu. (assindética com sentido conclusivo)

EM SÍNTESE

Período composto — formado por duas ou mais orações. As orações serão tantas quantos forem os seus verbos ou locuções verbais.

Tipos de oração
- **Oração coordenada** — sintaticamente independente.
- **Oração subordinada** — sintaticamente dependente de outra.
- **Oração principal** — oração da qual a subordinada depende.

Período composto por coordenação — formado por orações coordenadas.

Orações coordenadas — **assindéticas** (não possuem conectivo) e **sindéticas** (possuem conectivo).

Classificação das coordenadas sindéticas — aditivas, adversativas, alternativas, explicativas, conclusivas.

No texto

Leia atentamente a tirinha.

DAVIS, Jim. Garfield. **Folha de S.Paulo**, São Paulo, 3 abr. 2014. Ilustrada, p. E15.

1. Observe as duas orações presentes na fala do terceiro quadrinho.

   "Mata e come!"

   "Desculpe, mas prefiro uma refeição feita no micro-ondas."

   Agora responda:

   Entre os termos dessas orações, há uma relação de dependência ou de independência? Justifique sua resposta.

2. Que palavra liga essas orações? Que sentido ela expressa?
3. No terceiro quadrinho, Garfield insere outra oração contrariando a ordem de John. Que palavra indica essa oposição?
4. Considerando o sentido da tirinha, se as conjunções coordenativas que nela aparecem fossem suprimidas, quais seriam as implicações?

SINTAXE

Período composto por subordinação

Um primeiro olhar

Leia a tirinha.

O Estado de S.Paulo, São Paulo, 7 abr. 2014. Caderno 2, p. C4.

1. Quantos períodos há na tirinha? Classifique-os como simples ou compostos.
2. Observe o período a seguir.

> "Quando sento neste sofá, eu apago totalmente."

   a) Que oração indica uma circunstância de tempo com relação à ação expressa pelo verbo **apagar**?
   b) Que palavra introduz essa oração?
   c) Como esse período é classificado? Justifique sua resposta.

3. Observe a segmentação do seguinte período:

> "Eu sempre soube / que a minha maior concorrente era essa tal de 'soneca'."

   a) Que parte do período exerce a função de objeto direto da forma verbal **soube**?
   b) Classifique o período, considerando a forma como esse objeto direto se apresenta.

CONCEITO

> O **período composto por subordinação** é formado por uma oração **principal** e uma ou mais orações **subordinadas**.

As orações subordinadas correspondem a um termo do período simples transformado em oração. Possuem as características morfológicas e sintáticas desse termo que representam.

Do ponto de vista morfológico, equivalem a substantivos, adjetivos e advérbios, sendo, respectivamente, denominadas: **orações subordinadas substantivas**, **subordinadas adjetivas** e **subordinadas adverbiais**.

ORAÇÕES SUBORDINADAS SUBSTANTIVAS

> São **subordinadas substantivas** as orações que equivalem a **substantivos** dos períodos simples.

Veja os **exemplos**:

      sujeito   predicado
           objeto direto = um termo da oração

- Período simples: (eu) / **Quero** sua presença.

       verbo transitivo substantivo
        direto   núcleo do objeto direto

      1ª oração   2ª oração
         objeto direto = uma oração inteira

- Período composto: (eu) / **Quero** / *que você **esteja** presente.*

      verbo transitivo conectivo verbo
       direto

Ocorrências:

a) O objeto direto do período simples tem como núcleo o substantivo "presença".

b) A partir desse substantivo foi elaborada a oração subordinada substantiva do período composto.

c) A oração subordinada substantiva foi introduzida pelo conectivo **que**.

d) As estruturas ficaram diferentes, mas os sentidos se mantiveram semelhantes.

CLASSIFICAÇÃO DAS SUBORDINADAS SUBSTANTIVAS

As **orações subordinadas substantivas** exercem as funções sintáticas próprias do substantivo: *sujeito*, *objeto direto*, *objeto indireto*, *complemento nominal*, *predicativo* e *aposto*. Elas são introduzidas, principalmente, pelas conjunções subordinativas integrantes **que** e **se**.

Classificam-se de acordo com as funções sintáticas que desempenham.

Subjetivas

São as que funcionam como **sujeito** do verbo da oração principal.

Exemplo:

    1ª oração   2ª oração   sujeito
É necessário / *que você volte*. (*A sua volta* / é necessária.)
↓   ↓   ↓
verbo   conjunção   verbo

Nesse período composto por subordinação, há duas orações:

1ª — **oração principal** (o sujeito do verbo "é" não faz parte dessa oração)

2ª — **oração subordinada substantiva subjetiva** (é o sujeito do verbo "é" da oração principal)

A oração principal, de que depende a subordinada substantiva subjetiva, tem sempre o verbo na 3ª pessoa do singular, podendo ser:

- verbo de ligação seguido de predicativo: *é bom...*, *é claro...*, *é conveniente...*, *é necessário...*, *é certo...*, *é urgente...*, *será preciso...*, *ficou certo...*, *parece claro...* etc.
  É bom *que saia daí.*
  É evidente *que precisamos de políticos honestos.*
  É certo *que ele virá à reunião.*
  Parece claro *que votarão pelo "sim".*

- verbos como *convir*, *urgir*, *parecer*, *importar*, *constar* etc.
  Convém *que você fique aqui.*
  Parece *que já estamos cansados.*
  Não importa *que você esteja sem dinheiro.*
  Não consta *que tenha feito o trabalho.*

- verbos na voz passiva sintética: *sabe-se...*, *sabia-se...*, *esperava-se...*, *comenta-se...*, *aprovou-se...* etc. e na voz passiva analítica: *foi decidido...*, *era esperado...*, *será comentado...* etc.
  Sabe-se *que foi você o líder do time.*
  Supunha-se *que todos apoiassem a decisão.*
  Aprovou-se *que ninguém saia sem autorização.*
  Foi decidido *que todos os alunos deverão participar da excursão.*

Era esperado *que ele não tivesse boas notas este ano.*
Não será comentado *se pagaremos ou não o aluguel.*

Objetivas diretas

São as que funcionam como **objeto direto** do verbo da oração principal.

Exemplo:

1ª oração — 2ª oração — sujeito elíptico — objeto direto
(eu) Quero / *que você volte.* ("eu" / Quero *a sua volta.*)

verbo transitivo direto — conjunção — verbo

Nesse período composto por subordinação, há duas orações:

1ª — oração principal (o sujeito implícito "eu" do verbo "quero" faz parte dessa oração)

2ª — **oração subordinada substantiva objetiva direta** (é o objeto direto do verbo "querer" contido na oração principal)

Distinção entre subordinada substantiva subjetiva e substantiva objetiva direta

Uma maneira prática de se distinguir a oração subordinada *objetiva direta* da subordinada *subjetiva* é observar o sujeito do verbo da oração principal.

- Se o sujeito do verbo da oração principal estiver nela, a subordinada terá função de objeto direto; logo, será objetiva direta. **Exemplos:**

  oração principal / oração subordinada substantiva
  sujeito / objetiva direta
  A maioria **decidiu** / *que você continue na liderança.*

  oração principal / oração subordinada substantiva
  sujeito elíptico / objetiva direta
  (nós) **Decidimos** / *que você continue na liderança.*

  oração principal / oração subordinada substantiva
  sujeito indeterminado / objetiva direta
  ___?___ **Decidiram** / *que você continue na liderança.*

- Se o sujeito do verbo da oração principal não estiver nela, a oração subordinada será o sujeito, logo será denominada subjetiva. **Exemplos:**

  oração principal / oração subordinada substantiva subjetiva
  Decidiu-se / *que você continue na liderança.* (verbo na voz passiva sintética)

  oração principal / oração subordinada substantiva subjetiva
  Foi decidido / *que você continue na liderança.* (verbo na voz passiva analítica)

> **OBSERVAÇÃO**
>
> A oração principal é que determina a função da oração subordinada substantiva: uma mesma oração subordinada substantiva muda de função à medida que a oração principal é alterada.

Objetivas indiretas

São as que funcionam como **objeto indireto** do verbo da oração principal.

Exemplo:

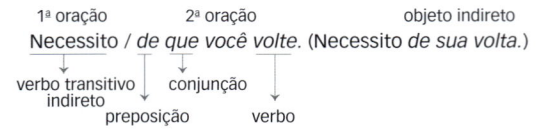

1ª oração / 2ª oração — objeto indireto
Necessito / *de que você volte*. (Necessito *de sua volta*.)

- verbo transitivo indireto
- conjunção
- preposição
- verbo

Nesse período composto por subordinação, há duas orações:

1ª — oração principal (a forma verbal "necessito" pede objeto indireto, introduzido pela preposição "de")

2ª — **oração subordinada substantiva objetiva indireta** (é o objeto indireto do verbo "necessitar" contido na oração principal)

Completivas nominais

São as que funcionam como **complemento nominal** de um *substantivo*, *adjetivo* ou *advérbio* contido na oração principal.

Exemplos:

1ª oração / 2ª oração — complemento nominal
Tenho necessidade / *de que você volte*. (Tenho necessidade *de sua volta*.)

- verbo
- **substantivo**
- conjunção
- preposição
- verbo
- substantivo

Nesse período composto por subordinação, há duas orações:

1ª — oração principal (possui o substantivo "necessidade" exigindo um complemento)

2ª — **oração subordinada substantiva completiva nominal** (é o complemento do substantivo "necessidade" da oração principal)

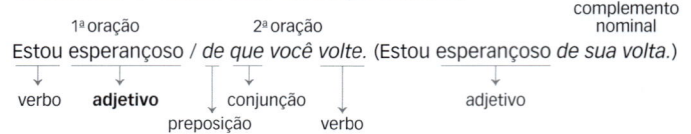

1ª oração / 2ª oração — complemento nominal
Estou esperançoso / *de que você volte*. (Estou esperançoso *de sua volta*.)

- verbo
- **adjetivo**
- conjunção
- preposição
- verbo
- adjetivo

Nesse período composto por subordinação, há duas orações:

1ª — oração principal (possui o adjetivo "esperançoso" exigindo um complemento)

2ª — **oração subordinada substantiva completiva nominal** (é o complemento do adjetivo "esperançoso" da oração principal)

```
                                                          complemento
       1ª oração            2ª oração                       nominal
Torço favoravelmente / para que você volte. (Torço favoravelmente pela sua volta.)
  ↓        ↓              ↓    ↓                  ↓              ↓
verbo   advérbio      conjunção                               advérbio
                   preposição  verbo
```

Nesse período composto por subordinação, há duas orações:

1ª — oração principal (possui o advérbio "favoravelmente" exigindo complemento)

2ª — **oração subordinada substantiva completiva nominal** (é o complemento do advérbio "favoravelmente" da oração principal)

> **OBSERVAÇÃO**
>
> Assim como as objetivas indiretas, as completivas nominais também apresentam preposição antes da conjunção. Para não confundir uma com a outra, é importante verificar com atenção qual é o termo que está sendo complementado, se um verbo ou um nome. Se for verbo, a subordinada será objetiva indireta; se for nome, a subordinada será completiva nominal.

Predicativas

São as que funcionam como **predicativo** do sujeito da oração principal, que apresenta verbo de ligação.

Exemplo:

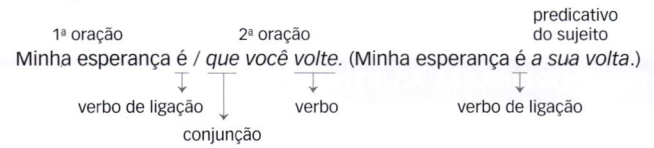

```
                                              predicativo
    1ª oração          2ª oração               do sujeito
Minha esperança é / que você volte. (Minha esperança é a sua volta.)
       ↓              ↓      ↓                       ↓
 verbo de ligação         verbo              verbo de ligação
                  conjunção
```

Nesse período composto por subordinação, há duas orações:

1ª — oração principal (com verbo de ligação **ser** ("é"), presente antes da conjunção)

2ª — **oração subordinada substantiva predicativa** (é o predicativo do sujeito da oração principal)

Apositivas

São as que funcionam como **aposto**, isto é, como explicação de um termo da oração principal.

Exemplo:

        1ª oração   2ª oração

Minha esperança é **esta**: / *que você volte*. (Minha esperança é esta: *a sua volta*.)
                        ↓   ↓   aposto
             conjunção verbo

Nesse período composto por subordinação, há duas orações:

1ª — oração principal (contém o termo "esta" que precisa ser explicado, desenvolvido)

2ª — **oração subordinada substantiva apositiva** (é a explicação do termo "esta" da oração principal)

> **OBSERVAÇÕES**
>
> a) A conjunção integrante **se** é empregada para introduzir orações subordinadas substantivas nas frases interrogativas diretas e indiretas. Exemplos:
>
> Você sabe / *se ele voltará?*
>
> Ninguém sabe / *se ele voltará.*
>
> Não se sabe / *se ele voltará.*
>
> b) Além das conjunções integrantes **que** e **se**, as orações subordinadas substantivas podem aparecer introduzidas por pronomes ou advérbios interrogativos. Exemplos:
>
> Você sabe / *quem fez isso?* Ninguém sabe / *quem fez isso.*
>
> Você tem ideia / *de quantos são os convidados?* Não se tem ideia / *de quantos sejam os convidados.*
>
> Alguém sabe / *onde ele mora?* Ninguém sabe / *onde ele mora.*
>
> Você imagina / *quando ele voltará?* Ninguém imagina / *quando ele voltará.*
>
> Todos sabem / *como resolver a questão?* Poucos sabem / *como resolver a questão.*

ORAÇÕES SUBORDINADAS ADJETIVAS

> São **subordinadas adjetivas** as orações que equivalem a **adjetivos** dos períodos simples geralmente na função de adjuntos adnominais.

A oração adjetiva pode aparecer em duas posições: após a oração principal ou intercalada a ela.

Exemplos:

- Período simples: O brasileiro (sujeito) / é um homem *trabalhador*. (predicado)
  - homem → substantivo
  - trabalhador → adjetivo / adjunto adnominal

- Período composto: O brasileiro é um homem (oração principal) / *que **trabalha***. (oração subordinada adjetiva) (após a principal)
  - é → verbo
  - homem → substantivo
  - que → conectivo
  - trabalha → verbo

Ocorrências:

a) O **adjetivo** "trabalhador" do período simples caracteriza o substantivo "homem".

b) No lugar desse adjetivo foi empregada a forma verbal "trabalha", antecedida do conectivo "que".

c) A característica "trabalhador" passa a ser expressa por uma **oração subordinada adjetiva**.

d) As estruturas ficaram diferentes, mas os sentidos mantiveram-se semelhantes.

Exemplos:

- Período simples: O político ***corrupto*** (sujeito) / não merece nosso voto. (predicado)
  - político → substantivo
  - corrupto → adjetivo / adjunto adnominal

- Período composto: O político (oração principal) / *que **é corrupto*** (oração subordinada adjetiva) / não merece nosso voto. (oração principal) (intercalada à principal)
  - político → substantivo
  - é → verbo
  - merece → verbo

Ocorrências:

a) O **adjetivo** "corrupto" do período simples caracteriza o substantivo "político".

b) Com o acréscimo do conectivo "que" e do verbo "ser" ("é"), formou-se uma oração com o adjetivo "corrupto".

c) A característica "corrupto" passa a ser expressa por uma **oração subordinada adjetiva**.

d) As estruturas ficaram diferentes, mas os sentidos mantiveram-se semelhantes.

CONECTIVOS DAS ORAÇÕES ADJETIVAS

Os conectivos das orações subordinadas adjetivas são os **pronomes relativos**. O pronome relativo relaciona a oração adjetiva a um termo da oração principal.

Como já vimos, são pronomes relativos:

- *o qual, a qual, os quais, as quais*
- *que* (quando pode ser substituído pelos pronomes o/a qual, os/as quais)
- *quem*
- *onde*
- *cujo, cuja, cujos, cujas*

Exemplos:

Aqui estão os livros ***dos quais*** *lhe falei.* (de = preposição)

Há situações ***que*** *nos deprimem.* (que = as quais)

Este é o homem *a **quem*** *devo favores.* (a = preposição)

A casa ***onde*** *nasci ainda está lá.*

Existem problemas ***cujas*** *soluções são dadas pelo tempo.*

> **OBSERVAÇÃO**
>
> Quando a regência do verbo exige, o pronome relativo aparece precedido de preposição. Exemplos:
>
> Os lugares ***por*** *que passei* ficaram na lembrança.
>
> Estas são as meninas ***com*** *quem estudo.*

Distinção entre que pronome relativo e que conjunção integrante

Uma maneira prática para distinguir o pronome da conjunção é tentar substituir o *que* por *o/a qual, os/as quais*.

Se a substituição der certo, trata-se de um **pronome relativo**, introduzindo uma oração subordinada adjetiva. Exemplo:

```
                      oração
                   subordinada
oração principal    adjetiva         oração principal
A cozinheira  /  que fez o jantar  /  não comeu nada.  (substituição possível)
              ↓
          (a qual)
       pronome relativo
```

Se a substituição não der certo, trata-se de uma **conjunção integrante**, introduzindo uma oração subordinada substantiva. Exemplo:

A cozinheira disse / ***que*** *não comeu nada.* (substituição impossível)
- oração principal
- oração subordinada substantiva
- conjunção integrante

CLASSIFICAÇÃO DAS SUBORDINADAS ADJETIVAS

As orações subordinadas adjetivas são de dois tipos.

Restritivas

São as que caracterizam o termo antecedente, tomando o seu sentido de modo restrito, limitado.

Exemplo:

Os médicos / *que são profissionais conscientes* / merecem nosso respeito.
- 1ª oração
- 2ª oração
- 1ª oração

Nessa frase, o termo antecedente "médicos" foi tomado no sentido restrito, porque nem todos são considerados profissionais conscientes e somente aqueles que o são merecem nosso respeito.

Nesse período composto por subordinação, há duas orações:

1ª — oração principal

2ª — **oração subordinada adjetiva restritiva**

Explicativas

São as que caracterizam o termo antecedente, tomando o seu sentido de modo amplo.

Exemplo:

Os médicos, / *que são profissionais conscientes*, / merecem nosso respeito.
- 1ª oração
- 2ª oração
- 1ª oração

Expressa dessa forma, o sentido da frase é outro. Aqui, o termo antecedente "médicos" é tomado no sentido amplo: todos eles são tidos como profissionais conscientes e, portanto, merecedores de nosso respeito.

Nesse período composto por subordinação, há duas orações:

1ª — oração principal

2ª — **oração subordinada adjetiva explicativa**

> **OBSERVAÇÃO**
>
> A única diferença estrutural entre as duas orações expostas é que a *explicativa* é separada por pausas, que, na escrita, são representadas pelas vírgulas. De maneira geral, todo termo ou oração explicativa são expressos por meio de pausas.
>
> Veja outros exemplos em que somente as pausas fazem a diferença:
>
> oração subordinada adjetiva restritiva
>
> Comprei um presente para minha irmã / *que faz aniversário*.
>
> Sem pausa, indica-se que há mais de uma irmã, e a oração adjetiva individualiza uma delas: a que faz aniversário.
>
> oração subordinada adjetiva explicativa
>
> Comprei um presente para minha irmã, / *que faz aniversário*.
>
> Com pausa, indica-se que há somente uma irmã, e a oração adjetiva explica a razão do presente.

ORAÇÕES SUBORDINADAS ADVERBIAIS

São **subordinadas adverbiais** as orações que equivalem a **advérbios** ou **locuções adverbiais**. Essas orações funcionam como adjuntos adverbiais do verbo da oração principal.

Exemplos:

- Período simples: Meu pai / **vendeu** o sítio *ainda na nossa infância*.
  - sujeito
  - predicado
  - verbo transitivo direto
  - adjunto adverbial de tempo
  - locução adverbial

- Período composto: Meu pai vendeu o sítio / *quando ainda éramos crianças*.
  - 1ª oração — oração principal
  - 2ª oração — oração subordinada adverbial temporal
  - verbo — conectivo — verbo

Ocorrências:

a) A locução adverbial do período simples indica a época em que a ação ocorreu, na função de um adjunto adverbial de tempo.

b) Com o acréscimo do verbo "ser" ("éramos") e do conectivo "quando", esse adjunto tornou-se uma oração.

c) A época em que ocorreu a ação passou a ser expressa pela **oração subordinada adverbial temporal**.

d) As estruturas ficaram diferentes, mas os sentidos mantiveram-se semelhantes.

CLASSIFICAÇÃO DAS SUBORDINADAS ADVERBIAIS

As *orações subordinadas adverbiais* são classificadas de acordo com a circunstância que exprimem. Os seus conectivos são as **conjunções** e **locuções conjuntivas subordinativas adverbiais**.

Temporais

Exprimem ideia de **tempo**: indicam uma circunstância de tempo em relação ao fato expresso na oração principal.

Conjunções e locuções conjuntivas: **quando, enquanto, logo que, assim que, até que, sempre que, mal, antes que, depois que, desde que**.

Exemplo:

1ª oração 2ª oração
Quando os gatos saem, / os ratos fazem a festa.
↓ ↓ ↓
conectivo verbo verbo

Nesse período composto por subordinação, há duas orações:

1ª — **oração subordinada adverbial temporal**
2ª — oração principal

Outros exemplos:

A antiga moradora reconheceu-me *logo que* me viu.

Eu leio *até que* o sono chegue.

Sempre que viajamos, os vizinhos guardam nossos jornais.

Causais

Exprimem ideia de **causa**: informam aquilo que provocou o fato expresso na oração principal.

Conjunções e locuções conjuntivas: **porque, já que, visto que, uma vez que, como**.

Exemplo:

1ª oração 2ª oração
As plantas estão secando / *porque* não tem chovido.
↓ ↓ ↓
locução verbal conectivo locução verbal

Nesse período composto por subordinação, há duas orações:

1ª — oração principal

2ª — **oração subordinada adverbial causal**

Outros exemplos:

Já que você não virá para o jantar, irei à casa de uma amiga.

Chegou cansado, *visto que seu trabalho fora intenso.*

Uma vez que lhe dei o dinheiro, não posso pedi-lo de volta.

Como estava doente, precisava de acompanhamento médico.

Condicionais

Exprimem ideia de **condição**: informam aquilo de que depende a realização do fato expresso na oração principal.

Conjunções e locuções conjuntivas: **se, caso, desde que, contanto que, sem que, a menos que, exceto se, salvo se, uma vez que**.

Exemplo:

    1ª oração   2ª oração
Se você quiser, / poderemos ir ao cinema hoje.
↓   ↓   ↓
conectivo   verbo   locução verbal

Nesse período composto por subordinação, há duas orações:

1ª — **oração subordinada adverbial condicional**

2ª — oração principal

Outros exemplos:

Iremos juntos a Manaus, *caso você não se importe.*

Viajaremos ainda hoje, *desde que o tempo continue bom.*

Farei a prova num outro dia, *contanto que o professor concorde.*

Não compre nada *sem que eu saiba antes.*

Não poderei viajar com a turma, *a menos que* me avisem com bastante antecedência.

Iremos à festa, sim, *exceto se ele não melhorar da gripe.*

Chegaremos na hora marcada, *salvo se o trânsito estiver muito ruim.*

Uma vez que aceite as condições, pode levar o carro agora.

Proporcionais

Exprimem ideia de **proporção**: informam o que desencadeia, de maneira proporcional, o fato expresso na oração principal.

Conjunções e locuções conjuntivas: **à proporção que**, **à medida que**, **quanto mais**, **quanto menos**.

Exemplo:

1ª oração — *À proporção que juntávamos* algum dinheiro, / 2ª oração — *comprávamos* o material da casa.

(conectivo / verbo / verbo)

Nesse período composto por subordinação, há duas orações:

1ª — **oração subordinada adverbial proporcional**

2ª — oração principal

Outros exemplos:

À medida que eu guardava os livros, as histórias vinham-me à memória.

Quanto mais passeava, mais queria passear.

Finais

Exprimem ideia de **finalidade**: informam o que motiva o fato expresso na oração principal.

Conjunções e locuções conjuntivas: **a fim de que**, **para que**.

Exemplo:

1ª oração — Ela estava ali / 2ª oração — *a fim de que pudessem conversar* com tranquilidade.

(verbo / conectivo / locução verbal)

Nesse período composto por subordinação, há duas orações:

1ª — oração principal.

2ª — **oração subordinada adverbial final**

Outro exemplo:

Cumpra seus deveres *para que* possa exigir seus direitos.

Consecutivas

Exprimem ideia de **consequência**: informam o resultado do fato expresso na oração principal.

Conjunções e locuções conjuntivas: **que** (precedido, na oração principal, de *tal, tão, tanto, tamanho*).

Exemplo:

1ª oração — *Expressou-se* com *tal* firmeza / 2ª oração — *que* todos *acreditaram*.

(verbo / conectivo / verbo)

Nesse período composto por subordinação, há duas orações:

1ª — oração principal

2ª — **oração subordinada adverbial consecutiva**

Outros exemplos:

Estávamos *tão* cansados na viagem *que* víamos imagens duplas.

Chorou *tanto* na partida *que* a família se surpreendeu.

Conformativas

Exprimem ideia de **conformidade**: informam em que se baseia o fato expresso na oração principal.

Conjunções e locuções conjuntivas: **conforme, como, segundo, consoante**.

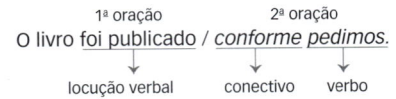

Exemplo:

      1ª oração   2ª oração
O livro foi publicado / *conforme pedimos*.
     ↓   ↓   ↓
locução verbal conectivo verbo

Nesse período composto por subordinação, há duas orações:

1ª — oração principal

2ª — **oração subordinada adverbial conformativa**

Outros exemplos:

Montamos nosso trabalho *como* o professor orientou.

Segundo dizem os cientistas, as formigas têm uma organização social perfeita.

Fizeram tudo *consoante* o que fora combinado.

Concessivas

Exprimem ideia de **concessão**: informam uma "anormalidade" em relação ao fato expresso na oração principal.

Conjunções e locuções conjuntivas: **embora, ainda que, mesmo que, apesar de que, se bem que**.

Exemplo:

     1ª oração   2ª oração
Embora tivéssemos planejado tudo, / houve transtornos na viagem.
 ↓   ↓   ↓
conectivo locução verbal   verbo

Nesse período composto por subordinação, há duas orações:

1ª — **oração subordinada adverbial concessiva**

2ª — oração principal

Outros exemplos:

Não consegue visualizar sua casa própria, *ainda que* trabalhe muito.

Mesmo que não pareça, admiro muito você.

Apesar de que não ache nada prazeroso, faz exercícios físicos regularmente.

Acho que não voltará mais, *se bem que* não disse nada.

Comparativas

Exprimem ideia de **comparação**: representam o segundo elemento numa comparação iniciada com a oração principal.

Conjunções e locuções conjuntivas: **como**, **tão... como**, **tão...quanto**, **mais... (do) que**, **menos... (do) que**.

Exemplo:

1ª oração   2ª oração
Os gatos brincavam / *como duas crianças.* (brincam)
        ↓   ↓   ↓
   verbo conectivo   verbo implícito

Nesse período composto por subordinação, há duas orações:

1ª — oração principal

2ª — **oração subordinada adverbial comparativa**

Outros exemplos:

O ciclista era *tão* rápido *quanto* (ou *como*) o pensamento. (é)

A menina *mais* falava *do que* comia.

Pouquíssimos programas de tevê são *mais* críticos *do que* informativos. (são)

Nas orações comparativas, para não repetir o verbo da oração principal, é comum que ele seja omitido.

OBSERVAÇÕES

a) É preferível aprender a classificar as orações pelo sentido e não pela memorização de listas das conjunções.

b) A conjunção **como** introduz orações adverbiais dos seguintes tipos:
- **comparativa** — Arrumaram seu escritório *como você*. (como você arruma).
- **conformativa** — Arrumaram seu escritório *como você mandou*. (conforme você mandou).
- **causal** — *Como você mandou*, arrumaram seu escritório. (porque você mandou). Nesse caso, a subordinada vem sempre anteposta à principal.

> **Distinção entre subordinada adverbial causal
> e coordenada sindética explicativa**
>
> a) **Oração subordinada adverbial causal**
>
> As plantas estão secando *porque* não tem chovido.
>
> Características:
>
> Expressa um fato (*não tem chovido*) que causa um efeito (As plantas estão secando).
>
> Como se trata de um fato que provoca outro, ocorre antes do fato expresso na oração principal.
>
> Relaciona-se a fatos que expressam "certeza" e não a fatos hipotéticos.
>
> De maneira geral, não é separada por vírgula.
>
> Outras causas:
>
> As plantas estão secando *porque não as temos aguado.*
>
> As plantas estão secando *porque não temos cuidado delas.*
>
> b) **Oração coordenada sindética explicativa**
>
> Não tem chovido, *porque* as plantas estão secando.
>
> Características:
>
> Dá uma explicação (*as plantas estão secando*) para justificar uma suposição (Não tem chovido).
>
> Como é um fato que explica outro, é posterior ao fato expresso na oração principal.
>
> Relaciona-se a fatos que exprimem *suposição, ordem, sugestão*.
>
> Costuma ser separada por vírgula.
>
> Outras explicações:
>
> Águe o jardim, *porque as plantas estão secando.*
>
> Cuide desse jardim, *porque as plantas estão secando.*

ORAÇÕES SUBORDINADAS REDUZIDAS

> São **reduzidas** as orações subordinadas que não são introduzidas por conectivos e o verbo se encontra numa de suas formas nominais: **infinitivo** (desinência -**r**), **gerúndio** (desinência -**ndo**) ou **particípio** (desinência -**do**).

Exemplos:

- **Reduzida de infinitivo**

    oração principal   oração subordinada substantiva objetiva direta
    O professor aceitou / **marcar** *nova data para a prova*. (verbo no infinitivo: marcar)

    oração reduzida de infinitivo
    O professor aceitou / *que fosse marcada nova data para a prova.*
    ↓
    conectivo (oração desenvolvida)

- **Reduzida de gerúndio**

    oração subordinada
    adverbial condicional   oração principal
    Saindo, / *feche as portas da casa.* (verbo no gerúndio: saindo)

    oração reduzida de gerúndio

    Caso você saia, / *feche as portas da casa.*
    ↓
    conectivo (oração desenvolvida)

- **Reduzida de particípio**

    oração subordinada
    adverbial temporal   oração principal
    Terminada *a reunião,* / *todos aplaudiram.* (verbo no particípio: terminada)

    oração reduzida de particípio

    Quando a reunião terminou, / *todos aplaudiram.*
    ↓
    conectivo (oração desenvolvida)

CLASSIFICAÇÃO DAS SUBORDINADAS REDUZIDAS

Reduzidas de infinitivo

Podem ser reduzidas de infinitivo as orações:

Substantivas — reduzidas apenas nessa forma.

Exemplos:

Subjetiva — Não é vergonhoso **errar**.

Objetiva direta — Espero **desenvolvermos** *um bom trabalho*.

Objetiva indireta — Tudo depende *de ele* **voltar** *para casa*.

Completiva nominal — Temos medo *de* **ser** *abandonados*.

Predicativa — Sua vontade era **voltar** *logo para seu país*.

Apositiva — Faltava-lhe somente uma coisa: **ter** *confiança em si mesmo*.

Adverbiais
Exemplos:

Temporal — Ao **sair** de casa, fechei portas e janelas.
Condicional — Sem **ler**, você não melhorará seu vocabulário.
Concessiva — Apesar de **jogar** bem, o time não venceu o campeonato.
Causal — O motorista parou por **estar** o sinal fechado.
Consecutiva — A criança devia estar com muito medo para não **falar** a verdade.
Final — A sociedade está mobilizando-se para **melhorar** a qualidade do ensino.

Adjetivas
Exemplos:

Rafael não era pessoa de **falar** muito.
Esta é a ferramenta de se **cortar** a grama.

Reduzidas de gerúndio

Podem ser reduzidas de gerúndio as orações:

Adverbiais
Exemplos:

Temporal — **Descobrindo** a rua, localizei a casa do amigo.
Condicional — Você poderá mudar de opinião, **lendo** esse livro.
Causal — **Percebendo** a má vontade do vendedor, deixei de comprar a camisa.
Concessiva — Mesmo **sendo** parente, ele depôs contra o malfeitor.

Adjetivas
Exemplos:

A São Paulo, chegam retirantes **trazendo** apenas esperanças.
Pelas ruas, viam-se homens **carregando** fome e tristeza.

Reduzidas de particípio

Podem ser reduzidas de particípio as orações:

Adverbiais
Exemplos:

Temporal — **Montada** a feira de artesanato, as pessoas entraram curiosas.
Causal — **Preocupado** com a hora, esqueceu os documentos.
Concessiva — Mesmo **vencido**, o lutador não se rendeu.

Adjetivas
Exemplos:

Recebemos carne congelada **vinda** do exterior.

O menino usava roupas **feitas** pela mãe.

O sistema de distribuição de renda, **praticado** no Brasil, não é justo.

A menina sonhava com as histórias **contadas** pelo irmão.

> **OBSERVAÇÕES**
>
> a) Nas orações reduzidas formadas com locução verbal, é o verbo auxiliar que indica o tipo de reduzida. Exemplo:
>
> **Tendo** *saído* cedo do trabalho, passou pela casa da mãe. (reduzida de gerúndio)
>
> b) Há orações reduzidas que somente o contexto aponta para a classificação adequada. Exemplos:
>
> **Visitando** *as praças*, você vai encantar-se com o colorido das flores. (temporal ou condicional?)
>
> **Sentindo-se** *ameaçado*, o homem pôs-se a correr. (temporal ou causal?)

EM SÍNTESE

Período composto por subordinação — formado de **oração principal** e **oração subordinada** (uma ou mais).

Orações subordinadas substantivas — equivalem a substantivos.

Classificação das subordinadas substantivas — subjetivas, objetivas diretas, objetivas indiretas, completivas nominais, predicativas, apositivas.

Orações subordinadas adjetivas — equivalem a adjetivos.
- **Conectivos das orações adjetivas** — pronomes relativos.
- **Classificação das subordinadas adjetivas** — restritivas, explicativas.

Orações subordinadas adverbiais — equivalem a advérbios.
- **Classificação das subordinadas adverbiais** — temporais, causais, condicionais, proporcionais, finais, consecutivas, conformativas, concessivas, comparativas.

Orações subordinadas reduzidas — não são introduzidas por conectivos; o verbo se encontra numa das formas nominais.
- **Classificação das subordinadas reduzidas** — de infinitivo, de gerúndio, de particípio.

No texto

Leia a notícia.

Laudo encomendado diz que acidente fatal no Itaquerão não foi culpa do solo

ALEX SABINO
DE SÃO PAULO

16/04/2014
16h40

A empresa Geocompany, contratada pela construtora Odebrecht para fazer um laudo técnico sobre o acidente que matou dois operários nas obras do Itaquerão em 27 de novembro do ano passado, concluiu que a razão da queda do guindaste não foi o deslizamento do solo.

Porém, o laudo encomendado pela construtura responsável pela obra do estádio do Corinthians não diz qual foi a causa do acidente fatal.

De acordo com Roberto Kochen, diretor da empresa e responsável pelo laudo, uma série de estudos do solo foi feita na região e concluiu que o solo não cedeu e não foi o causador do acidente. O estudo diz que o solo cedeu de 4 a 5 vezes menos do que o aceitável.

Kochen disse que vai entregar o laudo para a polícia técnica e para o IPT (Instituto de Pesquisas Tecnológicas), que está fazendo um laudo para o Ministério do Trabalho.

Segundo laudo da UFRJ (Universidade Federal do Rio de Janeiro), o afundamento do solo que sustentava o guindaste foi a causa do acidente. O estudo foi encomendado pela empresa Liebherr, construtora do guindaste. A peça, orçada em R$ 40 milhões, teve perda total e virou sucata.

[...]

Estádio Itaquerão pronto.

SABINO, Alex. Laudo encomendado diz que acidente fatal no Itaquerão não foi culpa do solo. **Folha de S.Paulo**, São Paulo, 16 abr. 2014. Folha na Copa. Disponível em: <www1.folha.uol.com.br/esporte/folhanacopa/2014/04/1441588-laudo-encomendado-diz-que-acidente-fatal-no-itaquerao-nao-foi-culpa-do-solo.shtml>. Acesso em: 18 abr. 2014.

1. Na notícia que você leu, as informações são explicitamente provenientes do laudo técnico e de comunicação com a empresa Odebrecht. Recupere essas informações, observe-as e escreva o que há em comum entre elas.
2. Nos períodos analisados por você, essas informações estão apresentadas por meio de orações coordenadas ou subordinadas? Justifique a predominância de um dos tipos no texto.
3. Essas orações poderiam ser substituídas por termos ou expressões simples, sem prejuízo de sentido ao texto? Por quê?

SINTAXE

Período misto

Um primeiro olhar

Leia o título e o subtítulo de uma reportagem publicada pelo jornal **Folha de S.Paulo** no caderno dedicado à tecnologia.

USUÁRIOS ANÔNIMOS

Aplicativos para redes sociais que prometem **anonimato** de quem posta fazem **sucesso**, mas geram **debate** sobre **ética e responsabilidade**

ARAGÃO, Alexandre. Usuários anônimos: Aplicativos para redes sociais que prometem anonimato de quem posta fazem sucesso, mas geram debate sobre ética e responsabilidade. **Folha de S.Paulo**, São Paulo, 7 abr. 2014. Tec, p. F1. FOLHAPRESS. Disponível em: <http://www1.folha.uol.com.br/fsp/tec/160130-usuarios-anonimos.shtml>. Acesso em: 31 Jul. 2014.

1. O subtítulo é formado por um único período, composto por várias orações. Identifique:
   a) uma oração subordinada adjetiva restritiva.
   b) uma oração subordinada substantiva completiva nominal.
2. Essas orações estão subordinadas a que orações?
3. Localize e classifique uma oração coordenada à primeira oração principal do período.

CONCEITO

> Chama-se **período misto** ou **composto por coordenação e subordinação** o período formado por orações coordenadas e orações subordinadas.

Esse tipo de período apresenta vários tipos de estruturas.

ORAÇÃO COORDENADA E PRINCIPAL AO MESMO TEMPO

Exemplo:

1ª oração — 2ª oração — 3ª oração
O professor *entrou* na sala / *e pediu* / *que* todos *saíssem*.
↓ verbo ↓ verbo ↓ verbo

Nesse período misto há três orações:

1ª — oração coordenada assindética

2ª — **oração coordenada sindética aditiva** (em relação à 1ª) e **oração principal** (em relação à 3ª)

3ª — oração subordinada substantiva objetiva direta

ORAÇÕES SUBORDINADAS DE MESMA FUNÇÃO SINTÁTICA E COORDENADAS ENTRE SI

Exemplos:

1ª oração — 2ª oração — 3ª oração
O professor *pediu* / *que* os alunos *guardassem* o material / *e saíssem*.
↓ verbo ↓ verbo ↓ verbo

Nesse período misto há três orações:

1ª — oração principal

2ª — oração subordinada substantiva objetiva direta

e — *conjunção coordenativa aditiva* (**coordenando duas orações subordinadas**)

3ª — oração subordinada substantiva objetiva direta (*e* "que" saíssem)

1ª oração   2ª oração   3ª oração
Eram homens / *que* muito *prometiam*, /*mas* nada *faziam*.
↓   ↓   ↓   ↓
verbo   (os quais)   verbo   verbo

Nesse período misto há três orações:

1ª — oração principal

2ª — oração subordinada adjetiva restritiva

mas — *conjunção coordenativa adversativa* (**coordenando duas subordinadas**)

3ª — oração subordinada adjetiva restritiva (*mas* "que" nada faziam)

ORAÇÕES PRINCIPAIS COORDENADAS ENTRE SI

Exemplo:

1ª oração   2ª oração   3ª oração   4ª oração
Ele me *disse* / *que viria*, / *mas percebi* / *que seria* difícil.
↓   ↓   ↓   ↓
verbo   verbo   verbo   verbo

Nesse período misto há quatro orações:

1ª — oração principal

2ª — oração subordinada substantiva objetiva direta

mas — *conjunção coordenativa adversativa* (**coordenando duas orações principais**)

3ª — oração principal

4ª — oração subordinada substantiva objetiva direta

OUTROS TIPOS DE ORAÇÕES

Além das orações estudadas, há outros dois tipos que merecem ser mencionados: as orações **justapostas** e as orações **intercaladas**.

JUSTAPOSTAS

São denominadas **justapostas** as orações que não são desenvolvidas, porque não possuem conectivos, mas também não são reduzidas, porque seu verbo não aparece em uma de suas formas nominais.

Elas funcionam como **objeto direto** e como **aposto**, sendo, portanto, *subordinadas substantivas **objetivas diretas** ou **apositivas***.

- **Substantivas objetivas diretas** — orações que representam as falas dos personagens no discurso direto. **Exemplo:**

  E o amigo *perguntou*:
  — **Você conseguiu emprego?** (oração subordinada substantiva objetiva direta justaposta)

- **Substantivas apositivas** — orações que, geralmente, esclarecem o sentido de uma palavra de significado amplo, vago. **Exemplo:**

  Não lhe dei *nada*: **vendi o carro; aluguei o apartamento; gastei todo o dinheiro.** (orações subordinadas substantivas apositivas justapostas)

INTERCALADAS

As orações **intercaladas**, também conhecidas como *interferentes*, são as que se interpõem a outras para *esclarecer*, *fazer ressalva*, *advertir* etc. São orações independentes, não têm ligação sintática com nenhuma outra do período. **Exemplos:**

Em 1979, pela primeira vez na história da República, uma mulher entrou para o Senado — **seu nome era Eunice Michilis** —, o que representou um grande acontecimento.

Albert Sabin (**foi ele quem descobriu a vacina contra a poliomielite**) acusou o governo brasileiro de mentir sobre nossas condições de saúde.

EM SÍNTESE

Período misto — formado por orações coordenadas e orações subordinadas.

Tipos de estruturas
- Oração coordenada e principal ao mesmo tempo.
- Orações subordinadas, de mesma função sintática e coordenadas entre si.
- Orações principais coordenadas entre si.

No texto

Leia o texto a seguir e responda às questões.

Dia do índio para quem?

Hoje é a data que os brancos chamam de Dia do Índio. Todo ano, é só em 19 de abril que somos lembrados. <u>Nas escolas, falam de nós como se fôssemos algo apenas do passado, lamentando o mal que foi feito aos nossos povos, mas fazendo as crianças brancas se conformarem com nosso extermínio, acreditando que não haja mais espaço para nós, que os índios não existem e nem devem existir.</u>

Os governos, por sua vez, tentam promover festas neste dia nas nossas aldeias, querendo fazer a gente comemorar, quando não há motivo para isso. Não aceitaremos mais.

[...]

TUPÃ, Marcos. Dia do índio para quem? **Folha de S.Paulo**, 19 abr. 2014. Disponível em: <http://www1.folha.uol.com.br/opiniao/2014/04/1442629-marcos-dos-santos-tupa-dia-do-indio-para-quem.shtml>. Acesso em: 24 abril 2014.

1. O texto acima é o início de um artigo de opinião: um texto em que o autor expõe seu ponto de vista sobre determinado assunto. Considerando essa característica, observe o período em destaque e comente a opinião do autor nele presente.

2. Compare o conteúdo do período destacado ao de cada um dos demais períodos do texto. De modo geral, qual a diferença entre eles?

3. Mesmo sem fazer uma análise detalhada das orações presentes no período destacado, é possível perceber que ele é formado de que tipo de orações?

4. A partir da análise desse período, o que é possível deduzir sobre a estrutura de períodos mais longos e com informações mais complexas?

SINTAXE

Sintaxe de concordância

Um primeiro olhar

Leia a chamada de uma matéria publicada em um jornal.

O ESTADO DE S.PAULO, São Paulo, 13 mar. 2014. Oportunidades, p.1.

1. Na oração, o verbo deve estabelecer uma relação de concordância com o sujeito. Explique essa afirmação analisando o subtítulo: "Unhas viram item descolado".

2. De acordo com o contexto da matéria, qual é a função sintática do termo: "item descolado"?

3. Considerando a função sintática do termo: "item descolado", reescreva a oração estabelecendo outra opção de concordância.

4. A *sintaxe de concordância* estuda as relações de número e pessoa entre o **verbo** e o **sujeito** e as relações de gênero e número entre os **nomes**. Destaque do texto algumas ocorrências que seriam objeto de estudo dessa parte da gramática.

CONCORDÂNCIA VERBAL

Estuda as relações de **número** e **pessoa** que se estabelecem entre o **verbo** e o **sujeito** a ele relacionado.

sujeito verbo
O **garoto era** esperto.

3ª pessoa do singular (ele) → 3ª pessoa do singular

sujeito verbo
As **garotas eram** espertas.

3ª pessoa do plural (elas) → 3ª pessoa do plural

Nessas relações, dois fatores são levados em conta: o *tipo de sujeito* e a sua *posição* em relação ao verbo.

REGRAS GERAIS

Sujeito simples

Em qualquer posição que se encontre o *sujeito simples*, **anteposto** ou **posposto** ao verbo, o verbo concorda com ele em **número** e **pessoa**.

Exemplos:

Os boias-frias **saem** bem cedo para o trabalho.

3ª pessoa do plural — 3ª pessoa do plural

Tu **és** a coisa mais linda!

2ª pessoa do singular — 2ª pessoa do singular

Chegou *a correspondência.*

3ª pessoa do singular — 3ª pessoa do singular

Sujeito composto

A concordância do verbo com o *sujeito composto* já não é tão simples: depende de sua *posição* e *formação*.

Anteposto ao verbo

O verbo toma a forma plural.

Exemplos:

Ouro Preto e Mariana **são** cidades marcadas pela antiga mineração.

A secretária e o diretor **chegaram** pontualmente à reunião.

Posposto ao verbo

O verbo pode:

- tomar a forma plural.
  Exemplos:
  Sobraram *refrigerantes e salgadinhos.*
  Faltaram *um pai e duas mães* à reunião.

- concordar com o núcleo do sujeito mais próximo.
  Exemplos:
  Sobrou *refrigerante e salgadinhos.*
  Faltou *um pai e duas mães* à reunião.

> **OBSERVAÇÃO**
> Quando houver ideia de reciprocidade, o verbo toma a forma plural.
> Exemplos: **Discutiram** *cliente* e *vendedor*.
> **Abraçaram-se** *pai* e *filho*.

Formado por pessoas gramaticais diferentes

O verbo toma a *forma plural* na *pessoa* que prevalece sobre as outras.

- a **primeira pessoa prevalece** sobre a *segunda* e a *terceira*
  Exemplos:
  Eu e *tu* **levaremos** a proposta ao professor.
  Carlos e *eu* **fotografamos** tudo naquele passeio.
  Eu, *tu* e *teus pais* **iremos** ao cinema amanhã.

- a **segunda pessoa prevalece** sobre a *terceira*
  Exemplos:
  Tu e *ele* **levareis** a proposta ao professor.
  Carlos e *tu* **fotografastes** tudo naquele passeio.
  Tu e *teus pais* **ireis** ao cinema amanhã.

> **OBSERVAÇÃO**
> No caso de 2ª e 3ª pessoas, não é raro encontrar o verbo na 3ª pessoa do plural.
> Exemplo:
> *Tu e teus pais* **irão** ao cinema amanhã.

CONCORDÂNCIAS PARTICULARES DE SUJEITO SIMPLES

Núcleo formado por substantivo *coletivo*

O verbo concorda com o núcleo.

Exemplos:

A *boiada* **atravessava** dois grandes rios.
As *boiadas* **atravessavam** dois grandes rios.
Um *bando* de andorinhas **alegrava** a praça.

> **OBSERVAÇÃO**
>
> No caso de adjunto adnominal plural, admite-se também a concordância com o adjunto. Exemplo:
> Um *bando* de andorinhas **alegravam** a praça.

Núcleo formado por *nome próprio plural*

- Não precedido de artigo, o verbo fica no singular.

    Exemplos:

    Com suas montanhas, *Minas Gerais* **aproxima** o homem do infinito.
    Campinas **é** um rico município paulista.

- Precedido de artigo, o verbo toma a forma plural.

    Exemplos:

    As *Minas Gerais* **possuem** excelentes escritores.
    Os *Estados Unidos* **são** uma grande potência.
    Os *Lusíadas* **narram** as conquistas portuguesas do século XVI.
    As *Minas de prata*, de José de Alencar, já **foram adaptadas** para a televisão.

> **OBSERVAÇÃO**
>
> No caso de título de obra que apresente artigo no plural, admite-se também o verbo no singular. Exemplos:
> *Os Lusíadas* **narra** as conquistas portuguesas do século XVI.
> *As Minas de prata*, de José de Alencar, já **foi adaptada** para a televisão.

Núcleo formado por *pronome de tratamento*

O verbo toma sempre a forma da 3ª pessoa.

Exemplos:

Vossa Excelência não **pode concordar** com essa proposta dos colegas.
Vossas Excelências não **podem concordar** com essa proposta dos colegas.

Núcleo formado pelo *pronome relativo que*

O verbo concorda em número e pessoa com o antecedente desse pronome.

Exemplos:

Fui **eu** *que* **paguei** a conta.
Foste **tu** *que* **pagaste** a conta.
Fomos **nós** *que* **pagamos** a conta.

Núcleo formado pelo *pronome relativo* quem

O verbo toma a forma da 3ª pessoa do singular.

> **OBSERVAÇÃO**
> Na linguagem coloquial, é comum o verbo concordar com o antecedente de **quem**. Exemplo:
> Fui **eu** *quem* **paguei** a conta.

Exemplos:
Fui eu *quem* **pagou** a conta.
Fomos nós *quem* **pagou** a conta.

Núcleo formado por *pronome indefinido* ou *pronome interrogativo plural*, seguido de **de nós** ou **de vós**

O verbo pode tomar a forma da 3ª pessoa do plural ou concordar com o pronome pessoal.

Exemplos:
Quais de vós **fazem** o bem?
Quantos de nós **são** felizes?
Muitos de nós **sabem** o que querem.
Quais de vós **fazeis** o bem?
Quantos de nós **somos** felizes?
Muitos de nós **sabemos** o que queremos.

Núcleo formado por *número percentual*

O verbo concorda com o numeral ou com o substantivo que o segue, quando houver.

Exemplos:

1% não **entendeu** nada da aula.
80% **entenderam** perfeitamente o assunto.
1% dos alunos **fez** recuperação.
1% dos *alunos* **fizeram** recuperação.
20% do eleitorado não **compareceram** às urnas.
20% do *eleitorado* não **compareceu** às urnas.

Sujeito formado *pelas expressões*

- ***a maioria de***, ***parte de***, ***uma porção de*** etc., seguidas de substantivo plural ↦ o verbo toma a forma singular, destacando o conjunto, ou plural, destacando os elementos do conjunto.

Exemplos:
A maioria dos casos de infecção **ocorre / ocorrem** *por falta de saneamento básico.*
A maior parte dos pesquisadores **precisa / precisam** *de mais verbas.*
Uma porção de alunos **faltou / faltaram** *à aula hoje.*

- **mais de**, **menos de**, **cerca de**, seguidas de numeral e substantivo ↦ o verbo concorda com o substantivo.
  Exemplos:
  Mais de um tenista **representou** *o Brasil nas Olimpíadas.*
  Menos de cinco atores **participam** *do espetáculo.*
  Cerca de vinte pessoas **aguardavam** *na fila do caixa.*

- **um dos que**, **uma das que** ↦ o verbo toma a forma plural.
  Exemplos:
  Você é um dos que mais **gostam** *de literatura.*
  Élcio era um dos alunos que **faziam** *lindos poemas.*
  Eu fui uma das que mais **brincaram** *na escola.*

CONCORDÂNCIAS PARTICULARES DE SUJEITO COMPOSTO

Sujeito composto *anteposto* ao verbo

a) Admite as duas concordâncias:

- **com núcleos sinônimos**
  Exemplos:
  Muita sinceridade e franqueza às vezes **soa / soam** *mal.*
  A casmurrice e a sisudez **marcava / marcavam** *o rosto do velho senhor.*

- **com núcleos dispostos de maneira gradativa**
  Exemplos:
  A falta de companhia, a solidão, a angústia **levou**-o **/ levaram**-no *ao desespero.*
  A picada, a coceira, o mal-estar **deixou**-a **/ deixaram**-na *nervosa.*

b) Mantém o verbo no singular:

- **se os núcleos se referirem à mesma pessoa ou coisa**
  Exemplos:
  O cidadão brasileiro, o eleitor **espera** *leis sociais mais justas.*
  Os seres humanos, a humanidade **precisa** *de paz.*

- **se os núcleos forem resumidos por um aposto:** *tudo, nada, ninguém*
  Exemplos:
  Leituras, pesquisas, provas, planos, <u>tudo</u> **é** trabalho do professor.
  Cara feia, beiço caído, <u>nada</u> me **fará** mudar de ideia.
  Pedro, Paulo, José, <u>ninguém</u> me **dirá** o que fazer.

Sujeito composto de núcleos unidos por *ou* e *nem*

- O verbo toma a forma plural se a informação do predicado for válida para todos os núcleos.
  Exemplos:
  Bebida *ou* fumo **prejudicam** a saúde.
  Nem Brasil *nem* Argentina **venceram** a Copa de 2006.

- O verbo toma a forma singular se a informação do predicado for válida somente para um ou outro núcleo.
  Exemplos:
  Na fase final, França *ou* Itália **seria** o campeão.
  O ministro do Trabalho *ou* o da Justiça **anunciará** a nova lei.

Sujeito composto de núcleos unidos por *com*

O verbo toma a forma plural quando se quer atribuir aos núcleos o mesmo grau de importância.
  Exemplos:
  César **com** sua mãe **abriram** uma livraria.
  O pai **com** o filho **pintaram** a casa.

> **OBSERVAÇÃO**
>
> Admite-se o verbo no singular quando se quer enfatizar o primeiro núcleo.
> Exemplos:
> César **com** sua mãe **abriu** uma livraria.
> O pai **com** os filhos **pintou** a casa.

Sujeito com as expressões *um ou outro, nem um nem outro, um e outro*

O verbo pode tomar a forma singular ou plural; no entanto:

- com **um ou outro**, **nem um nem outro**, a preferência é pelo singular.
  Um ou outro **fez** (**fizeram**) a arte.
  Nem um nem outro **assumiu** (**assumiram**) o desvio do dinheiro público.

- com **um e outro**, a preferência é pelo plural.

    Exemplos:

    Um e outro **esculpiam** (**esculpia**) a madeira.
    Uma e outra **gostavam** (**gostava**) do mesmo rapaz.

> **OBSERVAÇÃO**
>
> Quando essas expressões forem seguidas de substantivo, este deve ficar no singular.
> Exemplos:
> *Um ou outro* garoto **fez** a arte.
> *Nem um nem outro* político **assumiu** o desvio do dinheiro público.
> *Uma e outra* garota **gostavam** do mesmo rapaz.

Sujeito com as expressões *não só ... mas também, tanto ... quanto*

O verbo toma, de preferência, a forma plural.

Exemplos:

Não só sua chegada *mas também* seu humor me **abalaram** (**abalou**).
Tanto a irmã *quanto* o irmão **sentiam** (**sentia**) a falta do pai.

Sujeito com *infinitivos*

- O verbo toma a forma singular se os infinitivos não estiverem determinados.

    Exemplos:

    Conversar e discutir **contribui** para o nosso amadurecimento.
    Refletir, lutar, analisar as situações **é** próprio do ser humano.

- O verbo toma a forma plural se os infinitivos estiverem determinados.

    Exemplos:

    O conversar e *o discutir* **contribuem** para nosso amadurecimento.
    O trabalhar e *o descansar* **são** necessidades vitais à saúde humana.

CONCORDÂNCIA DO VERBO COM SUJEITO ORACIONAL

O verbo que tem como sujeito uma oração, caso da *oração subordinada substantiva subjetiva*, toma sempre a forma **singular**.

Exemplos:

É importante / que você participe da reunião.
Será necessário / resolver todas as questões.
Não **adianta** / eles esperarem mais.
Decidiu-se / que viajaríamos bem cedo.

CONCORDÂNCIA DO VERBO ACOMPANHADO DO PRONOME *SE*

Com *se* pronome apassivador

O verbo (transitivo direto ou transitivo direto e indireto) concorda com o sujeito, que estará sempre presente.

Exemplos:
Vende-se *terreno*. (Terreno **é vendido**.)
Vendem-se *terrenos*. (Terrenos **são vendidos**.)
Elaborou-se *o plano do Ensino Médio*. (O plano do Ensino Médio **foi elaborado**.)
Elaboraram-se *os planos do Ensino Médio*. (Os planos do Ensino Médio **foram elaborados**.)
Entregou-se *a flor* à mulher. (A flor **foi entregue** à mulher.)
Entregaram-se *as flores* à mulher. (As flores **foram entregues** à mulher.)

Com *se* índice de indeterminação do sujeito

O verbo (intransitivo ou transitivo indireto) toma, necessariamente, a forma singular.
Descansa-se muito na praia de Peruíbe.
Precisa-se de homens e mulheres corajosos.
Assiste-se a belos espetáculos no Carnaval carioca.

CONCORDÂNCIAS ESPECÍFICAS DE ALGUNS VERBOS

Concordância dos verbos *bater, dar, soar*

Na indicação de horas, esses verbos concordam com o sujeito, que pode ser o número de horas ou um outro.
Deu *uma hora* no relógio da matriz. (sujeito = uma hora)
Bateram *cinco horas* no relógio da matriz. (sujeito = cinco horas)
Soou cinco horas *o relógio da matriz*. (sujeito = o relógio da matriz)

Concordância dos verbos *faltar, sobrar, bastar*

Esses verbos concordam com o sujeito, que normalmente é posposto a eles.
Exemplos:
Falta *uma semana* para a viagem.
Sobraram-me apenas *alguns trocados*.
Basta *uma palavra sua* para a decisão final.

Concordância dos verbos *haver* e *fazer*

- Esses dois verbos são **impessoais** (não apresentam sujeito), devendo ficar na 3ª pessoa do singular quando usados para indicar *tempo transcorrido*.

Exemplos:
Havia *três anos* que Sílvia se mudara para a França.
Faz *cinco meses* que nos separamos.

- Com o verbo **fazer** ocorre impessoalidade também na indicação de *fenômenos naturais*.
  Exemplos:
  No Nordeste **faz** *invernos amenos*.
  Fez *calores intensos* no verão passado.

- O verbo **haver** é também impessoal quando usado com o sentido de "existir".
  Exemplos:
  Não **havia**, em outros jardins, flores mais belas.
  Há muitas pessoas à sua espera.

> **OBSERVAÇÃO**
>
> Os verbos impessoais transmitem sua impessoalidade para o verbo auxiliar da locução verbal. Exemplos:
>
> ***Está*** **fazendo** cinco meses que nos separamos.
>
> ***Deve*** **haver**, em outros jardins, flores mais belas.

Concordâncias do verbo *ser*

a) O verbo **ser** nem sempre concorda com o sujeito. Em alguns casos, sua concordância depende do tipo de palavra que forma o **sujeito** e o **predicativo do sujeito**.

- Ligando sujeito e predicativo de **números diferentes** (singular / plural), o verbo **ser** toma a forma **plural**:

  - se os dois termos forem formados de **nomes de coisas**.
    Exemplos:
    Essas dores **são** o meu sofrimento.
    A blusa **são** *uns retalhos coloridos*.

  - se o sujeito for o pronome **quem** (interrogativo), **tudo**, **isto**, **isso** ou **aquilo**.
    Exemplos:
    Quem **são** <u>meus amigos</u>?
    Para mim, *tudo* ali **eram** <u>novidades</u>.
    Isto **são** <u>coisas importantes</u>!
    Isso **são** <u>problemas seus</u>.
    Aquilo **eram** <u>verdades puras</u>.

> **OBSERVAÇÃO**
>
> Não é raro, no entanto, encontrar o verbo **ser**, nesses dois casos, concordando com o termo **singular**. Exemplos:
>
> *A vida* **é** *ilusões.*   *Tudo* **era** *flores.*

- se o sujeito for uma expressão de sentido **coletivo** ou **partitivo**.
  Exemplos:
  O *restante* **eram** <u>verduras murchas</u>.
  O *mais* **são** <u>justificativas sem fundamento</u>.
  O *resto* **foram** <u>cenas de terror</u>.
  A *maioria da população* **são** <u>mulheres</u>.

- Ligando sujeito e predicativo formados de **substantivos**, sendo um deles referente a **pessoa**, o verbo **ser** concorda com a **pessoa**.
  Exemplos:
  Minha vaidade **são** *meus filhos*.
  O homem **é** suas ações.
  Ana **é** recordações somente.

- Ligando sujeito e predicativo formados de **pronome pessoal** e **substantivo**, o verbo **ser** concorda com o **pronome pessoal**.
  Exemplos:
  Eu **sou** o amigo dele.   O amigo dele **sou** *eu*.

b) O verbo **ser** é **impessoal** na indicação de *horas*, *dias*, *distância* e, diferentemente dos outros verbos impessoais, ele varia para concordar com o **numeral**.
   Exemplos:
   É *uma* hora.
   Eram *oito e quinze* da noite.
   Hoje **são** *quatro* de novembro.
   De casa até a praia, **são** *cinco* quarteirões.

c) O verbo **ser** é **invariável**, tomando apenas a forma da 3ª pessoa do singular nas expressões que indicam **quantidade** (peso, medida, valor), seguidas de *pouco*, *muito*, *mais do que*, *menos do que*.
   Exemplos:
   Cinco quilos de arroz **é** <u>pouco</u>.
   Cem reais pela passagem **é** <u>muito</u>.
   Seis litros de álcool **é** <u>menos do que</u> precisamos.
   Oito metros de elástico **é** <u>mais do que</u> pedi.

Concordância do verbo *parecer*

O verbo **parecer**, seguido de infinitivo, admite duas estruturas:

- flexiona-se o verbo **parecer** e não se flexiona o infinitivo.

  Exemplos:
  As cenas do palhaço **pareciam** *alegrar* a criançada.
  As pescarias **pareciam** *dar* vida nova a meu pai.

- não se flexiona o verbo **parecer** e flexiona-se o infinitivo.

  Exemplos:
  As cenas do palhaço *parecia* **alegrarem** a criançada.
  As pescarias *parecia* **darem** vida nova a meu pai.

CONCORDÂNCIA NOMINAL

Estuda as relações de **gênero** e **número** que se estabelecem entre o **substantivo** e as palavras que a ele se referem: *artigo*, *adjetivo*, *numeral* e *pronome*.

Exemplos:

substantivo masculino singular

O garoto era espert**o**.

artigo masculino singular   adjetivo masculino singular

substantivo feminino plural

As garotas eram espert**as**.

artigo feminino plural   adjetivo feminino plural

REGRA GERAL

Como **adjuntos adnominais** de um **único substantivo**, as palavras que a ele se referem — *artigo*, *adjetivo*, *numeral*, *pronome* — concordam com o substantivo em **gênero** e **número**.

Exemplo:

sujeito   predicado
objeto direto (dois núcleos)

(nós) / Vimos *a* **gata** *branca* e *seus quatro* **filhotes** *pretos*.

artigo   adjetivo pronome numeral   adjetivo
substantivo   substantivo

REGRAS PARTICULARES
Adjetivo com substantivo

a) Um único **adjetivo** como adjunto adnominal de dois ou mais substantivos de gêneros diferentes ligados por **e** e **ou**.

- Se **anteposto**, o adjetivo concorda com o substantivo mais próximo.
  Exemplos:
  A funcionária deixava **limpo** o *escritório* e as *salas*.
  A funcionária deixava **limpas** as *salas* ou o *escritório*.

- Se **posposto**, o adjetivo pode:
  - Concordar com o substantivo mais próximo.
    Exemplos:
    A funcionária deixava as *salas* e o *escritório* **limpo**.
    A funcionária deixava o *escritório* ou as *salas* **limpas**.
  - Tomar a forma masculina plural.
    Exemplos:
    A funcionária deixava o *escritório* e as *salas* **limpos**.
    A funcionária deixava as *salas* ou o *escritório* **limpos**.

b) Dois ou mais **adjetivos** como adjuntos adnominais de um único substantivo.

- O **substantivo** toma a forma **singular** se o artigo for repetido para os adjetivos.
  Exemplos:
  Estudo **a língua** *espanhola* e **a** *inglesa*.
  O pecuarista *mineiro*, **o** *paulista* e **o** *sulista* discutiram a crise no setor.

- O **substantivo** toma a forma **plural** se o artigo não for repetido para os adjetivos.
  Exemplos:
  Estudo **as línguas** *espanhola* e *inglesa*.
  Os pecuaristas *mineiro*, *paulista* e *sulista* discutiram a crise no setor.

c) O **adjetivo** como predicativo do sujeito ou do objeto, sendo o sujeito ou o objeto compostos por núcleos de gêneros diferentes.

- Independentemente de sua posição, o adjetivo toma a forma masculina plural.
  Exemplos:
  A *pulseira* e **o** *anel* eram **falsos**.
  Consideraram **a** *pulseira* e **o** *anel* **falsos**.
  Eram **falsos a** *pulseira* e **o** *anel*.

- Se **anteposto**, o adjetivo pode também concordar com o núcleo mais próximo.
  Exemplos:
  Consideraram **falsa a** *pulseira* e **o** *anel*.
  Era **falso o** *anel* e **a** *pulseira*.

d) O **adjetivo** como predicativo de um sujeito formado de pronome de tratamento geralmente concorda com o sexo da pessoa a quem se refere.
  Exemplos:
  Sua Alteza ficou **revoltada** com os jornalistas. (referindo-se a uma princesa)
  Vossa Excelência precisa ser **honesto** com seu eleitor. (dirigindo-se a um deputado)

Numeral ordinal com substantivo

No caso de dois ou mais **numerais ordinais**, como adjuntos adnominais de um único substantivo, há várias possibilidades de concordância.

- O **substantivo** pode tomar a forma do **singular** ou do **plural** se estiver posposto e se os numerais forem precedidos de artigo.
  Exemplos:
  O *primeiro* e **o** *segundo* **andar** foram danificados.
  A *segunda,* **a** *terceira* e **a** *quarta* **série** foram à excursão.
  O *primeiro* e **o** *segundo* **andares** foram danificados.
  O *segundo*, **o** *terceiro* e **o** *quarto* **anos** foram à excursão.

- O **substantivo** deve tomar a forma **plural** nas seguintes situações:
  - se ele estiver posposto e os numerais não forem precedidos de artigo.
    Exemplos:
    O *primeiro* e *segundo* **andares** foram danificados.
    O *segundo*, *terceiro* e *quarto* **anos** foram à excursão.
  - se ele estiver anteposto aos numerais.
    Exemplos:
    Os **andares** *primeiro* e *segundo* foram danificados.
    Os **anos** *segundo*, *terceiro* e *quarto* foram à excursão.

Pronome com substantivo

Se o **pronome** se refere a dois ou mais substantivos de gêneros diferentes, ele deve tomar a forma masculina plural.

Exemplos:
Ofensas e *desaforos*, recebera-**os** sem saber o motivo.
Visitamos os antigos *vizinhos* e *filhas* com **os quais** viajamos.

CONCORDÂNCIA DE ALGUMAS PALAVRAS E EXPRESSÕES

É preciso, é necessário, é bom, é permitido, é proibido

Expressões desse tipo são empregadas como:

- **invariáveis** — se o substantivo não possuir determinante.

  Exemplos:

  É preciso *profissionais* para atuar na área.

  É necessário *segurança* para uma vida saudável.

  Tranquilidade **é bom** demais.

  É permitido *visitas* até às vinte horas.

  Entrada de pessoas estranhas **é proibido**.

- **variáveis** — se o substantivo possuir determinante (*artigo*, *pronome*, *numeral*).

  Exemplos:

  São precisos <u>vários</u> *profissionais* para atuar na área.

  <u>A</u> *segurança* é **necessária** para uma vida saudável.

  <u>Esta</u> *tranquilidade* **é boa** demais.

  São permitidas <u>as</u> *visitas* até às vinte horas.

  <u>A</u> *entrada* de pessoas estranhas **é proibida**.

Mesmo, próprio, incluso, anexo, obrigado, quite

Essas palavras concordam com o substantivo ou o pronome a que se referem.

Exemplos:

Os *alunos* **mesmos** definiram o tema do trabalho.

Elas **próprias** perceberam suas limitações para vencer o campeonato.

Segue **inclusa** a *escritura* do imóvel.

Seguem **inclusos** os *recibos* do aluguel.

Anexa ao requerimento, segue a *relação* do material.

Anexos à página 7, estão os *comentários* do livro.

— Muito **obrigado** — agradeceu o *rapaz*.

— Muito **obrigada**, digo eu — retrucou a *moça*.

(*eu*) Estou **quite** com os meus fornecedores.

Devolvi-lhe o favor: estamos **quites**. (*nós*)

Bastante, muito, pouco, caro, longe, meio, só, alerta

São palavras que podem aparecer como:

- **advérbios** — sendo, portanto, *invariáveis*.

    Exemplos:
    Falaram **bastante** (ou **muito**) sobre o assunto. (refere-se a verbo)
    Falaram **pouco** sobre o assunto. (refere-se a verbo)
    Os alimentos *custam* **caro**. (refere-se a verbo)
    Andamos por terras que *ficam* **longe**. (refere-se a verbo)
    A melancia estava **meio** *estragada.* (refere-se a adjetivo)
    Todos saíram e **só** os dois ficaram. (= somente)
    Fiquem **alerta** à entrada lateral do prédio. (= de sobreaviso)

- **adjetivos** — sendo, então, *variáveis*.

    Exemplos:
    Falaram sobre **bastantes** (ou **muitos**) *assuntos*. (refere-se a substantivo)
    Falaram sobre **poucos** *assuntos.* (refere-se a substantivo)
    Os *alimentos* estão **caros**. (refere-se a substantivo; o verbo é de ligação)
    Andamos por **longes** *terras*. (refere-se a substantivo)
    Meia *melancia* estava estragada. (= metade)
    Era meio-dia e **meia**. (= meia hora)
    Todos saíram e os dois ficaram **sós**. (= sozinhos)
    Enxergam tudo, são *crianças* **alertas**. (= atentas, ágeis)

Menos

É sempre *advérbio;* portanto é uma palavra **invariável**.
Exemplos:
Na classe, há **menos** *meninas* do que meninos.
Havia **menos** *mulheres* na reunião do partido.

Adjetivos adverbializados

São adjetivos empregados modificando verbos, que passam a ter valor de advérbios e se tornam invariáveis.

Exemplos:
Procuraram ir **direto** à seção de pessoal.
Olhavam-nos **torto**.
Jogaram **alto** em seus planos.
Enviamos os documentos **junto** com o requerimento.
Os jogadores *batiam* **forte** nos adversários.
Eles *falam* **macio**, mas são bastante severos.

EM SÍNTESE

Concordância verbal — relação de número e pessoa entre **verbo** e **sujeito**.

- **Sujeito simples** — verbo concorda com o sujeito em número e pessoa.

- **Sujeito composto** — concordância depende de sua posição e formação.
  - Depois do verbo — concordância no plural ou com núcleo mais próximo.
  - Antes do verbo — concordância no plural.

- **Outros casos de concordância verbal**
  - Sujeitos oracionais ou com infinitivos — concordância no singular, a não ser que os infinitivos estejam determinados por artigos.
  - **Se** como pronome apassivador — verbo concorda com sujeito paciente.
  - **Se** como índice de indeterminação do sujeito — verbo no singular.
  - Verbos **bater**, **dar** e **soar** — concordância com o numeral ou com núcleo do sujeito.
  - Verbos **faltar**, **sobrar**, **bastar** — concordância com núcleo, mesmo que posposto.

Concordância nominal — relações de gênero e número entre **substantivo** e **modificadores** (artigo, adjetivo, numeral e pronome): adjuntos adnominais.

- **Adjuntos adnominais** concordam com o substantivo a que se referem.

- **Outros casos de concordância nominal**
  - **É preciso, é bom, é proibido** — invariáveis, com substantivo sem determinante; variáveis com determinantes.
  - **Mesmo, obrigado, anexo** — concordam com o substantivo.
  - **Bastante, muito, pouco, longe, meio** — variáveis quando adjetivos; invariáveis quando advérbios.
  - **Menos** — sempre advérbio, nunca varia.

No texto

Leia este breve trecho de um romance de Khaled Hosseini.

O silêncio das montanhas

Viro para o lado e vejo Pari dormindo em silêncio ao meu lado. O rosto é pálido sob a luz. Vejo *baba* no rosto dela, o jovem e esperançoso *baba*, feliz como ele costumava ser, e sei que sempre vou vê-lo quando olhar para ela. Pari é sangue do meu sangue. E logo <u>vou conhecer seus filhos e os filhos dos filhos</u>, e meu sangue corre por eles também. Não estou sozinha. Uma súbita felicidade me pega de surpresa. Sinto essa felicidade gotejando em mim, e meus olhos ficam cheios de lágrimas de gratidão e esperança. [...]

HOSSEINI, Khaled. **O silêncio das montanhas**.
São Paulo: Globo, 2013, p. 348.

1. Qual marca linguística no texto permite concluir que o narrador é do sexo feminino?

2. Por que no trecho sublinhado a narradora usou masculino plural?

3. O que permite identificar que Pari e baba são do sexo feminino e masculino respectivamente?

4. Considerando o trecho lido, qual é a importância da concordância nominal e verbal na construção dos sentidos de um texto?

SINTAXE

Sintaxe de regência

Um primeiro olhar

Leia uma tirinha do cartunista brasileiro André Dahmer.

Quadrinho 1: Queria conhecer seres que não pensam em dinheiro o tempo todo.
Quadrinho 2: Você precisaria de muito dinheiro...
Quadrinho 3: ...para comprar uma nave espacial.

DAHMER, André. Os Malvados. **Folha de S.Paulo**, São Paulo, 11 abr. 2014, Ilustrada, p. E11.

1. Observe as formas verbais **pensam** e **precisaria**.
   a) Identifique o complemento verbal de cada uma.
   b) Identifique as preposições de cada complemento verbal. Elas poderiam ser trocadas entre os verbos analisados? Explique.

2. Analisar a transitividade de um verbo é conhecer sua regência.
   a) Qual é a regência dos verbos analisados?
   b) Justifique sua resposta.

3. No segundo quadrinho, imagine que a oração fosse a seguinte:

> Haveria necessidade de **muito dinheiro**.

   a) Dê a função sintática do termo em destaque.
   b) O termo que pede um complemento é chamado de regente. Qual é ele nesse caso?
   c) Identifique a preposição pedida pelo termo regente.

REGÊNCIA VERBAL

Sintaxe de regência é a parte da gramática que estuda as relações de dependência entre um **verbo** ou um **nome**, os *termos regentes* e seus respectivos complementos, os *termos regidos*.

A **regência verbal** trata dos casos em que o termo regente é o **verbo**. Conhecer a regência de um verbo consiste em identificar sua transitividade e, quando ele exige preposição, empregá-la adequadamente. Assim:

Chegar e **ir** são verbos **intransitivos** quando indicam *deslocar-se de um lugar a outro*. Quando esses verbos indicam *destino* ou *direção*, devem reger a preposição **a** (e não a preposição **em**).

Exemplos:
Cheguei a Paris numa noite de verão.
No Carnaval, **fomos a** Salvador.
Cheguei ao Rio de Janeiro numa manhã ensolarada.
Você **precisa ir a** Recife.

Namorar é **verbo transitivo direto**; não rege, portanto, nenhuma preposição.
Exemplos:
Namoro uma linda garota.
Namoro-a
Vou namorá-la.

Há verbos que apresentam certa dificuldade em relação à regência. Isso acontece principalmente porque seu emprego, na linguagem corrente, costuma ser diferente daquele previsto pela gramática normativa.

Veja alguns desses verbos:

ABDICAR

Possui mais de uma regência, sem alteração de significado.
Exemplos:
Transitivo direto — O diretor **abdicou** o cargo.
Transitivo indireto — A escritora **abdicou de** seus direitos.
Intransitivo — Os parlamentares **abdicaram** em 15 de novembro.

AGRADAR / DESAGRADAR

São *transitivos indiretos* que regem a preposição **a**.

Exemplos:

O desfile de modas **agradou a**o público. O desfile de modas agradou-lhe.

A atitude desonesta **desagradou a**o comerciante. A atitude desonesta desagradou-lhe.

O verbo **agradar** é *transitivo direto* no sentido de *acariciar, fazer carinho.*
Exemplo:
Isadora **agradava** *o seu cãozinho.* Isadora **agradava**-*o.*

AGRADECER / PAGAR / PERDOAR

Apresentam várias regências.

Transitivos diretos, com o objeto representando *coisa*.
Exemplos:
Agradeci *o presente*. Agradeci-*o*.
Paguei *a consulta*. Paguei-*a*.
O agiota não **perdoou** *os juros*. O agiota não *os* perdoou.

Transitivos indiretos, regendo a preposição **a**, com o objeto representando *pessoa*.
Exemplos:
Agradeci ao amigo. Agradeci-lhe.
Paguei ao médico. Paguei-lhe.
O agiota não **perdoou a**os devedores. O agiota não lhes perdoou.

Transitivos diretos e indiretos, com os dois objetos.
Exemplos:
Agradeci *o presente* **a**o amigo.
Agradeci-lhe *o presente*. **Agradeci**-*o* ao amigo.
Paguei *a consulta* **a**o médico.
Paguei-lhe a consulta. **Paguei**-*a* **a**o médico.
O agiota não **perdoou** *os juros* **a**os devedores.
O agiota não lhes perdoou os juros. O agiota não *os* **perdoou a**os devedores.

ASPIRAR

Possui mais de uma regência, com alteração de significado.

Transitivo direto, significando *sorver, inspirar*.
Exemplos:
Na carroceria, **aspirávamos** *o pó* levantado pelo caminhão.
Pela manhã, ela **aspirava** *o ar puro.*

Transitivo indireto, regendo a preposição **a**, com sentido de *almejar, pretender, desejar*.

Exemplos:

O povo **aspira a** uma sociedade mais justa.

Os trabalhadores **aspiravam a** maior segurança no trabalho.

ASSISTIR

Possui mais de uma regência, com alteração de significado.

Transitivo direto, no sentido de *dar assistência, ajudar*.

Exemplos:

O veterinário **assistiu** *o gato* com dedicação.

O veterinário **assistiu**-*o* com dedicação.

O veterinário **procurou assisti**-*lo* com dedicação.

Como transitivo direto, admite a voz passiva.

Exemplo:

O gato **foi assistido** pelo veterinário com dedicação.

Transitivo indireto, regendo a preposição **a**, nos sentidos de:

a) *presenciar, ver*.

Exemplos:

Os turistas **assistiram a**o espetáculo.

Os turistas **assistiram a** ele. (não admite *lhe, lhes*)

Na linguagem coloquial, é comum ser empregado como transitivo direto, tanto na voz ativa como na passiva.

Exemplo:

Os turistas **assistiram** *o espetáculo*. / O espetáculo **foi assistido** pelos turistas.

b) *caber, pertencer, ser da competência*.

Exemplos:

A escalação do time não **assiste a**os torcedores.

A escalação do time não lhes **assiste**. (admite *lhe, lhes*)

Intransitivo, regendo a preposição **em**, no sentido bem pouco usado de *residir*.

Exemplo:

O carioca **assiste n**a cidade do Rio de Janeiro.

CHAMAR

Possui mais de uma regência, com alteração de significado.

Transitivo direto, no sentido de *convidar*, *convocar*.

Exemplos:

Chamaram *alguns amigos* para o jantar.

Queriam chamá-*los* para o jantar.

O professor **chamou** *os alunos* para a classe.

O professor **chamou**-*os* para a classe.

No mesmo sentido, pode reger a preposição **por**, como realce.

Exemplo:

O professor **chamou** *pelos alunos*.

Transitivo direto ou *transitivo indireto*, no sentido de *denominar*, *apelidar*, caso em que normalmente é usado com predicativo do objeto; admite as seguintes construções:

a) como *transitivo direto*.
  Exemplos:
  Os fãs **chamam** *o cantor de* rei. (objeto direto + predicativo com preposição)
  Os fãs **chamam** *o cantor* rei. (objeto direto + predicativo sem preposição)
  Os fãs **chamam**-*no de* rei. / Os fãs **chamam**-*no* rei.

b) como *transitivo indireto*, regendo a preposição **a**.
  Exemplos:
  Os fãs **chamam** <u>a</u>o cantor *de* rei. (objeto indireto + predicativo com preposição)
  Os fãs **chamam** <u>a</u>o cantor rei. (objeto indireto + predicativo sem preposição)
  Os fãs **chamam**-<u>lhe</u> *de* rei. / Os fãs **chamam**-<u>lhe</u> rei.

CONFRATERNIZAR

Não é verbo pronominal, não é acompanhado de **se**.

Exemplos:

Após o campeonato, os atletas **confraternizaram**. (*intransitivo*)

Após o campeonato, os atletas **confraternizaram** <u>*com* os adversários</u>. (*transitivo indireto*)

CONSISTIR

É *transitivo indireto*, regendo a preposição **em**.

Exemplos:

O prestígio de seu nome **consiste em** um trabalho honesto.

A sua tarefa **consiste no** levantamento do material.

CUSTAR

Possui mais de uma regência, com alteração de significado.

Transitivo indireto, no sentido de *ser custoso*, *ser difícil*, tendo geralmente como sujeito uma oração subordinada substantiva reduzida.

Exemplos:

Custou-me descobrir seu telefone.

Custou aos alunos entender a matéria.

Custou-lhes entender a matéria.

Na linguagem coloquial é comum:

a) o uso da preposição **a** entre o verbo e o sujeito.
   Exemplo:
   Custou-me a descobrir seu telefone.

b) esse verbo ter o sujeito representando pessoa.
   Exemplo:
   Os alunos custaram para entender a matéria.

Transitivo direto e *indireto*, no sentido de *acarretar*, *exigir*.

Exemplos:

Seu diploma universitário **custou**-lhe muita dedicação.

Essa viagem **custou**-nos muita preocupação.

ESQUECER / LEMBRAR

Ambos possuem duas regências, sem alteração de significado.

Transitivos diretos ou *indiretos*, no sentido de *sair da memória* (esquecer) ou *vir à memória* (lembrar):

a) *diretos*, se não forem *pronominais*.
   Exemplos:
   Esqueci *o livro de História*.
   Lembrei *o nome do artista*.

b) *indiretos*, regendo a preposição **de**, se empregados como *verbos pronominais*.

Exemplos:
Esqueci-me **d**o livro de História.
Lembrei-me **d**o nome do artista.

Transitivo direto, no sentido de *trazer à lembrança*.
Exemplos:
Mariana **lembra** *o pai*; Rafael, *a mãe*.
Esse filme **lembra** *um livro* que li há muito tempo.

Transitivo direto e indireto, no sentido de *advertir*.
Exemplos:
Lembramos aos alunos a hora da prova.
Lembramos *os alunos* **d**a hora da prova.

INFORMAR

É *transitivo direto* e *indireto*, admitindo duas construções:

a) com *objeto direto* representando **pessoa** e *objeto indireto*, **coisa**.
Exemplos:
Informei *os clientes* **d**o (ou **sobre** o) novo endereço.
Informei-*os* **d**o (ou **sobre** o) novo endereço.

b) com *objeto direto* representando **coisa** e *objeto indireto*, **pessoa**.
Exemplos:
Informei *o novo endereço* **a**os clientes.
Informei-*o* **a**os clientes.
Informei-lhes *o novo endereço*.

Possuem essa mesma construção os verbos: **avisar**, **certificar**, **cientificar**, **notificar**, **prevenir**.

IMPLICAR

Possui mais de uma regência, com alteração de significado.

Transitivo direto, no sentido de *acarretar*, *provocar*.
Exemplo:
Suas atitudes **implicaram** *o fechamento da empresa*.

Transitivo indireto, regendo a preposição **com**, no sentido de *ser impaciente*.
Exemplo:
O irmão mais velho **implicava com** a caçulinha.

Transitivo direto e indireto, no sentido de *envolver, comprometer*.
Exemplo:
O funcionário **implicou** também *o chefe* **em** atos ilícitos.

OBEDECER / DESOBEDECER

São verbos *transitivos indiretos* que regem a preposição **a**.

Exemplos:

Os motoristas **obedecem a**os sinais de trânsito.

Os motoristas **obedecem a** eles. (objeto = coisa; não se usa **lhe**, **lhes**)

Os filhos não **devem desobedecer a**os pais.

Os filhos não **devem desobedecer**-lhes. / Os filhos não **devem desobedecer a** eles. (objeto = pessoa; usam-se as duas formas)

Apesar de transitivos indiretos, esses verbos são usados na voz passiva.

Exemplos:

Os sinais de trânsito **são obedecidos** pelos motoristas.

Os pais não **devem ser desobedecidos** pelos filhos.

PRECISAR

Admite mais de uma regência, com alteração de significado.

Transitivo direto, no sentido de *indicar com exatidão*.
Exemplos:
O piloto **precisou** *a hora e o local do pouso*.
Vovó está esquecida: não soube **precisar** *os principais fatos de sua vida*.

Transitivo indireto, regendo a preposição **de**, no sentido de *necessitar, carecer*.
Exemplos:
Precisamos de muitos amigos.
Os filhos **precisam d**os pais.

Nesse sentido, é comum o seu emprego também como *transitivo direto*.
Exemplos:
Não **preciso** (de) nada.
Era o (de) que ele **precisava**.
Precisávamos (de) encontrar uma saída.
Preciso (de) que volte logo.
Não há ninguém que (de) tanto dinheiro **precise**.

Intransitivo, no sentido de *ser necessitado*.

Exemplo:

É pedinte porque **precisa**.

PREFERIR

É *transitivo direto e indireto*, regendo a preposição **a**.

Exemplos:

Prefiro doce **a** salgado.

Prefiro o entardecer **a**o amanhecer.

A palavra **preferir** já indica que se deseja mais uma coisa (objeto direto) do que outra (objeto indireto); por isso, esse verbo não deve ser usado com elementos do tipo: *mais*, *muito mais*, *mil vezes*, acompanhados, ou não, de *que*, *(do) que*.

PRESIDIR

É *transitivo direto* ou *transitivo indireto* (regendo a preposição **a**), sem alteração de significado.

Exemplos:

Poucos **presidiram** o congresso como ele.

Poucos **presidiram** **a**o congresso como ele.

O diretor **presidiu** o evento.

O diretor **presidiu** **a**o evento.

PROCEDER

Possui mais de uma regência, com alteração de significado.

Intransitivo, no sentido de *ter fundamento*, *comportar-se* e *indicar local de origem de uma ação de deslocamento*.

Exemplos:

Sua resposta estúpida não **procede**.

Você **procedeu** mal nessa decisão. (é seguido de adjunto adverbial)

O ônibus **procede** de Maceió. (rege a preposição **de**, que inicia adjunto adverbial de lugar)

Transitivo indireto, regendo a preposição **de**, no sentido de *provir*, *originar-se*.

Exemplos:

Muitos de nossos hábitos **procedem** **d**a cultura africana.

Sua família **procede** **de** Portugal.

Transitivo indireto, regendo a preposição **a**, no sentido de *dar andamento*.

Exemplo:
A CPI (Comissão Parlamentar de Inquérito) **procedeu a**os depoimentos dos políticos envolvidos no caso.

QUERER

Possui mais de uma regência, com alteração de significado.

Transitivo direto, no sentido de *desejar*.
Exemplos:
Queremos *muita paz e amor*.
Quero *o seu carinho*.

Transitivo indireto, regendo a preposição **a**, no sentido de *estimar*, *amar*.
Exemplos:
Aquela senhora **queria** muito **a**os netos.
Quero muito **a** você.
Quero-lhe muito, minha amiga.

SIMPATIZAR / ANTIPATIZAR

São *transitivos indiretos* que regem a preposição **com**.
Exemplos:
Simpatizo com a maioria dos alunos.
Antipatizo com pessoas preconceituosas.

Esses verbos não são pronominais, portanto não é correto dizer: Simpatizo-me com você.

SUCEDER

Possui mais de uma regência, com alteração de significado.

Intransitivo, no sentido de *dar-se um fato*.
Exemplos:
Sucedeu uma série de eventos no aniversário da cidade.
Nas festas de fim de ano, muitos acidentes **sucedem** nas estradas.

Transitivo indireto, regendo a preposição **a**, no sentido de *substituir*, *vir depois*, *acontecer*.
Exemplos:
Os CDs **sucederam a**os antigos "long plays".
O computador **sucedeu à** máquina de escrever.
A dor maior **sucede** geralmente **a**os invejosos.

VISAR

Possui mais de uma regência, com alteração de significado.

Transitivo direto, no sentido de *apontar*, *mirar* e de *pôr visto*, *rubricar*.

Exemplos:
O atirador sempre **visava** um mesmo ponto.
O gerente da loja **visa** todos os cheques dados pelos clientes.

Transitivo indireto, regendo a preposição **a**, no sentido de *pretender*, *ter em vista*.

Exemplos:
Eu **visava** apenas a alguns dias de descanso.
Visamos ao seu bem, filho!

REGÊNCIA NOMINAL

A **regência nominal** trata da relação que se estabelece entre um **nome** (substantivo, adjetivo ou advérbio) que exige complemento e o complemento exigido, isto é, o **complemento nominal**.

Todo nome que exige complemento exige também **preposição**. Conhecer regência nominal é identificar os **nomes** que possuem complementos e as **preposições** que esses nomes regem.

São duas as situações de regência nominal:

- Há nomes que regem preposições diferentes, sem alteração do significado.
  Exemplos:
  Estou **habituado a** esse tipo de serviço.
  Estou **habituado com** esse tipo de serviço.

- Há nomes que, dependendo do significado, regem uma ou outra preposição.
  Exemplos:
  Isso reflete sua **consideração por** pessoas honestas. (respeito)
  Expôs suas **considerações sobre** a política brasileira. (crítica, comentário)

Relação de alguns nomes e das preposições que eles regem	
acessível **a**, **para**, **por**	equivalente **a**
acostumado **a**, **com**	escasso **de**
admiração **a**, **por**	essencial **a**, **para**
afável **com**, **para com**	falta **a**, **com**, **de**, **para com**
afeiçoado **a**, **por**	favorável **a**
alheio **a**, **de**	generoso **com**

amor **a**, **por**	horror **a**
análogo **a**	imbuído **de**
ansioso **de**, **para**, **por**	imune **a**, **de**
apto **a**, **para**	inclinação **a**, **para**, **por**
atentado **a**, **contra**	incompatível **com**
aversão **a**, **para**, **por**	junto **a**, **de**
ávido **de**, **por**	medo **a**, **de**
bacharel **em**	obediência **a**
capacidade **de**, **para**	ojeriza **a**, **por**
compatível **com**, **a**	preferível **a**
constante **de**, **em**	prejudicial **a**
constituído **com**, **de**, **por**	propenso **a**, **para**
contemporâneo **a**, **de**	propício **a**
contente **com**, **de**, **em**, **por**	próximo **a**, **de**
contíguo **a**, **com**	relacionado **com**
contrário **a**	relativo **a**
cruel **com**, **para**, **para com**	respeito **a**, **com**, **por**, **para com**
curioso **de**, **por**, **a**	satisfeito **com**, **de**, **em**, **por**
descontente **com**	semelhante **a**
desprezo **a**, **de**, **para**	sensível **a**
devoção **a**	sito **em**
dúvida **em**, **sobre**, **acerca de**	situado **a**, **em**, **entre**
empenho **de**, **em**, **por**	suspeito **de**

EM SÍNTESE

Sintaxe de regência — estudo das relações de dependência entre um **verbo** ou um **nome**, os *termos regentes*, e seus respectivos complementos, os *termos regidos*.

Regência verbal — termo regente é um **verbo**: identifica-se sua transitividade e, quando ele exige preposição, emprega-a adequadamente.

Regência nominal — termo regente é um **nome** que pede preposição: identifica-se esse termo, a preposição regida por ele e o seu complemento, isto é, o *complemento nominal*.

No texto

Leia o texto a seguir.

> ### Um homem de consciência
>
> Chamava-se João Teodoro, só. [...]
>
> Nunca fora nada na vida, nem admitia a hipótese de **vir** a ser alguma coisa. [...]
>
> Mas João Teodoro acompanhava com aperto de coração o desaparecimento visível de sua Itaoca.
>
> — Isto já foi muito melhor, dizia consigo. Já teve três médicos bem bons — Agora só um e bem ruinzote.
>
> [...]
>
> Um dia aconteceu a grande novidade: a nomeação de João Teodoro para delegado. Nosso homem recebeu a notícia como se fosse uma porretada no crânio. [...]
>
> João Teodoro **caiu** em meditação profunda. Passou a noite em claro, pensando e arrumando as malas. Pela madrugada botou-as num burro, montou no seu cavalo magro e partiu.
>
> — Que é isso, João? [...]
>
> — Vou-me embora, respondeu o retirante. Verifiquei que Itaoca **chegou** mesmo ao fim.
>
> — Mas como? Agora que você está delegado?
>
> — Justamente por isso. Terra em que João Teodoro **chega** a delegado, eu não moro. [...]

LOBATO, Monteiro. **Cidades mortas.** São Paulo: Brasiliense, 1984, p. 110.

1. No texto, Monteiro Lobato, representante do Pré-Modernismo brasileiro, faz uma crítica à realidade brasileira. Qual?

2. Qual a relação de subordinação que ocorre entre os verbos em destaque e seus complementos? Explique a ocorrência da preposição em cada caso.

3. No texto, explique o emprego do verbo **chegar** quanto à transitividade e explique a diferença sintática entre **ao fim** e **a delegado**.

SINTAXE

Sintaxe de colocação

Um primeiro olhar

Observe, a seguir, a capa de um guia de cultura, diversão e entretenimento, caderno especial publicado semanalmente no jornal **Folha de S.Paulo**.

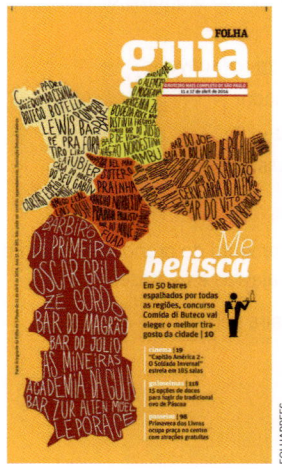

FOLHA DE S.PAULO, São Paulo, 11 abr. 2014. Guia Folha.

1. A sequência natural dos termos de uma oração, ou seja, a ordem direta é sujeito e predicado.
   a) Analise sintaticamente a oração "Me belisca".
   b) A oração está escrita em ordem direta?
2. Nesse caso, de acordo com a gramática normativa, o pronome deveria obedecer à sequência verbo e complemento. Como ficaria a oração em ordem direta?
3. Por que, provavelmente, o autor optou pelo desvio dessa regra?

COLOCAÇÃO DOS PRONOMES OBLÍQUOS ÁTONOS

A **sintaxe de colocação** trata da disposição das palavras na frase. A ordem das palavras não é aleatória: ela deve garantir o significado e a harmonia da frase.

A colocação dos *pronomes oblíquos átonos* (**me, te, se, o, a, lhe, nos, vos, os, as, lhes**) é um dos aspectos de colocação das palavras ligados à harmonia da frase. Esses pronomes acompanham o verbo, podendo ser colocados *antes* dele, *intercalados* a ele ou *após* ele.

Para cada tipo de colocação, há um nome específico.

PRÓCLISE

É o nome dado à colocação do pronome **antes** do verbo.

Exemplos:

A noite de ontem **lhe** fora agradável.

Isso **me** deixa transtornado!

Talvez **o** veja ainda hoje.

Quanto **me** doeu essa distância!

Justificativas da próclise

O que justifica o deslocamento do pronome para antes do verbo, gerando a próclise, são alguns tipos de palavras e de frases, como:

- os advérbios, de maneira geral.
  Exemplos:
  Não **o** verei amanhã.
  Nunca **te** esqueci.
  Agora **o** vejo feliz.
  Aqui **se** vive bem.

- os pronomes demonstrativos.
  Exemplos:
  Aquilo **me** entristeceu.
  Isso **o** deixa feliz.

- os pronomes indefinidos.
  Exemplos:
  Todos **te** querem bem.
  Algo **me** dizia que isso não daria certo.

- os pronomes relativos.
  Exemplos:
  Foi aquele homem *quem* **me** <u>ensinou</u> o caminho.
  Este é um lugar *onde* **me** <u>sinto</u> bem.

- as conjunções subordinativas.
  Exemplos:
  Quando **me** <u>procurar</u>, estarei longe daqui.
  Comprarei o móvel somente *se* **me** <u>for</u> útil.

- a preposição seguida de gerúndio e de infinitivo pessoal.
  Exemplos:
  Em **se** <u>tratando</u> de dinheiro, não fale comigo.
  Por **se** <u>acharem</u> o máximo, acabaram sozinhos.

- as frases exclamativas, interrogativas e optativas.
  Exemplos:
  Como **se** <u>maltratam</u> com essas agressões!
  Quanto **me** <u>cobrará</u> pelo conserto do sapato?
  Deus **o** <u>acompanhe</u>.

MESÓCLISE

É o nome dado quando o pronome fica **intercalado** ao verbo, ligando-se a ele por meio de hífen.

Exemplos:

Após a recuperação, <u>avaliar</u>-**se**-<u>á</u> o crescimento do aluno.

<u>Esperá</u>-**lo**-<u>ei</u> amanhã em minha casa.

<u>Encontrar</u>-**te**-<u>ia</u> mais tarde, se não tivesses compromisso.

Justificativas da mesóclise

O que justifica a mesóclise é o fato de o verbo estar no *futuro do presente* ou no *futuro do pretérito* do modo indicativo e não ser possível a próclise, ou seja, não haver palavra que atraia o pronome para antes do verbo.

Havendo justificativa para a próclise, desfaz-se a mesóclise.

Exemplos:

Após a prova de recuperação, *não* **se** <u>avaliará</u> mais o crescimento do aluno.

Não **o** <u>esperarei</u> em minha casa amanhã.

Somente **te** <u>encontraria</u> se não tivesses compromisso.

ÊNCLISE

É o nome dado à colocação do pronome **após** o verbo, ligando-se a ele por meio de hífen.

Exemplos:

Empreste-**me** um lápis?

Dê-**lhe** uns bons conselhos.

Não era meu objetivo magoar-**te**.

Justificativas da ênclise

A ênclise é a posição normal do pronome, pois obedece à sequência *verbo — complemento*. Ela só não ocorre quando há justificativas para a próclise ou mesóclise. Ela deve ser usada:

- em frase iniciada com verbo (desde que não esteja no futuro do presente nem no futuro do pretérito).

  Exemplos:

  Faça-**me** o favor de puxar a cadeira.

  Viram-**nos** aqui.

  Tratando-**se** de festa, era só falar com ela.

- depois de pausa.

  Exemplos:

  Quando voltava do trabalho, parecia-**me** bem cansado.

  Ele parou, deu-**lhe** um beijo e continuou a caminhar.

- com infinitivo impessoal, mesmo havendo justificativa para a próclise.

  Exemplos:

  Convém contar-**lhe** tudo. Convém *não* contar-lhe tudo.

  Espero vê-**lo** hoje. (devolver-**lhe** o favor). Espero *não* vê-**lo** hoje.

> **OBSERVAÇÃO**
>
> Hoje, praticamente não se usa a mesóclise, e é comum a substituição da ênclise pela próclise em início de frase. Exemplos:
>
> **Me** faça um favor.
>
> **Nos** viram aqui.

OS PRONOMES OBLÍQUOS ÁTONOS NAS LOCUÇÕES VERBAIS

Nas locuções verbais, a colocação dos pronomes oblíquos átonos obedece, basicamente, aos critérios a seguir.

Com verbo auxiliar + infinitivo ou gerúndio

a) Se não houver justificativa para a próclise, o pronome pode ser colocado:
- depois do *verbo auxiliar*.

    Exemplos:
    Devo-**lhe** mandar o livro hoje.
    Estavam-**nos** esperando na sala.

- depois do *infinitivo* ou *gerúndio*.

    Exemplos:
    Devo mandar-**lhe** o livro hoje.
    Estavam esperando-**nos** na sala.

b) Se houver justificativa para a próclise, o pronome pode ser colocado:
- antes do *verbo auxiliar*.

    Exemplos:
    Não **lhe** devo mandar o livro hoje.
    Todos **nos** estavam esperando na sala.

- depois do *infinitivo* ou *gerúndio*.

    Exemplos:
    Não devo mandar-**lhe** o livro hoje.
    Todos estavam esperando-**nos** na sala.

Com verbo auxiliar + particípio

a) Se não houver justificativa para a próclise, ocorre a ênclise ao verbo auxiliar.
Exemplo:
Haviam-**me** oferecido um bom emprego.

b) Se houver justificativa para a próclise, é desfeita a ênclise ao verbo auxiliar.
Exemplo:
Não **me** haviam oferecido um bom emprego.

OBSERVAÇÕES

a) Se o verbo auxiliar estiver no futuro — do presente ou do pretérito —, ocorre a mesóclise. Exemplos:

Dever-**lhe**-ei mandar o livro hoje.

Haver-**me**-iam oferecido um bom emprego.

b) Na linguagem informal, a tendência é colocar o pronome antes do verbo principal nas locuções verbais. Exemplos:

Devo **lhe** mandar o livro hoje. / *Não* devo **lhe** mandar o livro hoje.

Deverei **lhe** mandar o livro hoje. / *Não* deverei **lhe** mandar o livro hoje.

c) Havendo **preposição** entre o verbo auxiliar e o infinitivo, costumam ser empregadas a ênclise ou a próclise ao verbo principal. Exemplos:

A moça há *de* acostumar-**se** com o novo emprego.

A moça há *de* **se** acostumar com o novo emprego.

Se, porém, a preposição for o **a** e o pronome for o **o**, ocorre somente a ênclise:

Voltou *a* visitá-**los** mais uma vez.

EM SÍNTESE

Colocação dos pronomes oblíquos átonos

- **Próclise** — colocação do pronome antes do verbo.
  - Justificativa: desde que haja palavra que atraia o pronome.

- **Mesóclise** — colocação do pronome no meio do verbo.
  - Justificativas: verbo no futuro do presente ou do pretérito, e desde que não se justifique a próclise.

- **Ênclise** — colocação do pronome após o verbo.
  - Justificativa: essa é a posição normal do pronome.

- **Pronomes oblíquos átonos nas locuções verbais**
  - Verbo auxiliar + infinitivo ou gerúndio.
  - Verbo auxiliar + particípio.

No texto

Leia o poema de Manoel de Barros.

Autorretrato falado

Venho de um Cuiabá de garimpos e de ruelas entortadas.
Meu pai teve uma venda no Beco da Marinha, onde nasci.
Me criei no Pantanal de Corumbá entre bichos do chão,
aves, pessoas humildes, árvores e rios.
Aprecio viver em lugares decadentes por gosto de estar
entre pedras e lagartos.
Já publiquei 10 livros de poesia: ao publicá-los **me** sinto
meio desonrado e fujo para o Pantanal onde sou
abençoado a garças.
Me procurei a vida inteira e não **me** achei — pelo que
fui salvo.
Não estou na sarjeta porque herdei uma fazenda de gado.
Os bois **me** recriam.
Agora eu sou tão ocaso!
Estou na categoria de sofrer do moral porque só faço
coisas inúteis.
No meu morrer tem uma dor de árvore.

BARROS, Manoel de. Autorretrato falado. In: BARROS, Manoel de. **Poesia completa**.
São Paulo: Leya, 2013. © by Manoel de Barros.

1. Comente o título do texto, considerando o significado das duas palavras que o formam: "Autorretrato falado". Acrescente a seu comentário qual é a pessoa gramatical utilizada na formulação desse tipo de texto.

2. A imagem que o eu lírico faz de si mesmo é marcada, basicamente, por sentimentos negativos, como inutilidade, conflito, sofrimento, morte. Alguns versos ou expressões passam essas sensações com muito realismo. Retire do texto trechos que mais diretamente expressam esses sentimentos.

3. O pronome **me** aparece destacado no texto. Observe o seu emprego antes do verbo e explique se a próclise, em todas essas situações, está de acordo com a norma-padrão.

4. Pelo que se observa nos diferentes meios de comunicação e em falas de pessoas de variados níveis, o emprego da próclise parece ter-se generalizado. O que se pode deduzir com isso?

SINTAXE

Emprego das classes gramaticais

Um primeiro olhar

***Trekking** é a prática esportiva de caminhar por trilhas naturais a pé.*

Bahia — As pernas doem, os olhos brilham: *trekking* no Vale do Pati, célebre travessia na Chapada Diamantina, exige muita disposição para adentrar um universo de cenários e momentos inesquecíveis.

Garimpo visual

O Estado de S.Paulo, São Paulo, 18 mar. 2014, Viagem D1.

Leia a chamada de uma reportagem publicada no suplemento dedicado a viagens de um jornal de São Paulo.

1. Observe as orações.

   "As pernas doem [...]".
   "[...] os olhos brilham [...]".

   a) Classifique sintaticamente os termos das orações.

   b) Que classes gramaticais compõem cada termo da oração?

2. Releia a oração:

   "*trekking* no Vale do Pati [...] exige muita disposição."

   a) Identifique os substantivos e especifique sua função sintática.

   b) Identifique o verbo e classifique também sua função sintática.

3. Quais são as classes gramaticais responsáveis pela estrutura básica das orações?

CLASSE GRAMATICAL E FUNÇÃO SINTÁTICA

Estudar a função sintática das classes gramaticais, ou seja, analisar as palavras nos seus aspectos *morfológico* e *sintático* conjuntamente, consiste em fazer uma análise **morfossintática**.

Veja:

	sujeito simples				predicado verbal		
As	minhas	duas	**camisetas**	novas	/ **desapareceram**	misteriosamente	do armário.
art.	pron.	num.	substantivo	adjunto adnominal	verbo intransitivo	advérbio	expressão adverbial

Classes gramaticais							
adj. adn.	adj. adn.	adj. adn.	núcleo do sujeito	adjunto adnominal	núcleo do predicado	adjunto adverbial	adjunto adverbial

Funções sintáticas

sujeito composto				predicado verbal			
Antônio	e	**Maria**	/	**deram** -	me	um	vaso	de cristal.
subst.		subst.		v. trans. dir. e ind.	pron.	art.	subst.	loc. adjetiva

Classes gramaticais							
núcleo do sujeito	conj.	núcleo do sujeito		núcleo do predicado	objeto indireto	adj. adn.	núcleo do obj. dir.	adjunto adnominal

Funções sintáticas

Percebe-se, pelos exemplos, que **substantivo** e **verbo** são as classes gramaticais responsáveis pela estrutura básica da oração, porque formam, respectivamente, o núcleo do **sujeito** e do **predicado**. As classes gramaticais que representam as demais funções sintáticas estão, de alguma forma, ligadas a esses dois núcleos.

> **OBSERVAÇÃO**
> a) O núcleo do sujeito é sempre formado de **substantivo** ou **palavra equivalente**.
> b) Com exceção do verbo de ligação, os demais verbos — intransitivos e transitivos — funcionam como **núcleo do predicado**.

FUNÇÃO SINTÁTICA DO SUBSTANTIVO

O **substantivo** pode aparecer como **núcleo** de qualquer um dos termos da oração.

1. **Núcleo do sujeito**
   A **moça** não percebeu que enrubescera.

2. **Núcleo do predicado nominal** — como predicativo do sujeito.
   Esse rapaz parece uma **criança**.

3. **Núcleo do predicado verbo-nominal**
   - como predicativo do sujeito.
     O soldado foi aclamado **herói**. (ou *como* **herói**)
   - como predicativo do objeto.
     Consideramos você uma **pessoa** honesta.
4. **Núcleo do objeto direto**
   Com a enchente, os moradores perderam todos os seus **móveis**.
5. **Núcleo do objeto indireto**
   Precisávamos de um bom **motivo** para não viajar.
6. **Núcleo do complemento nominal**
   Estamos ansiosos por essa **festa**.
7. **Núcleo do agente da passiva**
   O mistério foi desvendado por competentes **policiais**.
8. **Núcleo do adjunto adnominal** — formado por locução adjetiva
   Usou uma roupa do **pai**. (é precedido de preposição)
9. **Núcleo do adjunto adverbial** — formado por expressão adverbial
   Fomos ao **teatro**. (é precedido de preposição)
10. **Núcleo do aposto**
    Vinícius, aquele inteligente **rapaz**, teve de abandonar os estudos.

Particularidades sobre o substantivo

1. Alguns termos da oração, como **sujeito**, **objeto direto**, **objeto indireto** e **agente da passiva**, têm sempre como núcleo um substantivo ou palavra equivalente.
   - Exemplo com **substantivo**:
     Os **convidados** ofereceram **flores** aos **anfitriões**.
     (núcleo do sujeito, do objeto direto e do objeto indireto)
   - Exemplo com **palavra equivalente**:
     Bia e Guilherme estiveram aqui, dei a **eles** o livro e os **dois** agradeceram.
     (pronome substantivo = núcleo do objeto indireto; numeral substantivo = núcleo do sujeito)

     O seu **amanhã** é um baú de sonhos.
     (advérbio substantivado = núcleo do sujeito)

2. O **vocativo**, termo à parte na oração, também é representado por um **substantivo**.
   Desculpe-me, **amigo**.

3. Qualquer palavra, expressão ou oração pode ser substantivada.

> Não tenho hábito de usar o **nunca**.
> Devemos refletir sobre o **fazer nosso de cada dia**.

FUNÇÃO SINTÁTICA DO ARTIGO

O **artigo** liga-se ao substantivo acompanhando-o apenas. Exerce, portanto, a única função sintática de **adjunto adnominal**.

> **O** *menino* era pequeno com **uma** grande *cabeleira* loira.
>
> (artigos **o** e **uma**: adjuntos adnominais)

Particularidades sobre o artigo

1. Casos específicos em que o artigo é usado.
   - Para evidenciar o *gênero* e o *número* de certos substantivos.
     > Vi **um** *colega* no cinema. / Vi **uma** *colega* no cinema.
     > Quebrei **o** *pirex*. / Quebrei **os** *pirex*.
   - Para *substantivar* qualquer classe gramatical.
     > Ouvi **um** *não* seco. (advérbio substantivado)
     > **O** *de* é uma preposição. (preposição substantivada)
   - Após o pronome indefinido **todos** e o numeral **ambos**, quando seguidos de substantivo.
     > Todos **os** *seres* humanos anseiam por liberdade.
     > Ambos **os** *alunos* fizeram o trabalho.
   - Antes de numeral para exprimir aproximação.
     > Araçatuba fica a **uns** *500* quilômetros de São Paulo.
     > É uma senhora de **uns** *sessenta* anos.

2. Alguns casos em que não se usa o artigo.
   - Antes de palavra de sentido generalizado.
     > Não vou a *cinema* faz tempo.
     > *Amor* é *felicidade*.
   - Antes de nomes de pessoas.
     > *Castro Alves* é poeta romântico.
     > A não ser que se trate de pessoa íntima: **O** *Ricardo* saiu.
   - Antes de nomes de cidades.
     > *Campinas* é uma grande cidade do interior paulista.
     > A não ser que seja nome formado de substantivo comum: **O** *Rio de Janeiro* é lindo.

- Antes dos substantivos **casa** e **terra**, sem modificadores (adjetivo, pronome etc.).
  Saí de **casa** somente quando casei.
  Os marinheiros avistaram **terra** depois de vários meses no mar.
- Antes de pronomes de tratamento, excetuando-se o pronome **senhora**.
  Vossa Excelência cometeu um engano.
  A senhora virá amanhã, professora?
- Nas locuções com pronome possessivo (**a meu ver**, **a meu modo**, **a meus pés** etc.).
  A meu ver, sua atitude não foi correta. (O "a" que antecede o pronome é preposição.)
- Depois do pronome relativo **cujo** (e variações):
  Este é o sapato **cuja** sola descolou.

FUNÇÃO SINTÁTICA DO ADJETIVO

O **adjetivo** liga-se ao substantivo acompanhando-o de duas maneiras; ele tem, portanto, basicamente duas funções sintáticas.

1. **Função de adjunto adnominal** quando pertence ao *mesmo termo* do substantivo a que se liga.

   A **maior** *lagoa* **salgada** do Brasil é Araruama.

   (adjetivos = **maior** e **salgada**: adjuntos adnominais do núcleo do sujeito)

2. **Função de núcleo do predicado** quando pertence a um termo diferente daquele do substantivo a que se liga.

   O *homem* era **feliz**.
   (predicativo do sujeito = núcleo do predicado nominal)
   O *homem* voltou **feliz** para casa.
   (predicativo do sujeito = núcleo do predicado verbo-nominal)
   O público achou o *filme* **ótimo**.
   (predicativo do objeto = núcleo do predicado verbo-nominal)

Particularidades sobre o adjetivo

1. O adjetivo possui características tão semelhantes às do substantivo que, muitas vezes, só é possível distingui-los na frase.

            substantivo   adjetivo
   É preciso criar emprego para *trabalhadores* **jovens**.
   substantivo   adjetivo
   Jovens **trabalhadores** querem emprego.

2. Há casos em que a posição do adjetivo altera-lhe o significado.
   Era um **velho** *amigo* meu. (antigo)
   Era um *amigo* **velho** que precisava de mim. (idoso)
3. Há adjetivos adverbializados, isto é, empregados com valor de advérbio.
   A mulher chegou **rápido** ao local. (rapidamente)
   A criança tossiu **forte** durante a noite. (fortemente)

FUNÇÃO SINTÁTICA DO NUMERAL

O **numeral** liga-se ao substantivo acompanhando-o — **numeral adjetivo** — ou substituindo-o — **numeral substantivo** —, podendo exercer, portanto, várias funções sintáticas.

1. **Função de adjunto adnominal** quando é **numeral adjetivo**.
   Os **dois** *filhos* viviam agarrados à saia da mãe.
   O **primeiro** *andar* era muito escuro.
2. **Funções próprias do substantivo** quando é **numeral substantivo**.
   Dois mil e seis foi um bom ano. (sujeito)
   Em casa somos **quatro**. (predicativo do sujeito)
   Considerávamos os **dois** bons amigos. (objeto direto)

Particularidades sobre o numeral

1. Numeral **posposto** ao substantivo pode ser **ordinal** ou **cardinal**.
   - Na designação de papas, reis, imperadores, séculos e partes de uma obra usam-se:
     — os **ordinais** — de 1 a 10.
     Capítulo **I** (primeiro) / D. Pedro **II** (segundo)
     Pio **X** (décimo) / Século **V** (quinto)
     — os **cardinais** — de 11 em diante.
     Século **XXI** (vinte e um) / Luís **XV** (quinze)
     Bento **XVI** (dezesseis) / Capítulo **XIX** (dezenove)

   - Na indicação dos artigos dos textos legais, são usados:
     — os **ordinais** — de 1 a 9.
     Artigo 1 (primeiro) / Artigo 9 (nono)
     — os **cardinais** — de 10 em diante.
     Artigo 10 (dez) / Artigo dezoito

   - Na indicação de páginas, casas, apartamentos, usam-se os **cardinais**.
     casa 1 (um)   página 1 (um)
     casa 3 (três)   página 23 (vinte e três)

- Na indicação dos dias do mês, usam-se os **cardinais**, com exceção do dia **primeiro**.
  Mariana nasceu no dia **primeiro** de abril.
  Viajamos no dia **dois** de maio.

2. A conjunção e entre os **cardinais**.
   - É usada entre as centenas, dezenas e unidades.
     235 — duzentos **e** trinta **e** cinco
     852 — oitocentos **e** cinquenta **e** dois
   - Não é usada entre os milhares e as centenas, a não ser que as centenas terminem em dois zeros.
     1684 — mil seiscentos **e** oitenta **e** quatro
     1999 — mil novecentos **e** noventa **e** nove
     1600 — mil **e** seiscentos / 1900 — mil **e** novecentos.
   - Não é usada entre uma ordem e outra dos números grandes.
     12 583 847 — doze **milhões quinhentos** e oitenta e três mil oitocentos e quarenta e sete

3. Antes do numeral **mil** não se deve empregar o **um** (admite-se em preenchimento de cheque apenas).
   1715 — **mil** setecentos e quinze   1 000 — **mil**

4. São **numerais** as palavras **ambos/ambas**.
   Natália e *Henrique* estavam aqui, mas **ambos** já saíram.

> **OBSERVAÇÃO**
>
> Alguns gramáticos classificam como **numerais**, e não como **substantivos coletivos**, as palavras que indicam quantidades exatas, como: *dezena*, *dúzia*, *década*, *par*, *milheiro* etc.

FUNÇÃO SINTÁTICA DO PRONOME

O **pronome** liga-se ao substantivo, acompanhando-o — **pronome adjetivo** — ou substituindo-o — **pronome substantivo** —, podendo exercer, portanto, várias funções sintáticas.

1. **Função de adjunto adnominal** quando é **pronome adjetivo**.
   Foi **meu** *pai* quem nos contou **essa** *história*.
   Não encontrei **nenhum** *amigo* **naquele** *jogo* de basquete.

2. **Funções próprias do substantivo** quando é **pronome substantivo**.
   Ela é minha melhor amiga. (sujeito)

Os colegas não **a** tinham visto na escola. (objeto direto)
Deram-**lhe** muitos presentes no seu aniversário. (objeto indireto)
Minha prova é **esta**. (predicativo do sujeito)
Ninguém apareceu aqui. (sujeito)

Particularidades sobre o pronome

Pronomes pessoais

Os **pronomes pessoais** são **pronomes substantivos**; exercem, portanto, as **funções sintáticas próprias do substantivo**.

1. Os **pronomes pessoais retos** funcionam como **sujeito**.
   Nas férias passadas, **eu** não viajei.
   Ele (**ela**) desistiu do programa.

2. A maioria dos **pronomes pessoais oblíquos átonos** funciona como **objeto direto** ou **objeto indireto**, dependendo do verbo.
   Ninguém **me** vê aqui? (verbo transitivo direto; me = objeto direto)
   Ninguém **me** obedece aqui? (verbo transitivo indireto; me = objeto indireto)
   Encontrou-**nos** na rua. (verbo transitivo direto; nos = objeto direto)

3. Alguns pronomes pessoais oblíquos átonos possuem funções específicas:
   - **o**, **a**, **os**, **as** [lo(s), la(s), no(s), na(s)] funcionam como **objeto direto**.
     Ninguém **os** vê desde ontem.
     Pretendo encontrá-**la** amanhã. (encontrar + **a**)
     Despediram-**nos** por contenção de despesas. (despediram + **os**)
   - **lhe**, **lhes** funcionam como **objeto indireto**.
     Deram-**lhe** um bom livro.

4. Os **pronomes pessoais oblíquos tônicos** podem exercer diferentes funções.
   Deram a **mim** um bombom. (objeto indireto)
   Não tiveram dó de **mim**. (complemento nominal)
   A matéria foi estudada por **nós**. (agente da passiva)
   Quem sairá **comigo**? (adjunto adverbial de companhia)
   Não provoques a **mim**. (objeto direto preposicionado)

5. Comigo, contigo, consigo, conosco e convosco são formas já combinadas com a preposição **com**. Conosco e convosco, quando seguidas de mesmos, próprios, todos, outros, ambos ou qualquer numeral, são substituídas pelas formas **com nós** e **com vós**.
   Eles falarão **com nós** mesmos.
   O elevador enguiçou **com nós** todos dentro.
   Minha irmã irá **com nós** quatro.

SINTAXE

6. *Si* e *consigo* são reflexivos, isto é, referem-se ao próprio sujeito.

   As pessoas egoístas pensam só <u>em</u> **si** mesmas.

   Fala o tempo todo **consigo** mesmo.

7. *Eu* e *tu*, em certas estruturas, aparecem precedidos de preposição na linguagem popular; na língua culta, porém, essas estruturas são previstas com **pronomes oblíquos**.

   Nada mais existe <u>entre</u> **mim** e **ti**.

   O problema é <u>entre</u> **mim** e **ela**.

   Não vá embora <u>sem</u> **mim**.

8. O **pronome pessoal**, precedido de **preposição** e que inicia uma **oração** reduzida, funciona como **sujeito** dessa oração. Por isso, na língua culta é previsto o uso do pronome **reto**. Na língua popular, no entanto, é comum o emprego do pronome oblíquo.

   Esse livro é *<u>para</u> **eu** ler*. (= para que **eu** leia)

   É preciso muito tempo *<u>para</u> **eu** estudar essa matéria*. (= para que **eu** estude essa matéria)

   Minha mãe disse *<u>para</u> **eu** esperar aqui*. (= para que **eu** espere aqui)

9. **Pronomes** do grupo (**me**, **te**, **se**, **nos**, **vos**, **o**, **a**, **os**, **as**) podem aparecer exercendo a dupla função de **objeto** e **sujeito** de verbos diferentes.

   Deixe-**me** *ver*. (**me** = *objeto* de "deixar" e *sujeito* de "ver")

   Mandei-**o** *sair* daqui. (**o** = *objeto* de "mandar" e *sujeito* de "sair")

Pronomes possessivos

1. Os **pronomes possessivos** *seu*, *sua*, *seus*, *suas* podem gerar ambiguidade em relação ao possuidor em certas estruturas, que devem ser substituídas.

   O pai repreendeu o(a) filho(a) porque bateu o **seu** *carro*.

   Como o filho bateu o carro de seu pai, foi repreendido por ele.

   O pai repreendeu a filha porque bateu o carro dele (ou dela).

2. Os **pronomes possessivos** podem ser usados expressando ideia:

   - de **aproximação**.

     Quando morreu já deveria ter **seus** noventa anos.

     Ela deve ter **seus** cinquenta pares de sapatos mais ou menos.

   - de **afeto**, **cortesia**.

     Não se desespere, **meu** amigo!

     Minha senhora, deixe-me ajudá-la.

3. Usado no masculino plural, o **possessivo substantivado** pode significar *parentes*, *familiares*.

   Desejaram-lhe tudo de bom, e também aos **seus**.

4. A ideia de posse é, muitas vezes, representada pelos pronomes pessoais **me**, **te**, **nos**, **vos**, **lhe**, **lhes**.

   Estragaram-**me** o sapato. (Estragaram o **meu** sapato.)

   A dor refletia-**lhe** no rosto. (A dor refletia em **seu** rosto.)

Pronomes demonstrativos

1. Os **pronomes demonstrativos invariáveis** — **isto**, **isso**, **aquilo** — são pronomes substantivos. Exercem, portanto, as funções próprias do substantivo.

   Isso não se faz a ninguém. (sujeito)

   Nunca pensei **nisso**. (objeto indireto)

   O que é **aquilo**? (predicativo do sujeito)

   Veja **isto**! (objeto direto)

2. Emprego dos demonstrativos **este**, **estes**, **esta**, **estas** e **isto**:
   - para indicar proximidade entre o ser que determinam e a pessoa que fala.
     Esta minha atitude não está sendo fácil!
   - para indicar um tempo referente ao momento em que se fala ou bem próximo dele.
     Esta semana está muito cansativa. (semana presente)
     Esta noite irei ao cinema. (noite vindoura)
     Esta noite não dormi nada. (noite passada)
   - para anunciar uma informação e, logo após, desenvolvê-la.
     Meu maior problema é **este**: *falta de tempo.*

3. Emprego dos demonstrativos **esse**, **esses**, **essa**, **essas** e **isso**:
   - para indicar proximidade entre o ser que determinam e a pessoa que ouve.
     Não entendo **essa** sua atitude.
   - para indicar um tempo não muito próximo do momento em que se fala.
     Nessa semana passada fui até o Rio de Janeiro.
     Qualquer dia **desses** eu apareço.
   - para indicar algo de que se deseja distância.
     Não quero nem pensar **nisso** agora!
   - para retomar algo que já foi mencionado.
     Ter você comigo: **esse** é meu maior desejo.

4. Emprego dos demonstrativos **aquele**, **aqueles**, **aquela**, **aquelas** e **aquilo**:
   - para indicar que o ser que determinam está distante de quem fala e de quem ouve.

   Não entendi **aquela** atitude do chefe.

   - para indicar um tempo distante, uma época remota.

   Tenho saudade **daquelas** minhas brincadeiras de criança...

5. Na retomada de dois seres citados, usam-se o demonstrativo **este** (e variações) para retomar o mais próximo — último citado — e o demonstrativo **aquele** (e variações) para o mais distante — primeiro citado.

   Comprei uma *blusa branca* e uma *preta*: **esta** para o Natal e **aquela** para o Ano-Novo.

6. **Nisto** (em + isto) pode ser usado como advérbio, significando *nesse momento*.

   A porta ia bater; **nisto** a segurei.

7. O pronome demonstrativo **o** (invariável) pode representar uma oração inteira.

   Precisava ter saído hoje, mas não **o** fiz.
   Gostaria de ir ao cinema à tarde e espero fazê-**lo**.

8. Os pronomes demonstrativos podem exprimir sentimentos.

   Isso é que é mulher! (malícia)
   Aquilo não sabe nada. (desprezo)
   Aquilo que era homem inteligente! (respeito, admiração)
   É você a **tal** que anda falando de mim!? (ironia)

Pronomes indefinidos

1. Os **pronomes indefinidos invariáveis** aparecem, geralmente, como **pronomes substantivos**, exercendo as funções próprias do substantivo.

   Não dissemos **nada** a ele. (objeto direto)
   Algo precisa ser feito! (sujeito)
   Não tem respeito *por* **ninguém**. (complemento nominal)
   Tudo está muito bom! (sujeito)

2. O indefinido **todo** indica totalidade das partes se estiver no singular e posposto ao substantivo, ou se estiver seguido de pronome pessoal.

   As crianças comeram *o bolo* **todo**.
   Todo *ele* era só tatuagem.

3. O indefinido **algum**:
   - tem valor *positivo*, quando colocado antes do substantivo.
   Tem **alguma** *dificuldade* em línguas estrangeiras.
   - tem valor *negativo*, quando colocado depois do substantivo.
   Não tem *dificuldade* **alguma** em línguas estrangeiras.
   - na linguagem popular pode significar *dinheiro*.
   Você tem **algum** aí?
4. O indefinido **nenhum**, quando posposto ao substantivo em frases negativas, reforça a negação.
   Não o encontrei em *parte* **nenhuma**.
5. A palavra *mais* é pronome indefinido, quando antecedida de artigo, significando o *restante*.
   Escreveu apenas um bom livro; o **mais** são artigos sem importância.

Pronomes interrogativos

1. Nas *interrogativas diretas*, o pronome aparece no início da frase.
   Que horas são?
   Quem chegou?
   Qual é o seu problema?

2. Nas *interrogativas indiretas*, com verbos próprios para interrogar (*perguntar*, *indagar*, *saber* etc.), o pronome interrogativo aparece no interior da frase.
   Perguntei **que** horas são.
   Querem saber **quem** chegou.
   Indagaram **qual** o seu problema.

3. As funções sintáticas dos pronomes interrogativos podem variar em função do tipo de pronome, da estrutura em que aparecem ou de ambos os casos.
   - Aparecem como **pronomes adjetivos**, funcionando como **adjuntos adnominais**, os pronomes interrogativos das situações a seguir.
   Que *problema* o atormenta tanto? (significando *que espécie de*)
   Qual *filme* você viu?
   Quantos *irmãos* você tem?
   - Aparecem como **pronomes substantivos**, funcionando como **sujeitos**, os pronomes interrogativos das situações a seguir.
   Que lhe atormenta tanto? (significando *que coisa*)
   Quem me telefonou? (sempre pronome substantivo)
   Quantos são na sua casa?

OBSERVAÇÕES

a) Para dar maior ênfase à pergunta, o **que** pode ser substituído por **o que**:

O que lhe atormenta?

b) **Que** e **o que** podem ser reforçados pela expressão **é que**:

Que é que lhe atormenta? / **O que é que** lhe atormenta?

c) O **quem** refere-se a pessoa ou coisa personificada:

Quem está aí? / **Quem** me cativa, senão as flores?

d) **Qual (quais)** pode não ter o substantivo imediatamente após ele ("**Qual** o *motivo* de sua tristeza?") e corresponder a *qual de* ("**Qual dos** dois vai sair agora?").

Pronomes relativos

O **pronome relativo**, usado para iniciar oração subordinada adjetiva, desempenha sempre uma função sintática.

Cada pronome relativo tem características próprias.

1. O relativo **que** aparece como **pronome substantivo**, desempenhando várias funções e, quando a função o exige, é precedido de preposição.

- **Sujeito**

    Admiro as *pessoas* **que** *são* solidárias.

    Admiro as pessoas. / As pessoas são solidárias.

    (**que** — substitui *pessoas* — sujeito de *são*)

- **Objeto direto**

    O *livro* **que** você me *deu* é ótimo.

    O livro é ótimo. Você me deu o livro.

    (**que** — substitui *livro* — objeto direto de *deu*)

- **Objeto indireto**

    As *anotações* **de que** *preciso* não estão no caderno.

    As anotações não estão no caderno. Preciso das anotações.

    (**de que** — substitui *anotações* — objeto indireto de *preciso* — exige preposição)

- **Complemento nominal**

    As *coisas* **a que** sou *apegada* têm valor afetivo.

    As coisas têm valor afetivo. Sou apegada às coisas.

    (**a que** — substitui *coisas* — complemento nominal de *apegada* — exige preposição)

- **Predicativo**

  Volta a ser o *menino* **que** tu *eras*.

  Volta a ser o menino. Tu eras o menino.

  (**que** — substitui *menino* — predicativo de *eras*)

- **Agente da passiva**

  O *cão* **por** **que** você *foi agredido* não está doente.

  O cão não está doente. Você foi agredido pelo cão.

  (***por*** **que** — substitui *cão* — agente da passiva de *foi agredido* — exige preposição)

- **Adjunto adverbial**

  As *escolas* **em** **que** *estudei* deixaram-me saudades.

  As escolas deixaram-me saudades. Estudei nas escolas.

  (***em*** **que** — substitui *escolas* — adjunto adverbial de lugar — onde *estudei* — exige preposição)

2. O relativo **o qual** (e variações) é usado no lugar do **que** e desempenha as mesmas funções. Bem menos usado do que o **que**, é empregado:

   - para evitar ambiguidade em estruturas como esta:

     Encontrei a filha de um amigo, **a qual** mora em Brasília.

     (o **que** não evidenciaria o morador de Brasília: *filha* ou *amigo*)

   - após preposições não monossilábicas.

     Esta é a mesa *sobre* **a qual** deve ficar o computador.

     Houve um intervalo na reunião, *durante* **o qual** dei uma saída.

3. O relativo **quem** aparece como **pronome substantivo**, desempenhando várias funções. Equivale a **o qual**, refere-se a pessoa ou a coisa personificada, e é sempre precedido de preposição.

   - **Objeto indireto**

     Este é o amigo ***de*** **quem** eu sempre falo.

   - **Complemento nominal**

     Este é o escritor ***por*** **quem** tenho grande admiração.

   - **Adjunto adverbial**

     O rapaz ***com*** **quem** ela foi ao cinema é seu namorado.

4. O relativo **cujo** (e variações) equivale a **de que**, **de quem** e a **do qual** (e variações). Ao relacionar o antecedente com o termo que especifica, exprime ideia de *posse*. É empregado apenas como **pronome adjetivo**, exercendo a função de **adjunto adnominal**.

Admiro as pessoas **cujas** *atitudes* refletem honestidade.
Admiro as pessoas. / As atitudes *dessas* pessoas refletem honestidade.
Este é o pai **cuja** *filha* é minha aluna.
Este é o pai. / A filha *dele* é minha aluna.

5. O relativo **onde** indica *lugar* e funciona como **adjunto adverbial de lugar**.
   O local **onde** trabalho é bem silencioso.
   O local é bem silencioso. / Trabalho *nesse local*.

6. O relativo **quanto** (**quantos**, **quantas**) tem como antecedente os pronomes indefinidos *tudo*, *todos* ou *todas*. É empregado como **pronome substantivo** e, geralmente, exerce as funções de:

   - **Objeto direto**
     Hoje resolvi *tudo* **quanto** pretendia.
     Hoje resolvi tudo. / Pretendia resolver tudo.

   - **Sujeito**
     Atendemos a *todos* **quantos** nos solicitaram ajuda.
     Atendemos a todos. / Todos nos solicitaram ajuda.

7. **Quando** e **como** também aparecem como pronomes relativos, exercendo, respectivamente, as funções de **adjunto adverbial de tempo** e **adjunto adverbial de modo**, em estruturas do tipo:

   Fui jovem numa época **quando** ainda não havia televisão em cores.
   (*quando = em que*)
   Com muita educação é o modo **como** devemos tratar as pessoas.
   (*como = pelo qual*)

FUNÇÃO SINTÁTICA DO VERBO

O **verbo** é a palavra imprescindível na oração e, com exceção do verbo de ligação, funciona sempre como **núcleo do predicado**.

Exemplos:

   sujeito   predicado
As crianças / **brincaram** o dia todo.

  predicado   sujeito   predicado
Aconteceram / coisas incríveis / na semana passada.

Particularidades sobre o verbo

Cada tempo expressa um aspecto da ação verbal, podendo apresentar diferentes aspectos.

Presente do indicativo

1. Expressa um fato atual, que ocorre no momento em que se fala (presente **pontual** ou **momentâneo**).

    Enquanto **escrevo**, **penso** em você.
    Estou vendo nuvens no céu.

2. Expressa um fato que acontece com frequência (**presente habitual** ou **frequentativo**).

    Falo e **gesticulo** muito.
    Meus filhos **dormem** cedo.

3. Expressa ações ou estados permanentes, verdades universais (**presente durativo**).

    Todo homem **é** mortal.
    A Terra **gira** em torno do Sol.

4. Dá vivacidade a fatos ocorridos no passado (**presente histórico** ou **narrativo**).

    Em 1881, Machado de Assis **inicia** a literatura realista brasileira com o livro **Memórias póstumas de Brás Cubas**.

5. É empregado com valor de outros tempos:
    - **futuro do presente**.
      Amanhã **faz** um mês que ele se mudou.
    - **pretérito do subjuntivo**.
      Se ele não **apaga** o forno, teria queimado tudo.
    - **futuro do subjuntivo**.
      Se te **abalas** com ofensas bobas, deixarás contente o ofensor.

Presente do subjuntivo

1. Expressa dúvida, hipótese.
    É possível que ele se **convença** a ir ao médico.
    É provável que seus argumentos não **provem** sua inocência.

2. É usado em frases optativas.
    Que desde cedo as crianças **aprendam** a respeitar seus semelhantes!
    O perdão lhe **seja** dado, antes que **seja** tarde.

3. É usado em orações subordinadas, com o verbo da oração principal no presente do indicativo ou no imperativo.
    Desejamos que vocês **sejam** muito felizes.
    Peça que eles **fiquem** mais um pouco.

Pretérito imperfeito do indicativo

1. Expressa um fato passado não concluído, que teve seu curso prolongado (**imperfeito durativo** ou **cursivo**).
   Meu pai **gostava** de cantar e de fazer poesias.

2. Expressa um fato habitual (**imperfeito habitual** ou **iterativo**).
   Ela **caminhava** de dois a três quilômetros por dia.

3. É empregado com valor de outros tempos:
   - **presente do indicativo** — para atenuar um pedido.
     Eu **queria** só um pedaço de torta.
   - **futuro do pretérito**.
     Se lhe emprestasse o carro, **tinha** aborrecimentos.

Pretérito imperfeito do subjuntivo

1. É usado em orações subordinadas.
   Queria que eu o **esperasse** por duas horas. (substantiva)
   Não era pessoa que **pensasse** em tal coisa. (adjetiva)
   Se me **contassem** essa história, não acreditaria. (adverbial)

2. É usado em **frases optativas**.
   Pudesse eu dedicar-me a pesquisas!

Pretérito perfeito do indicativo (simples)

Expressa um fato passado concluído.
Saí cedo e **fui** à feira.

Pretérito perfeito do indicativo (composto)

Expressa um fato que se inicia no passado e, repetindo-se, chega até o presente.
Alguns parlamentares **têm lutado** contra a corrupção.

Pretérito perfeito do subjuntivo (composto)

Expressa um fato passado, provável ou real.
É importante que ele **tenha decidido** continuar os estudos.
É lastimável que ele **tenha respondido** às ofensas com agressões físicas.

Pretérito mais-que-perfeito do indicativo

1. Expressa um fato passado anterior a outro fato também passado.
   O jogador comemorou o gol que **marcara**.

2. Expressa desejo em orações optativas.
Quisera Deus que mamãe melhorasse das tonturas!

Pretérito mais-que-perfeito do subjuntivo (tempo composto)

Expressa um fato hipotético anterior a outro fato passado, também hipotético.
Se você **tivesse estudado** mais, não *teria sido reprovado*.

Futuro do presente do indicativo

1. Expressa um fato que somente será realizado num momento posterior ao que se fala.

Haverá uma manifestação contra os políticos corruptos.

2. Expressa um fato atual duvidoso, incerto.

Nós **continuaremos** pagando tantos impostos?

3. É usado com valor de imperativo, dando mais ênfase à frase.

Os alunos ímpares **sentarão** à direita.

Futuro do subjuntivo

É usado em orações subordinadas.

Serão homenageados os atletas que menos **cometerem** agressões e jogadas desleais. (adjetiva)

Enquanto eu não **souber** a verdade, não opinarei. (adverbial)

Futuro do pretérito do indicativo

1. Expressa um fato posterior a um fato passado.

Resolvemos que, doente, nossa mãe não **deveria** mais morar sozinha.

2. Expressa um fato futuro dependente de outro fato.

Você **pagaria** a conta de luz se *fosse* ao banco?

3. Expressa um fato incerto.

Os vendedores **seriam** desonestos com os clientes?

4. Expressa polidez.

Gostaria de que me desse seu endereço.

Emprego das formas nominais

1. Como **VERBO**

As formas nominais — gerúndio, particípio e infinitivo —, quando empregadas normalmente como **verbos**, funcionam como **núcleo do predicado**.

- Gerúndio
  Vem *vindo* uma frente fria. (locução verbal)

Acabando a frente fria, irei à praia. (reduzida adverbial temporal)
Era a repórter **anunciando** a entrevista. (reduzida adjetiva)

- **Particípio**
  Eles **tinham** *jogado* bola muito tempo. (tempo composto)
  Bruna gostou da sugestão **apresentada** por mim. (reduzida adjetiva)
  Cansados, foram dormir após o jornal da TV. (reduzida adverbial causal)
  Anunciada, a cantora subiu ao palco. (reduzida adverbial temporal)

- **Infinitivo**
  — não flexionado.
  Resolvemos *sair* tarde da noite. (locução verbal)
  A criança **continuava** a *chorar*. (locução verbal com preposição)
  Faça-*os* **limpar** onde sujaram. (pronome como sujeito)
  Poucos foram *capazes* de **traduzir** o texto. (complemento de adjetivo)
  Almoçar, crianças! (equivalendo a imperativo)

  — flexionado.
  Espero não me **levarem** a mal. (com sujeito indeterminado)
  Os namorados pareciam cansados de se **iludirem**. (reciprocidade de ação)
  As crianças se levantaram para os mais *velhos* **sentarem**. (referência a seres específicos)

2. Como **NOME**

   O **gerúndio**, o **particípio** e o **infinitivo** podem ser empregados também como **nomes**, exercendo diferentes funções.

   - **Gerúndio**
     A saudade *chegou* **doendo** muito. (adjunto adverbial de modo)

   - **Particípio**
     Calças **rasgadas** estão na moda. (adjunto adnominal)

   - **Infinitivo impessoal**
     Amar é **viver**. (substantivado: sujeito e predicativo do sujeito)

> **OBSERVAÇÕES**
> a) O infinitivo é pessoal quando há referência a algum ser: A Natureza está aí para **eu** *cuidar* dela. (nós: cuidarmos etc.); já o impessoal não especifica nenhum ser: *Cuidar* da Natureza é dever de todos.
> b) Com o verbo **parecer**, pode ser usada a forma *flexionada* ou a *não flexionada*:
> As decisões *parecem* não **solucionar** os problemas agrícolas.
> As decisões *parece* não **solucionarem** os problemas agrícolas.

FUNÇÃO SINTÁTICA DO ADVÉRBIO

Tanto o **advérbio** quanto a **locução adverbial** ligam-se basicamente ao *verbo*, funcionando como **adjunto adverbial.**

Pagarei minhas contas **amanhã**. (advérbio – adjunto adverbial de tempo)
Voltarei **à noite**. (locução adverbial – adjunto adverbial de tempo)

Particularidades sobre o advérbio

1. Além dos advérbios e das locuções adverbiais, há outras expressões que funcionam como **adjuntos adverbiais**. Trata-se de **expressão adverbial** iniciada por uma *preposição* que vai determinar a circunstância por ela indicada; circunstância esta não prevista para o advérbio e locução adverbial.

   Fomos a Salvador **de carro**. (adjunto adverbial de meio)

   Cortou o pé **com um caco de vidro**. (adjunto adverbial de instrumento)

   Saiu **com a tia**. (adjunto adverbial de companhia)

   Montou uma prateleira **com garrafas de plástico**. (adjunto adverbial de matéria)

   Comprei um CD **por vinte reais**. (adjunto adverbial de preço)

2. Quando um adjunto adverbial aparece formado de dois advérbios terminados em *-mente*, coloca-se o sufixo apenas no último para suavizar a sonoridade da frase.

   Pronunciava **claro** e **lentamente** as palavras.
   Contava o seu passado **alegre** e **orgulhosamente**.

3. Os **advérbios interrogativos** — interrogações *diretas* e *indiretas*: **onde** (lugar), **como** (modo), **quando** (tempo), **por que** (causa) — exercem as funções normais de advérbios.

   Onde está você? (adjunto adverbial de lugar)

   Diga-me **onde** está você. (adjunto adverbial de lugar)

   Por que você faltou à aula ontem? (adjunto adverbial de causa)

   Quero saber **por que** você faltou à aula ontem. (adjunto adverbial de causa)

4. Quando se pretende realçar o adjunto adverbial, deve-se colocá-lo no início da frase.

   Na nossa infância, eu já morria de ciúme de você.

FUNÇÃO SINTÁTICA DA PREPOSIÇÃO

A preposição é um elemento de ligação que não possui função sintática.

Particularidades sobre a preposição

1. Em algumas estruturas, a preposição possui conteúdo significativo.
   Saí **com** eles.
   Os torcedores estavam **contra** o juiz.
   Colocou a mercadoria **sobre** o balcão.
   Estou saindo **de** João Pessoa.

   Saí **sem** eles.
   Os torcedores estavam **com** o juiz.
   Colocou a mercadoria **sob** o balcão.
   Estou saindo **para** João Pessoa.

2. Em outras estruturas, a preposição é vazia de significado. Nesse caso são duas as razões dessa ocorrência:
   - o uso incorporou a preposição aos termos que ela liga que, juntos, passaram a ser considerados uma palavra composta.
     O *Rio de Janeiro* é uma cidade linda! (Rio de Janeiro — hoje, palavra composta.)
   - a ausência da preposição não causa nenhum prejuízo ao sentido da frase; é um conectivo pedido por um verbo ou um nome.
     Ontem, *assistimos* **a** um bom filme. (assistimos — verbo transitivo indireto)
     Tenho a *impressão* **de** que ele não virá. (impressão — substantivo)

EM SÍNTESE

Classe gramatical e função sintática

- **Substantivo** — pode funcionar como núcleo de qualquer termo da oração.
- **Artigo** — função de adjunto adnominal.
- **Adjetivo** — pode funcionar como adjunto adnominal, núcleo do predicado nominal e núcleo do predicado verbo-nominal.
- **Numeral**
  - Numeral adjetivo — função de adjunto adnominal.
  - Numeral substantivo — funções próprias do substantivo.
- **Pronome**
  - Pronome adjetivo — função de adjunto adnominal.
  - Pronome substantivo — funções próprias do substantivo.
- **Verbo** — com exceção do verbo de ligação, funciona como núcleo do predicado.
- **Advérbio** — função de adjunto adverbial.
- **Preposição** — não possui função sintática.

No texto

Leia o texto e responda às questões.

Um mascote de pelúcia na Savassi

[...]

Sentado em sua cadeira plástica, ele agitava um secador de cabelo para refrescar o enorme capacete de pelúcia. O homem se abrigava do sol de duas horas da tarde [...].

Através da tela de tecido, que é um dos poucos pontos de respiração da fantasia de cachorro, é possível ver os olhos de Léo brilhando quando ele fala da sua profissão. "Sinto muito orgulho do que faço, muito mesmo", afirma. Léo ama o contato com as crianças, gosta da interação com o público [...] O trabalho é cansativo, entretanto. Léo, que retira a fantasia apenas durante o horário de almoço, precisa se valer do secador de cabelos para se resfriar durante os dias quentes e para se aquecer quando o clima está frio. Ele conta que já chegou a ficar desidratado uma vez quando se "empolgou" e não cumpriu as pausas durante o expediente.

[...]

FONSECA, Bruno. Disponível em: <http://www.nasavassi.com.br/2013/05/a-historia-de-um-cachorro-da-emive-na-savassi/>. Acesso em: 30 abr. 2014.

1. O texto é um perfil jornalístico de um homem que, vestido de mascote de pelúcia, faz publicidade de uma empresa nas ruas do bairro Savassi, em Belo Horizonte.

   a) Quem é a pessoa caracterizada nesse perfil? Recupere do texto as palavras empregadas para designá-la.

   b) Essas palavras pertencem à mesma classe gramatical? Explique.

   c) Destaque as palavras empregadas para caracterizar Léo e seu trabalho. A que classe gramatical elas pertencem?

2. Note que, nesse contexto, conhecemos Leonardo mais pelas informações contidas nos verbos do que pelas contidas nos adjetivos. Com base nas características do texto, elabore uma explicação para essa afirmação.

EXAMES E CONCURSOS

(Vunesp-Unesp)

Instrução: A questão de número **1** toma por base um fragmento da crônica "Letra de canção e poesia", de Antonio Cicero.

> Como escrevo poemas e letras de canções, frequentemente perguntam-me se acho que as letras de canções são poemas. A expressão "letra de canção" já indica de que modo essa questão deve ser entendida, pois a palavra "letra" remete à escrita. O que se quer saber é se a letra, separada da canção, constitui um poema escrito. "Letra de canção é poema?" Essa formulação é inadequada.
>
> Desde que as vanguardas mostraram que não se pode determinar a priori quais são as formas lícitas para a poesia, qualquer coisa pode ser um poema. Se um poeta escreve letras soltas na página e diz que é um poema, quem provará o contrário?
>
> Neste ponto, parece-me inevitável introduzir um juízo de valor. A verdadeira questão parece ser se uma letra de canção é um bom poema. Entretanto, mesmo esta última pergunta ainda não é suficientemente precisa, pois pode estar a indagar duas coisas distintas: 1) Se uma letra de canção é necessariamente um bom poema; e 2) Se uma letra de canção é possivelmente um bom poema.
>
> Quanto à primeira pergunta, é evidente que deve ter uma resposta negativa. Nenhum poema é necessariamente um bom poema; nenhum texto é necessariamente um bom poema; logo, nenhuma letra é necessariamente um bom poema. Mas talvez o que se deva perguntar é se uma boa letra é necessariamente um bom poema. Ora, também a essa pergunta a resposta é negativa. Quem já não teve a experiência, em relação a uma letra de canção, de se emocionar com ela ao escutá-la cantada e depois considerá-la insípida, ao lê-la no papel, sem acompanhamento musical? Não é difícil entender a razão disso.
>
> Um poema é um objeto autotélico, isto é, ele tem o seu fim em si próprio. Quando o julgamos bom ou ruim, estamos a considerá-lo independentemente do fato de que, além de ser um poema, ele tenha qualquer utilidade. O poema se realiza quando é lido: e ele pode ser lido em voz baixa, interna, aural. Já uma letra de canção é heterotélica, isto é, ela não tem o seu fim em si própria. Para que a julguemos boa, é necessário e suficiente que ela contribua para que a obra literomusical de que faz parte seja boa. Em outras palavras, se uma letra de canção servir para fazer uma boa canção, ela é boa, ainda que seja ilegível. E a letra pode ser ilegível porque, para se estruturar, para adquirir determinado colorido, para ter os sons ou as palavras certas enfatizadas, ela depende da melodia, da harmonia, do ritmo, do tom da música à qual se encontra associada.

(**Folha de S.Paulo**, São Paulo, 16 jun. 2007.)

1. *Para que a julguemos boa, é necessário e suficiente que ela contribua para que a obra literomusical de que faz parte seja boa.* No período em destaque, a oração *Para que a julguemos boa* indica, em relação à oração principal:
   a. comparação.
   b. concessão.
   c. finalidade.
   d. tempo.
   e. proporção.

(Vunesp-Unesp)

Instrução: A questão de número **2** toma por base uma passagem de um livro de José Ribeiro sobre o folclore nacional.

Curupira

Na teogonia* tupi, o anhangá, gênio andante, espírito andejo ou vagabundo, destinava-se a proteger a caça do campo. Era imaginado, segundo a tradição colhida pelo Dr. Couto de Magalhães, sob a figura de um veado branco, com olhos de fogo.

Todo aquele que perseguisse um animal que estivesse amamentando corria o risco de ver Anhangá e a visão determinava logo a febre e, às vezes, a loucura. O caapora é o mesmo tipo mítico encontrado nas regiões central e meridional e aí representado por um homem enorme coberto de pelos negros por todo o rosto e por todo o corpo, ao qual se confiou a proteção da caça do mato. Tristonho e taciturno, anda sempre montado em um porco de grandes dimensões, dando de quando em vez um grito para impelir a vara. Quem o encontra adquire logo a certeza de ficar infeliz e de ser malsucedido em tudo que intentar. Dele se originaram as expressões portuguesas caipora e caiporismo, como sinônimo de má sorte, infelicidade, desdita nos negócios. Bilac assim o descreve: "Companheiro do curupira, ou sua duplicata, é o Caapora, ora gigante, ora anão, montado num caititu, e cavalgando à frente de varas de porcos-do-mato, fumando cachimbo ou cigarro, pedindo fogo aos viajores; à frente dele voam os vaga-lumes, seus batedores, alumiando o caminho".

Ambos representam um só mito com diferente configuração e a mesma identidade com o curupira e o jurupari, numes que guardam a floresta. Todos convergem mais ou menos para o mesmo fim, sendo que o curupira é representado na região setentrional por um "pequeno tapuio" com os pés voltados para trás e sem os orifícios necessários para as secreções indispensáveis à vida, pelo que a gente do Pará diz que ele é músico. O Curupira ou Currupira, como é chamado no sul, aliás erroneamente, figura em uma infinidade de lendas tanto no norte como no sul do Brasil. No Pará, quando se viaja pelos rios e se ouve alguma pancada longínqua no meio dos bosques, "os romeiros dizem que é o Curupira que está batendo nas sapupemas, a ver se as árvores estão suficientemente fortes para sofrerem a ação de alguma tempestade que está próxima.

EXAMES E CONCURSOS

> *A função do Curupira é proteger as florestas. Todo aquele que derriba, ou por qualquer modo estraga inutilmente as árvores, é punido por ele com a pena de errar tempos imensos pelos bosques, sem poder atinar com o caminho de casa, ou meio algum de chegar até os seus". Como se vê, qualquer desses tipos é a manifestação de um só mito em regiões e circunstâncias diferentes.*
>
> (*) Teogonia, s.f.: 1. Filos. Doutrina mística relativa ao nascimento dos deuses, e que frequentemente se relaciona com a formação do mundo. 2. Conjunto de divindades cujo culto forma o sistema religioso dum povo politeísta. (**Dicionário Aurélio eletrônico – Séc. XXI.**)

(**O Brasil no folclore**, 1970.)

2. [...] *à frente dele voam os vaga-lumes, seus batedores, alumiando o caminho.*

Eliminando-se o aposto, a frase em destaque apresentará, de acordo com a norma-padrão, a seguinte forma:

a. à frente voam os vaga-lumes, seus batedores, alumiando o caminho.

b. à frente dele voam os vaga-lumes batedores, alumiando o caminho.

c. à frente dele voam seus batedores, alumiando o caminho.

d. à frente dele voam os vaga-lumes, alumiando o caminho.

e. à frente dele voam os vaga-lumes, seus batedores, alumiando.

(Enem-Mec)

> *Gripado, penso entre espirros em como a palavra **gripe** nos chegou após uma série de contágios entre línguas. Partiu da Itália em 1743 a epidemia de gripe que disseminou pela Europa, além do vírus propriamente dito, dois vocábulos virais: o italiano influenza e o francês grippe. O primeiro era um termo derivado do latim medieval influentia, que significava "influência dos astros sobre os homens". O segundo era apenas a forma nominal do verbo gripper, isto é, "agarrar". Supõe-se que fizesse referência ao modo violento como o vírus se apossa do organismo infectado.*

RODRIGUES, S. Sobre palavras. **Veja.** São Paulo: Abril, 30 nov. 2011.

3. Para se entender o trecho como uma unidade de sentido, é preciso que o leitor reconheça a ligação entre seus elementos. Nesse texto, a coesão é construída predominantemente pela retomada de um termo por outro e pelo uso da elipse. O fragmento do texto em que há coesão por elipse do sujeito é:

a. "[...] a palavra **gripe** nos chegou após uma série de contágios entre línguas."

b. "Partiu da Itália em 1743 a epidemia de gripe [...]".

- c. "O primeiro era um termo derivado do latim medieval *influentia*, que significava 'influência dos astros sobre os homens'."
- d. "O segundo era apenas a forma nominal do verbo *gripper* [...]".
- e. "Supõe-se que fizesse referência ao modo violento como o vírus se apossa do organismo infectado."

(Instituto Federal Catarinense) — Assistente em administração

4. O trecho a seguir reproduz uma parte de verbete do **Michaelis — Moderno dicionário da língua portuguesa**.

   As.sis.tir (lat assistere) vti 1 Comparecer, estar presente: Assistir a um ofício divino. Tendo como base somente a informação gramatical acima, assinale a seguir a única alternativa de acordo com a norma-padrão para a língua escrita.

   - a. Eu assisti a queda das torres gêmeas em 2001.
   - b. Quando ela gritou eu assisti a cobra subindo.
   - c. Ele assistiu o jogo do Brasil ontem.
   - d. Ela assistiu à apresentação do balé municipal.
   - e. Ele assistiu a criança brincando.

5. Assinale a opção em que a frase em destaque está classificada de forma correta:

   "Os pais gostam de que os ajudemos na manutenção dos jardins."
   - a. Oração Subordinada Substantiva Subjetiva;
   - b. Oração Subordinada Substantiva Objetiva Direta;
   - c. Oração Subordinada Adjetiva Explicativa;
   - d. Oração Subordinada Adjetiva Restritiva;
   - e. Oração Subordinada Substantiva Objetiva Indireta.

(FCC-TRT) — Técnico Judiciário

6. Observadas a regência e a flexão verbal, está correta a seguinte frase:
   - a. Ressentiu-se, com razão, da oposição da prima, e pensou que, se expusesse com calma seus motivos, poderia obter sua concordância.
   - b. A casa que, na época, nos instalamos era a que podíamos pagar, mas tínhamos um pacto: se todos se mantessem firmes em seus empregos, moraríamos melhor.
   - c. Aborreceu-se de tanta conferência de abaixo-assinados e requis transferência para outro setor da administração.

EXAMES E CONCURSOS

d. Dizem que é ele que obstroi a discussão, por isso, para defender-se, aludiu o nome do responsável pelo atraso.

e. Medio, sim, seu encontro com esse advogado mais experiente, pois sei como você está temeroso pelo poder de argumentação do promotor.

7. A frase em que a concordância respeita as regras da gramática normativa é:

a. É bilateral, sem dúvida alguma, os interesses pela exploração desse tipo de negócio, por isso os países envolvidos terão de fazer concessões mútuas.

b. Cada um dos interessados em participar dos projetos devem apresentar uma proposta de ação e uma previsão de custos.

c. Acordos luso-brasileiros têm sido recebidos com entusiasmo, o que sugere que haverá de serem cumpridos fielmente.

d. Quanto mais discussão houver sobre as questões pendentes, mais se informarão, com certeza, os que têm de decidir os próximos passos do processo.

e. Procede, por uma questão técnica, segundo os especialistas entrevistados, as medidas divulgadas ontem, pois a urgência de saneamento é indiscutível.

(FCC/2014) — Sabesp — Técnico em Gestão
Atenção: Para responder à questão de número **8**, considere o texto abaixo.

Hermético e postiço, jargão incentiva "espírito de corpo"

Na maioria dos textos produzidos no universo corporativo, vê-se um registro muito particular da língua, nem sempre compreensível aos "não iniciados". É o que se pode chamar de "jargão corporativo", uma linguagem hoje dominada por grande quantidade de decalques do inglês — ou ingênuas traduções literais.

O termo **jargão**, que em sua origem quer dizer "fala ininteligível", guarda certa marca pejorativa, fruto de sua antiga associação ao pedantismo, ao uso da linguagem empolada.

Embora os jargões sejam coisa muito antiga, foi nos séculos 19 e 20 que proliferaram na Europa, fruto de uma maior divisão do trabalho nas sociedades industriais.

Na época, já figuravam entre as suas características o uso de termos de línguas estrangeiras como sinal de prestígio e o emprego de metáforas e eufemismos, exatamente como vemos hoje.

> *Os jargões são alvo constante da crítica não só por abrigarem muitas expressões de outras línguas, o que lhes confere um ar postiço e hermético, como por seu viés pretensioso.*
>
> *A crítica a esse tipo de linguagem tem fundamento na preocupação com a "pureza" do idioma e com a perda de identidade cultural, opinião que, para outros, revela traços de xenofobia.*
>
> *Essa é uma discussão que não deve chegar ao fim tão cedo, mas é fato que os jargões têm claras funções simbólicas: por um lado, visam a incentivar o "espírito de corpo", o que deve justificar o empenho das empresas em cultivá-los (até para camuflar as relações entre patrão e empregado), e, por outro, promovem a inclusão de uns e a exclusão de outros, além, é claro, de impressionar os neófitos.*
>
> (Adaptado de: CAMARGO, Thaís Nicoleti de. **Folha de S.Paulo**, São Paulo, 24 mar. 2013. Caderno Negócios e carreiras, p. 7.)

8. O verbo grifado que concorda com um sujeito composto está em:

   a. [...] *mas é fato que os jargões têm claras funções simbólicas* [...] (7º parágrafo)

   b. [...] *não só por abrigarem muitas expressões de outras línguas* [...] (5º parágrafo)

   c. [...] *já figuravam entre as suas características* [...] (4º parágrafo)

   d. [...] *por um lado, visam a incentivar* [...] (7º parágrafo)

   e. [...] *foi nos séculos 19 e 20 que proliferaram na Europa* [...] (3º parágrafo)

(FCC-Assembleia Legislativa) Técnico Administrativo

Para responder às questões de números **9** a **11**, considere o texto abaixo.

Surge um radioator

Adoniran Barbosa era tão talentoso e versátil que, para começar, era duas pessoas em uma: o ator e o cantor-compositor. Primeiro surgiu o cantor-compositor, que fez pouco sucesso; depois revelou-se o ator, fazendo um sucesso tão grande que, nos anos 1960, muita gente se surpreenderia ao descobrir que Adoniran era também cantor-compositor. Vejam o título que a revista Intervalo *deu a uma nota de junho de 1964 em que comentava o lançamento do "Samba Italiano": "ADONIRAN FAZ SAMBA".*

EXAMES E CONCURSOS

> Sim, hoje em dia esse título parece pleonástico, mas nos anos 1960, para o grande público, soava inusitado, já que Adoniran era mais conhecido como ator de rádio e televisão. Muito mais conhecido, aliás. Basta lembrarmos também que o selo de sua primeira gravação do "Samba do Arnesto", de 1951, trazia um esclarecimento entre parênteses: "Adoniran Barbosa (Zé Conversa)".
>
> Na mesma época, mais precisamente na edição de 15 de outubro de 1955, a Revista do Rádio noticiava uma grande revolução: Adoniran Barbosa, o popularíssimo ator, era também compositor. Vejam o título da matéria: "Só faltava fazer sambas... e Adoniran também fez". E Adoniran estava tão estabelecido como ator que a referida nota da revista Intervalo, quase nove anos depois, ainda soava como grande notícia.
>
> Dissemos que Adoniran era duas pessoas em uma? Na verdade, várias, se lembrarmos Zé Conversa, Charutinho, Mr. Richard Morris e os tantos outros personagens que viveu no rádio e na televisão.

(MUGNAINI JR., Ayrton. **Adoniran — Dá licença de contar...** 2. ed., São Paulo: Editora 34, 2013. p. 43 e 45)

9. Verifica-se transposição correta de uma voz verbal para outra em:

a. *o selo de sua primeira gravação [...] trazia um esclarecimento* // um esclarecimento vinha trazendo o selo de sua primeira gravação

b. *a referida nota [...] ainda soava como grande notícia* // como grande notícia continuava a soar a referida nota

c. *a* Revista do Rádio *noticiava uma grande revolução* // uma grande revolução era noticiada pela *Revista do Rádio*

d. *Adoniran era duas pessoas em uma* // Adoniran tinha sido duas pessoas em uma

e. *se lembrarmos Zé Conversa* // se fomos lembrados por Zé Conversa

10. Na frase ***Só** faltava fazer sambas...* (3º parágrafo), o termo em negrito exerce a mesma função sintática que o termo sublinhado em:

a. [...] <u>ainda</u> soava como grande notícia.

b. [...] o <u>popularíssimo</u> ator, era também compositor.

c. [...] trazia <u>um</u> esclarecimento entre parênteses [...]

d. Dissemos <u>que</u> Adoniran era duas pessoas em uma?

e. [...] e os <u>tantos</u> outros personagens que viveu no rádio [...]

11. [...] *muita gente se surpreenderia ao* **descobrir** *que Adoniran era também cantor-compositor.*

O verbo que possui o mesmo tipo de complemento que o destacado acima está empregado em:

a. *E Adoniran estava tão estabelecido como ator* [...]

b. *Primeiro surgiu o cantor-compositor* [...]

c. *Sim, hoje em dia esse título parece pleonástico* [...]

d. *Adoniran Barbosa era tão talentoso e versátil* [...]

e. [...] *a Revista do Rádio noticiava uma grande revolução* [...]

(Fuvest)

Texto para a questão **12**.

O samba

À direita do terreiro, adumbra-se* na escuridão um maciço de construções, ao qual às vezes recortam no azul do céu os trêmulos vislumbres das labaredas fustigadas pelo vento.

[...]

É aí o quartel ou quadrado da fazenda, nome que tem um grande pátio cercado de senzalas, às vezes com alpendrada corrida em volta, e um ou dois portões que o fecham como praça-d'armas.

Em torno da fogueira, já esbarrondada pelo chão, que ela cobriu de brasido e cinzas, dançam os pretos o samba com um frenesi que toca o delírio. Não se descreve, nem se imagina esse desesperado saracoteio, no qual todo o corpo estremece, pula, sacode, gira, bamboleia, como se quisesse desgrudar-se.

Tudo salta, até os crioulinhos que esperneiam no cangote das mães, ou se enrolam nas saias das raparigas. Os mais taludos viram cambalhotas e pincham à guisa de sapos em roda do terreiro. Um desses corta jaca no espinhaço do pai, negro fornido, que não sabendo mais como desconjuntar-se, atirou consigo ao chão e começou de rabanar como um peixe em seco. [...]

José de Alencar, **Til**.

(*) "adumbra-se" = delineia-se, esboça-se.

EXAMES E CONCURSOS

12. Na composição do texto, foram usados, reiteradamente,

  I. sujeitos pospostos;
  II. termos que intensificam a ideia de movimento;
  III. verbos no presente histórico.

Está correto o que se indica em:

a. I, apenas.
b. II, apenas.
c. III, apenas.
d. I e II, apenas.
e. I, II e III.

(Instituto Federal Catarinense) — Técnico em assuntos educacionais

13. Leia o texto abaixo.

> "Todos os participantes já estavam cientes de **que** a aventura pela mata seria longa e cansativa, mesmo assim o guia insistiu em que, antes da partida, eles se alimentassem bem. No início da caminhada, ele relembrou a todos de que o retorno seria à noite, ressaltando que a união era fundamental para a segurança do grupo."

Disponível em: <http://9anoevangelium.blogspot.com.br/2012/04/para-quem-quer-estudar-mais-e-para-quem.html>. Acesso em: 10 nov. 2012.

Assinale a alternativa CORRETA a respeito da palavra em negrito no texto:

a. é pronome relativo, uma vez que se trata de oração subordinada adjetiva.
b. é conjunção explicativa, uma vez que dá uma informação, trata-se de uma oração subordinada explicativa.
c. é conjunção integrante, uma vez que inicia orações subordinadas substantivas.
d. é conjunção restritiva, uma vez que restringe a ideia, tem-se, aí, uma oração subordinada restritiva.
e. é conjunção aditiva, uma vez que estabelece relações entre frases, trata-se de uma oração coordenada sindética aditiva.

Instituto Federal de Educação, Ciência e Tecnologia — Técnico Administrativo

14. Assinale a alternativa correta.

a. Onde você vai?
b. Os primeiros colonizadores surgiram a cerca de quinhentos anos.

- c. O caminhão foi ao encontro ao muro.
- d. Tiveram comportamentos afins durante os trabalhos de discussão.
- e. Fazem dez meses que o conheço.

(Vunesp–Tribunal de Justiça) — Escrevente Técnico judiciário
Leia o texto, para responder às questões de números **15** e **16**.

> Veja, aí estão eles, a bailar seu diabólico "pas de deux"(*): sentado, ao fundo do restaurante, o cliente paulista acena, assovia, agita os braços num agônico polichinelo; encostado à parede, marmóreo e impassível, o garçom carioca o ignora com redobrada atenção. O paulista estrebucha: "Amigô?!", "Chefê?!", "Parceirô?!"; o garçom boceja, tira um fiapo do ombro, olha pro lustre.
>
> Eu disse "cliente paulista", percebo a redundância: o paulista é sempre cliente. Sem querer estereotipar, mas já estereotipando: trata-se de um ser cujas interações sociais terminam, 99% das vezes, diante da pergunta "débito ou crédito?". [...] Como pode ele entender que o fato de estar pagando não garantirá a atenção do garçom carioca? Como pode o ignóbil paulista, nascido e criado na crua batalha entre burgueses e proletários, compreender o discreto charme da aristocracia?
>
> Sim, meu caro paulista: o garçom carioca é antes de tudo um nobre. Um antigo membro da corte que esconde, por trás da carapinha entediada, do descaso e da gravata-borboleta, saudades do imperador. [...] Se deixou de bajular os príncipes e princesas do século 19, passou a servir reis e rainhas do 20: levou gim-tônicas para Vinicius e caipirinhas para Sinatra, uísques para Tom e leites para Nelson, recebeu gordas gorjetas de Orson Welles e autógrafos de Rockfeller; ainda hoje fala de futebol com Roberto Carlos e ouve conselhos de João Gilberto. Continua tão nobre quanto sempre foi, seu orgulho permanece intacto.
>
> Até que chega esse paulista, esse homem bidimensional e sem poesia, de camisa polo, meia soquete e sapatênis, achando que o jacarezinho de sua Lacoste é um crachá universal, capaz de abrir todas as portas. Ah, paulishhhhta otááário, nenhum emblema preencherá o vazio que carregas no peito — pensa o garçom, antes de conduzi-lo à última mesa do restaurante, a caminho do banheiro, e ali esquecê-lo para todo o sempre.

(*) Um tipo de coreografia, de dança.

EXAMES E CONCURSOS

> Veja, veja como ele se debate, como se debaterá amanhã, depois de amanhã e até a Quarta-Feira de Cinzas, maldizendo a Guanabara, saudoso das várzeas do Tietê, onde a desigualdade é tão mais organizada: "Amigô, o bife era malpassado!", "Chefê, a caipirinha de saquê era sem açúcar!", "Ô, companheirô, faz meia hora que eu cheguei, dava pra ver um cardápio?!". Acalme-se, conterrâneo. Acostume-se com sua existência plebeia. O garçom carioca não está aí para servi-lo, você é que foi ao restaurante para homenageá-lo.
>
> Antônio Prata, Cliente paulista, garçom carioca.
> **Folha de S.Paulo**, São Paulo, 6 fev. 2013.

15. Assinale a alternativa em que a oração destacada expressa finalidade, em relação à outra que compõe o período.

- **a.** *Se deixou de bajular os príncipes e princesas do século 19*, passou a servir reis e rainhas do 20 [...]
- **b.** [...] pensa o garçom, *antes de conduzi-lo à última mesa do restaurante* [...]
- **c.** [...] você é que foi ao restaurante *para homenageá-lo*.
- **d.** [...] nenhum emblema preencherá o vazio *que carregas no peito* – [...]
- **e.** [...] o garçom boceja, *tira um fiapo do ombro* [...].

16. Assinale a alternativa em que o emprego de nexos sintáticos entre as orações do período — Eu disse "cliente paulista", percebo a redundância: o paulista é sempre cliente. — mostra-se adequado ao sentido do texto.

- **a.** Eu disse cliente paulista, mas percebo a redundância, pois o paulista é sempre cliente.
- **b.** Eu disse cliente paulista, se percebo a redundância, mas o paulista é sempre cliente.
- **c.** Eu disse cliente paulista, porque percebo a redundância, contanto que o paulista seja sempre cliente.
- **d.** Eu disse cliente paulista, desde que percebi a redundância, para que o paulista seja sempre cliente.
- **e.** Eu disse cliente paulista, sem perceber a redundância, portanto o paulista é sempre cliente.

(Vunesp–Tribunal de Justiça) — Escrevente Técnico judiciário
Leia o texto para responder às questões de números **17** a **19**.

> Desde o surgimento da ideia de hipertexto, este conceito está ligado a uma nova concepção de textualidade, em que a informação é disposta em um ambiente no qual pode ser acessada de forma não linear. Isso acarreta uma textualidade que funciona por associação, e não mais por sequências fixas previamente estabelecidas.
>
> Quando o cientista Vannevar Bush, na década de 40, concebeu a ideia de hipertexto, pensava, na verdade, na necessidade de substituir os métodos existentes de disponibilização e recuperação de informações ligadas especialmente à pesquisa acadêmica, que eram lineares, por sistemas de indexação e arquivamento que funcionassem por associação de ideias, seguindo o modelo de funcionamento da mente humana. O cientista, ao que parece, importava-se com a criação de um sistema que fosse como uma "máquina poética", algo que funcionasse por analogia e associação, máquinas que capturassem o brilhantismo anárquico da imaginação humana.
>
> Parece não ser obra do acaso, que a ideia inicial de Bush tenha sido conceituada como hipertexto 20 anos depois de seu antigo fundador, exatamente ligada à concepção de um grande sistema de textos que pudessem estar disponíveis em rede. Na década de 60, o cientista Theodor Nelson sonhava com um sistema capaz de disponibilizar um grande número de obras literárias, com a possibilidade de interconexão entre elas. Criou, então, o "Xanadu", um projeto para disponibilizar toda a literatura do mundo, numa rede de publicação hipertextual universal e instantânea. Funcionando como um imenso sistema de informação e arquivamento, o hipertexto deveria ser um enorme arquivo virtual.

Disponível em: <http://www.pucsp.br/~cimid/4lit/longhi/hipertexto.htm>.
Acesso em: 5 fev. 2013. Adaptado.

17. Assinale a alternativa em que a forma verbal destacada substitui a original de forma que a regência esteja de acordo com a norma-padrão.

 a. [...] **planejava** também na criação de um sistema [...] (2º)

 b. Isso **ocasiona** em uma textualidade que funciona por associação [...] (1º)

EXAMES E CONCURSOS

c. [...] Vannevar Bush, na década de 40, idealizou pela ideia de hipertexto [...] (2º)

d. [...] o cientista Theodor Nelson **ansiava** em um sistema [...] (3º)

e. [...] o cientista Vannevar Bush **cogitava**, na verdade, sobre a necessidade de substituir os métodos existentes [...] (2º)

18. Assinale a alternativa contendo a frase do texto na qual a expressão verbal destacada exprime possibilidade.

a. [...] o cientista Theodor Nelson sonhava com um sistema capaz de **disponibilizar** um grande número de obras literárias [...]

b. Funcionando como um imenso sistema de informação e arquivamento, o hipertexto **deveria** ser um enorme arquivo virtual.

c. Isso acarreta uma textualidade que **funciona** por associação, e não mais por sequências fixas previamente estabelecidas.

d. Desde o surgimento da ideia de hipertexto, esse conceito **está ligado** a uma nova concepção de textualidade [...]

e. **Criou**, então, o "Xanadu", um projeto para disponibilizar toda a literatura do mundo [...]

19. Assinale a alternativa contendo frase com redação de acordo com a norma-padrão de concordância.

a. Pensava na necessidade de ser substituído de imediato os métodos existentes.

b. Substitui-se os métodos de recuperação de informações que se ligava especialmente à pesquisa acadêmica.

c. No hipertexto, a textualidade funciona por sequências fixas que se estabeleceram previamente.

d. O inventor pensava em textos que já deveria estar disponíveis em rede.

e. Era procurado por ele máquinas com as quais pudesse capturar o brilhantismo anárquico da imaginação humana.

(PUC-RS)

Responda à questão **20** com base no texto a seguir.

> Ninguém se surpreendeu com a notícia de que Washington possui um poderoso sistema de espionagem, mas a revelação de sua amplitude por Edward Snowden criou um escândalo planetário. Nos Estados Unidos, a novidade foi recebida com apatia. Estão distantes os dias em que as escutas telefônicas provocavam a ira da população.

As revelações de Edward Snowden sobre a amplitude do programa de vigilância eletrônica da Agência de Segurança Nacional (NSA, na sigla em inglês) levantam a questão da intromissão das agências de inteligência dos Estados Unidos na vida dos cidadãos. Contudo, para além do registro de metadados a partir de linhas telefônicas e da navegação na internet, esse caso revela outra realidade, também preocupante: a maior parte dos norte-americanos aprova o controle das comunicações eletrônicas privadas. [...]

Esse consentimento perante a espionagem nem sempre existiu nos Estados Unidos. Algumas semanas antes do atentado de 11 de setembro de 2001, o jornal USA Today publicava a manchete: "Quatro em cada dez norte-americanos não confiam no FBI" (20 jun. 2001). Durante décadas, estudos sucessivos da Secretaria de Justiça mostraram a forte oposição da população às escutas telefônicas pelos poderes públicos. Entre 1971 e 2001, a taxa de desconfiança chegou a flutuar entre 70% e 80%. Mas os atentados contra o World Trade Center e o Pentágono e, em seguida, a guerra contra o terrorismo empreendida por George W. Bush mudaram o cenário e conduziram os norte-americanos a reconsiderar bruscamente a oposição secular à vigilância de cidadãos.

Após um século de grande oposição, a sociedade norte-americana aprendeu a renunciar a seu direito à confidencialidade. Para grande parte da população — sem lembranças desse passado não muito distante —, o medo do terrorismo amplamente difundido e a promessa de respeito aos direitos dos "inocentes" tornaram-se mais importantes que as aspirações à proteção da vida privada e das liberdades civis. O "deserto do esquecimento organizado", segundo a expressão do sociólogo Sigmund Diamond, deixa o caminho livre para aqueles que desejam manter a ordem estabelecida.

PRICE, David. Caso Snowden: a história social das escutas telefônicas. (fragmento) In: <www.noticiasdabahia.com.br>, publicado em 21 ago. 2013.

20. Sobre as relações sintáticas presentes em "o medo do terrorismo amplamente difundido e a promessa de respeito aos direitos dos 'inocentes' tornaram-se mais importantes que as aspirações à proteção da vida privada e das liberdades civis" **NÃO** é correto afirmar que:

a. há uma relação de equivalência entre "medo" e "promessa".
b. "terrorismo" está para "medo" assim como "respeito" está para "promessa".

c. "amplamente" e "mais", por serem termos acessórios, poderiam ser suprimidos.

d. "vida" e "liberdades" são, ao mesmo tempo, elementos subordinados e principais em relação aos termos aos quais estão relacionados.

e. "privada" e "civis" exercem a mesma função sintática.

(PUC-RS)

INSTRUÇÃO: Responder à questão **21** com base no texto.

Analfabetismo funcional

A condição de analfabeto funcional aplica-se a indivíduos que, mesmo sendo capazes de identificar letras e números, não conseguem interpretar textos e realizar operações matemáticas mais elaboradas. Tal condição limita severamente o desenvolvimento pessoal e profissional. [...]

Uma variação do analfabetismo funcional parece estar presente no topo da pirâmide corporativa e na academia. Em uma longa série de entrevistas realizadas por este escriba, nos últimos cinco anos, com diretores de grandes empresas locais, uma queixa revelou-se rotineira: _____ a muitos profissionais da média gerência a capacidade de interpretar de forma sistemática situações de trabalho, relacionar devidamente causas e efeitos, encontrar soluções e comunicá-las de forma estruturada. Não se trata apenas de usar corretamente o vernáculo, mas de saber tratar informações e dados de maneira lógica e expressar ideias e proposições de forma inteligível, com começo, meio e fim.

Na academia o cenário não é menos preocupante. Colegas e professores, com atuação em administração de empresas, frequentemente reclamam de pupilos incapazes de criar parágrafos coerentes e expressar suas ideias com clareza. A dificuldade afeta alunos de MBAs, mestrandos e mesmo doutorandos. Editores de periódicos da mesma área frequentemente deploram a enorme quantidade de manuscritos vazios, herméticos e incoerentes recebidos para publicação. E frequentemente seus autores são pós-doutores!

O problema não é exclusivamente tropical. Michael Skapinker registrou recentemente em sua coluna no jornal inglês Financial Times a história de um professor de uma renomada universidade norte-americana. O tal mestre acreditava que escrever com clareza constitui habilidade relevante para seus alunos, futuros administradores e advogados. Passava-lhes, semanalmente, a tarefa de escrever um texto curto, o qual corrigia, avaliando a capacidade analítica dos autores. Pois a atividade causou tal revolta que o diretor da instituição solicitou ao professor torná-la facultativa. Os alunos parecem acreditar que, em um mundo no qual a comunicação se dá por mensagens eletrônicas e tuítes, escrever com clareza não é mais importante.

[...] Por aqui, vivemos uma situação curiosa: de um lado, cresce a demanda por análises e raciocínios sofisticados e complexos. E de outro, _____ competências básicas relacionadas ao pensamento analítico e à articulação de ideias. O resultado é ora constrangedor, ora cômico. Nas empresas, muitos profissionais parecem tentar tapar o sol com uma peneira de *powerpoints*, abarrotados de informação e vazios de sentido.

Na academia, _____ textos caudalosos, impenetráveis e ocos. Se aprender a escrever é aprender a pensar, e escrever for mesmo uma atividade em declínio, então talvez estejamos rumando céleres à condição de invertebrados intelectuais.

WOOD JR., Thomaz. Analfabetismo funcional (fragmento adaptado).
In: <http://www.cartacapital.com.br/>revista/758/analfabetismo-funcional-6202.html>,
publicado em 24/7/2013.

21. Assinale a alternativa que completa, correta e respectivamente, as lacunas do texto.

   a. falta – faltam – se multiplica
   b. faltam – faltam – se multiplicam
   c. falta – falta – multiplica-se
   d. faltam – falta – multiplicam-se
   e. falta – faltam – multiplicam-se

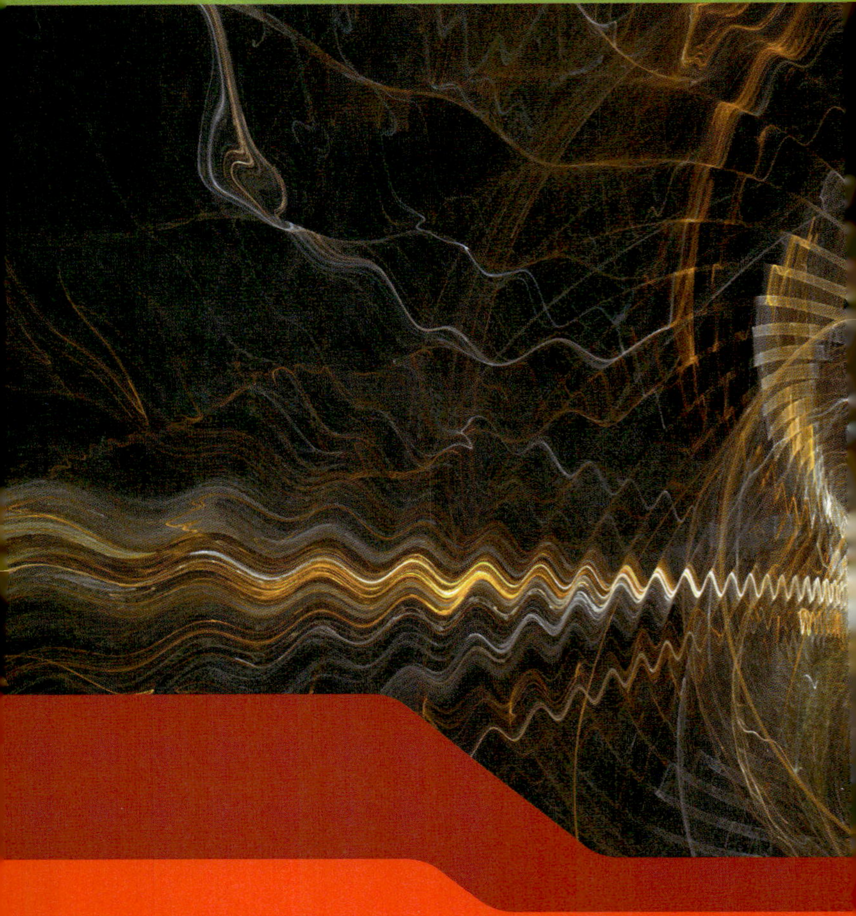

FONOLOGIA

Toda atividade humana se desenvolve dentro de certo ritmo. Nosso coração pulsa alternando batidas e pausas; nossa respiração, nossa gesticulação, nossos movimentos são ritmados. [...]

Norma Goldstein
Professora

FONOLOGIA

A palavra falada

Um primeiro olhar

Leia esta tirinha da Turma da Mônica.

SOUSA, Mauricio de. **O Estado de S. Paulo**, São Paulo, 6 jan. 2014. Caderno 2, p. C4.

1. Observe a palavra pronunciada por Cebolinha no primeiro quadrinho.

> calinho

Ela apresenta uma troca de sons. Que sentido a mãe atribui a essa palavra?

2. A que **calinho**, na verdade, Cebolinha se refere? Explique por que ocorre tal confusão.

3. Compare as palavras a seguir.

> carrinho e carinho

Quantas letras e quantos sons (fonemas) podem ser identificados em cada uma delas?

4. Agora compare estas palavras.

> calinho, carinho e carrinho

Qual a importância dos sons mínimos (fonemas) na constituição das palavras?

5. Observe as palavras **gracinha**, **beijinho**, **esquina**.
   a) Quantos sons você consegue identificar?
   b) Quantas letras há em cada uma?

FONEMA

A palavra, quando expressa oralmente, é constituída por uma combinação de unidades mínimas de som.

Observe:

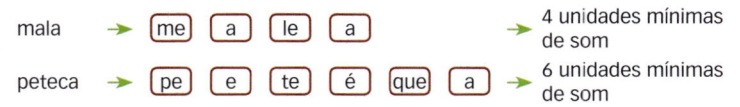

mala → me | a | le | a → 4 unidades mínimas de som

peteca → pe | e | te | é | que | a → 6 unidades mínimas de som

Essas unidades mínimas de som são denominadas **fonemas**.

> **Fonema** é cada unidade mínima de som da palavra.

ALFABETO FONOLÓGICO

Para transcrever os fonemas, há um modelo universal de sinais: o **alfabeto fonológico**.

VOGAIS ORAIS	LETRAS	EXEMPLOS	TRANSCRIÇÃO FONOLÓGICA
/a/	a	p**a**to	/pato/
/ɛ/–(é)	e	b**e**lo	/bɛlo/
/e/–(ê)	e	d**e**do	/dedo/
/i/	i	f**i**ta	/fita/
/ɔ/–(ó)	o	b**o**la	/bɔla/
/o/–(ô)	o	b**o**lo	/bolo/
/u/	u	**u**va	/uva/
VOGAIS NASAIS	**LETRAS**	**EXEMPLOS**	**TRANSCRIÇÃO FONOLÓGICA**
/ã/	am, an, ã	t**am**pa, b**an**do, m**ã**e	/tãpa/, /bãdo/, /mãy/
/ẽ/	em, en	t**em**po, d**en**te	/tẽpo/, /dẽte/
/ĩ/	im, in	l**im**po, l**in**do	/lĩpo/, /lĩdo/
/õ/	om, on, õ	t**om**bo, t**on**to, p**õ**e	/tõbo/, /tõto/, /põy/
/ũ/	um, un	at**um**, m**un**do	/atũ/, /mũdo/
SEMIVOGAIS	**LETRAS**	**EXEMPLOS**	**TRANSCRIÇÃO FONOLÓGICA**
/y/	i, e	pa**i**, mã**e**	/pay/, /mãy/
/w/	u, o	pa**u**, pã**o**	/paw/, /pãw/

CONSOANTES	LETRAS	EXEMPLOS	TRANSCRIÇÃO FONOLÓGICA
/p/	p	**p**ato	/pato/
/b/	b	**b**ola	/bɔla/
/t/	t	**t**ela	/tɛla/
/d/	d	**d**ata	/data/
/k/	c, qu	**c**abo, **qu**ilo	/kabo/, /kilo/
/g/	g, gu	**g**alo, **gu**ia	/galo/, /gia/
/f/	f	**f**aca	/faka/
/v/	v	**v**ela	/vɛla/
/s/	s, c, ç, x, ss, sc, sç, xc	**s**ala, **c**edo, ca**ç**a, má**x**imo, ma**ss**a, na**sc**e, de**sç**o, e**xc**eto	/sala/, /sedo/, /kasa/, /masimo/, /masa/, /nase/, /deso/, /esɛto/
/z/	z, s, x	**z**elo, ca**s**a, e**x**ato	/zelo/, /kaza/, /ezato/
/ʃ/	x, ch	**x**ale, **ch**uva	/ʃale/, /ʃuva/
/ʒ/	g, j	**g**elo, **j**ota	/ʒelo/, /ʒOta/
/l/	l	**l**ata	/lata/
/ʎ/	lh	te**lh**a	/teʎa/
/r/	r	ca**r**o	/karo/
/r̄/	r, rr	**r**ima, ca**rr**o	/r̄ima/, /kar̄o/
/m/	m	**m**ala	/mala/
/n/	n	**n**ada	/nada/
/ñ/	nh	ni**nh**o	/niño/

FONEMA E LETRA

Na escrita, os fonemas são representados por **letras**. De maneira geral, cada letra representa um fonema, mas isso nem sempre ocorre.

a) Existem casos em que uma mesma letra representa fonemas diferentes.

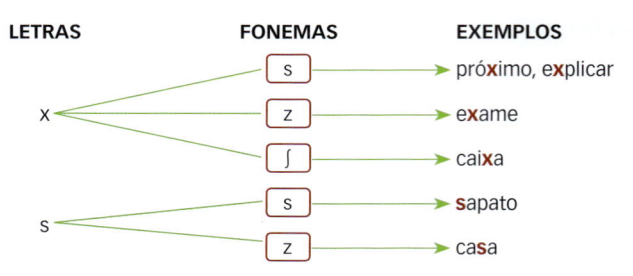

LETRAS	FONEMAS	EXEMPLOS
x	s	pró**x**imo, e**x**plicar
x	z	e**x**ame
x	ʃ	cai**x**a
s	s	**s**apato
s	z	ca**s**a

b) Existem letras diferentes que representam um mesmo fonema.

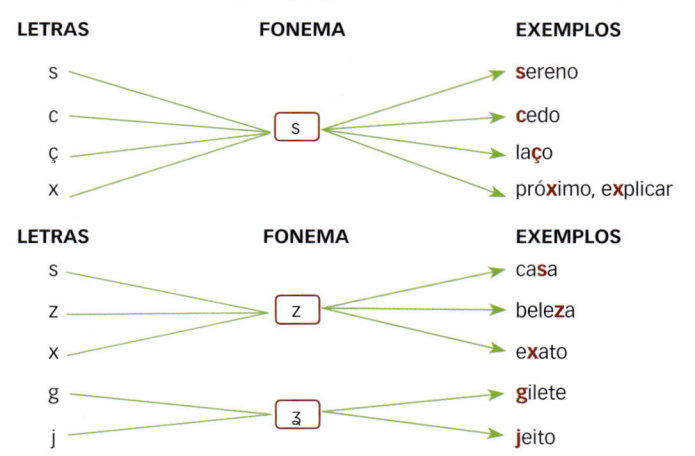

LETRAS	FONEMA	EXEMPLOS
s		**s**ereno
c	s	**c**edo
ç		la**ç**o
x		pró**x**imo, e**x**plicar

LETRAS	FONEMA	EXEMPLOS
s		ca**s**a
z	z	bele**z**a
x		e**x**ato
g	ʒ	**g**ilete
j		**j**eito

c) Há a letra **x** que, sozinha, representa dois fonemas.

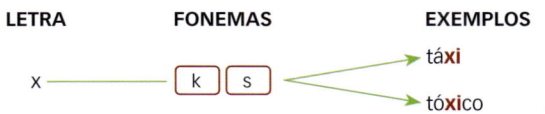

LETRA	FONEMAS	EXEMPLOS
x	k s	tá**x**i
		tó**x**ico

d) Há a letra **h** que não representa nenhum fonema.

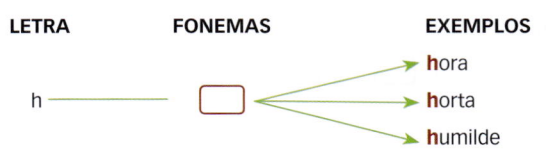

LETRA	FONEMAS	EXEMPLOS
h		**h**ora
		horta
		humilde

e) Existem fonemas que, em algumas palavras, são representados por apenas uma letra e, em outras, por duas letras.

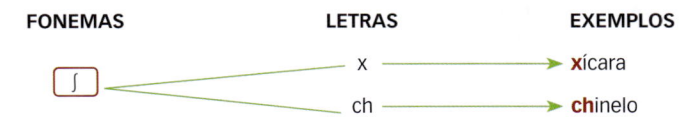

FONEMAS	LETRAS	EXEMPLOS
ʃ	x	**x**ícara
	ch	**ch**inelo

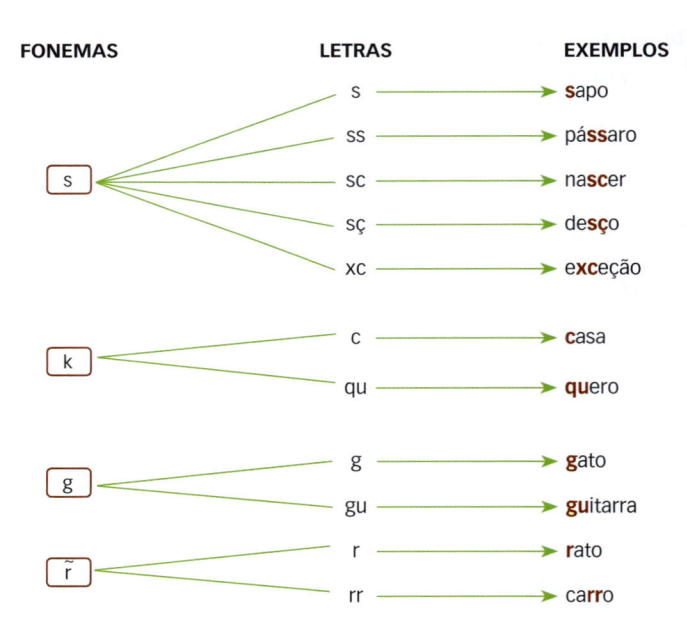

FONEMAS	LETRAS	EXEMPLOS
s	s	**s**apo
	ss	pá**ss**aro
	sc	na**sc**er
	sç	de**sç**o
	xc	e**xc**eção
k	c	**c**asa
	qu	**qu**ero
g	g	**g**ato
	gu	**gu**itarra
r̃	r	**r**ato
	rr	ca**rr**o

DÍGRAFO

Nos casos em que um único fonema é representado por duas letras ocorre o **dígrafo** (*di* = dois; *grafo* = letra).

Exemplo:

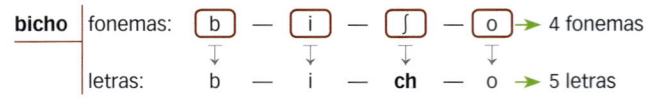

bicho
fonemas: b — i — ʃ — o → 4 fonemas
letras: b — i — **ch** — o → 5 letras

Observe que para representar o fonema /x/ foram utilizadas duas letras: o **c** e o **h**.
São dígrafos na língua portuguesa:

LETRAS	FONEMAS	EXEMPLOS
lh	ʎ	pa**lh**aço
nh	ñ	aca**nh**ado

LETRAS	FONEMAS		EXEMPLOS
ch	ʃ		**ch**amar
rr	r̃	(no interior da palavra)	ca**rr**oça
ss	s	(no interior da palavra)	pá**ss**aro
qu	k	(seguido de **e** e **i**)	**qu**ero, **qu**ilo
gu	gue	(seguido de **e** e **i**)	**gu**erra, **gu**itarra
sc	s		na**sc**er
sç	s		de**sç**o
xc	s		e**xc**eção

E as letras que representam as vogais nasais:

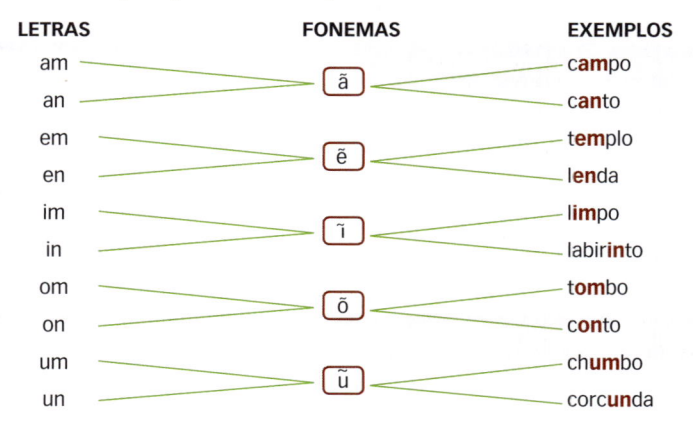

LETRAS	FONEMAS	EXEMPLOS
am	ã	c**am**po
an		c**an**to
em	ẽ	t**em**plo
en		l**en**da
im	ĩ	l**im**po
in		labir**in**to
om	õ	t**om**bo
on		c**on**to
um	ũ	ch**um**bo
un		corc**un**da

● OBSERVAÇÕES

a) Nos grupos **qu** e **gu**, quando seguidos de **e** e **i**, as letras **q** e **g** somente formam dígrafo com a letra **u** se o **u** não for pronunciado, como em querida, quilômetro, guerra etc. Se o **u** for pronunciado, isto é, se representar um fonema, não ocorre dígrafo: aguentar, tranquilo, aguei etc.

b) Em posição final da palavra, as letras **m** e **n** podem formar ditongo com a vogal anterior, e não dígrafo: também (**am** = dígrafo; **em** = ditongo nasal **ẽi**).

FUNÇÃO DISTINTIVA DO FONEMA

A alteração de um fonema pode mudar o sentido da frase.
Eu vi uma pata.   Eu vi uma lata.

A distinção entre *pata* e *lata* ocorre pela **troca** ou **comutação** de um único **fonema**.

pata → p — a — t — a
lata → l — a — t — a

Da mesma forma, outras palavras podem se opor:

pat**a** — pat**o**   ca**rr**o — ca**r**o   **b**ote — **l**ote
lata — **l**uta   ma**t**a — ma**l**a   **c**ola — **b**ola

O fonema tem, portanto, *função distintiva*: comutando-se apenas um fonema, obtém-se uma nova palavra. É esse caráter distintivo do fonema que possibilita à língua, com um número reduzido de fonemas, criar milhares de palavras.

SIGNIFICANTE E SIGNIFICADO

A palavra é, portanto, constituída de dois elementos inseparáveis.

a) O **significante**, seu elemento **material**, formado

→ pelos **fonemas**, na fala — b — o — l — a.
→ pelas **letras**, na escrita — b — o — l — a.

b) O **significado**, seu elemento **imaterial**, que é a **ideia** ou **conceito** que ela expressa.

CLASSIFICAÇÃO DOS FONEMAS

Os fonemas da língua portuguesa classificam-se em:

VOGAIS

São fonemas em cuja produção o ar não encontra obstáculos ao passar pela boca.

Exemplos:

a   é   e   ó   u

p**a**to   caf**é**   ip**ê**   b**o**la   tat**u**

CONSOANTES

São fonemas em cuja produção o ar encontra obstáculos ao passar pela boca.

Exemplos:

b — o obstáculo se dá no contato dos lábios superior e inferior.
f — o obstáculo se dá no encontro dos dentes com o lábio inferior.

SEMIVOGAIS (*SEMI* = METADE)

São fonemas com sons semelhantes às vogais «i» e «u», mas que são produzidos, necessariamente, com o apoio de uma vogal com a qual formam sílaba.

Exemplos:

p a **i**   s é – r **i** e   s a **u** – d a d e   q **u** a – t r o
v sv   sv v   v sv   sv v

> **OBSERVAÇÃO**
>
> Na língua escrita, a semivogal **i** pode aparecer representada pela letra **e** — mãe (pronúncia — *mãi*) e a semivogal **u**, pela letra **o** — pão (pronúncia — *pãu*).

SÍLABA

Na língua oral, a palavra é um conjunto articulado de fonemas. E a cada expiração do falante são emitidos pequenos conjuntos de fonemas chamados **sílabas**.

p a - l e - t ó   m a - d e i - r a   a - m o - r a
c v   c v   c v   c v   c v sv   c v   v   c v   c v

Observe que em todas as sílabas há, necessariamente, uma vogal, à qual se juntam, ou não, semivogais e/ou consoantes. A vogal é, portanto, o núcleo da sílaba, de forma que, sozinha, pode formar uma sílaba.

Cada sílaba pode ter apenas uma vogal; assim, há numa palavra tantas sílabas quantas forem as vogais.

c **o** - l **e** - t **o** r : 3 vogais — 3 sílabas
  v   v   v

p **a** - p **a** i : 2 vogais — 2 sílabas
  v   v

CLASSIFICAÇÃO DAS PALAVRAS QUANTO AO NÚMERO DE SÍLABAS

MONOSSÍLABAS (*MONO* = UM)

São as palavras que têm apenas uma sílaba.

pé — pão — mau — mais — réu

DISSÍLABAS (*DI* = DOIS)

São as palavras que têm duas sílabas.

di-a — ca-fé — i-guais — mui-to

TRISSÍLABAS (*TRI* = TRÊS)

São as palavras que têm três sílabas.

tor-nei-ra — ca-be-ça — sa-ú-de — cam-po-nês

POLISSÍLABAS (*POLI* = VÁRIOS)

São as palavras que têm quatro ou mais sílabas.

am-bu-lân-cia — car-to-li-na — pon-tu-a-li-da-de

ACENTUAÇÃO TÔNICA

Na emissão de palavras formadas de duas ou mais sílabas, há sempre uma que se destaca por ter sonoridade mais intensa do que as outras. Em função dos graus de sonoridade, as sílabas são denominadas **átonas**, **tônicas** e **subtônicas**.

TÔNICA

É a sílaba de maior intensidade sonora.

a **mor**(tônica) — **be**(tônica) lo — es **tú**(tônica) pi do

ÁTONA

É a sílaba de menor intensidade sonora.

a(átona) mor — be lo(átona) — es(átona) tú pi(átona) do(átona)

SUBTÔNICA

É a sílaba intermediária: sua intensidade fica entre a da tônica e a da átona. Ocorre principalmente nas palavras derivadas, correspondendo à sílaba tônica da palavra primitiva.

- palavra primitiva:

  ca(átona) **fé**(tônica)

- palavra derivada:

  ca(átona) fe(subtônica) **zi**(tônica) nho(átona)

Essa alternância de intensidade das sílabas é um dos elementos que dão melodia à frase.

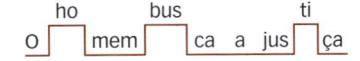

O **ho** mem **bus** ca a jus **ti** ça

CLASSIFICAÇÃO DAS PALAVRAS QUANTO À POSIÇÃO DA SÍLABA TÔNICA

Na língua portuguesa, quando a palavra possui duas ou mais sílabas, a sílaba tônica pode ser a **última**, a **penúltima** ou a **antepenúltima**. Dependendo de sua posição, as palavras classificam-se em **oxítonas**, **paroxítonas** e **proparoxítonas**.

OXÍTONAS

São as palavras cuja sílaba tônica é a última.

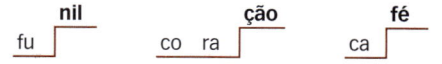

fu **nil**   co ra **ção**   ca **fé**

PAROXÍTONAS

São as palavras cuja sílaba tônica é a penúltima.

es **co** la   **li** vro   ca **der** no

PROPAROXÍTONAS

São as palavras cuja sílaba tônica é a antepenúltima.

ár vo re   re **pú** bli ca   e **xér** ci to

MONOSSÍLABOS ÁTONOS E MONOSSÍLABOS TÔNICOS

Os *monossílabos* são *tônicos* ou *átonos* conforme a intensidade com que são pronunciados na frase.

Observe:

"**Que** lembrança darei **ao** país **que** me deu

tudo **o que** lembro **e sei**, tudo quanto senti?"

(Carlos Drummond de Andrade)

Átonos

São os monossílabos **que**, **ao**, **me**, **o** e **e**, porque são pronunciados tão fracamente que se apoiam foneticamente na palavra vizinha.

"**Que**lembrança", "darei**ao**", "**que**me", "tud**oque**"...

Tônicos

São os monossílabos **deu** e **sei**, porque têm autonomia fonética, não se apoiam na palavra vizinha.

São **átonos** os seguintes monossílabos:
- *artigos*: o, a, os, as, um, uns.
- *pronomes pessoais oblíquos átonos*: me, te, se, o, a, os, as, lhe, nos, vos.
- *preposições*: a, com, de, em, por, sem, sob.
- *combinações de preposição e artigo*: à, ao, do, da, no, na, num etc.
- *pronome relativo*: que.
- *conjunções*: e, mas, nem, ou, que, se.

São **tônicos** os demais monossílabos.
Exemplos:
- *pronomes pessoais oblíquos tônicos*: mim, ti, vós.
- *pronomes possessivos*: meu, teu, seu.
- *verbos*: é, és, há, são, sei, dei, deu, leu.
- *substantivos*: lar, dor, sol, bar, mar, pó, pá, fé.
- *adjetivos*: mau, bom.

OBSERVAÇÕES

a) Pode ocorrer que, conforme mantenha ou não sua autonomia fonética, um mesmo monossílabo seja átono numa frase, porém tônico em outra.

Que é isso? (*que* = átono) Você não veio por **quê**? (*que* = tônico)

b) Na língua falada, dependendo do sentimento do emissor, a sílaba pode ser enfatizada com intensidade e duração além do normal: é o chamado *acento de insistência*.

Soc**ooo**rro! Você é malv**aaa**do! M**uuu**ito melhor!

EM SÍNTESE

Fonema — unidade mínima de som da palavra, tem função distintiva.
Alfabeto fonológico — forma universal de representar os fonemas.
Fonema e Letra — nem sempre uma letra representa um mesmo fonema.
- **Dígrafo** — duas letras que representam um fonema.
- **Significante** — fonemas e letras.
- **Significado** — o conceito da palavra.

Classificação dos fonemas — vogais, consoantes, semivogais.
Sílaba — conjunto de fonemas emitidos a cada expiração do falante.
- **Palavras quanto ao número de sílabas** — monossílabas (átonas ou tônicas), dissílabas, trissílabas e polissílabas.

Acentuação tônica — sílaba tônica, átona e subtônica.
- **Palavras quanto à posição da sílaba tônica** — oxítonas, paroxítonas e proparoxítonas.

No texto

Esta notícia relata manifestações artísticas inusitadas e inesperadas de pichadores paulistanos em um evento internacional. Leia e responda às questões.

Paulista "picha" curador da Bienal de Berlim

[...]

Convidados da Bienal de Berlim, aberta no fim de abril, pichadores brasileiros se envolveram numa confusão com os organizadores, que teve como saldo a "pichação" do curador da mostra, o artista polonês Artur Zmijewski.

Em meio a uma discussão, depois que os brasileiros picharam uma igreja na qual dariam um *workshop*, Djan Ivson, ou Cripta Djan, 26, o mesmo que pichou o espaço vazio da Bienal de 2010 em São Paulo, esguichou tinta amarela em Zmijewski.

Segundo Cripta, foi uma reação a um balde de água suja atirado pelo curador.

[...]

Parte da programação da bienal, o *workshop* dos pichadores brasileiros ocorreria no último sábado na igreja de Santa Elizabeth.

De acordo com o relato de Cripta, que estava acompanhado de outros três colegas do movimento "Pixação" (Biscoito, William e R.C.), o grupo chegou disposto a demonstrar seu trabalho, mas não no formato didático tradicional de um *workshop*.

"Não tem como dar *workshop* de pichação, porque pichação só acontece pela transgressão e no contexto da rua", disse Cripta à Folha, por telefone.

Os convidados passaram a escalar o prédio da igreja e a pichar. Segundo Cripta, os organizadores se desesperaram com a atitude e disseram que eles não estavam autorizados a mexer naqueles lugares.

[...]

Folha de S.Paulo, São Paulo, 13 jun. 2012, Cotidiano. Disponível em: <http://www1.folha.uol.com.br/fsp/cotidiano/48530-paulista-picha-curador-da-bienal-de-berlim.shtml>. Acesso em: 8 maio 2014.

1. Localize no texto uma palavra registrada ora com uma grafia ora com outra e compare essas diferentes formas de escrita. Nesse caso, a mudança de letra resultou em mudança de fonema? Por quê?

2. Com base no conteúdo do texto, explique por que os pichadores preferem a grafia do nome do movimento artístico ao qual pertencem de um modo diferente daquele previsto pelas regras de ortografia.

FONOLOGIA

A sequência dos fonemas

Um primeiro olhar

Leia a tirinha do personagem Calvin.

WATTERSON, Bill. O melhor de Calvin. **O Estado de S. Paulo**, São Paulo, 20 abr. 2014. Caderno 2, p. C8.

1. Releia os períodos presentes na primeira fala do personagem.

   > Quando neva, dá pra andar de trenó. Quando venta, dá pra soltar pipa. Quando está calor, dá pra acampar do lado de fora.

   Identifique, nesses períodos, as palavras em que há dígrafos.

2. Dê exemplos de outras palavras com dígrafos.
3. Ainda na primeira fala do Calvin, identifique as palavras que apresentam sequências de sons consonantais.
4. Identifique também uma palavra com sequência de sons consonantais na última fala do personagem.
5. Observe a sequência de vogais em destaque nas palavras do quadro.

   | quando | coisa | mamãe |

   Essas vogais encontram-se numa mesma sílaba? Faça a separação silábica.

6. Dê exemplos de palavras que apresentam sequência de vogais que pertencem a sílabas distintas.

ENCONTROS VOCÁLICOS

Compare a sequência dos fonemas nas palavras a seguir.

p o l i d o → há alternância sistemática de consoante e vogal
c v c v c v

p o l **u í** d o → há uma sequência de sons vocálicos
c v c v v c v

Encontro vocálico é a sequência de vogais e/ou semivogais numa palavra, sem consoante intermediária.

TIPOS DE ENCONTROS VOCÁLICOS

DITONGO

É o encontro vocálico em que uma *vogal* e uma *semivogal* são pronunciadas em uma **única sílaba**.

p**ai**   sé-r**io**   co-ra-ç**ão**
 v sv   sv v   v sv

Dependendo da posição dos sons vocálicos, o ditongo classifica-se em:

Decrescente

A intensidade do som decresce da *vogal* (mais forte) para a *semivogal* (mais fraca).

l**ei**-te   m**ui**-to   p**ão**   m**ãe**
 v sv   v sv   v sv   v sv

Crescente

A intensidade do som cresce da *semivogal* (mais fraca) para a *vogal* (mais forte).

q**ua**-tro   gê-n**io**   es-pé-c**ie**   á-g**ua**
 sv v   sv v   sv v   sv v

Dependendo da maneira como ocorre a saída do ar, o ditongo classifica-se em:

Oral

Quando o ar sai totalmente pela boca.

l e i - t e   c é u   e s - p é - c i e

Nasal

Quando parte do ar sai pelas fossas nasais.

p ã o   m ã e   m u i - t o   q u a n - d o

TRITONGO

É o encontro vocálico em que uma *vogal* aparece entre duas *semivogais* numa **única sílaba**.

P a - r a - **g u a i**   s a - **g u ã o**   U - r u - **g u a i**
         sv v sv   sv v sv   sv v sv

Assim como o ditongo, o tritongo também pode ser:

Oral

Quando o ar sai totalmente pela boca.

q u a i s   i - g u a i s

Nasal

Quando parte do ar sai pelas fossas nasais.

s a - g u ã o   q u ã o

HIATO

É o encontro vocálico em que se dá a sequência de duas *vogais* e que, por serem vogais, são pronunciadas em sílabas diferentes.

s **a** - **ú** - d e   r **u** - **i** m   c **o** - **o** - p e - r a r
  v   v   v   v   v   v

> **OBSERVAÇÃO**
>
> Os encontros vocálicos de palavras como **praia**, **maio**, **feio**, **goiaba**, **baleia** são assim separados: prai-a, mai-o, fei-o, goi-a-ba, ba-lei-a, formando um ditongo e um hiato.
>
> Na emissão dessas palavras, o que ocorre, na realidade, é o prolongamento da semivogal para a vogal seguinte: prai-(i)a, fei-(i)o, goi-(i)a-ba, ba-lei-(i)a, que resultariam, a rigor, em dois ditongos.

ENCONTROS CONSONANTAIS

Observe a sequência dos fonemas nas palavras a seguir.

g a t a   há alternância sistemática de consoante e vogal
c v c v

g r a t a   há uma sequência de sons consonantais
c c v c v

Encontro consonantal é a sequência de consoantes numa palavra sem vogal intermediária.

O encontro consonantal pode ocorrer:

- na mesma sílaba.
  - pe - **dr**a   **pl**a - no
  - **cl**a - ro   **pn**eu

- em sílabas diferentes.
  - tor - ta   rit - mo
  - lis - ta   es - ta

EM SÍNTESE

Encontros vocálicos — sequência de vogais e/ou semivogais na palavra.
- **Ditongo** — vogal e semivogal na mesma sílaba.
- **Tritongo** — vogal entre duas semivogais na mesma sílaba.
- **Hiato** — sequência de duas vogais, logo, em sílabas diferentes.

Encontros consonantais — sequência de consoantes, na mesma sílaba ou em sílabas diferentes.

No texto

Leia a seguir um trechinho do romance *O drible*, de Sérgio Rodrigues, em que o narrador elabora uma hipótese sobre o nome de uma das personagens, *Gleyce Kelly*.

> O nome dela era Gleyce Kelly, obra cruel de outro pai, quem sabe sem coração como o seu, mas provavelmente sem noção de coisa alguma, a ponto de supor que a princesa de Mônaco fosse chamada de Grace por ignorância do povo burro [...]

RODRIGUES, Sérgio. **O drible**. São Paulo: Companhia das Letras, 2013.

1. Para o narrador, o fato de tal nome não corresponder ao nome da atriz e princesa de Mônaco — Grace Kelly — foi uma hipercorreção do pai da moça, que provavelmente convivia com pessoas que costumam trocar a letra **l** pela letra **r**. Identifique no texto a atitude de discriminação por parte do narrador e, em seguida, explique-a.

2. Agora observe o quadro. Nele há algumas palavras originárias do latim. Repare nas mudanças ocorridas nessas palavras e as formas com que se fixaram em francês, espanhol e português.

LATIM	FRANCÊS	ESPANHOL	PORTUGUÊS
ecclesia-	église	iglesia	igreja
Blasiu-	Blaise	Blas	Brás
plaga-	plage	playa	praia
sclavu-	esclave	sclavo	escravo
fluxu-	flou	flojo	frouxo

BAGNO, Marcos. **A língua de Eulália**: novela sociolinguística. São Paulo: Contexto, 2001. p. 44.

a) Que mudança se nota na transformação de algumas palavras do latim para o português?

b) Essa mudança é denominada **rotacismo**. Diante desse fenômeno, é possível dizer que a substituição da letra **l** pela letra **r** nas variedades estigmatizadas da língua (as que não têm prestígio social e são alvo de preconceitos) é uma troca arbitrária em relação à história da língua portuguesa?

FONOLOGIA

Vogais e consoantes

Um primeiro olhar

Leia duas tirinhas do personagem Armandinho.

A
— VAI SER DIVERTIDO FAZER UM OVO DE PÁSCOA...
...E MUITO MAIS EM CONTA!
— PAI, VOCÊ É MUQUIRANA, MAS É LEGAL!
— SOU "ECONÔMICO", FILHO... "ECONÔMICO"...

B
— EU ATÉ QUERO TOMAR BANHO...
...MAS ELES NÃO DEIXAM!
— "ELES" QUEM, ARMANDINHO?!
— O FRIO E A PREGUIÇA!

BECK, Alexandre. Disponível em: <https://www.facebook.com/tirasarmandinho/photos/a.488361671209144.113963.488356901209621/749909828387659 /?type=1&theater>. Acesso em: 21 abr. e 7 jul. 2014.

1. Observe a palavra **ovo** na primeira tirinha. O que ocorreria com relação ao timbre dessa palavra se ela estivesse no plural?

2. Na segunda tirinha, identifique uma palavra com a vogal **e** com timbre aberto e outra com **e** com o timbre fechado.

3. Alguns sons são produzidos com parte do ar saindo pelas fossas nasais. Identifique palavras que apresentam esse tipo de som nas tiras.

4. Os sons das consoantes podem ser classificados de diferentes maneiras. Levante hipóteses:

Que palavras das tiras apresentam sons que provocam um ruído comparável a uma fricção?

CLASSIFICAÇÃO DAS VOGAIS

QUANTO AO PAPEL DAS CAVIDADES BUCAL E NASAL

Vogais orais

O ar sai somente pela boca: a úvula se levanta obstruindo a passagem do ar pelas fossas nasais:

a, ɛ, e, i, ɔ, o, u.

Exemplos: pr**a**to, cr**e**do, v**ê**, v**i**da, p**o**te, b**o**ca, r**u**bro.

Vogais nasais

Parte do ar sai pelas fossas nasais; abaixada, a úvula deixa ambas as passagens livres — boca e fossas nasais: ã, ẽ, ĩ, õ, ũ.

Exemplos: pr**an**to, cr**en**do, v**in**da, p**on**te, t**um**ba, r**ã**, p**õ**e.

QUANTO À INTENSIDADE

Vogais tônicas

São as vogais das sílabas tônicas.
Exemplos: r**o**da, p**e**rto, b**a**rco, aqu**i**.

Vogais átonas

São as vogais das sílabas átonas.
Exemplos: rod**a**, pert**o**, barc**o**, **a**qui.

Vogais subtônicas

São as vogais das sílabas subtônicas.
Exemplos: caf**e**zinho, s**o**mente, f**a**cilmente.

QUANTO AO TIMBRE

Vogais abertas

São as produzidas com abertura maior nas cavidades da faringe e da boca: a, ɛ, ɔ.

Exemplos: c**a**lo, sof**á**, p**é**, p**e**rto, b**o**la, cip**ó**.

Vogais fechadas

São as produzidas com estreitamento na cavidade da faringe e da boca: e, o, i, u e todas as nasais.

Exemplos: g**e**lo, cr**ê**, cal**o**r, av**ô**, v**i**da, l**u**va, l**ã**, l**en**to.

Vogais reduzidas

São as vogais das sílabas átonas.
Exemplos: lat**a**, **a**mora, leit**e**, bol**o**.

> **OBSERVAÇÃO**
>
> Em posição átona, principalmente no final de palavras, as vogais /e/ e /o/ são produzidas respectivamente como /i/ e /u/: leve (levi); bolo (bolu).

QUANTO À ZONA DE ARTICULAÇÃO

Vogais anteriores

Em sua produção, a língua eleva-se gradativamente em direção ao palato duro (céu da boca): ε, e, i, $\tilde{e}$, $\tilde{\imath}$.

Exemplos: p**é**, l**ê**, l**i**, l**e**ndo, l**i**ndo.

Vogais médias

Em sua produção, a língua permanece quase em repouso: a, $\tilde{a}$.
Exemplos: m**á**, r**ã**.

Vogais posteriores

Em sua produção, a língua se eleva gradativamente em direção ao palato mole (véu palatino):

$\mathrm{\backslash}$, o, u, $\tilde{o}$, $\tilde{u}$.

Exemplos: s**ó**, cal**o**r, n**u**, p**õ**e, m**u**ndo.

CLASSIFICAÇÃO DAS CONSOANTES

QUANTO AO MODO DE ARTICULAÇÃO

Dependendo do obstáculo que a corrente de ar encontra na produção do som, as consoantes podem ser:

Oclusivas

O obstáculo é total, seguido de uma abertura rápida: p, t, k, b, d, g.

Exemplos: **p**ato, **t**ato, **c**ato, **b**ato, **d**ata, **g**ato.

Constritivas

O obstáculo é parcial; elas podem ser:

- **fricativas** — provocam um ruído comparável a uma fricção: f, s, $\int$, v, z, $\mathfrak{z}$.

  Exemplos: **f**ato, **c**ebola, **x**ícara, **v**aso, ca**s**a, **j**eito.

- **laterais** — o obstáculo é formado pela língua no centro da boca, saindo o ar pelas laterais: l, λ.
  Exemplos: **l**eite, pa**lh**a.

- **vibrantes** — há um movimento vibratório rápido da língua ou do véu palatino: r (vibrante branda), $\tilde{r}$ (vibrante forte).

  Exemplos: ca**r**o (vibrante branda), ca**rr**o (vibrante forte), pe**r**a (vibrante branda), **r**oda (vibrante forte).

> **OBSERVAÇÃO**
>
> As consoantes nasais /**m**/, /**n**/, /**ñ**/ não são totalmente oclusivas, pois parte do ar escapa pelas fossas nasais, havendo oclusão apenas bucal.

QUANTO AO PONTO DE ARTICULAÇÃO

Dependendo do lugar da boca em que se dá o obstáculo para a saída do ar, as consoantes podem ser:

Bilabiais
Contato dos lábios superior e inferior: p , b , m .
Exemplos: ca**p**a, **b**ola, **m**ato.

Labiodentais
Contato do lábio inferior e dentes incisivos: f , v .
Exemplos: faca, **v**aso.

Linguodentais
Contato ou aproximação da língua com os dentes superiores: t , d , n .
Exemplos: tela, **d**ado, **n**ada.

Alveolares
Contato ou aproximação da língua com os alvéolos:

s , z , l , r .

Exemplos: sala, ca**s**a, **l**ado, ara**r**a.

Palatais
Contato ou aproximação do dorso da língua com o palato duro ou céu da boca:

ʃ , ʒ , λ , ñ .

Exemplos: cheiro, **g**ente, pa**lh**a, ma**nh**a.

Velares
Aproximação da parte posterior da língua com o palato mole (véu palatino): k , g , r̃ .

Exemplos: fa**c**a, fi**g**o, **r**ato.

QUANTO AO PAPEL DAS CORDAS VOCAIS: SONORIDADE

Dependendo de a corrente de ar fazer vibrar ou não as cordas vocais, as consoantes podem ser:

Surdas

A corrente de ar encontra a glote aberta e passa sem fazer vibrar as cordas vocais: p, t, k, s, f, ʃ.

Exemplos: **p**ato, **t**ela, **c**aso, **c**edo, **f**ada, pi**ch**e.

Sonoras

A corrente de ar encontra a glote fechada e, ao forçar a passagem, faz vibrar as cordas vocais: b, d, g, v, z, ʒ, l, λ, r, r̃, m, n, ñ.

Exemplos: **b**ola, **d**ata, **g**ato, **v**ela, ca**s**a, **g**ema, **l**ata, ma**lh**a, amo**r**a, **r**eto, **m**ala, **n**eto, u**nh**a.

QUANTO AO PAPEL DAS CAVIDADES BUCAL E NASAL

Dependendo do local por onde passa o ar, somente pela boca ou ressoando na cavidade nasal, as consoantes podem ser:

Nasais

O ar ressoa na cavidade nasal: m, n, ñ.

Exemplos: **m**edo, **n**ariz, u**nh**a.

Orais

O ar sai somente pela boca; as demais consoantes são orais.

Exemplos: **b**ola, **l**ata, **g**ato, **c**arro, **c**asa etc.

> **OBSERVAÇÃO**
>
> As letras **m** e **n**, além de representarem sons consonantais, aparecem também como sinais de nasalização quando em posição final da sílaba. Nesse último caso, formam os dígrafos.
>
> Exemplos: c**am**-po, t**an**-to.

EM SÍNTESE

Classificação das vogais
- **orais** e **nasais** (papel das cavidades bucal e nasal).
- **tônicas**, **átonas** e **subtônicas** (intensidade).
- **abertas**, **fechadas** e **reduzidas** (timbre).
- **anteriores**, **médias** e **posteriores** (zona de articulação).

Classificação das consoantes
- **oclusivas** e **constritivas**: fricativas, laterais e vibrantes (modo de articulação).
- **bilabiais**, **labiodentais**, **linguodentais**, **alveolares**, **palatais** e **velares** (ponto de articulação).
- **surdas** e **sonoras** (papel das cordas vocais).
- **orais** e **nasais** (papel das cavidades bucal e nasal).

No texto

Leia o trecho.

Recado de fantasma

Tudo começou quando nos mudamos para aquela casa. Era um antigo sobrado, com uma grande varanda envidraçada e um jardim. Eu me sentia tão feliz em morar num lugar espaçoso como aquele, que nem dei atenção aos comentários dos vizinhos, com quem fui fazendo amizade. Eles diziam que a casa era mal-assombrada. Alguns afirmavam ouvir alguém cantando por lá às sextas-feiras.

— Deve ser coisa de fantasma! — falavam.

[...]

MUNIZ, Flávia. Disponível em: <http://revistaescola.abril.com.br/fundamental-1/recado-fantasma-634214.shtml>. Acesso em: 7 jul. 2014.

As palavras **varanda** e **fantasma**, presentes no trecho, às vezes são pronunciadas de maneira equivocada – trocando a letra **v** por **f** e vice-versa –, o que costuma acontecer na fala ou na escrita de crianças antes e durante o processo de alfabetização.

No quadro abaixo, à esquerda, as palavras estão grafadas corretamente e, à direita, as palavras estão grafadas de modo equivocado.

pe**g**uei	→	pe**q**uei
gritava	→	**c**ritava
vassoura	→	**f**assoura
bastante	→	**p**astante

1. Observe a letra destacada em cada palavra à esquerda. Pode haver mais de um fonema correspondente para cada uma dessas letras?

2. Qual o ponto de articulação de cada fonema destacado nessas palavras tanto à direita quanto à esquerda?

3. Do ponto de vista de vibração das cordas vocais, qual a diferença entre esses fonemas?

4. Se para cada letra na grafia correta (palavras à esquerda) só há um fonema correspondente, por que o erro de registro desses fonemas é comum no período de alfabetização? Com base nas respostas dadas aos itens **1** e **2**, elabore uma hipótese para as trocas de fonemas apresentadas no esquema.

FONOLOGIA

A pronúncia das palavras

Um primeiro olhar

Leia a tirinha a seguir.

DAVIS, Jim. Garfield. **Folha de S.Paulo**, São Paulo, 11 maio 2014, Ilustrada, p. E9.

> Vamos falar um pouco do criador do personagem Garfield, que é a estrela de uma das tirinhas mais famosas da história, publicada em jornais de todo o mundo.
>
> Quem inventou esse gatinho preguiçoso foi o cartunista Jim Davis, que deu ao personagem o nome do meio de seu avô James Garfield Davis. Jim nasceu em 1945 em Indiana (EUA) e foi criado numa pequena fazenda de gado. Como em quase todas as fazendas, na área junto ao curral havia muitos gatos; chegou a haver uns 25 de uma vez só, segundo ele.
>
> O cartunista acha que talvez tivesse se dedicado à vida da fazenda, não fossem os sérios ataques de asma que sofria quando criança. Forçado a ficar dentro de casa, passava as horas desenhando. Seus desenhos eram tão ruins que ele precisava legendá-los. Com a prática, foi melhorando e logo descobriu que os quadros, quando acompanhados de palavras, eram mais engraçados.

1. No último quadrinho, John utiliza a palavra **fogo**.
   a) Indique o plural dessa palavra.
   b) Com relação ao timbre da vogal **o**, como fica a pronúncia dessa palavra no plural?
   c) Dê outros exemplos de palavras que também apresentam variação de timbre na passagem do singular para o plural.
2. Qual é a pronúncia correta da palavra **sutil** quanto à posição da sílaba tônica?
3. Das palavras do quadro, qual apresenta pronúncia idêntica à palavra **sutil**? Justifique.

| nobel | têxtil | fóssil |

ORTOEPIA

A **ortoepia** ou **ortoépia** trata da pronúncia normal e correta das palavras. Segundo o padrão culto da língua, alguns cuidados precisam ser tomados. Veja:

a) Pronunciar claramente as consoantes sem omitir nenhuma nem trocá-las.

Exemplos: canta**r**, falamo**s**, pró**p**rio, frus**t**rado, **p**roblema, retró**g**rado, sal**s**icha, super**s**tição, estu**p**ro, tó**x**ico (ks).

b) Pronunciar claramente as vogais, sem trocar ou acrescentar fonemas.

Exemplos: deze**n**ove, d**o**ze, estrip**u**lia, di**g**ladiar, **e**mpecilho, **i**rr**e**quieto, pr**i**vilégio, fr**e**ar, praz**e**rosamente, s**u**o (verbo *suar*), arr**a**balde, mend**i**go, r**e**ivindicar, benefic**e**nte.

c) Pronunciar claramente os grupos vocálicos.

Exemplos: r**ou**ba, al**ei**ja, est**ou**ra, p**ou**sa, afr**ou**xar, int**ei**rar.

d) Respeitar o timbre da vogal.

Exemplos:

ê (fechado): alm**e**jo, esp**e**lha

é (aberto): obsol**e**to, apesar de ter som fechado no uso corrente.

ô (fechado): alg**o**z, b**o**das, contr**o**le (substantivo)

ó (aberto): soc**o**rros, m**o**lho (coletivo de chaves)

PROSÓDIA

A **prosódia** trata da pronúncia correta das palavras quanto à posição da sílaba tônica. Ao erro prosódico dá-se o nome de **silabada**.

Veja a pronúncia correta de algumas palavras, segundo o padrão culto da língua.

a) São oxítonas:

con**dor**   ure**ter**
o**bus**   ru**im**
su**til**   re**fém**
mis**ter**   No**bel**
re**cém**

b) São paroxítonas:

ambro**si**a   **ô**nix
filan**tro**po   a**va**ro

for**tui**to
pe**ga**das
azi**a**go
gra**tui**to
pu**di**ca
ciclo
i**be**ro

ru**bri**ca
de**ca**no
látex
têxtil
li**bi**do
misan**tro**po
fluido

c) São proparoxítonas:
aer**ó**dromo
az**á**fama
ínterim
aer**ó**lito
brâmane
lêvedo (a pronúncia corrente é le**ve**do)

álibi
cris**ân**temo
mun**í**cipe
ar**qué**tipo
not**í**vago
prot**ó**tipo

> **OBSERVAÇÃO**
>
> Há palavras que admitem mais de uma pronúncia.
> Exemplos:
> ac**ró**bata ou acro**ba**ta
> el**é**trodo ou ele**tro**do (ô)
> hier**ó**glifo ou hiero**gli**fo
> Oce**â**nia ou Oce**a**nia
>
> orto**é**pia ou ortoe**pi**a
> **só**ror ou so**ror**
> **xé**rox ou xe**rox**
> **zân**gão ou zan**gão**

EM SÍNTESE

Ortoepia — trata da pronúncia normal, sem omissões ou trocas de fonemas, e do timbre correto.

Prosódia — trata da pronúncia normal, sem silabada (troca da posição da sílaba tônica).

No texto

Leia a letra de uma canção muito famosa.

Saudosa maloca

[...]
Foi aqui seu moço
Que eu, Mato Grosso e o Joca
Construímos nossa maloca
Mais, um dia
Nem quero me lembrá
Veio os homi c'as ferramentas
O dono mandô derrubá

Peguemo tudo as nossas coisa
E fumo pro meio da rua
Apreciá a demolição
Que tristeza que eu sentia
Cada tauba que caía
Duia no coração
[...]

BARBOSA, Adoniran. Disponível em: <http://www.vagalume.com.br/adoniran-barbosa/saudosa-maloca.html#ixzz31LEuq8w7>. Acesso em: 10 maio 2014.

1. Essa canção evidencia um jeito bem popular de se pronunciar as palavras da língua portuguesa. Prática bastante comum é a de reduzir as palavras pela omissão de fonemas. Cite exemplos do texto.

2. A palavra **mais**, que inicia o 1º verso da 2ª estrofe, é um registro informal de que palavra? Informe a classe gramatical a que ela pertence.

3. Apesar dos registros informais, a maior parte da canção está de acordo com as regras da gramática. Isso demonstra que o autor dominava a língua culta. Por que teria, então, se expressado dessa forma?

4. Apesar dos registros de pronúncia sem correspondência com a norma-padrão, essa letra de canção apresenta, em vários momentos, o emprego de determinadas regras gramaticais bastante prezadas pelo padrão culto. Justifique essa afirmação.

5. Podemos afirmar que o emprego dessas pronúncias populares da língua na letra da canção foi autêntico, ou seja, ocorreu por desconhecimento por parte do compositor, ou foi um emprego proposital? Elabore uma hipótese coerente com o contexto.

TIRE DE LETRA

Após a abolição do trema, é importante cuidar da pronúncia adequada do **u** depois de **g** ou **q**. Ele deve ser pronunciado em: aguentar, ambiguidade, linguista, frequência, tranquilo, delinquir etc. Não se pronuncia o **u** em palavras como: distinguir, extinguir, adquirir, questão, extorquir etc. A pronúncia é facultativa em: sanguíneo, antiguidade, liquidificador, antiquíssimo entre outros.

EXAMES E CONCURSOS

(Enem-MEC)

> **S.O.S Português**
>
> Por que pronunciamos muitas palavras de um jeito diferente da escrita? Pode-se refletir sobre esse aspecto da língua com base em duas perspectivas. Na primeira delas, fala e escrita são dicotômicas, o que restringe o ensino da língua ao código. Daí vem o entendimento de que a escrita é mais complexa que a fala, e seu ensino restringe-se ao conhecimento das regras gramaticais, sem a preocupação com situações de uso. Outra abordagem permite encarar as diferenças como um produto distinto de duas modalidades da língua: a oral e a escrita. A questão é que nem sempre nos damos conta disso.

S.O.S Português. **Nova Escola**. São Paulo: Abril, Ano XXV, nº 231, abr. 2010 (fragmento adaptado).

1. O assunto tratado no fragmento é relativo à língua portuguesa e foi publicado em uma revista destinada a professores. Entre as características próprias desse tipo de texto, identificam-se as marcas linguísticas próprias do uso:

- **a.** regional, pela presença de léxico de determinada região do Brasil.
- **b.** literário, pela conformidade com as normas da gramática.
- **c.** técnico, por meio de expressões próprias de textos científicos.
- **d.** coloquial, por meio do registro de informalidade.
- **e.** oral, por meio do uso de expressões típicas da oralidade.

(Enem-MEC)

> Quando vou a São Paulo, ando na rua ou vou ao mercado, apuro o ouvido; não espero só o sotaque geral dos nordestinos, onipresentes, mas para conferir a pronúncia de cada um; os paulistas pensam que todo nordestino fala igual; contudo as variações são mais numerosas que as notas de uma escala musical. Pernambuco, Paraíba, Rio Grande do Norte, Ceará, Piauí têm no falar de seus nativos muito mais variantes do que se imagina. E a gente se goza uns dos outros, imita o vizinho, e todo mundo ri, porque parece impossível que um praiano de beira-mar não chegue sequer perto de um sertanejo de Quixeramobim. O pessoal do Cariri, então, até se orgulha do falar deles. Têm uns tês doces, quase um *the*; já nós, ásperos sertanejos, fazemos um duro *au* ou *eu* de todos os terminais em *al* ou *el* – carnavau, Raqueu... Já os paraibanos trocam o *l* pelo *r*. José Américo só me chamava, afetuosamente, de *Raquer*.

Queiroz, R. **O Estado de S. Paulo**, São Paulo, 9 maio 1998 (fragmento adaptado).

2. Rachel de Queiroz comenta, em seu texto, um tipo de variação linguística que se percebe no falar de pessoas de diferentes regiões. As características regionais exploradas no texto manifestam-se

   a. na fonologia.
   b. no uso do léxico.
   c. no grau de formalidade.
   d. na organização sintática.
   e. na estruturação morfológica.

(Tribunal de Justiça-SC) — Técnico judiciário

3. "XS" é um dígrafo; a alternativa que contém uma palavra que NÃO deveria ser escrita com esse dígrafo é:

   a. Exsicar.
   b. Exsudar.
   c. Exseler.
   d. Exsuar.
   e. Exsolver.

(Prefeitura Municipal de Patos-PB)

4. Considere a seguinte frase escrita por um aluno do ensino fundamental: Não deixi matar os passarinhos.

   A forma "deixi", em lugar de "deixe", ilustra um caso de inadequação:

   a. morfológica.
   b. fonológica.
   c. fono-ortográfica.
   d. fonética.
   e. morfossintática.

(AOCP-Prefeitura Municipal de Camaçari-BA)

Texto para as questões **5**, **6**, **7** e **8**.

Burocracia toma mais tempo de diretor do que pedagogia

Mais do que salário, violência e espaço físico inadequado, a principal queixa dos diretores da rede municipal de São Paulo é o excesso de burocracia.

A constatação foi feita em pesquisa do Sinesp (sindicato da categoria), que entrevistou em março 373 gestores. Destes, 53% se queixaram que gastam mais tempo com papéis e formulários do que com atividades pedagógicas — reuniões com os professores, por exemplo.

EXAMES E CONCURSOS

Segundo os dirigentes, o problema é agravado pela falta de funcionários nas escolas. Salário foi apontado por 3% da amostra como um dos principais problemas; 9% citaram violência e insegurança; e 38%, deficiências físicas das escolas.

A pesquisa foi feita para representar os 5000 diretores e coordenadores pedagógicos do sistema municipal paulistano.

Algumas das atividades não pedagógicas que os diretores fazem são controle de notas fiscais de compras; pagamento de fornecedores; levantamento de informações como férias e adicionais por tempo de serviço dos professores, para serem enviadas à diretoria de ensino.

Sistemas de ensino em outros países decidiram deixar os diretores focados nas atividades pedagógicas, eliminando processos burocráticos, aliado à contratação de funcionários para cuidar especificamente da parte administrativo-financeira. Nova York é um exemplo.

"Reconheço que a carga burocrática para os diretores é muito pesada", disse o secretário municipal da Educação, Alexandre Schneider. "Mas temos diminuído."

A dirigente de uma escola de ensino fundamental na zona sul, que prefere não ser identificada, reclama que qualquer compra exige três orçamentos e, posteriormente, o envio dos documentos a um contador.

"Há ainda sobreposição de pedidos. Preciso mandar a planilha de bens patrimoniais ao setor de bens da secretaria e, depois, ao de compras. Mas são necessários ajustes em cada uma, o que toma tempo", disse. "Quase não dá para conversar com os professores."

"A vida dos dirigentes é um inferno. E isso vale para quase o país todo", afirma Ilona Becskeházy, diretora-executiva da Fundação Lemann, que capacita diretores de redes públicas. Ela sugere que as escolas tenham um diretor pedagógico e outro administrativo.

O pesquisador Rudá Ricci, consultor do levantamento, calcula que 70% do trabalho do diretor está ligado à burocracia. "Há desconfiança em cima dos diretores e professores. Por isso tantos relatórios." Para ele, o ideal seria que as secretarias se concentrassem em avaliar o rendimento dos alunos. Essa foi uma das mudanças aplicadas em Nova York, diz a pesquisadora Patrícia Guedes, que analisou, a pedido da Fundação Itaú e do Instituto Braudel, a reforma daquele sistema.

Ao mesmo tempo que passaram a ser cobrados por resultados (diretores que não melhoram suas escolas não ganham bônus e podem até perder o cargo), os dirigentes ganharam autonomia. Podem, por exemplo, contratar seus professores.

Além disso, foram eliminados órgãos equivalentes às diretorias regionais de ensino. "Diminuiu muito a papelada."

Texto adaptado de: <http://www1.folha.uol.com.br/folha/educacao/ult305u610441.shtml>. Acesso em: 4 mar. 2010.

5. Assinale a única alternativa que apresenta dois dígrafos.
   a. Planilha
   b. Ganham
   c. Exemplo
   d. Excesso
   e. Ensino

6. Assinale a única alternativa que apresenta dois encontros consonantais.
   a. Professores
   b. Problema
   c. Trabalho
   d. Qualquer
   e. Processos

7. Assinale a única alternativa que apresenta apenas um encontro vocálico.
   a. Relatórios
   b. Violência
   c. Regionais
   d. Reuniões
   e. Funcionários

8. Todas as palavras abaixo apresentam 7 letras e 7 fonemas, EXCETO.
   a. Amostra
   b. Salário
   c. Pedidos
   d. Sistema
   e. Exemplo

(Tribunal de Justiça-MG)
9. Na sequência de palavras: *açoitar*, *ambrosia*, *triunfo*, *fortuito*, *autora*, tem-se:
   a. 5 ditongos.
   b. 3 ditongos e 2 hiatos.
   c. 1 ditongo e 4 hiatos.
   d. 2 ditongos e 3 hiatos.

(Funrio-RJ)
10. Qual a única série de palavras que contém dígrafos consonantais?
    a. através – problemas – crateras – caboclos.
    b. ternura – caspa – resultado – êxtase.
    c. farrista – aquecido – exceto – milharal.
    d. tampas – ventania – sintoma – fundação.
    e. hálito – hélice – hino – humilde.

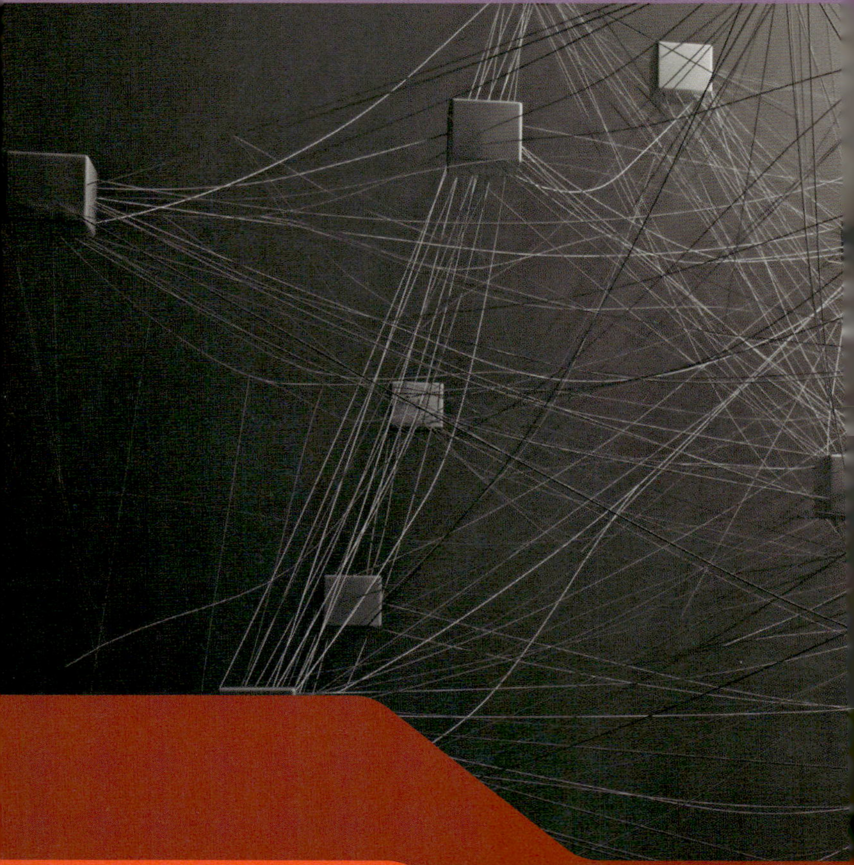

SEMÂNTICA

A PALAVRA

Já não quero dicionários
consultados em vão.
Quero só a palavra
que nunca estará neles
nem se pode inventar.

Que resumiria o mundo
e o substituiria.
[...]

Carlos Drummond de Andrade
Poeta

IMAGEM: ANDRZEJ WOJCICKI/SPL/GLOWIMAGES
TEXTO: ANDRADE, Carlos Drummond de. **Poesia e prosa**. Rio de Janeiro: Nova Aguilar, 1988.

SEMÂNTICA

Significação das palavras

Um primeiro olhar

Leia a tirinha do personagem criado por Alexandre Beck.

BECK, Alexandre. Disponível em: <https://www.facebook.com/tirasarmandinho>. Acesso em: 1º abr. 2014.

1. Observe as palavras do quadro retiradas do texto.

> cestas   sestas   sextas

Na tirinha, o humor é criado com base na semelhança de som entre essas palavras. Identifique o som — aberto ou fechado — da vogal tônica de cada uma delas.

2. Escreva o significado dessas palavras no texto.

3. Partindo da resposta à questão anterior, informe as semelhanças e as diferenças entre as palavras em relação ao som, à escrita e ao significado de cada uma.

4. Palavras como **cestas** e **sextas** são denominadas **homônimas homófonas**, pois têm sons iguais, mas grafias diferentes.
Dê outros exemplos, apresentando:
   a) palavras com sons e grafias idênticos.
   b) palavras com sons diferentes e grafias iguais.
   c) palavras com som e grafia bem parecidos.

RELAÇÕES DE SIGNIFICADO ENTRE AS PALAVRAS

Pode-se pensar que cada significante (representação sonora ou gráfica da palavra) remete a apenas um significado (ideia formada pelos usuários). Mas não é o que acontece. Muitas particularidades entre significante e significado ocorrem no processo de formação da língua e outras no decorrer de sua evolução.

SINONÍMIA

Palavras de som e grafia diferentes, mas de significados semelhantes — são os **sinônimos**.

Exemplos:

Os insetos **invadiram** a plantação de arroz.

Os insetos **alastraram-se** pela plantação de arroz.

ANTONÍMIA

Palavras de significados opostos — são os **antônimos**.

Exemplos:

O aluno foi **bem** na prova.

O aluno foi **mal** na prova.

HOMONÍMIA

Palavras de som e/ou grafia iguais, mas de significados diferentes — são os **homônimos**.

Exemplos:

Os supermercados precisam **apreçar** as mercadorias.
(dar preço)

É preciso **apressar** a noiva.
(tornar mais rápido)

Dependendo das características comuns apresentadas, os homônimos podem ser:

Homógrafos

Possuem grafias iguais, mas sons diferentes — são os **homônimos homógrafos**.

Exemplos:

O **começo** da história já agradou aos telespectadores.
(**ê** fechado = substantivo)

Eu **começo** a entender essa matéria.
(**é** aberto = verbo)

Homófonos

Possuem sons iguais, mas grafias diferentes — são os **homônimos homófonos**.

Exemplos:

Ele não sabia pregar uma **tacha** no batente.
(prego pequeno)

Os clientes consideram muito alta a **taxa** bancária.
(quantia cobrada por prestação de serviço)

Homônimos perfeitos

Possuem grafias e sons idênticos.

Exemplos:

Eu **cedo** o livro para a biblioteca da escola.
(verbo)

Levantou **cedo** para estudar para a prova.
(advérbio de tempo)

RELAÇÃO DE ALGUNS HOMÔNIMOS		
acender — pôr fogo	**ascender** — subir	
acento — sinal gráfico	**assento** — lugar de sentar-se	
aço — metal	**asso** — do verbo *assar*	
banco — assento	**banco** — estabelecimento comercial	**banco** — do verbo *bancar*
caçar — pegar animais	**cassar** — anular	
cela — pequeno quarto	**sela** — arreio	**sela** — do verbo *selar*
censo — recenseamento	**senso** — juízo	
cerrar — fechar	**serrar** — cortar	
cessão — ato de ceder	**seção** ou **secção** — divisão	**sessão** — reunião
cesto — balaio	**sexto** — numeral ordinal	
cheque — ordem de pagamento	**xeque** — lance do jogo de xadrez	
conserto — reparo (subst.)	**concerto** — sessão musical	**conserto** — do verbo *consertar*
coser — costurar	**cozer** — cozinhar	
espiar — espionar, observar	**expiar** — sofrer castigo	
estático — imóvel	**extático** — admirado	
estrato — tipo de nuvem	**extrato** — resumo	
incerto — não certo	**inserto** — incluído	

RELAÇÃO DE ALGUNS HOMÔNIMOS		
laço — nó	**lasso** — gasto, cansado, frouxo	
manga — fruto da mangueira	**manga** — parte do vestuário	
paço — palácio	**passo** — passada	
ruço — desbotado	**russo** — da Rússia	
são — saudável	**são** — do verbo *ser*	**são** — forma reduzida de *santo*

PARONÍMIA

Palavras de som e grafia bem parecidos e de significados diferentes — são os **parônimos**.

Exemplos:

Meus primos **emigraram** para os Estados Unidos.

(mudaram de seu país de origem)

No começo do século XX, muitos italianos **imigraram** para o Brasil.

(entraram em um país para nele viver)

RELAÇÃO DE ALGUNS PARÔNIMOS	
absolver — perdoar	**absorver** — sorver
acostumar — contrair hábitos	**costumar** — ter por hábito
acurado — feito com cuidado	**apurado** — refinado, fino em apuro
afear — tornar feio	**afiar** — amolar
amoral — indiferente à moral	**imoral** — contra a moral
apóstrofe — figura de linguagem	**apóstrofo** — sinal gráfico
aprender — instruir-se	**apreender** — assimilar
arrear — pôr arreios	**arriar** — descer, abaixar
cavaleiro — aquele que anda a cavalo	**cavalheiro** — homem educado
comprimento — extensão	**cumprimento** — saudação
deferir — conceder, atender	**diferir** — ser diferente, adiar
delatar — denunciar	**dilatar** — alargar
descrição — ato de descrever	**discrição** — ser discreto, reservado
descriminar — inocentar	**discriminar** — distinguir
despensa — lugar onde se guardam mantimentos	**dispensa** — licença
destratar — insultar	**distratar** — desfazer
emergir — vir à tona	**imergir** — mergulhar
emigrar — sair da pátria	**imigrar** — entrar num país estranho para nele morar
eminente — notável, célebre	**iminente** — prestes a acontecer

RELAÇÃO DE ALGUNS PARÔNIMOS	
estádio — praça de esportes	**estágio** — preparação, fase, período
flagrante — evidente	**fragrante** — perfumado
incidente — episódio	**acidente** — desastre
inflação — desvalorização do dinheiro	**infração** — violação
infligir — aplicar castigo	**infringir** — não respeitar, violar
ótico — relativo ao ouvido	**óptico** — relativo à visão
peão — amansador de cavalos, condutor de tropa, peça no jogo de xadrez	**pião** — brinquedo
pequenez — relativo a pequeno	**pequinês** — originário de Pequim, raça de cães
plaga — região, país	**praga** — maldição
pleito — disputa eleitoral	**preito** — homenagem
precedente — antecedente	**procedente** — proveniente
ratificar — confirmar	**retificar** — corrigir
reboco — argamassa de cal ou de cimento e areia	**reboque** — cabo ou corda que prende um veículo a outro que o reboca

POLISSEMIA

É uma mesma palavra que passa a ter significados diferentes de acordo com a evolução da língua.

Exemplos:

A criança estava com a **mão** machucada. (parte do corpo)

A escultura demonstrava **mão** de mestre. (habilidade)

A rua não dava **mão** para o parque. (direção em que o veículo deve transitar)

Nenhum cidadão deve abrir **mão** de seus direitos. (deixar de lado, desistir)

Passaram a **mão** em minha bolsa. (apoderar-se de coisa alheia)

A palavra final está nas **mãos** do diretor. (dependência, responsabilidade)

> **OBSERVAÇÃO**
>
> De maneira geral, os **homônimos perfeitos** são palavras que possuem grafia e som idênticos, mas eram palavras distintas antes de entrarem para o léxico português. Exemplo: **são** → a) de *sanu*, saudável, sadio; b) forma apocopada de *santo*; c) verbo *ser*, 3ª pessoa do plural.
>
> A **polissemia**, por sua vez, costuma resultar dos diferentes significados que vão sendo atribuídos a uma mesma palavra no processo evolutivo da língua. Exemplo: **pintar** → a) fazer figuras: Minha irmã pinta paisagens; b) parecer, dar ares: Ele já não é mais, mas ainda se pinta de adolescente; c) descrever: A mãe pintava a filha como uma maravilha!; d) apresentar-se: Pintou um excelente emprego para mim; e) maquilar-se: Hoje as menininhas também se pintam.

EM SÍNTESE

Sinonímia — palavras de som e grafia diferentes, mas de significados semelhantes (sinônimos).

Antonímia — palavras de significados opostos (antônimos).

Homonímia — palavras de som e/ou grafia iguais, mas de significados diferentes (homônimos).
- **Homógrafas** — grafias iguais, mas sons diferentes (homônimas homógrafas).
- **Homófonas** — sons iguais, mas grafias diferentes (homônimas homófonas).
- **Homônimas perfeitas** — grafias e sons idênticos.

Paronímia — palavras de som e grafia bem parecidos, mas significados diferentes (parônimos).

Polissemia — mesma palavra que passa a ter significados diferentes de acordo com o contexto ou com a evolução da língua.

No texto

Leia a charge a seguir, de Jean Galvão.

Disponível em: <http://www1.folha.uol.com.br/fsp/opiniao/131007-charge.shtml>.
Acesso em: 3 maio 2014.

O texto é uma **charge**, gênero textual composto por imagens e palavras que tem o propósito de satirizar, por meio do humor, um acontecimento atual.

1. Que palavra é responsável pelo humor na charge?
2. Por que essa palavra produz humor nesse contexto?
3. De que modo a imagem também contribuiu para produzir o humor?
4. Que crítica essa charge veicula?

SEMÂNTICA

Significado do texto

Um primeiro olhar

O brasileiro Laerte Coutinho estudou comunicações e música na ECA (Universidade de São Paulo), porém não se formou nesses cursos. Preferiu ser cartunista e criou inúmeros personagens interessantes.

Leia uma tirinha dele e divirta-se.

Disponível em: <http://www2.uol.com.br/laerte/tiras/>. Acesso em: 21 abr. 2014.

1. Observe as falas dos diferentes personagens que aparecem no texto. Identifique nelas palavras responsáveis por conectar orações e expressões.

2. Observe o segundo e o terceiro quadrinhos. Identifique a que ou a quem se referem os seguintes termos ou expressões:
   a) "você"
   b) "essas calúnias"
   c) "seu filho"
   d) "me"
   e) "aqui"
   f) "esse nome"

3. Levante hipóteses.

   Por que esses recursos são importantes para a construção do texto?

COESÃO E COERÊNCIA TEXTUAL

O significado do texto se depreende das relações que se estabelecem entre as palavras da frase e entre as frases do texto. Essas relações linguísticas formam a **textualidade**, isto é, a **unidade significativa** do texto. É esse todo significativo que coloca os indivíduos em interação comunicativa, momento em que a palavra adquire seu sentido pleno: a ideia compartilhada dos interlocutores.

Coesão e *coerência* são os mecanismos responsáveis pela textualidade, pela unidade significativa do texto.

COESÃO TEXTUAL

A **coesão textual** é feita por meio de elementos linguísticos. São elementos gramaticais que ligam as palavras, expressões ou frases do texto, estabelecendo entre elas relações de sentido.

Exemplo:

[...] "*Piloto* farejou longamente *o homem*, sem abanar o rabo.

O homem não se animou a acariciá-**lo**. **Depois**, **o cão** virou as costas **e** saiu sem destino. **O homem** pensou em chamá-**lo**, **mas** desistiu. [...]" (Carlos Drummond de Andrade)

As palavras destacadas desde a segunda frase são os elementos gramaticais que fazem a conexão entre os termos das frases ou entre as frases. A maior parte dessas ligações é feita por elementos que se referem a termos já citados, retomando-os.

Segunda frase:

- o termo **O homem** refere-se a "o homem" da primeira frase pela repetição das mesmas palavras: *o* — artigo definido e *homem* — substantivo;
- o termo **lo** refere-se a "Piloto" da primeira frase pelo emprego da forma pronominal "acariciar + o".

Terceira frase:

- o advérbio **Depois** não se refere a outro termo; liga as frases pela indicação de tempo;
- o termo **o cão** — artigo definido e substantivo — refere-se a "Piloto" pelo emprego do nome que representa a sua espécie;
- a conjunção **e** não se refere a outro termo; liga as orações estabelecendo sentido de adição.

Quarta frase:

- o termo **O homem** novamente é empregado para referir-se a "o homem";

- a forma pronominal **lo** novamente é empregada para referir-se a "Piloto";
- a conjunção **mas** não se refere a outro termo; liga as orações estabelecendo sentido de adversidade.

São vários os elementos gramaticais de coesão textual.

Pronomes

Não consegui ver o *ator*. **Ele** estava rodeado de muita gente. (*ele* — refere-se a *ator*)

Essa não é a sua *camiseta*, é a **minha**. (*minha* — refere-se a *camiseta*)

Não quero este *sapato*, quero **aquele**. (*aquele* — refere-se a *sapato*)

A sua *camisa* branca não está na gaveta, só estão as **outras**. (*outras* — refere-se a *camisas*)

Numerais

Apesar da separação de muitos anos entre *tio* e *sobrinho*, quando se encontraram, os **dois** se reconheceram. (*dois* — refere-se a *tio e sobrinho*)

Juliana e *Lívia* são duas criaturas especiais. A **primeira** já é uma moça; a **segunda**, uma menina ainda. (*primeira* e *segunda* — referem-se, respectivamente, a *Juliana* e *Lívia*)

Artigos definidos

Eu vi *uma* garota. **A** garota era bonita. (*a* — artigo definido na retomada do substantivo).

> **OBSERVAÇÃO**
>
> Na informação inicial pode aparecer artigo indefinido ou definido, mas na retomada, sendo o mesmo referente, o artigo é definido. Exemplos:
>
> Deparamo-nos com **um** cachorro no portão da casa. **O** cachorro estava bravo.
>
> Deparamo-nos com **o** cachorro no portão da casa. **O** cachorro estava bravo.

Advérbios: *lá, aqui, ali, aí, onde*

A Chácara Santo Antônio é uma entidade filantrópica, que **ali** abriga muitas pessoas abandonadas. (*ali* — refere-se à oração destacada)

Verbos: principalmente o verbo *fazer*

Verônica pediu ao irmão *que lhe desse água*, e o irmão o **fez**. (*fez* = verbo "fazer" — retoma a oração destacada)

Eu mesma preparei o jantar, mas **foi** porque era aniversário de meu melhor amigo. (*foi* = verbo "ser" — retoma a oração destacada)

Formas deverbais: nomes derivados de verbos

Há quem passa pela vida *lutando* pela sobrevivência apenas. É uma **luta** que atinge milhões de pessoas no mundo. (*luta* — refere-se ao verbo "*lutando*")

Palavras ou expressões repetidas

Há *pessoas* que são *alegres*. As **pessoas** muito **alegres** vivem melhor. (retomada de termos pela repetição deles)

Palavras ou expressões sinônimas ou quase sinônimas

Minha vizinha tem um *cachorro* chamado Duque. É um **cão** bem grande! (retomada por sinônimo)

Comprei uma *televisão* nova. O meu **aparelho** antigo estava ruim. (retomada por um indicador da espécie)

Palavras ou expressões indicadoras de tempo e/ou espaço

Nas férias, ela levanta tarde e toma seu café bem sossegada. **Em seguida**, toma banho, arruma-se e vai ao encontro das amigas. (*Em seguida* — expressão indicadora de tempo ligando as frases.)

Conjunções

Não vou à escola hoje **porque** estou com gripe forte. (*porque* — liga orações estabelecendo sentido de causa)

Farei de tudo **para que** você me leve à festa. (*para que* — liga orações estabelecendo sentido de finalidade)

> **OBSERVAÇÕES**
>
> a) Quando o elemento gramatical se refere a um termo já citado, tem-se uma referência *anafórica*. Exemplo: Todos os dias, no jardim de casa, aparecia um *beija-flor*. **Ele** vinha sempre no mesmo horário. (*ele* — elemento anafórico)
>
> b) Quando o elemento gramatical se refere a um termo que ainda vai ser citado, tem-se uma referência *catafórica*. Exemplo: Todos os dias, no mesmo horário, eu ia ao jardim de casa e lá estava **ele**: *o beija-flor*. (*ele* — elemento catafórico)

COERÊNCIA TEXTUAL

A **coerência textual** está relacionada às ligações de significados presentes no texto. É coerente o texto que tem unidade significativa, ou seja, o texto que traduz de maneira precisa o sentido pretendido pelo autor.

Os princípios fundamentais da coerência textual encontram-se nas relações semânticas das palavras, na retomada e na progressão de informações.

Relações semânticas das palavras

Esse princípio consiste nas relações entre os significados das palavras na cadeia da frase. Cada palavra escolhida deve ocupar o lugar adequado na frase e seu significado precisa combinar com os sentidos expressos pelas demais palavras que a compõem. Caso contrário, o sentido ficará prejudicado, podendo gerar, inclusive, informações contraditórias.

Exemplos:

Foi **abaixada** uma lei que pune o condutor de veículos automotores com uma determinada dosagem de álcool no sangue.

(O termo correto é **baixar** = **expedir**.)

Não podemos deixar de **não** reclamar nossos direitos.

(Dito dessa forma, significa que *não devemos reclamar*, quando o sentido comum diz o contrário: *que devemos reclamar*. A repetição do **não** muda o sentido da frase.)

> **OBSERVAÇÃO**
> Um pré-requisito importante, nesse caso, é o conhecimento do léxico (conjunto de palavras de uma língua).

Retomadas de informações

Esse princípio consiste nas relações entre as informações expressas pelas orações e/ou frases do texto. Toda informação nova deve recuperar, de alguma forma, aspectos significativos de informações anteriores.

Exemplo:

"O espelho recusou-se a responder a Lavínia que ela é a mais bela mulher do Brasil. Aliás, *não respondeu nada*. Era um *espelho muito silencioso*." [...] (Carlos Drummond de Andrade)

> **OBSERVAÇÃO**
> Nesse aspecto, é importante saber empregar os elementos de coesão.

Progressão de informações

Esse princípio consiste na continuidade das ideias, isto é, na progressão do texto. Cada informação acrescentada ao texto, ao mesmo tempo em que retoma algum aspecto das informações anteriores, deve apresentar dados novos em relação a elas.

Veja o mesmo exemplo do item anterior:

"O espelho recusou-se a responder a Lavínia que ela é a mais bela mulher do Brasil. Aliás, *não respondeu nada*. Era um espelho *muito silencioso*." [...] (Carlos Drummond de Andrade)

Segunda frase:
- dado novo: **ele não disse nada**. (A primeira dizia apenas que o espelho se recusara a responder que ela é a mais bela do Brasil.)

Terceira frase:
- dado novo: **muito silencioso**. (O acréscimo da característica do espelho justifica a informação anterior.)

A coerência do texto depende, então, da escolha da palavra adequada e das idas e vindas das informações, de maneira que os dados novos acrescentados estejam, de alguma forma, relacionados às informações anteriores.

> **OBSERVAÇÃO**
>
> Os fatores extralinguísticos, como a situação em que o texto ocorre, o grau de conhecimento dos interlocutores, suas crenças, sua intenção no ato comunicativo etc., têm interferência direta na coerência do texto: um mesmo texto pode ser coerente numa determinada situação comunicativa e ser incoerente em outra, em razão dos elementos exteriores a ele. Isso quer dizer que os elementos de coesão são importantes para estabelecer a coerência, mas não a garantem, necessariamente.

EM SÍNTESE

Coesão e coerência textual — mecanismos responsáveis pela unidade significativa do texto.
- **Coesão textual** — consegue-se por meio de elementos linguísticos e gramaticais que fazem a conexão entre as palavras.
- **Coerência textual** — consegue-se por meio das relações semânticas entre as palavras e da retomada e progressão de informações.

No texto

Leia o texto jornalístico.

Caminhão derruba passarela e mata quatro pessoas no Rio

Caçamba do veículo, que trafegava em horário irregular, estava levantada

Dois mortos andavam pelo elevado de 120 t, que desabou sobre dois carros, onde estavam as outras duas vítimas

DO RIO

A caçamba levantada de um caminhão que seguia pela Linha Amarela, uma das principais vias expressas do Rio, derrubou uma passarela que esmagou dois carros. Quatro pessoas morreram e cinco ficaram feridas — duas estão em estado grave.

O acidente aconteceu às 9h13. O tráfego de caminhões na Linha Amarela só é permitido das 10h às 17h.

Os dois minutos que antecederam o acidente foram registrados pelas câmeras de trânsito da via.

As imagens mostram o caminhão passando pela pista da direita, que tem limite de velocidade de 80 km/h, com a caçamba levantada.

Segundos depois o caminhão derruba a passarela, a uma altura de 4,5 metros.

Entre os feridos está o motorista do caminhão, Luiz Fernando da Costa. Conforme a polícia, ele seguia a 85 km/h.

No hospital, Costa disse ao delegado Fábio Asty que não percebeu quando a caçamba levantou. Explicou também que ignorou a restrição de horário porque estava atrasado.

[...]

Folha de S.Paulo, São Paulo, 29 jan. 2014, Cotidiano.
Disponível em: <www1.folha.uol.com.br/fsp/cotidiano/149860-caminhao-derruba-passarela-e-mata-quatro-pessoas-no-rio.shtml>. Acesso em: 8 maio 2014.

1. Encontre uma incoerência ocorrida nesse texto e explique-a.
2. De que modo esse trecho poderia ser reescrito, a fim de desfazer essa incoerência?
3. Levando em consideração o contexto jornalístico, apresente uma explicação para a produção e a publicação de uma notícia com tal incoerência.

EXAMES E CONCURSOS

(Fuvest)

1. Leia o seguinte texto, que faz parte de um anúncio de um produto alimentício.

> **EM RESPEITO A SUA NATUREZA, SÓ TRABALHAMOS COM O MELHOR DA NATUREZA**
>
> Selecionamos só o que a natureza tem de melhor para levar até a sua casa. Porque faz parte da natureza dos nossos consumidores querer produtos saborosos, nutritivos e, acima de tudo, confiáveis.

Disponível em: <www.destakjornal.com.br>. Acesso em: 13 maio 2013. Adaptado.

Procurando dar maior expressividade ao texto, seu autor:

a. serve-se do procedimento textual da sinonímia.
b. recorre à reiteração de vocábulos homônimos.
c. explora o caráter polissêmico das palavras.
d. mescla as linguagens científica e jornalística.
e. emprega vocábulos iguais na forma, mas de sentidos contrários.

(Enem-MEC)

2. Leia o texto.

> **Até quando?**
>
> Não adianta olhar pro céu
> Com muita fé e pouca luta
> Levanta aí que você tem muito protesto pra fazer
> E muita greve, você pode, você deve, pode crer
> Não adianta olhar pro chão
> Virar a cara pra não ver
> Se liga aí que te botaram numa cruz e só porque Jesus
> Sofreu não quer dizer que você tenha que sofrer!

O PENSADOR, Gabriel. **Seja você mesmo (mas não seja sempre o mesmo)**.
Rio de Janeiro: Sony Music, 2001 (fragmento).

As escolhas linguísticas feitas pelo autor conferem ao texto:

a. caráter atual, pelo uso de linguagem própria da internet.
b. cunho apelativo, pela predominância de imagens metafóricas.
c. tom de diálogo, pela recorrência de gírias.
d. espontaneidade, pelo uso de linguagem coloquial.
e. originalidade, pela concisão da linguagem.

EXAMES E CONCURSOS

(Instituto Federal Catarinense) — Técnico Administrativo

3. Leia a estrofe do Hino Nacional a seguir e responda ao que se pede.

> *Mas, se ergues da justiça a clava forte,*
> *Verás que um filho teu não foge à luta,*
> *Nem teme, quem te adora, a própria morte.*

Assinale a única alternativa em que a estrofe não sofreu alteração semântica.
a. Verás que um filho teu não foge à luta e não teme quem adora a própria morte.
b. A própria morte não teme quem te adora e não foge a luta da clava forte.
c. Se ergues a justiça, a clava forte verá que um filho teu não foge à luta.
d. Nem teme, que um filho teu não foge à luta e te adora.
e. Se ergues a clava forte da justiça, verás que um filho teu não foge à luta.

(Enem-MEC)

Disponível em: <www.ivancabral.com>. Acesso em: 27 fev. 2012.

4. O efeito de sentido da charge é provocado pela combinação de informações visuais e recursos linguísticos. No contexto da ilustração, a frase proferida recorre à:
   a. polissemia, ou seja, aos múltiplos sentidos da expressão "rede social" para transmitir a ideia que pretende veicular.
   b. ironia para conferir um novo significado ao termo "outra coisa".
   c. homonímia para opor, a partir do advérbio de lugar, o espaço da população pobre e o espaço da população rica.

d. personificação para opor o mundo real pobre ao mundo virtual rico.
e. antonímia para comparar a rede mundial de computadores com a rede caseira de descanso da família.

(Enem-MEC)

5. Leia.

> *Labaredas nas trevas*
> *Fragmentos do diário secreto de Teodor Konrad Nalecz Korzeniowski*
>
> **20 DE JULHO [1912]**
> Peter Sumerville pede-me que escreva um artigo sobre Crane. Envio-lhe uma carta: "Acredite-me, prezado senhor, nenhum jornal ou revista se interessaria por qualquer coisa que eu, ou outra pessoa, escrevesse sobre Stephen Crane. Ririam da sugestão. [...] Dificilmente encontro alguém, agora, que saiba quem é Stephen Crane ou lembre-se de algo dele. Para os jovens escritores que estão surgindo ele simplesmente não existe.".
>
> **20 DE DEZEMBRO [1919]**
> Muito peixe foi embrulhado pelas folhas de jornal. Sou reconhecido como o maior escritor vivo da língua inglesa. Já se passaram dezenove anos desde que Crane morreu, mas eu não o esqueço. E parece que outros também não. *The London Mercury* resolveu celebrar os vinte e cinco anos de publicação de um livro que, segundo eles, foi "um fenômeno hoje esquecido" e me pediram um artigo.

FONSECA, R. **Romance negro e outras histórias**. São Paulo: Companhia das Letras, 1992 (fragmento).

Na construção de textos literários, os autores recorrem com frequência a expressões metafóricas. Ao empregar o enunciado metafórico "Muito peixe foi embrulhado pelas folhas de jornal", pretendeu-se estabelecer, entre os dois fragmentos do texto em questão, uma relação semântica de:

a. causalidade, segundo a qual se relacionam as partes de um texto, em que uma contém a causa e a outra, a consequência.
b. temporalidade, segundo a qual se articulam as partes de um texto, situando no tempo o que é relatado nas partes em questão.
c. condicionalidade, segundo a qual se combinam duas partes de um texto, em que uma resulta ou depende de circunstâncias apresentadas na outra.
d. adversidade, segundo a qual se articulam duas partes de um texto em que uma apresenta uma orientação argumentativa distinta e oposta à outra.
e. finalidade, segundo a qual se articulam duas partes de um texto em que uma apresenta o meio, por exemplo, para uma ação e a outra, o desfecho da mesma.

EXAMES E CONCURSOS

(Enem-MEC)

6. Leia o texto.

Aquele bêbado

— Juro nunca mais beber — e fez o sinal da cruz com os indicadores. Acrescentou: — Álcool.

O mais ele achou que podia beber. Bebia paisagens, músicas de Tom Jobim, versos de Mário Quintana. Tomou um pileque de Segall. Nos fins de semana, embebedava-se de Índia Reclinada, de Celso Antônio.

— Curou-se 100% do vício — comentavam os amigos.

Só ele sabia que andava mais bêbado que um gambá. Morreu de etilismo abstrato, no meio de uma carraspana e pôr do sol no Leblon, e seu féretro ostentava inúmeras coroas de ex-alcoólatras anônimos.

ANDRADE, Carlos Drummond de. **Contos plausíveis**. Rio de Janeiro: Record, 1991.

A *causa mortis* do personagem, expressa no último parágrafo, adquire um efeito irônico no texto porque, ao longo da narrativa, ocorre uma:

a. metaforização do sentido literal do verbo "beber".
b. aproximação exagerada da estética abstracionista.
c. apresentação gradativa da coloquialidade da linguagem.
d. exploração hiperbólica da expressão "inúmeras coroas".
e. citação aleatória de nomes de diferentes artistas.

(Enem-MEC)

7. Leia o texto.

O léxico e a cultura

Potencialmente, todas as línguas de todos os tempos podem candidatar-se a expressar qualquer conteúdo. A pesquisa linguística do século XX demonstrou que não há diferença qualitativa entre os idiomas do mundo — ou seja, não há idiomas gramaticalmente mais primitivos ou mais desenvolvidos.

Entretanto, para que possa ser efetivamente utilizada, essa igualdade potencial precisa realizar-se na prática histórica do idioma, o que nem sempre acontece.

Teoricamente, uma língua com pouca tradição escrita (como as línguas indígenas brasileiras) ou uma língua já extinta (como o latim ou o grego clássicos) podem ser empregadas para falar sobre qualquer assunto, como, digamos, física quântica ou biologia molecular.

Na prática, contudo, não é possível, de uma hora para outra, expressar tais conteúdos em camaiurá ou latim, simplesmente porque não haveria vocabulário próprio para esses conteúdos. É perfeitamente possível desenvolver esse vocabulário específico, seja por meio de empréstimos de outras línguas, seja por meio da criação de novos terrmos na língua em questão, mas tal tarefa não se realizaria em pouco tempo nem com pouco esforço.

BEARZOTI FILHO, P. **Miniaurélio**: o dicionário da língua portuguesa. Manual do professor. Curitiba: Positivo, 2004 (fragmento).

Estudos contemporâneos mostram que cada língua possui sua própria complexidade e dinâmica de funcionamento. O texto ressalta essa dinâmica, na medida em que enfatiza:

a. a inexistência de conteúdo comum a todas as línguas, pois o léxico contempla visão de mundo particular específica de uma cultura.
b. a existência de línguas limitadas por não permitirem ao falante nativo se comunicar perfeitamente a respeito de qualquer conteúdo.
c. a tendência a serem mais restritos o vocabulário e a gramática de línguas indígenas, se comparados com outras línguas de origem europeia.
d. a existência de diferenças vocabulares entre os idiomas, especificidades relacionadas à própria cultura dos falantes de uma comunidade.
e. a atribuição de maior importância sociocultural às línguas contemporâneas, pois permitem que sejam abordadas quaisquer temáticas, sem dificuldades.

(Fuvest)

Texto para a questão **8**.

Vivendo e...

Eu sabia fazer pipa e hoje não sei mais. Duvido que se hoje pegasse uma bola de gude conseguisse equilibrá-la na dobra do dedo indicador sobre a unha do polegar, quanto mais jogá-la com a precisão que tinha quando era garoto. [...]

Juntando-se as duas mãos de um determinado jeito, com os polegares para dentro, e assoprando pelo buraquinho, tirava-se um silvo bonito que inclusive variava de tom conforme o posicionamento das mãos. Hoje não sei mais que jeito é esse. Eu sabia a fórmula de fazer cola caseira. Algo envolvendo farinha e água e muita confusão na cozinha, de onde éramos expulsos sob ameaças. Hoje não sei mais. A gente começava a contar depois de ver um relâmpago e o número a que chegasse quando ouvia a trovoada, multiplicado por outro número, dava a distância exata do relâmpago.

Não me lembro mais dos números. [...]

EXAMES E CONCURSOS

> Lembro o orgulho com que consegui, pela primeira vez, cuspir corretamente pelo espaço adequado entre os dentes de cima e a ponta da língua de modo que o cuspe ganhasse distância e pudesse ser mirado. Com prática, conseguia-se controlar a trajetória elíptica da cusparada com uma mínima margem de erro. Era puro instinto. Hoje o mesmo feito requereria complicados cálculos de balística, e eu provavelmente só acertaria a frente da minha camisa. Outra habilidade perdida.
>
> Na verdade, deve-se revisar aquela antiga frase. É vivendo e .... Não falo daquelas coisas que deixamos de fazer porque não temos mais as condições físicas e a coragem de antigamente, como subir em bonde andando – mesmo porque não há mais bondes andando. Falo da sabedoria desperdiçada, das artes que nos abandonaram. Algumas até úteis. Quem nunca desejou ainda ter o cuspe certeiro de garoto para acertar em algum alvo contemporâneo, bem no olho, e depois sair correndo? Eu já.

VERISSIMO, Luis Fernando. **Comédias para se ler na escola**.

8. A palavra que o cronista omite no título, substituindo-a por reticências, ele a emprega no último parágrafo, na posição marcada com pontilhado. Tendo em vista o contexto, conclui-se que se trata da palavra:

a. desanimando.
b. crescendo.
c. inventando.
d. brincando.
e. desaprendendo.

(Vunesp-SAAE) — Fiscal leiturista

Leia o texto para responder às questões de números **9** e **10**.

Reúso de água

A água, um dia, pode acabar. A frase soa alarmista demais, mas basta uma conversa com um especialista na área de recursos hídricos para perceber que o que parecia impossível – não haver água limpa para todos – é cada vez uma realidade mais próxima. Entre as soluções está o seu reaproveitamento. E é isso o que engenheiros, sanitaristas, biólogos, empresários e o poder público têm debatido nos últimos anos: formas de desenvolver processos produtivos mais limpos, com menor utilização de água e produção de esgoto também. A palavra da vez nesta área é reúso, que, simplificando, é o aproveitamento de uma água que já foi utilizada. Por exemplo: usar a água do banho para a rega de jardim ou aquela que foi utilizada em um processo de resfriamento industrial para lavagem de equipamentos. A vantagem disso? Redução nos gastos, na geração de esgotos e uma mudança cultural, que considera necessário usar água com responsabilidade.

Existem no Brasil muitas pesquisas sobre formas de reúso e bons especialistas. Só que muitos desses estudos ainda não saíram do papel e o país ainda engatinha nisso. Um dos entraves para tanto é que não existem, por enquanto, leis que estabeleçam os sistemas de reúso, suas regras e padrões de qualidade definidos. Essa água pode conter uma quantidade elevada de micro-organismos que trazem danos à saúde, como bactérias, vírus e afins. Os padrões usados, até o momento, são os internacionais. Há diretrizes sobre o tema, mas nenhuma regra estabelecida ou políticas de incentivo ao sistema – o que vale, ainda, é a consciência de cada um em optar por formas que poluam menos e deem uma força para o meio ambiente.

As iniciativas de reúso ainda estão quase que limitadas à indústria, mas alguns novos condomínios residenciais já mostram essa preocupação.

O reúso em conjuntos residenciais funciona da seguinte forma: a água usada no banho e na máquina de lavar roupa, por exemplo, é segregada; passa, então, para um sistema de tratamento e depois é direcionada para utilização na descarga sanitária e limpeza das áreas comuns. Comprovou-se que a economia acontece, tanto em pagamento de água como em lançamento de esgoto.

HOLANDA, Ana. **Reúso de água**. Saneas-Associação dos Engenheiros da Sabesp-Edição Especial, v. 2, n. 23, ago. 2006. (Adaptado).

9. Em – **Só que** muitos desses estudos ainda não saíram do papel e o país ainda engatinha nisso. (2º parágrafo) —, é correto afirmar que a expressão destacada estabelece, com a oração anterior, relação de _____ e pode ser substituída por _____ sem prejuízo do sentido do texto.

Completam as lacunas, correta e respectivamente, as palavras que estabelecem a seguinte relação semântica:

a. oposição ... Porém
b. conclusão ... Por isso
c. alternância ... Ou
d. explicação ... Porque
e. adição ... Mas também

10. Considere os períodos do texto:

"Um dos **entraves** para tanto é que não existem, por enquanto, leis que estabeleçam [...]." (2º parágrafo)

"[...] a água usada no banho e na máquina de lavar roupa, por exemplo, é **segregada**; passa, então, para um sistema de tratamento e depois é direcionada para utilização na descarga sanitária e limpeza das áreas comuns." (4º parágrafo)

As palavras destacadas podem ser substituídas, correta e respectivamente, sem prejuízo do sentido do texto, por:

a. obstáculos; evaporada.
b. proveitos; decantada.
c. riscos; acumulada.
d. empecilhos; separada.
e. desígnios; descartada.

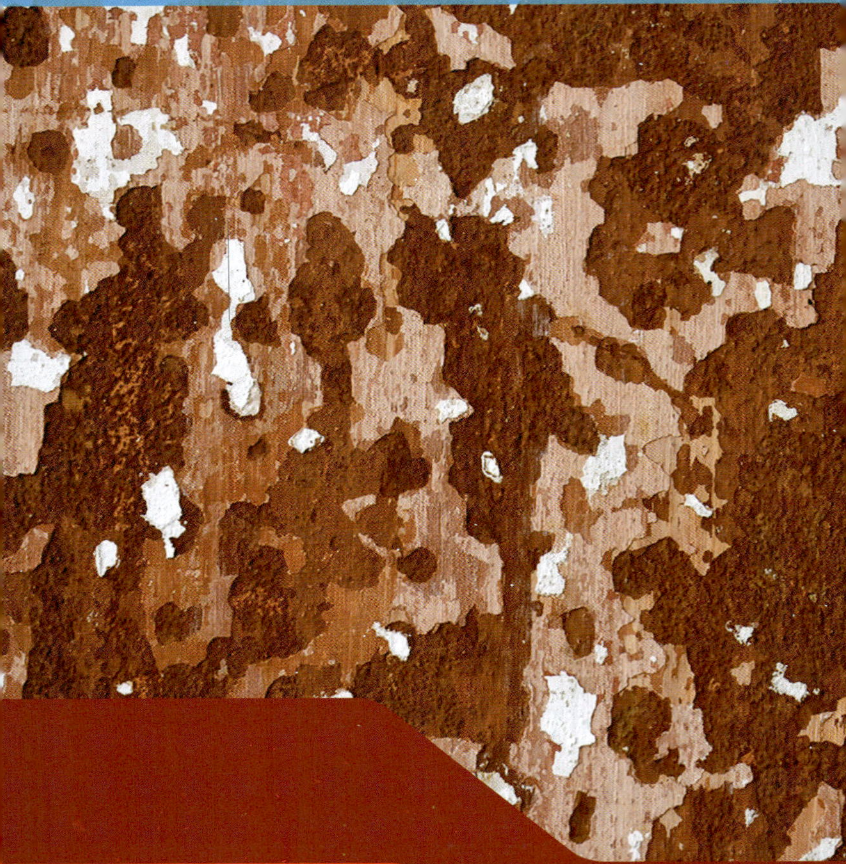

ESTILÍSTICA

[...] o estilo é uma noção flutuante, que sempre ultrapassa os limites em que se pretende fechá-la, um desses termos caleidoscópicos que se transformam no próprio instante em que nos esforçamos por fixá-los.

Pierre Guiraud
Linguista

ESTILÍSTICA

Linguagem figurada

Um primeiro olhar

Observe a charge a seguir, construída apenas com a linguagem não verbal.

Folha de S.Paulo, São Paulo, 12 mar. 2014. p. A2.

1. Descreva a charge respondendo às seguintes questões:
   a) Que tipos de veículos compõem a cena retratada?
   b) A disposição dos veículos sugere movimento ou imobilidade?
   c) Que personagens compõem a cena? Especifique-os.

2. O que o autor sugere com essa comparação entre pessoas e os animais presentes na charge?

3. A charge representa, de modo figurado, uma situação muito comum nos centros urbanos das grandes cidades.
   a) Que situação é essa?
   b) Caso houvesse pessoas dentro dos veículos, o efeito provocado no leitor seria o mesmo? Por quê?

DENOTAÇÃO E CONOTAÇÃO

A linguagem figurada é criada quando, ao sentido usual, **denotativo** de uma palavra, atribui-se um significado novo, que pouco ou nada tem que ver com o seu sentido normal, ou seja, atribui-se a ela um sentido **conotativo**.

Exemplos:

Ignorando as leis, a empresa usou o **trator** na área proibida.

"**Trator**: veículo com motor, que se desloca sobre rodas ou esteiras e pode realizar trabalhos pesados." (Geraldo Mattos. *Dicionário júnior da língua portuguesa*. São Paulo: FTD, 2005. p. 602.)

A palavra **trator**, nessa frase, está empregada no seu sentido usual, convencional, portanto no sentido **denotativo**.

Agora observe:

O operário daquela empresa era um **trator**.

A palavra **trator**, nessa frase, está empregada fora de seu sentido usual. Tem o sentido de força, capacidade para o trabalho, rapidez; adquire, portanto, um sentido **conotativo**.

DENOTAÇÃO

É o emprego da palavra no seu sentido usual, **denotativo**.

Exemplos:

"Os franceses escolhem hoje um novo presidente." (*Jornal da Tarde*)

"A indústria é responsável pela maioria das diferentes substâncias poluentes encontradas na água." (*Demétrio Gowdak*)

> **OBSERVAÇÃO**
> a) O significado usual ou convencional da palavra é o primeiro informado no dicionário. É um tipo de emprego em que a palavra fica sujeita a apenas uma interpretação.
> b) A denotação é própria da linguagem informativa, científica ou técnica, porque os textos dessa natureza exigem informações claras, objetivas, exatas.

CONOTAÇÃO

É o emprego da palavra fora do seu sentido normal: a ela é atribuído um significado novo, um **sentido conotativo** ou **figurado**.

Exemplos:

"Os violões descem a rua, misturando a música e os passos nas pedras." (*Cecília Meireles*)

- **Violões**, no contexto da frase, substitui *violonistas*.
- A mistura da música e dos passos nas pedras sugere que a rua inteira parece estar soando musicalmente.

"A minha alma partiu-se como um vaso vazio." (*Álvaro de Campos*)

- **Partiu-se como um vaso vazio** dá um caráter concreto à alma e conota a fragilidade que a torna semelhante ao vaso vazio.

> **OBSERVAÇÕES**
>
> a) O sentido **conotativo** ou **figurado** (da palavra) é criado pelas circunstâncias, pelo contexto em que se encontra a palavra. É um tipo de emprego em que ela (a palavra) fica sujeita a mais de uma interpretação.
>
> b) A **conotação** é própria da linguagem literária, porque os textos literários expressam o imaginário do autor, uma realidade criada por ele, fictícia. O objetivo do autor é puramente estético, artístico.
>
> c) A **conotação** está também muito presente na linguagem falada. Exemplos:
>
> Conheci uma garota que é uma gata.
>
> Abri meu coração para ela.

FIGURAS DE LINGUAGEM

As **figuras de linguagem**, também chamadas de **figuras de estilo**, são recursos expressivos que se revelam pelo modo não convencional com que as palavras são trabalhadas.

Exemplos:

De seus *dentes* **pálidos** surgiu, enfim, um sorriso.

- **Pálidos** não é uma característica própria de *dentes*.
- O emprego dessa palavra pode sugerir **dentes amarelados** ou **sorriso triste, tímido**, ou ambas as ideias.

"Toda saudade é a **presença** da **ausência** [...]." *(Gilberto Gil)*

- **Presença** e **ausência**: aproximação de palavras de significados opostos, criando estranheza no sentido.

"Meu **pinho** toca forte
que é pra todo mundo acordar" *(Chico Buarque de Hollanda)*

- A palavra **pinho** é usada em lugar de *violão*.

"Do tamarindo a flor abriu-se, há pouco" *(Gonçalves Dias)*

- Os termos da frase estão na ordem inversa.
- Ordem direta: A flor do tamarindo abriu-se há pouco.

As figuras de linguagem podem ser agrupadas em: *figuras de palavras*, *de pensamento*, *sintáticas* e *fonéticas*.

FIGURAS DE PALAVRAS

São recursos expressivos que se obtêm quando as palavras adquirem um sentido novo, diferente do convencional.

COMPARAÇÃO

É a aproximação de dois termos, ligados por meio de um conectivo, entre os quais existe uma relação de semelhança. A aproximação entre eles busca realçar determinada qualidade do primeiro termo.

Exemplos:

A chuva caía *como* **lágrimas de um céu entristecido**.

"E há poetas que são artistas

E trabalham nos seus versos

Como **um carpinteiro nas tábuas**!..."

"***Como*** **um grande borrão de fogo sujo**

O sol posto demora-se nas nuvens que ficam." (*Alberto Caeiro*)

METÁFORA

É um termo empregado com significado de outro por haver entre ambos uma relação de semelhança. É uma comparação subentendida, sem a presença do conectivo.

Exemplos:

"O Brasil é novo, é um país **pivete**." *(Abel Silva)*

"Não sei que **nuvem** trago neste peito

Que tudo quanto vejo me entristece..." *(Alexandre de Gusmão)*

"O rio era um **bicho que de repente embrabecera**." *(Deonísio da Silva)*

"Sua boca é um **cadeado**

E meu corpo é uma **fogueira**" *(Chico Buarque de Hollanda)*

"Tinhas a alma **de sonhos povoada**." *(Olavo Bilac)*

METONÍMIA

É uma palavra ou expressão empregada no lugar de outra, por haver entre elas uma relação lógica.

A metonímia ocorre quando se emprega:

- **o autor pela obra**

  Exemplos:

  Ouvi **Mozart** com emoção. (a música de Mozart)

  Leio **Graciliano Ramos** porque ele fala da realidade brasileira. (a obra de Graciliano Ramos)

- **o continente pelo conteúdo**

  Exemplos:

  A fome era tamanha que as crianças comeram uma **panela** de arroz. (*continente*: panela; *conteúdo*: arroz)

  Ofereceram-lhe sorvete e ele tomou o **pote** todo. (*continente*: pote; *conteúdo*: sorvete)

- **a parte pelo todo**

  Exemplos:

  "O bonde passa cheio de **pernas**." (*Carlos Drummond de Andrade*) (pernas = pessoas)

  São muitas as famílias que procuram um **teto** para morar. (teto = casa)

- **o singular pelo plural**

  Exemplos:

  A **mulher** nasce livre e tem os mesmos direitos do **homem**. (mulher = todas as mulheres; homem = todos os homens)

  A **criança** precisa do carinho e da proteção dos pais. (criança = todas as crianças)

- **o instrumento por quem o utiliza**

  Exemplos:

  Os **microfones** corriam atropelando o entrevistado. (microfones = repórteres)

  Ele é um bom **pincel**, o problema é que seus quadros são caros. (pincel = pintor)

- **o abstrato pelo concreto**

  Exemplos:

  A **juventude** é corajosa e nem sempre consequente. (juventude = jovens)

  A **infância** é saudavelmente desordeira. (infância = crianças)

- **o efeito pela causa**

  Exemplos:

  Com muito **suor**, o operário construiu a casa. (suor = trabalho)

  Algumas indústrias irresponsáveis despejam a **morte** nos rios. (morte = poluição)

- **a matéria pelo objeto**

  Exemplos:

  Os **cristais** tiniam na bandeja de prata. (cristais = copos)

> **OBSERVAÇÃO**
>
> Os tipos de metonímia não se esgotam aqui. Há outros: **o inventor pelo invento**; **a marca** ou **o lugar pelo produto**; **o lugar** ou **o país pelos seus habitantes** etc.

PERÍFRASE

É a palavra, ou expressão, usada para nomear um ser, por meio de uma característica ou um fato que o tornou célebre. Referindo-se a pessoas, o termo adequado é **antonomásia**.

Exemplos:

A **Cidade Luz** continua atraindo visitantes do mundo todo. (Cidade Luz = Paris).

O **Rei de Roma** tornou-se comentarista de futebol. (Rei de Roma = Falcão).

O **Príncipe dos Poetas** teve também outras atividades que o tornaram famoso. (Príncipe dos Poetas = Olavo Bilac)

CATACRESE

É um termo empregado com significado de outro, por falta de uma palavra própria para nomear determinados seres.

Exemplos:

Sentou-se no **braço** da poltrona para descansar.

Não me lembro do seu nome, mas ainda me lembro das **maçãs** avermelhadas de seu rosto.

A **asa** da xícara quebrou-se.

SINESTESIA

É a união de palavras que revelam impressões sensoriais diferentes.

Exemplos:

O **cheiro doce e verde** do capim trazia recordações da fazenda para onde nunca mais retornou. (cheiro: *sensação olfativa*; doce: *sensação gustativa*; verde: *sensação visual*)

Um **doce abraço** indicava que o pai desculpara o filho. (doce: *sensação gustativa*; abraço: *sensação tátil*)

FIGURAS DE PENSAMENTO

São recursos expressivos que se encontram na combinação das palavras, quando o conteúdo da frase expressa um jogo de conceitos.

ANTÍTESE

Consiste na aproximação de termos de sentidos opostos, de antônimos.

Exemplos:

"**Tristeza** não tem fim.
Felicidade sim..." *(Vinicius de Moraes/Tom Jobim)*

"Eu preparo uma canção
que faça **acordar** os homens
e **adormecer** as crianças." *(Carlos Drummond de Andrade)*

PARADOXO

Consiste numa frase de sentido aparentemente absurdo, porque resulta da reunião de ideias contrárias.

Exemplos:

"Pra se viver do amor
Há que esquecer o amor."

"Só o vejo na ausência." *(Chico Buarque de Hollanda)*

EUFEMISMO

Consiste em atenuar o sentido da frase, substituindo uma expressão por outra.

Exemplos:

Há pessoas que se apropriam de coisas alheias. (apropriar-se de coisas alheias = roubar)
O prisioneiro faltou com a verdade. (faltou com a verdade = mentiu)

HIPÉRBOLE

Consiste em tornar uma ideia mais expressiva por meio do exagero.

Exemplos:

Na época de festas juninas, **morro** de medo dos fogos de artifício.
Ele possuía um **mar** de sonhos e aspirações.

IRONIA

Consiste na inversão de sentido: afirma-se o contrário do que se pensa, visando-se à sátira ou à ridicularização.

Exemplos:

Que careta mais bonita!
Cada vez que você interrompe o colega, sem pedir licença, percebo como é bem-educado.

PROSOPOPEIA

Também chamada **personificação** ou **animismo**, consiste em atribuir características humanas a seres não humanos, ou características de seres vivos a seres inanimados.

Exemplos:

Com a passagem da nuvem, a lua se **tranquiliza**.

"Ah! cidade **maliciosa**

de olhos de ressaca

que das índias **guardou a vontade de andar nua**." *(Ferreira Gullar)*

"O mar passa **saborosamente a língua** na areia." *(Eduardo Dusek / Luís Carlos Góes)*

FIGURAS SINTÁTICAS

São recursos expressivos que se encontram na organização não convencional ou usual dos termos na frase.

ELIPSE

Consiste no ocultamento de um termo, que fica subentendido, mas que é facilmente identificado.

Exemplos:

À direita da estrada, sol; à esquerda, chuva.

(omissão do verbo **havia**)

"Na rua deserta nenhum sinal de bonde." *(Clarice Lispector)*

(omissão de **não havia**)

ZEUGMA

Também consiste na omissão de um termo, mas de um termo já expresso anteriormente.

Exemplos:

Nem eu o ouvi, nem ele a mim. (omissão de **ouviu**)

"Acorda, Maria, é dia

de matar formiga

de matar cascavel

de matar tempo

de matar estrangeiro

de matar irmão

de matar impulso

de se matar." *(Carlos Drummond de Andrade)*

(omissão de **Acorda, Maria, é dia**)

O que acalmava o pescador era contar as estrelas; as luzes dos barcos pesqueiros; os dias que faltavam para rever a mulher e os filhos.

(omissão de **era contar**)

HIPÉRBATO

Consiste na inversão da ordem natural (direta) dos termos na oração ou das orações no período.

Exemplos:
"Bendito o que na terra o fogo fez, e o teto."
(Bendito o que fez o fogo e o teto na terra.)
Viajam cansados os pescadores de ilusões.
(Os pescadores de ilusões viajam cansados.)
Acompanhando o som da torcida, dançava com a bola o atleta. *(Olavo Bilac)*
(O atleta dançava com a bola acompanhando o som da torcida.)

PLEONASMO

Consiste na repetição de um termo ou no reforço do seu significado.

Exemplos:
Choramos um **choro** sentido, mas nos refizemos logo.
A esperança do nordestino era que a água da chuva **aguasse** a terra, preparando o terreno para a plantação.
A ele, resta-**lhe** a boa oportunidade de provar sua inocência.

POLISSÍNDETO

Consiste na repetição do conectivo.

Exemplos:
E falei, **e** gritei, **e** gesticulei **e** pedi ajuda, mas ninguém parou para socorrer o gato acidentado.

E a noite é negra

e estrelas não brilham

e pessoas mascaram a voz

e a dor

e expõem o rosto ao riso

e à solidão.

ASSÍNDETO

Consiste na supressão do conectivo.

Exemplos:
O cantor interpretava a canção, o público vaiava. Ele insistia, o público continuava. Ele parou, quebrou o violão, saiu do palco.
O vento zunia, as folhas caíam.

ANACOLUTO

Consiste numa interrupção da estrutura sintática em curso para se introduzir uma outra ideia.

Exemplos:

Umas moedas velhas caídas no fundo da gaveta, nós descobrimos o seu valor depois que o colecionador as quis comprar.

Os nordestinos quando chegam em família, entre sacos e sacolas, na estação central, eu acho que merecem mais do que uma reportagem: merecem um livro que conte a luta e a resistência dessa brava gente.

ANÁFORA OU REPETIÇÃO

Consiste na repetição de uma palavra ou expressão para enfatizar o sentido.

Exemplos:

"Na **solidão** solitude,
Na **solidão** entrei,
Na **solidão** perdi-me,
Nunca me alegrarei." *(Mário de Andrade)*

"Vários tons de **vermelho** dançam para mim,
o **vermelho** da guerra,
o **vermelho** das terras,
o **vermelho** do nada." *(Kátia Maristela Ongaro)*

SILEPSE

Consiste na concordância com a ideia e não com os termos expressos na frase. Há três tipos de silepse:

- **silepse de gênero**

  Exemplos:

  Vossa Excelência ficou **cansado** com o discurso. (concorda com o sexo da pessoa e não com o pronome sujeito, que é feminino)

  A antiga São Paulo da garoa é uma das maiores cidades do mundo. (concorda com cidade e não com o sujeito *São Paulo*, que é masculino)

  O Rio de Janeiro dos turistas e das belezas naturais é também **famosa** pelos seus carnavais. (concorda com cidade e não com o sujeito *Rio de Janeiro*, que é masculino)

- **silepse de número**

  Exemplos:

  O bando de moleques brincava com pipa. Não **ouviam** nem buzina nem chamado da mãe. (concorda com o adjunto adnominal e não com o núcleo do sujeito)

  A família do réu procurou o advogado e **queriam** saber se ele poderia ficar em liberdade durante o processo. (concorda com a ideia plural do termo *família* e não com o próprio termo)

  Aquela gente antiga do vilarejo **costumavam** ir à igreja para ver casamento e padre benzer defunto. Eram os dias mais movimentados do lugar. (concorda com a ideia plural do termo *gente* e não com o próprio termo)

- **silepse de pessoa**

  Exemplos:

  Crédulos, amistosos, todos os interioranos **somos** assim, até que a cidade grande comece a nos transformar. (**somos** = todos + eu, em vez de **são**)

  Todos **sonhamos** com um mundo bem menos violento. (**sonhamos** = todos + eu, em vez de **sonham**)

  Os brasileiros **somos** muito hospitaleiros. (**somos** = os brasileiros + eu, em vez de **são**)

  > **OBSERVAÇÃO**
  >
  > Desgastada pelo uso, a silepse já não representa recurso expressivo da língua.

FIGURAS FONÉTICAS

São recursos expressivos que se mostram nos aspectos sonoros das palavras. São de dois tipos.

ONOMATOPEIA

Consiste na imitação de um som ou da voz natural dos seres.

Exemplos:

"Sem o coaxar dos sapos ou o **cri-cri** dos grilos

como é que poderíamos dormir tranquilos?" (*Mário Quintana*)

O miado desapareceu quando as crianças puseram, em volume alto, a gravação do **au-au**. O gato pensou que o perigo estava próximo e emudeceu.

O **cóim-cóim** dos porcos parecia uma orquestra desafinada.

ALITERAÇÃO

Consiste na repetição de fonemas no início ou no interior das palavras.
Exemplos:

Ele era bruto, bravo, como a agreste região onde nascera e morrera.
"São Paulo — metrópole
o metrô — bisturi que rasga
o ventre da noite..." *(Clínio Jorge)*

EM SÍNTESE

Linguagem figurada — aquela elaborada com finalidade artística.
- **Denotação** — emprego da palavra no sentido literal, usual.
- **Conotação** — emprego da palavra com significado novo, não usual.

Figuras de linguagem ou de estilo — uso não convencional da linguagem: as palavras são organizadas de modo diferenciado.
- **Figuras de palavras** — estruturas em que a palavra adquire um sentido novo, diferente do convencional: comparação, metáfora, metonímia, perífrase, catacrese, sinestesia.
- **Figuras de pensamento** — estruturas de que se desprendem ideias e conceitos não convencionais: antítese, paradoxo, eufemismo, hipérbole, ironia, prosopopeia.
- **Figuras sintáticas** — estruturas cujos termos não seguem os moldes convencionais: elipse, zeugma, hipérbato, pleonasmo, polissíndeto, assíndeto, anacoluto, anáfora ou repetição, silepse.
- **Figuras fonéticas** — estruturas de que se desprendem sons que sugerem significados: onomatopeia e aliteração.

No texto

Leia este soneto de Camões, um dos poemas mais famosos da literatura portuguesa.

> Amor é fogo que arde sem se ver;
> É ferida que dói, e não se sente;
> É um contentamento descontente;
> É dor que desatina sem doer;
>
> É um não querer mais que bem querer;
> É solitário andar por entre a gente;
> É nunca contentar-se de contente;
> É cuidar que se ganha em se perder;
>
> É querer estar preso por vontade;
> É servir a quem vence, o vencedor;
> É ter com quem nos mata, lealdade.
>
> Mas como causar pode seu favor
> Nos corações humanos amizade,
> Se tão contrário a si é o mesmo Amor?

CAMÕES, Luís de. **Lírica**. São Paulo: Cultrix, 1968. p.123.

1. No primeiro verso, a metáfora para o **Amor** é **fogo**. Imaginando as várias sensações que o fogo pode provocar, o que representa o amor para o eu lírico?

2. O eu lírico define o amor por meio de metáforas representadas por paradoxos, contradições. No primeiro verso, ao mesmo tempo em que fogo é algo que se vê, é invisível, pois "arde sem se ver". Assim são construídos os demais versos até a terceira estrofe. Explique o paradoxo contido no verso "É solitário andar por entre a gente".

3. Até a terceira estrofe, o eu lírico define o **Amor** e, na última, apresenta sua conclusão. Comente essa conclusão.

4. Identifique duas **figuras sintáticas** evidenciadas na elaboração das três primeiras estrofes. Explique-as.

5. Qual é a importância da repetição para a conclusão do poema?

6. O verbo **ser** no presente do indicativo e o substantivo **Amor** grafado com inicial maiúscula, inclusive na última estrofe, indicam o tempo e o espaço do amor a que se refere o poema. Informe a que tempo e espaço esse amor se limita.

7. Desfaça o *hipérbato* presente na última estrofe, colocando seus termos na ordem direta. O que essa alteração acarretará?

ESTILÍSTICA

Versificação

Um primeiro olhar

Leia a tirinha do Menino Maluquinho, personagem do cartunista Ziraldo.

ZIRALDO. **Menino Maluquinho**. Disponível em: <http://meninomaluquinho.educacional.com.br/PaginaTirinha/PaginaAnterior.asp?da=07122013>. Acesso em: 2 maio 2014.

1. Observe as falas da professora e do Menino Maluquinho no segundo e no terceiro quadrinhos.

> Quanto é nove vezes dois?
> Não sei! Respondo depois!

Sabendo que **rima** é a combinação de sons, iguais ou semelhantes, entre duas ou mais palavras, identifique a rima criada entre a pergunta da professora e a resposta do menino.

2. Como Maluquinho poderia responder corretamente e, ao mesmo tempo, rimar com a pergunta da professora?
Dê uma sugestão.

3. Agora leia novamente o último quadrinho.

> Não sei! Respondo depois!

Você considera que a sugestão de Maluquinho de utilizar rimas foi uma estratégia para ganhar tempo e "conseguir" a resposta? Explique.

VERSO

Versificação é a arte de fazer versos.

O que caracteriza o **verso** é o seu ritmo melódico. Além das entoações e pausas da prosa, há, nos versos, outros recursos sonoros que lhes dão **unidade rítmica**.

Veja estes quatro versos:

"Quem é esse viajante   1º verso
Quem é esse menestrel   2º verso
Que espalha esperança   3º verso
E transforma sal em mel?"   4º verso
(*Mílton Nascimento e Fernando Brant*)

> **Verso** é cada linha do poema, é uma unidade rítmica.

FORMAÇÃO DO VERSO

O elemento responsável pela melodia do verso, pela sua unidade rítmica, é o **ritmo**.

> **Ritmo** é a cadência de sons produzida pela sucessão de sons fortes (sílabas tônicas) e sons fracos (sílabas átonas).

Vou/-me/ em/bo/ra/ pra/ Pa/sár/ga/da   (*Manuel Bandeira*)
↑   ↑   ↑
tônica   tônica   tônica

A distribuição das sílabas tônicas e átonas e o tamanho do verso é que determinam o seu ritmo. Para medir o verso, é necessário verificar a quantidade e a intensidade de suas sílabas. As sílabas dos versos são denominadas **sílabas poéticas**, e a sua quantidade é o *metro*.

> **Metro** é a medida do verso, é a quantidade de sílabas poéticas.

Para se medir o verso, faz-se a **metrificação**, isto é, a contagem das sílabas dos versos ou sílabas poéticas. É uma contagem feita de maneira auditiva. Diferente, portanto, da contagem das sílabas gramaticais.

```
                      1   2   3  4  5  6  7  8  9  10
Sílabas gramaticais: Vou/-me/ em/bo/ra/ pra/ Pa/sár/ga/da = 10

                  1    2    3  4   5   6  7
Sílabas poéticas: Vou/-me em/bo/ra/ pra/ Pa/sár/ga/da = 7
```

A contagem das sílabas poéticas exige alguns cuidados. Os principais são:

1. Contar as sílabas poéticas até a última sílaba tônica, apenas.

```
1   2   3    4   5   6  7
O!/ que/ sau/da/des/ que/ te/nho
1   2  3 4   5  6   7
Da au/ro/ra/ da/ mi/nha/ vi/da,
```
(Casimiro de Abreu)

2. Observar quando uma palavra termina por vogal e é seguida de outra ou outras vogais.

```
1   2    3   4   5  6  7   8   9 10   11    12
Ah!/ quem/ há/ de ex/ pri/mir,/ al/ma im/po/ten/te e es/cra/va
```
(Olavo Bilac)

> **OBSERVAÇÃO**
>
> De acordo com o ritmo, o verso pode ser **alongado** ou **reduzido**. Esse verso foi reduzido: em *de + ex = des*, como são sons iguais, há uma **crase**; em *ma + im = mim*, como desapareceu a vogal "a", ocorre uma **elisão**; em *te + e + es = ties*, como há o ditongo "ie", tem-se uma **sinalefa**.

Há casos em que o final de um verso não coincide com o final de um segmento sintático, de maneira que o verso só termina no verso seguinte. Esse tipo de ligação entre os versos chama-se *enjambement* ou **encadeamento**.

> **Encadeamento** é o termo sintático de um verso anterior que continua no verso seguinte.

E entra a Saudade... Fiquei

Como assombrado e sem voz!

(Teixeira de Pascoaes)

TIPOS DE VERSOS

Os versos são classificados de acordo com o número de sílabas poéticas que possuem.

Monossílabo	verso com uma sílaba poética
Dissílabo	verso com duas sílabas poéticas
Trissílabo	verso com três sílabas poéticas
Tetrassílabo	verso com quatro sílabas poéticas
Pentassílabo	verso com cinco sílabas poéticas (ou redondilha menor)
Hexassílabo	verso com seis sílabas poéticas
Heptassílabo	verso com sete sílabas poéticas (ou redondilha maior)
Octossílabo	verso com oito sílabas poéticas
Eneassílabo	verso com nove sílabas poéticas
Decassílabo	verso com dez sílabas poéticas
Hendecassílabo	verso com onze sílabas poéticas
Dodecassílabo	verso com doze sílabas poéticas (ou alexandrino)
Verso bárbaro	verso com mais de doze sílabas poéticas

OBSERVAÇÕES

a) O **verso decassílabo** pode ser **heroico** ou **sáfico**. O decassílabo heroico possui a acentuação principal na 6ª e 10ª sílabas. O decassílabo sáfico, na 4ª, 8ª e 10ª sílabas.

b) O **verso alexandrino** pode ser **clássico** ou **moderno**. O alexandrino clássico possui acentuação principal na 6ª e 12ª sílabas. O alexandrino moderno, na 4ª, 8ª e 12ª sílabas ou na 3ª, 6ª, 9ª e 12ª sílabas.

c) **Verso livre** é aquele que não obedece a nenhuma exigência métrica, apesar de ter o seu ritmo.

d) **Refrão** ou **estribilho** é o verso ou conjunto de versos que se repete ao final de cada estrofe. A *balada* e o *rondó* são tipos de poesia que têm refrão.

ESTROFE

Nos poemas, os versos podem formar apenas um grupo ou vários grupos. Cada grupo de versos forma uma **estrofe**.

No meio do caminho

No meio do caminho tinha uma pedra
tinha uma pedra no meio do caminho
tinha uma pedra
no meio do caminho tinha uma pedra.
[...]

ANDRADE, Carlos Drummond de. **Poesia e prosa**.
Rio de Janeiro: Nova Aguilar, 1988. p. 15.

Essa estrofe de um poema muito conhecido de Carlos Drummond de Andrade tem quatro versos.

> **Estrofe** é cada conjunto de verso ou de versos.

TIPOS DE ESTROFES

As estrofes se classificam de acordo com o número de versos que possuem.

Monóstica — com um verso

Dística — com dois versos

Terceto — com três versos

Quadra ou **quarteto** — com quatro versos

Quintilha — com cinco versos

Sextilha — com seis versos

Septilha — com sete versos

Oitava — com oito versos

Nona — com nove versos

Décima — com dez versos

RIMA

No interior ou final dos versos, há sons que se identificam ou são semelhantes, acentuando o ritmo melódico da poesia. Esses sons são *rimas*.

Simpatia — é o senti**mento**
Que nasce num só mo**mento**,
Sincero, no cor*ação*;
São dois olhares ac***esos***
Bem juntos, unidos, pr***esos***
Numa mágica atr*ação*.
(Casimiro de Abreu)

> **Rima** é a identidade ou semelhança de sons que ocorre, principalmente, no final dos versos.

TIPOS DE RIMAS

Há vários tipos de rimas e para especificá-los convencionou-se usar as letras do alfabeto, de modo que os versos ligados entre si pela rima recebem letras iguais.

As rimas são classificadas quanto *às combinações*, *à posição do acento tônico*, *à coincidência de sons* e *ao valor*.

QUANTO ÀS COMBINAÇÕES

Rimas emparelhadas

Rimam-se versos em pares, dois a dois (AABB).

"Vagueio campos noturnos   A
Muros soturnos   A
paredes de solidão   B
sufocam minha canção."   B
(Ferreira Gullar)

Rimas alternadas ou cruzadas

Rimam-se versos que se alternam (ABAB).

"Não sei se isto é amor. Procuro o teu olhar,   A
Se alguma dor me fere, em busca de um abrigo;   B
E apesar disso, crê! Nunca pensei num lar   A
Onde fosses feliz, e eu feliz contigo."   B
(Camilo Pessanha)

Rimas interpoladas ou opostas

Rimam-se versos intercalados com outras rimas (ABBA).

"Uma cobra obra um ovo   A
bem menor que o da ema   B
mas cada um tem a gema   B
que começa a ser de novo."   A
(Abel Silva)

Rimas mistas

Rimam-se versos que não obedecem a esquemas fixos.

"Meninas de bicicleta   A
que fagueiras pedalais   B
quero ser vosso poeta!   A
Ó transitórias estátuas   C
Esfuziantes de azul   D
Louras com peles mulatas   C
Princesas da zona sul."   D
(Vinicius de Moraes)

QUANTO À POSIÇÃO DO ACENTO TÔNICO

Rimas agudas ou masculinas

Rimam-se as palavras oxítonas, ou monossílabos tônicos.

"Tinhas um pente espa**nhol**
No cabelo portu**guês**
Mas quando te olhava o **sol**,
Eras só quem Deus te **fez**."
(*Fernando Pessoa*)

Rimas graves ou femininas

Rimam-se palavras paroxítonas.

"Por que me enterneces **tan**to
Alegre e festivo **ban**do
Na minha rua pas**san**do
A cantar, não sei que **can**to?"
(*Carlos Queirós*)

Rimas esdrúxulas

Rimam-se palavras proparoxítonas.
"Ah! Quanto custo, ó Deus, ver as crianças **pá**lidas!
Pobres botões em flor! Pobres gentes cri**sá**lidas!"
(*Guerra Junqueiro*)

QUANTO À COINCIDÊNCIA DE SONS

Rima perfeita, soante ou consoante

Há correspondência completa de sons.

"Se a minha amada um longo olhar me d**esse**
Dos seus olhos que ferem como esp**adas**,
Eu domaria o mar que se enfur**ece**
E escalaria as nuvens rendilh**adas**."
(*Cesário Verde*)

Rima imperfeita, toante ou assonante

Não há correspondência completa de sons.
"Ó meu ódio, meu ódio majestoso
meu ódio santo e puro e benfaz**ejo**
unge-me a fronte com teu grande b**eijo**,
torna-me humilde e torna-me orgulhoso."
(*Cruz e Sousa*)

QUANTO AO VALOR

Rimas pobres

São muito frequentes e ocorrem geralmente com palavras de mesma classe gramatical.

"Eu venho da minha t**erra**,
da casa branca da s**erra**
e do luar do sert**ão**;
venho da minha Mar**ia**
cujo nome princip**ia**
na palma da minha m**ão**."
(Guilherme de Almeida)

Rimas ricas

Ocorrem com palavras de classes gramaticais diferentes.

"Não sei se amei o que era em mim des**ejo**
de me ver no outro reflet**ido**.
Sei que amei sempre amei e v**ejo**
que de amar tenho hoje o coração endurec**ido**."
(Carlos Felipe Moisés)

Rimas raras

São obtidas entre palavras de muito poucas rimas possíveis.

"Eu que era branca e linda, eis-me medonha e esc**ura**
Inspiro horror... Ó tu que espias urdid**ura**
Da minha teia, atenta ao que o meu palpo fia."
(Manuel Bandeira)

Rimas preciosas

São rimas artificiais; aparecem com pouquíssima frequência.

"Oh vem, de branco — do imo da folhagem!
Os ramos, leve, a tua mão ap**arte**
Oh vem! Meus olhos querem despos**ar-te**
Refletir-se virgem a serena imagem."
(Camilo Pessanha)

> **OBSERVAÇÕES**
>
> a) **Verso branco** é a denominação do verso que não possui rima.
>
>   "A menina tonta passa metade do dia
>   a namorar quem passa pela rua,
>   que a outra metade fica
>   pra namorar-se no espelho.
>   [...]
>   (Manuel da Fonseca)
>
> b) Há **poesias de forma fixa**: são aquelas que obedecem a regras de combinação dos versos, das rimas e das estrofes. A *balada*, o *rondó*, a *quadra popular*, a *sextilha* e o *soneto* são alguns exemplos. O mais importante deles, porque sobrevive a todas as épocas e em literaturas de vários países, é o **soneto**, poema composto de *duas quadras* e *dois tercetos*.

EM SÍNTESE

Verso — cada linha do poema: unidade rítmica.

- **Formação do verso**
  - Ritmo — cadência produzida pela sucessão de sílabas tônicas e átonas.
  - Metro — medida do verso: número de suas sílabas poéticas.
- **Tipos de versos** — monossílabo, dissílabo, trissílabo, tetrassílabo, pentassílabo, hexassílabo, heptassílabo, octossílabo, eneassílabo, decassílabo, hendecassílabo, dodecassílabo, verso bárbaro, verso livre.

Estrofe — grupo de versos.

- **Tipos de estrofes** — monóstica, dística, terceto, quadra ou quarteto, quintilha, sextilha, septilha, oitava, nona, décima.

Rima — identidade ou semelhança de sons, no interior ou no final dos versos.

- **Tipos de rimas**
  - emparelhadas, alternadas ou cruzadas, interpoladas ou opostas, mistas (quanto às combinações).
  - agudas ou masculinas, graves ou femininas, esdrúxulas (quanto ao acento tônico).
  - perfeita, soante ou consoante, imperfeita, toante ou assoante (quanto à coincidência de sons).
  - pobres, ricas, raras (quanto ao valor).

No texto

Leia um dos poemas mais famosos de Vinícius de Moraes, poeta e compositor carioca, conhecido também como "poetinha".

Soneto de fidelidade

De tudo ao meu amor serei atento
Antes, e com tal zelo, e sempre, e tanto
Que mesmo em face do maior encanto
Dele se encante mais meu pensamento.

Quero vivê-lo em cada vão momento
E em seu louvor hei de espalhar meu canto
E rir meu riso e derramar meu pranto
Ao seu pesar ou seu contentamento

E assim, quando mais tarde me procure
Quem sabe a morte, angústia de quem vive
Quem sabe a solidão, fim de quem ama

Eu possa me dizer do amor (que tive):
Que não seja imortal, posto que é chama
Mas que seja infinito enquanto dure.

"Soneto de Fidelidade" – Vinicius de Moraes, In: Nova Antologia Poética de Vinicius de Moraes, seleção e organização, Antonio Cicero e Eucanaã Ferraz, São Paulo, Cia das Letras, Editora Schwarcz Ltda., 2008, p. 39. Foram autorizados pela VM EMPREENDIMENTOS ARTÍSTICOS E CULTURAIS LTDA, além de: ãVM e ã CIA. DAS LETRAS (EDITORA SCHWARCZ).

1. Identifique a metáfora usada pelo eu lírico para definir o amor.
2. Faça a escansão dos versos da primeira estrofe do poema. Informe o número de sílabas poéticas de cada verso e o tipo de rima.
3. Esse poema é um **soneto**: tipo de poesia de forma fixa. Descubra nele os elementos que o identificam como soneto.

EXAMES E CONCURSOS

(UFRJ)

O chá, os fantasmas, os ventos encanados...

Nasci no tempo dos ventos encanados, quando, para evitar compromissos, a "gente bem" dizia estar com enxaqueca, palavra horrível mas desculpa distinta. Ter enxaqueca não era para todos, mas só para essas senhoras que tomavam chá com o dedo mindinho espichado. Quando eu via aquilo, ficava a pensar sozinho comigo (menino, naqueles tempos, não dava opinião) por que é que elas não usavam, para cúmulo da elegância, um laçarote azul no dedo...

Também se falava misteriosamente em "moléstias de senhoras" nos anúncios farmacêuticos que eu lia. Era decerto uma coisa privativa das senhoras, como as enxaquecas, pois as criadas, essas, não tinham tempo para isso. Mas, em compensação, me assustavam deliciosamente com histórias de assombrações. Nunca me apareceu nenhuma.

Pelo visto, era isso: nunca consegui comunicar-me com este nem com o outro mundo. A não ser através d' O tico-tico e da poesia de Camões, do qual até hoje me assombra este verso único: "Que o menor mal de tudo seja a morte!". Pois a verdadeira poesia sempre foi um meio de comunicação com este e com o outro mundo.

QUINTANA, Mário. **Poesia completa**. Rio de Janeiro: Nova Fronteira, 2005.

1. *Ter enxaqueca não era para todos* [...]

Considerando que a afirmação acima não pode ser verdadeira, conclui-se que ela é feita para expressar outro sentido, menos literal.

O sentido expresso pela afirmação, no texto, pode ser definido como:

a. metonímico   b. hiperbólico   c. metafórico   d. irônico

(Enem-MEC)

Jogar limpo

Argumentar não é ganhar uma discussão a qualquer preço. Convencer alguém de algo é, antes de tudo, uma alternativa à prática de ganhar uma questão no grito ou na violência física – ou não física. Não física, dois pontos. Um político que mente descaradamente pode cativar eleitores. Uma publicidade que joga baixo pode constranger multidões a consumir um produto danoso ao ambiente. Há manipulações psicológicas não só na religião. É comum pessoas agirem emocionalmente, porque vítimas de ardilosa – e canhoteira – sedução. Embora a eficácia a todo preço não seja argumentar, tampouco se trata de admitir só verdades científicas – formar opinião apenas depois de ver a demonstração e as evidências, como a ciência faz. Argumentar é matéria da vida cotidiana, uma forma de retórica, mas é um raciocínio que tenta convencer sem se tornar mero cálculo manipulativo, e pode ser rigoroso sem ser científico.

Língua Portuguesa. São Paulo, ano 5, n. 66, abr. 2011 (adaptado).

EXAMES E CONCURSOS

2. No fragmento, opta-se por uma construção linguística bastante diferente em relação aos padrões normalmente empregados na escrita. Trata-se da frase "Não física, dois pontos". Nesse contexto, a escolha por se representar por extenso o sinal de pontuação que deveria ser utilizado

- **a.** enfatiza a metáfora de que o autor se vale para desenvolver seu ponto de vista sobre a arte de argumentar.
- **b.** diz respeito a um recurso de metalinguagem, evidenciando as relações e as estruturas presentes no enunciado.
- **c.** é um recurso estilístico que promove satisfatoriamente a sequenciação de ideias, introduzindo apostos exemplificativos.
- **d.** ilustra a flexibilidade na estruturação do gênero textual, a qual se concretiza no emprego da linguagem conotativa.
- **e.** prejudica a sequência do texto, provocando estranheza no leitor ao não desenvolver explicitamente o raciocínio a partir de argumentos.

(VUNESP-Cultura Inglesa)
Instrução: Leia o poema de Júlio Dinis para responder às questões de números 3 e 4.

Metamorfose

Repara: – a imóvel crisálida
Já se agitou inquieta,
Cedo, rasgando a mortalha,
Ressurgirá borboleta.
Que misteriosa influência
A metamorfose opera!
Um raio de Sol, um sopro
Ao passar, a vida gera.

Assim minh'alma, inda ontem
Crisálida entorpecida,
Já hoje treme, e amanhã
Voará cheia de vida.
Tu olhaste – e do letargo
Mago influxo me desperta;
Surjo ao amor, surjo à vida,
À luz de uma aurora incerta.

(www.dominiopublico.gov.br)

3. Segundo o *Dicionário Eletrônico Aulete*, a metáfora é uma *figura de linguagem que consiste em estabelecer uma analogia de significados entre duas palavras ou expressões, empregando uma pela outra*.

Considerando-se o contexto do poema, essa definição é exemplificada com o seguinte verso:

- **a.** Repara: – a imóvel crisálida
- **b.** Já se agitou inquieta,
- **c.** Ressurgirá borboleta.
- **d.** Que misteriosa influência
- **e.** Crisálida entorpecida,

4. São características do poema, quanto ao conteúdo e quanto à forma, respectivamente,

   a. o egocentrismo e o uso dos versos livres – sem a preocupação com a métrica.

   b. o sentimentalismo exagerado e o uso da medida nova – o verso decassílabo.

   c. a contenção na expressão dos sentimentos e o uso da métrica popular – a redondilha menor.

   d. o amor de forma contida e o uso da métrica popular – a redondilha maior.

   e. a idealização do ser amado e do amor e o uso da medida nova – o verso decassílabo.

(Vunesp-SAAE) — Procurador Jurídico

Leia o texto para responder à questão de número **5**.

Novos tempos

Não dá para afirmar que seja despropositada a decisão do Supremo Tribunal Federal de dar aos réus todas as possibilidades recursais previstas em lei. O que dá, sim, para discutir é se nosso marco legislativo não é absurdamente pródigo em recursos.

Minha impressão é que, a exemplo do que aconteceu com a medicina, o direito foi atropelado pelos novos tempos e nem percebeu. Se, até algumas décadas atrás, ainda dava para insistir em modelos que procuravam máxima segurança, com médicos conduzindo pessoalmente cada etapa dos processos diagnóstico e terapêutico e com advogados podendo apelar, agravar e embargar nas mais variadas fases do julgamento, isso está deixando de ser viável num contexto em que se pretende oferecer medicina e justiça para uma sociedade de massas.

Aqui, seria preciso redesenhar os sistemas, fazendo com que o cidadão só fosse para a Justiça ou para o hospital quando alternativas que dessem conta dos casos mais simples tivessem se esgotado. Não há razão, por exemplo, para que médicos prescrevam óculos para crianças ou para que divórcios e heranças não litigiosos passem por juízes e advogados.

É perfeitamente possível e desejável utilizar outros profissionais, como enfermeiros, tabeliães, notários e mediadores, para ajudar na difícil tarefa de levar saúde e justiça para todos. A dificuldade aqui é que, como ambos os sistemas são controlados muito de perto por entidades de classe com fortes poderes, que resistem naturalmente a mudanças, reformas, quando ocorrem, vêm a conta-gotas.

EXAMES E CONCURSOS

> É preciso, entretanto, racionalizar os modelos, retirando seus exageros, como a generosidade recursal e a centralização no médico, mesmo sob o risco de reduzir um pouco a segurança. Nada, afinal, é pior do que a justiça que nunca chega ou a fila da cirurgia que não anda.

SCHWARTSMAN, Hélio. Disponível em: <http://www1.folha.uol.com.br>. Acesso em: 28 set. 2013. (Adaptado.)

5. Assinale a alternativa em que o termo em destaque está empregado em sentido figurado.

a. dar aos réus todas as **possibilidades** recursais...
b. médicos conduzindo **pessoalmente** cada etapa dos processos diagnóstico e terapêutico...
c. Aqui, seria preciso **redesenhar** os sistemas...
d. quando **alternativas** que dessem conta dos casos mais simples tivessem se esgotado.
e. É perfeitamente possível e desejável utilizar outros **profissionais**...

(Enem-MEC)

TEXTO I

Antigamente

Antigamente, os pirralhos dobravam a língua diante dos pais e se um se esquecia de arear os dentes antes de cair nos braços de Morfeu, era capaz de entrar no couro.

Não devia também se esquecer de lavar os pés, sem tugir nem mugir. Nada de bater na cacunda do padrinho, nem de debicar os mais velhos, pois levava tunda. Ainda cedinho, aguava as plantas, ia ao corte e logo voltava aos penates.

Não ficava mangando na rua, nem escapulia do mestre, mesmo que não entendesse patavina da instrução moral e cívica. O verdadeiro smart calçava botina de botões para comparecer todo liró ao copo d'água, se bem que no convescote apenas lambiscasse, para evitar flatos.

Os bilontras é que eram um precipício, jogando com pau de dois bicos, pelo que carecia muita cautela e caldo de galinha. O melhor era pôr as barbas de molho diante de um treteiro de topete, depois de fintar e engambelar os coiós, e antes que se pusesse tudo em pratos limpos, ele abria o arco.

ANDRADE, Carlos Drummond de. **Poesia e prosa**. Rio de Janeiro: Nova Aguilar, 1983 (fragmento).

TEXTO 2

Palavras do arco da velha

Expressão	Significado
Cair nos braços de Morfeu	Dormir
Debicar	Zombar, ridicularizar
Tunda	Surra
Mangar	Escarnecer, caçoar
Tugir	Murmurar
Liró	Bem-vestido
Copo-d'água	Lanche oferecido pelos amigos
Convescote	Piquenique
Bilontra	Velhaco
Treteiro de topete	Tratante atrevido
Abrir o arco	Fugir

FIORIN, J. L. As línguas mudam. In: **Revista Língua Portuguesa**, n. 24, out. 2007 (adaptado).

6. Na leitura do fragmento do texto *Antigamente* constata-se, pelo emprego de palavras obsoletas, que itens lexicais outrora produtivos não mais o são no português brasileiro atual. Esse fenômeno revela que

a. a língua portuguesa de antigamente carecia de termos para se referir a fatos e coisas do cotidiano.

b. o português brasileiro se constitui evitando a ampliação do léxico proveniente do português europeu.

c. a heterogeneidade do português leva a uma estabilidade do seu léxico no eixo temporal.

d. o português brasileiro apoia-se no léxico inglês para ser reconhecido como língua independente.

e. o léxico do português representa uma realidade linguística variável e diversificada.

EXAMES E CONCURSOS

(FUVEST)
Texto para as questões **7** e **8**.

Revelação do subúrbio

Quando vou pra Minas, gosto de ficar de pé, contravidraça do carro*,
vendo o subúrbio passar.
O subúrbio todo se condensa para ser visto depressa,
com medo de não repararmos suficientemente
em suas luzes que mal têm tempo de brilhar.
A noite come o subúrbio e logo devolve,
ele reage, luta, se esforça,
até que vem o campo onde pela manhã repontam laranjais
e à noite só existe a tristeza do Brasil.

ANDRADE, Carlos Drummond de. **Sentimento do mundo**, 1940.
(*) **carro:** vagão ferroviário para passageiros.

7. Para a caracterização do subúrbio, o poeta lança mão, principalmente, da(o)

- **a.** personificação.
- **b.** paradoxo.
- **c.** eufemismo.
- **d.** sinestesia.
- **e.** silepse.

8. Considerados no contexto, dentre os mais de dez verbos no presente, empregados no poema, exprimem ideia, respectivamente, de habitualidade e continuidade

- **a.** "gosto" e "repontam".
- **b.** "condensa" e "esforça".
- **c.** "vou" e "existe".
- **d.** "têm" e "devolve".
- **e.** "reage" e "luta".

(UFT-TO)
Leia o fragmento de texto abaixo para responder à questão **9**.

O sertão abria-se naquela manhã de junho festivo, na glória fecunda das ondulações verdes, sombreado aqui pelas restingas das matas, escalonado mais além pelas colinas aprumadas, a varar o céu azul com suas aguilhadas de ouro; batuíras e xenxéns chalravam nas embaúbas digitadas dos grotões; e um sorvo longo de vida e contentamento errava derredor, no catingueiro roxo dos serrotes, emperolado da orvalhada, a recender acre, e nas abas dos montes e encruzilhadas, onde preás minúsculos e calangos esverdinhados retouçavam familiares, ao esplendor crescente do dia.

Hugo de Carvalho Ramos in **Tropas e Boiadas**.

9. Em relação à linguagem empregada pelo autor no fragmento de texto apresentado acima, é CORRETO afirmar que:

   a. Para obter maior realismo em seu relato, o autor utiliza uma linguagem rebuscada, carregada de figuras de linguagem como hipérboles, antíteses e paradoxos, característica marcante do estilo barroco.

   b. Ao empregar expressões como "a varar o céu azul com suas aguilhadas de ouro", "emperolado da orvalhada, onde preás minúsculos", e "calangos esverdinhados retouçavam familiares", o autor procura separar a pintura da paisagem do cotidiano do sertanejo.

   c. As imagens poéticas construídas pela linguagem do texto não demonstram integração artística entre pensamento e expressão, pois não há envolvimento do narrador com os fatos que relata, nem relação deles com a vida no sertão.

   d. Pela leitura do fragmento, pode-se depreender que a extensão dos segmentos fraseológicos obtida pelo emprego dos adjetivos tem como objetivo a busca pela fidelidade na descrição da paisagem.

   e. As imagens poéticas criadas pelo retouçar dos "preás minúsculos" e dos "calangos esverdinhados" pelas "abas dos montes e encruzilhadas" ao esplendor do dia remetem o leitor à estética romântica, da qual Hugo de Carvalho Ramos foi um de seus maiores expoentes.

(ESPM)

10. **Hipálage**, segundo Massaud Moisés, "designa um expediente retórico próprio da poesia, mediante o qual uma palavra troca o lugar que logicamente ocuparia na sequência frásica por outro, junto de um termo ao qual se vincula gramaticalmente".

    Em todas as frases abaixo, ocorre essa figura de linguagem, **exceto em uma**. Assinale-a:

    a. "uma alvura de saia moveu-se no escuro" (Eça de Queirós)

    b. "Mandados da rainha, que abundantes / Mesas de altos manjares excelentes" (Camões)

    c. "apetite necrófago da mosca" (Augusto dos Anjos)

    d. "o riscar dos fósforos espavoridos" (Clarice Lispector)

    e. "de um povo heroico o brado retumbante" (Osório Duque Estrada)

EXAMES E CONCURSOS

(UDESC-SC)

O filho eterno

[...]
Mas há um outro ponto, outra pequena utopia que o futebol promete – a alfabetização. É a única área em que seu filho tem algum domínio da leitura, capaz de distinguir a maioria dos times pelo nome, que depois ele digitará no computador para baixar os hinos de cada clube em mp3, e que cantará, feliz, aos tropeços. Ele ainda confunde imagens semelhantes – Figueirense e Fluminense, por exemplo – mas é capaz de ler a maior parte dos nomes. Em qualquer caso, apenas nomes avulsos. O que não tem nenhuma importância, o pai sente, além da brevíssima ampliação de percepção – alfabetizar é abstrair; se isso fosse possível, se ele se alfabetizasse de um modo completo, o pai especula, ele seria arrancado do seu mundo instantâneo dos sentidos presentes, sem nenhuma metáfora de passagem (ele não compreende metáforas; como se as palavras fossem as próprias coisas que indicam, não as intenções de quem aponta), para então habitar um mundo reescrito.

TEZZA, Cristovão. **O filho eterno**. 9ª ed. Rio de Janeiro/São Paulo: Record, 2010. p. 221.

11. No sentido denotativo, as palavras significam "as próprias coisas que indicam". Assinale a alternativa que <u>não</u> expressa o sentido denotativo da linguagem.

a. Ele ainda confunde algumas palavras.
b. Ele digitará no computador.
c. O pai tenta lapidar a fala cortante do filho.
d. O filho lê apenas nomes, não frases.
e. Seu filho tem algum domínio da leitura.

(UFAL-AL)

TEXTO 1

Entrevista com Evanildo Bechara

Jornalista. É fato que o português está sendo invadido por expressões inglesas ou americanizadas – como background, playground, delivery, fastfood, download... Isso o preocupa?

Bechara. Não. É preciso diferenciar língua e cultura. O sistema da língua não sofre nada com a introdução de termos estrangeiros. Pelo contrário, quando esses termos entram no sistema têm de se submeter às regras de funcionamento da língua, no caso, o português. Um exemplo: nós recebemos a palavra xerox. Ao entrar na língua, ela acabou por se submeter a uma série de normas. Daí surgiram xerocar, xerocopiar, xerografar, enfim, nasceu uma constelação de palavras dentro do sistema da língua portuguesa.

Jornalista. Então esse processo não é ruim?

Bechara. É até enriquecedor, pois incorpora palavras. Não há língua que tenha seu léxico livre dos estrangeirismos. A língua que mais os recebe, curiosamente, é o inglês, por ser um idioma voltado para o mundo. Hoje, fala-se "delivery", mas poderíamos dizer "entrega a domicílio". E há quem diga que o correto é "entrega em domicílio". Será? Na dúvida, há quem fique com o "delivery". A palavra inglesa delivery não chegou a entrar nos sistemas da nossa língua, pois dela não resultam outras palavras. Apenas entrou no vocabulário do dia a dia no contexto dos alimentos. Agora deram de falar que "entrega em domicílio" é melhor do que "entrega a domicílio". Não sei de onde isso saiu, porque o verbo entregar normalmente se constrói com a preposição a. Fulano entregou a alma a Deus. De qualquer modo, a língua se enriquece quando você tem dois modos de dizer a mesma coisa.

Jornalista. E por que usar "delivery", se temos uma expressão própria em português? Não é mais um badulaque desnecessário?

Bechara. Não sei se é badulaque, o fato é que a língua, que não tem vida independente, também admite modismos, além de refletir todas as qualidades e os defeitos do povo que a fala. Estrangeirismos aparecem, somem e podem ser substituídos por termos nossos. Foi o que aconteceu com a terminologia clássica e introdutória do futebol no Brasil, quando se falava em goalkeeper, off side e corner. Com a passar do tempo, e sem nenhuma atitude controladora, os termos estrangeiros do futebol foram dando lugar a expressões feitas no Brasil, como goleiro, impedimento, escanteio.

(Entrevista de Evanildo Bechara. Disponível em: <http://www.jornaldaciencia.org.br/Detalhe.jsp?id=>.
Acesso em: 30 de março de 2008. Adaptado.)

12. Considerando alguns aspectos que, globalmente, caracterizam o Texto 1, analise as seguintes observações.

1) No texto predomina a função referencial, uma função centrada no contexto de produção e de circulação do texto.
2) Do ponto de vista da tipologia textual, podemos reconhecer no Texto 1 um exemplar dos textos narrativos.
3) Por se tratar de uma entrevista, o texto apresenta, entre outras, formulações próprias do diálogo oral.
4) O fato de não se tratar de um texto literário leva a que o entrevistado não use palavras em sentido figurado.
5) O professor entrevistado apresenta seus argumentos, mas se omite quanto à apresentação de exemplos que pudessem reforçá-los.

Estão corretas:

a. 1, 2, 3, 4 e 5
b. 1 e 2 apenas
c. 1 e 3 apenas
d. 1 e 5 apenas
e. 4 e 5 apenas

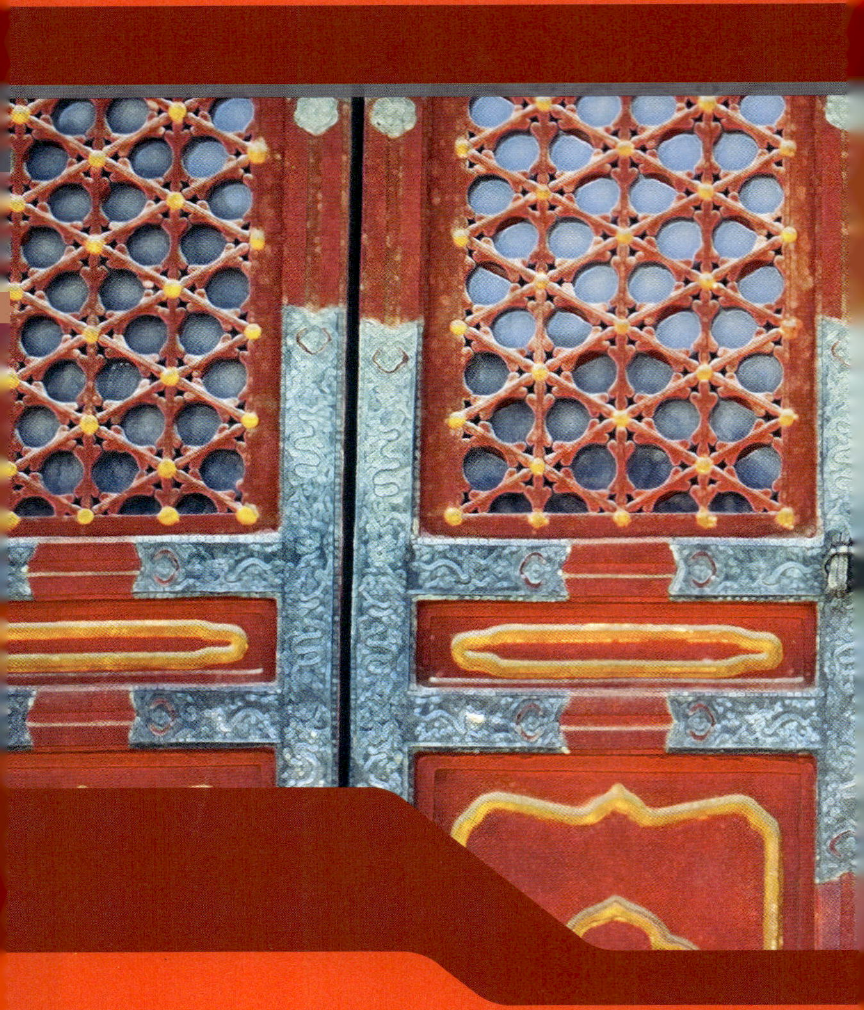

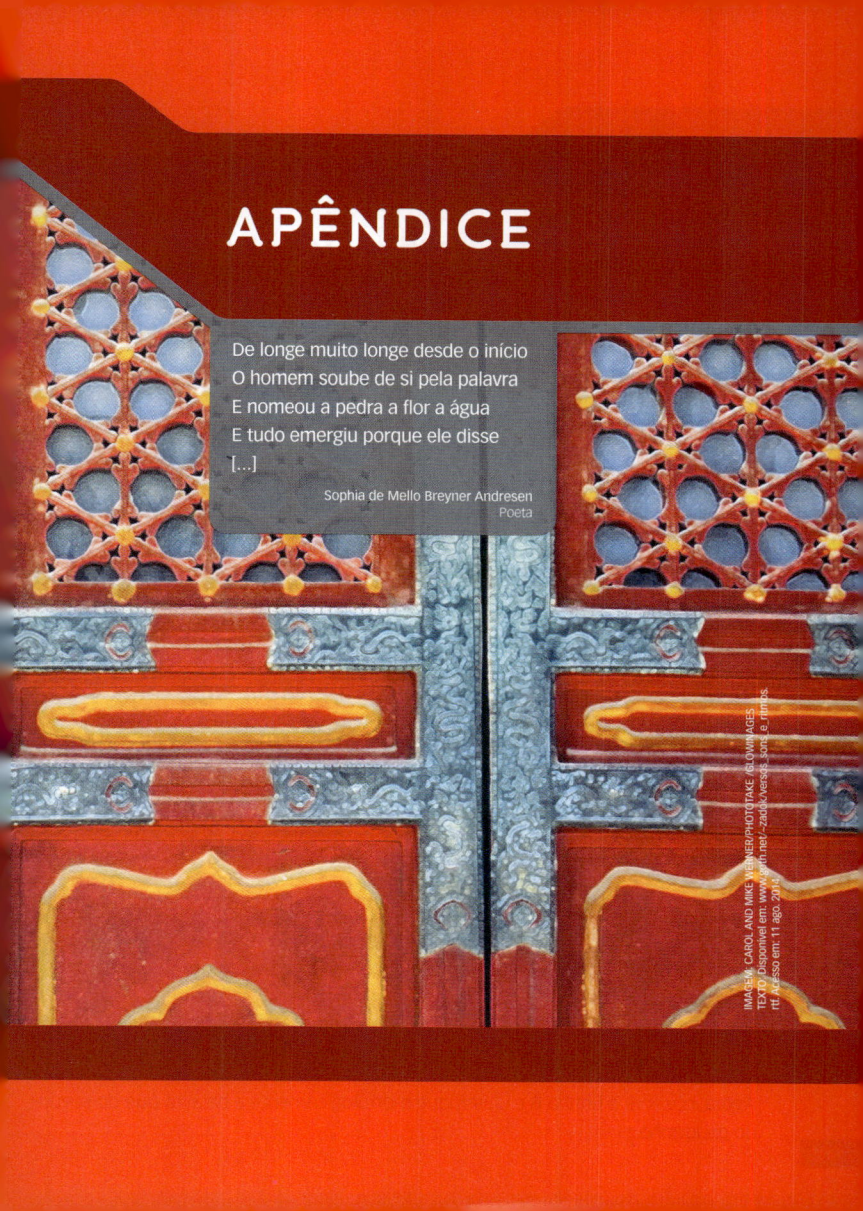

APÊNDICE

De longe muito longe desde o início
O homem soube de si pela palavra
E nomeou a pedra a flor a água
E tudo emergiu porque ele disse
[...]

Sophia de Mello Breyner Andresen
Poeta

APÊNDICE

As palavras *se* e *que*

Um primeiro olhar

Leia as tirinhas **A** e **B**.

WALKER, Mort. Recruta Zero. **O Estado de S.Paulo**, São Paulo, 9 jan. de 2014. Caderno 2.

GONSALES, Fernando. Disponível em: <http://deposito-de-tirinhas.tumblr.com/image/33503911423>. Acesso em: 12 ago. 2014.

1. Observe a tirinha **A**. A que classe gramatical pertence a palavra **que** empregada no último quadrinho?

2. Pelo que você estudou até aqui, que outro(s) emprego(s) você conhece para essa palavra? Dê exemplos.

3. Agora, observe a tirinha **B** e classifique morfologicamente a palavra **que** do segundo quadrinho.

EMPREGO DO *SE*

A palavra **se** é empregada, basicamente, como **pronome** ou **conjunção**.

SE — PRONOME

Enquanto pronome, o **se** é pronome *pessoal do caso oblíquo* e tem diferentes empregos.

Pronome apassivador ou partícula apassivadora

Com verbos transitivos diretos formando a voz *passiva pronominal* ou *sintética*.

Exemplos:

Consertam-**se** bicicletas.

Ali ainda **se** *viam* grandes florestas.

Índice de indeterminação do sujeito

Com verbos intransitivos ou transitivos indiretos, tendo a função de indeterminar o sujeito.

Exemplos:

Trabalha-**se** muito aqui.

Precisa-**se** de operários especializados.

Pronome reflexivo

O **se** pronome reflexivo pode funcionar como:

- **objeto direto**
  Exemplos:
  Solange *considerou*-**se** culpada pela tristeza do amigo.
  Nélson e Júlia *olharam*-**se** por alguns minutos. (objeto direto recíproco)

- **objeto indireto**
  Exemplos:
  Aquele ator *dá*-**se** muita importância.
  Mãe e filha *queriam*-**se** muito bem. (objeto indireto recíproco)

- **sujeito de infinitivo**
  Exemplos:
  O irmão deixou-**se** *envolver* por más companhias.
  Aquela senhora deixou-**se** *guiar* pelo garoto.

- **partícula integrante do verbo** (sem função sintática) — quando associado a verbo pronominal.

    Exemplos:

    A mulher *arrependeu*-**se** do que fez.
    O lavrador *orgulhava*-**se** da boa safra.

SE — CONJUNÇÃO

Conjunção subordinativa integrante

Quando introduz oração subordinada substantiva.

Exemplos:

Não sei **se** ele voltará hoje para casa.
Nunca se sabe **se** ele vai chegar ou não.

Conjunção subordinativa condicional

Quando introduz oração subordinada adverbial condicional.

Exemplos:

Se ela não vier, teremos muito trabalho.
Conseguiremos bom lugar **se** chegarmos cedo ao teatro.

SE — PARTÍCULA EXPLETIVA OU DE REALCE

Como *partícula de realce*, o **se** não pertence a nenhuma classe gramatical, não tem função sintática, não sendo sua presença necessária.

Exemplos:

Os convidados *foram*-**se** embora ao amanhecer. (ou *foram* embora)
Casaram-**se**, mas sem festa. (ou *casaram*)

EMPREGO DO *QUE*

A palavra **que** pode ser empregada com valor de várias classes gramaticais.

QUE — PRONOME

Pronome relativo

Quando se relaciona com outro termo da frase, o seu antecedente. Nesse caso, equivale a *o qual* (e variações), é *pronome substantivo* e exerce as funções próprias do substantivo: *sujeito*, *objeto direto*, *objeto indireto* etc.

Exemplos:

Devolvi o *dinheiro* **que** me deram por engano. (objeto direto)
No outono, gosto de ver as *folhas* **que** caem. (sujeito)

Pronome indefinido e interrogativo

Nos casos em que se trata de *pronome adjetivo* e funciona como *adjunto adnominal*.

Exemplos:

Que *tempo* estranho: ora faz frio, ora faz calor.

Que *vista* linda há aqui!

Que *dia* é hoje?

Pronome indefinido equivalendo a *que coisa*

Nos casos em que se trata de *pronome substantivo* e exerce as funções próprias do substantivo: *sujeito*, *objeto direto* etc.

Exemplos:

Que caiu? (sujeito)

A fantasia era feita de **quê**? (complemento nominal)

QUE — ADVÉRBIO

Quando se refere a adjetivo ou a advérbio como intensificador.

Exemplos:

Que lindo foi seu gesto!

Que longe é a sua casa!

QUE — PREPOSIÇÃO

Quando equivale a **de**, ligando dois verbos numa locução.

Exemplos:

Tenho **que** sair agora. (Tenho *de* sair agora.)

Tiveram **que** enfrentar a situação. (Tiveram *de* enfrentar a situação.)

QUE — CONJUNÇÃO

Enquanto *conjunção*, pode pertencer a vários tipos.

Conjunção coordenativa

Exemplos:

- **aditiva**

   Trabalha **que** trabalha e nunca vê dinheiro.

- **explicativa**

   Falou sim, **que** eu escutei.

Conjunção subordinativa

Exemplos:

- **adverbial consecutiva**
  Falou tanto **que** ficou rouco.

- **adverbial comparativa**
  Come *mais* **que** coelho.

- **integrante**
  Esperava **que** eles me entendessem.

QUE — INTERJEIÇÃO

Quando exprime emoção, sentimento; caso em que é tônico, possuindo acento gráfico.

Exemplos:

Quê! Você vai deixá-lo sair agora?

QUE — SUBSTANTIVO

Quando precedido de artigo ou outro determinante; caso em que é tônico, possuindo acento gráfico.

Exemplos:

Dá para perceber um **quê** de mistério nisso tudo.

Há um **quê** de estranheza em suas atitudes.

QUE — PALAVRA EXPLETIVA OU DE REALCE

Quando seu emprego não é necessário.

Exemplos:

Quase **que** perco o jogo. (Quase perco o jogo.)

Vocês **que** são os culpados. (Vocês são os culpados.)

EM SÍNTESE

SE
- Pronome apassivador, índice de indeterminação do sujeito, pronome reflexivo.
- Conjunção subordinativa integrante e subordinativa condicional.
- Partícula expletiva ou de realce.

QUE

- Pronome relativo (pronome substantivo), pronome indefinido e interrogativo (pronome adjetivo), pronome indefinido equivalendo a *que coisa* (pronome substantivo).
- Advérbio — intensificando adjetivo ou advérbio.
- Preposição — equivalendo a **de**.
- Conjunção coordenativa aditiva e explicativa, subordinativa integrante e adverbial consecutiva e comparativa.
- Interjeição.
- Substantivo.
- Partícula expletiva ou de realce.

No texto

Leia o poema a seguir.

Se

Se és capaz de manter tua calma, quando,
todo mundo ao redor já a perdeu e te culpa.
De crer em ti quando estão todos duvidando,
e para esses no entanto achar uma desculpa.

Se és capaz de esperar sem te desesperares,
ou, enganado, não mentir ao mentiroso,
Ou, sendo odiado, sempre ao ódio te esquivares,
e não parecer bom demais, nem pretensioso.
[...]
Se és capaz de dar, segundo por segundo,
ao minuto fatal todo valor e brilho.
Tua é a Terra com tudo o que existe no mundo,
e — o que ainda é muito mais — és um Homem, meu filho!

KIPLING, Rudyard. **Se** (Tradução de Guilherme de Almeida). Disponível em: <http://pensador.uol.com.br/frase/NTIzMTg/>. Acesso em: 26 maio 2014.

1. O poeta construiu seu poema iniciando as estrofes sempre com a mesma palavra. Que palavra é essa?
2. A que classe gramatical ela pertence?
3. Justifique o emprego dessa palavra no poema.
4. Se o autor tivesse usado outra palavra de sentido semelhante, o efeito seria o mesmo?

APÊNDICE

Ortografia

Um primeiro olhar

Observe, na capa da revista **Língua Portuguesa** de novembro de 2012, a matéria em destaque: "Caos da ortografia".

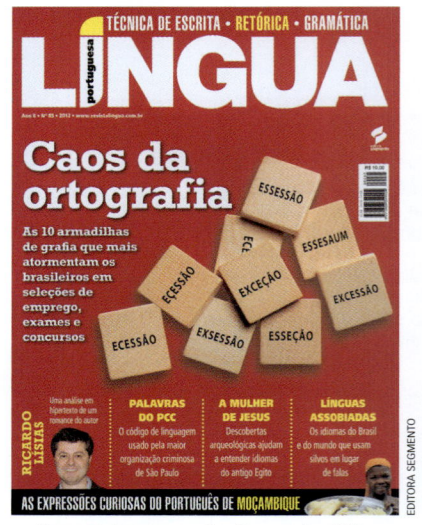

Língua Portuguesa, ano 8, n. 85, novembro, 2012, capa.

1. Essa capa apresenta a imagem de peças de madeira com diferentes grafias para a mesma palavra. Identifique essa palavra e sua grafia correta.

2. Faça a divisão silábica dessa palavra.

3. Explique a relação entre **Caos da ortografia** e as diferentes maneiras segundo as quais a palavra **exceção** está grafada.

O ALFABETO

A parte da gramática que trata da representação gráfica da língua — do emprego correto de suas letras e de seus sinais gráficos — é a **ortografia**.

Alfabeto (*alfabeto* = *alfa*: 1ª letra do alfabeto grego + *beta*: 2ª letra do alfabeto grego) é o conjunto de letras que representa os fonemas de uma língua. O alfabeto da língua portuguesa possui vinte e seis letras.

A B C D E F G H I J K L M N O P Q R S T U V W X Y Z

> **OBSERVAÇÃO**
>
> Além dessas letras, usa-se **ç**, que representa o fonema /s/ antes de **a**, **o** e **u** (caçar, moço, açúcar).

EMPREGO DAS LETRAS K, W, Y

As letras **k** (cá), **w** (dáblio) e **y** (ípsilon) são usadas somente em casos especiais.

a) Em nomes de pessoas originários de outras línguas e seus derivados: Byron, byroniano; Darwin, darwinismo.

b) Em nomes de lugares originários de outras línguas e seus derivados: Kuwait, kuwaitiano; Malawi, malawiano.

c) Em siglas, símbolos e unidades de medida de uso internacional: K — potássio, km — quilômetro.

A escrita dos nomes próprios estrangeiros

Nos nomes próprios estrangeiros, e em seus derivados, além do emprego de **k**, **w** e **y**, podem ser mantidas outras combinações de letras e sinais que não pertencem à língua portuguesa.

> **OBSERVAÇÃO**
>
> Os nomes de lugares, no entanto, devem ser substituídos, tanto quanto possível, por formas próprias da língua: Genebra (e não Genève), Milão (e não Milano), Zurique (e não Zürich).

a) As consoantes dobradas e o trema: Garrett, garrettiano; Müller, mülleriano etc.

b) Os dígrafos finais **ch**, **ph** e **th**, de nomes bíblicos: Baruch, Ziph, Loth etc.; ou nas formas simplificadas: Baruc, Zif, Lot. No caso de serem mudos, eles são eliminados (José, em vez de Joseph, e Nazaré, em vez de Nazareth) e, no caso de o uso ter-lhes atribuído uma vogal, as formas são substituídas (Judite, em vez de Judith).

c) As consoantes finais **b**, **c**, **d**, **g** e **h**, mudas ou pronunciadas, nos nomes em que o uso as consagrou: Jacob, David, Cid. Nada impede, porém, que esses nomes sejam usados sem a consoante final: Jacó, Davi.

ORDEM ALFABÉTICA

Colocar as palavras em **ordem alfabética** significa organizá-las seguindo a ordem do alfabeto. Para isso são necessários alguns passos.

a) Observar a **primeira** letra das palavras.
- Palavras desordenadas — **r**oda — **c**alçada — **f**ama — **a**migo
- Palavras ordenadas — **a**migo — **c**alçada — **f**ama — **r**oda

b) Observar a **segunda** letra das palavras, quando a primeira for igual.
- Palavras desordenadas — c**o**nversa — c**a**lçada — c**h**amar — c**e**do
- Palavras ordenadas — c**a**lçada — c**e**do — c**h**amar — c**o**nversa

c) Observar a **terceira** letra, quando a primeira e a segunda forem iguais, e assim por diante.

OBSERVAÇÕES

a) Quando uma palavra contém a outra, a contida deve aparecer primeiro (água – aguada).

b) Quando se tratar de nomes próprios com preposição, esta deve ser considerada na ordenação como qualquer outra palavra (Paulo de Oliveira — Paulo José Antunes).

DIVISÃO SILÁBICA

Na língua escrita, as sílabas são separadas de acordo com o conjunto de letras que representam os sons emitidos numa só expiração. A separação das sílabas é feita por meio de hífen (-).

Exemplos:
a-go-ra   di-a   di-sen-te-ri-a

Não se separam as letras que representam:

- os **ditongos**.
  Exemplos:
  pre-f**ei**-to, d**oi**-do, q**uan**-do, m**ais**, sé-r**ie**

- os **tritongos**.
  Exemplos:
  q**uais**-quer, a-ve-ri-g**uou**, sa-g**uão**, i-g**uais**

- os **dígrafos** — **ch**, **lh**, **nh**, **qu** e **gu**.
  Exemplos:
  cha-ve, a-ta-**lh**o, ra-i-**nh**a, **qu**ei-jo, pa-**gu**ei

Separam-se, no entanto, as letras que representam:

- os **hiatos**.
  Exemplos:
  ga-**ú**-cho, di-**a**, par-ce-ri-**a**, ma-go-**o**, cre-**e**m

- os **encontros consonantais de sílabas diferentes**.
  Exemplos:
  per-**t**o, dog-**m**a, ad-**v**o-ga-do

- os **dígrafos** — **rr**, **ss**, **sc**, **sç** e **xc**.
  Exemplos:
  ca**r**-**r**o, pa**s**-**s**a-do, na**s**-**c**er, de**s**-**ç**o, e**x**-**c**e-ção

> **OBSERVAÇÃO**
>
> Na passagem de uma linha para outra, deve-se fazer o seguinte:
>
> - se a palavra começar por vogal, não se deve deixá-la isolada no fim da linha. Exemplos:
>
>   amor — deixar o **a** numa linha e passar **mor** para a outra.
>
> - se a palavra possuir hífen e coincidir que ele fique no final da linha, deve-se repeti-lo no início da outra linha. Exemplos:
>
>   ex- (-namorado), visitá-lo- (-emos).

ACENTUAÇÃO GRÁFICA

ACENTOS AGUDO, CIRCUNFLEXO E GRAVE

Na língua escrita, há vários sinais que acompanham as letras, sendo, de maneira geral, relacionados à pronúncia das palavras. Um desses sinais é o **acento gráfico**.

O acento gráfico pode ser: **agudo** (´), **circunflexo** (^) e **grave** (`).

- O **acento agudo** é usado nas vogais tônicas *abertas* **a**, **e** e **o** e nas vogais tônicas **i** e **u**.
  Exemplos:
  p**á**lido   caf**é**   av**ó**   t**í**mido   r**ú**stico

- O **acento circunflexo** é usado nas vogais tônicas *fechadas* **a**, **e** e **o**.
  Exemplos:
  l**â**mpada   ip**ê**   av**ô**

- O **acento grave** é usado para indicar a crase.
  Exemplos:
  Vou **à** festa.   Fui **à**quele cinema.

REGRAS GERAIS DE ACENTUAÇÃO GRÁFICA

Recebem acento:

1. **Todas as palavras proparoxítonas**:
   - reais
     Exemplos:
     sábado, elé**tri**co, pro**pó**sito, **lím**pido, **lú**cido, **lâm**pada, ex**cên**trico, **fô**lego etc.
   - aparentes
     Exemplos:
     náusea, **sé**rie, **gló**ria, **lí**rio, **Lú**cia, **crâ**nio, **gê**nio, **nó**doa etc.

2. **As palavras paroxítonas terminadas em**:
   - -l — *tú*ne**l**, *têx*ti**l**
   - -n — *hí*fe**n**, elétro**n**
   - -r — açúca**r**, cânce**r**
   - -x — tóra**x**, ôni**x**
   - -ps — bíce**ps**
   - -us — ví*r*u**s**, ânu**s**
   - -ã(s) — órf**ã**, órf**ãs**
   - -ão(s) — órf**ão**, órf**ãos**; bênç**ão**, bênç**ãos**
   - -ei(s) — jóqu**ei**, jóqu**eis**; pôn**ei**, pôn**eis**
   - -i(s) — júr**i**, júr**is**; dând**i**, dând**is**
   - -um, -uns — ál*b*u**m**, ál*b*u**ns**

3. **As palavras oxítonas terminadas em**:
   - -a(s) — sof**á**, sof**ás**
   - -e(s) — caf**é**, caf**és**; ip**ê**, ip**ês**
   - -o(s) — av**ó**, av**ós**; av**ô**, av**ôs**
   - -em(-ens) — tamb**ém**, al**ém**, por**ém**; det**ém**, det**éns**; har**éns**, armaz**éns** etc.

> **OBSERVAÇÃO**
>
> Não são acentuadas graficamente as palavras paroxítonas terminadas em -*ens* (hífen – *hifens*) e os prefixos terminados em -**i** e -**r** (semi-histórico, super-homem).

Incluem-se nessa regra as formas verbais oxítonas seguidas de pronome: encontr**á**-lo, perd**ê**-lo.

4. **Os monossílabos tônicos terminados em:**

   -**a**(s) — há; pá, pás

   -**e**(s) — é, és; ré, pés; lê, lês

   -**o**(s) — ó, pó, cós, pôs

5. **Os ditongos abertos -éi,-éu(s),-ói(s):**
   - das palavras oxítonas.

     Exemplos:
     anéis, papéis; chapéu, chapéus; herói, heróis

   - dos monossílabos.

     Exemplos:
     méis; céu, céus; mói, sóis

> **OBSERVAÇÃO**
>
> Não levam acento gráfico os ditongos -**ei** e -**oi** da sílaba tônica das palavras paroxítonas: assembleia, colmeia, ideia, onomatopeico, jiboia, heroico, paranoico etc.

6. **Os hiatos -i e -u, quando:**
   - sozinhos na sílaba.

     Exemplos: sa-í-da, sa-ú-de, ju-í-zes, Pi-au-í

   - acompanhados da consoante **s**.

     Exemplos: pa-ís, ba-ús

     Incluem-se nessa regra as formas verbais seguidas de pronome: atraí-lo, possuí-la.

> **OBSERVAÇÕES**
>
> a) Mesmo formando sílabas sozinhos, -**i** e -**u** não levam acento gráfico:
>   - se a sílaba seguinte for iniciada por **nh** (ra-*i*-**nh**a, ba-*i*-**nh**a).
>   - se estiverem precedidos de ditongo em palavras **paroxítonas**: b**ai**-*u*-ca; c**au**-*i*-ra.
>
> b) Não recebem acento circunflexo as palavras terminadas em hiato **oo**: abençoo, voo (substantivo e verbo).

7. **Os verbos:**
   - **ter** e **vir** e seus compostos na 3ª pessoa do plural do presente do indicativo.

     Exemplos:
     ele tem, eles **têm**; ele vem, eles **vêm**; ele det**ém**, eles det**êm**

   - **pôde**, no tempo passado, para se distinguir de **pode**, tempo presente.

     Exemplo:
     Ontem ela **pôde** sair, hoje ela não **pode**.

- **pôr** para se distinguir da preposição **por**.
  Exemplo:
  Por favor, passe-me o prato para eu **pôr** comida.

> **OBSERVAÇÕES**
>
> a) Não levam acento agudo na vogal tônica **u** as formas rizotônicas dos verbos **arguir** e **redarguir** (arguo, arguis, argui, arguem, argua, arguam).
>
> b) Os verbos **enxaguar**, **averiguar**, **delinquir** e afins apresentam duas pronúncias nas formas rizotônicas: uma acentuada no **u**, mas sem marca gráfica (enxaguo, enxague; averiguo, averigue; delinques, delinquem), e outra acentuada no **a** ou no **i** e com marca gráfica (enxáguo, enxágue; averíguo, averígue; delínques, delínquem).
>
> c) Não se acentuam as 3ªˢ pessoas do plural do indicativo ou do subjuntivo dos verbos **crer**, **dar**, **ler** e **ver**: creem, descreem; leem, releem.

8. Casos especiais de acentuação gráfica

a) Admite-se acento agudo ou circunflexo:

- em algumas palavras oxítonas terminadas em **-e**.
  Exemplos:
  bebé, bebê; bidé, bidê; canapé, canapê; caraté, caratê; croché, crochê; guiché, guichê

- nas vogais tônicas **e** e **o** em posição final de sílaba, seguidas de **m** ou **n**, das palavras paroxítonas e proparoxítonas.
  Exemplos:
  sémen, sêmen; ónix, ônix; Fénix, Fênix; pónei, pônei; ténis, tênis; pénis, pênis; bónus, bônus; ónus, ônus; Vénus, Vênus; tónico, tônico; académico, acadêmico; António, Antônio

b) É facultativo:

- **o emprego do acento agudo** na 1ª pessoa do plural do pretérito perfeito do indicativo (amámos, cantámos etc.) para se distinguir das correspondentes formas do presente (amamos, cantamos etc.).

- **o emprego do acento circunflexo** na 1ª pessoa do plural do presente do subjuntivo do verbo **dar** (dêmos) para se distinguir da forma correspondente do pretérito perfeito do indicativo (demos).

- **o emprego do acento circunflexo** no substantivo **fôrma** para se distinguir de **forma**, substantivo, e de **forma**, 3ª pessoa do singular do presente do indicativo ou 2ª pessoa do singular do imperativo afirmativo do verbo **formar**.

OUTROS SINAIS GRÁFICOS

Til (~)

Empregado sobre as letras **a** e **o** para indicar a nasalização dessas vogais.
Exemplos:
manh**ã**, cora**çã**o, cora**çõ**ezinhos, p**õ**e

Apóstrofo (')

Geralmente empregado para indicar a supressão de uma vogal.
Exemplos:
d'Os Lusíadas, Sant'Ana, pau-d'alho, minh'alma

Trema (¨)

Empregado apenas em nomes próprios estrangeiros e seus derivados: Müller, mülleriano.

EMPREGO DO HÍFEN

O **hífen** (-) também é um sinal gráfico. Ele é empregado em várias situações. Os casos, porém, em que seu emprego apresenta certa dificuldade são aqueles referentes à formação de palavras compostas e palavras formadas com prefixos ou sufixos.

PALAVRAS COMPOSTAS

Na formação dos compostos, o hífen é empregado:

1. Nos substantivos e adjetivos compostos por justaposição de maneira geral, mesmo sendo o primeiro elemento reduzido.
   Exemplos:
   amor-perfeito, norte-americano, tenente-coronel, arco-íris, guarda-noturno, azul-marinho, segunda-feira, afro-brasileiro, conta-gotas, guarda-chuva

   > **OBSERVAÇÃO**
   >
   > Os compostos por justaposição que perderam, até certo ponto, a ideia de composição não apresentam hífen: girassol, mandachuva, madressilva, pontapé, paraquedas etc.

2. Nos substantivos compostos que designam espécies botânicas e zoológicas, estando ou não ligadas por preposição ou qualquer outro elemento.
   Exemplos:
   couve-flor, erva-doce, andorinha-do-mar, cobra-d'água, bem-te-vi etc.

3. Nos nomes de lugares iniciados por **grã**, **grão** ou **forma verbal**, ou ainda se houver **artigo** ligando seus elementos.
   Exemplos:
   Grã-Bretanha, Grão-Pará, Passa-Quatro, Baía de Todos-os-Santos etc.

> **OBSERVAÇÃO**
>
> Os demais nomes de lugares têm seus elementos separados e sem hífen:
> América do Sul, Belo Horizonte, Mato Grosso do Sul etc.; Guiné-Bissau é uma exceção.

4. Nas formações com os advérbios **bem** e **mal**:

   a) usa-se hífen se o elemento seguinte começar por **vogal** ou **h**.

   Exemplos:
   bem-aventurado, bem-humorado, mal-estar, mal-humorado etc.

   b) ao contrário de **mal**, o advérbio **bem** pode não se unir ao elemento seguinte começado por consoante que não seja o **h**.

   Exemplos:
   bem-criado (malcriado), bem-ditoso (malditoso), bem-mandado (malmandado), bem-falante (malfalante) etc.

> **OBSERVAÇÃO**
>
> Em muitos casos, porém, o advérbio **bem** liga-se ao elemento seguinte sem hífen:
> benfazejo, benfeito, benquerença etc.

5. Nas formações com os elementos **além**, **aquém**, **recém** e **sem**.

   Exemplos:
   além-mar, aquém-fronteiras, recém-casado, sem-vergonha etc.

6. Não se usa hífen nas locuções de qualquer tipo, salvo algumas exceções já consagradas pelo uso, como água-de-colônia, cor-de-rosa, arco-da-velha, mais-que-perfeito, pé-de-meia, ao deus-dará.

   Exemplos:
   cão de guarda, fim de semana, sala de jantar, cor de café com leite etc.

PALAVRAS FORMADAS COM PREFIXOS

Regra geral

Nas formações com prefixos, usa-se o hífen:

a) quando o segundo elemento começa por **h**.

   Exemplos:
   auto-hipnose, contra-harmônico, extra-humano, infra-hepático, sub-hepático, pré-histórico, semi-hospitalar, pan-helenismo, neo-helênico etc.

> **OBSERVAÇÃO**
>
> Não se emprega o hífen em formações que contêm, em geral, os prefixos **des-** e **in-** e em que o segundo elemento perdeu o **h** inicial. Exemplos:
> desumano, inábil, inumano etc.

b) quando o segundo elemento começa com a mesma vogal com que termina o prefixo ou pseudoprefixo.

Exemplos:

auto-observação, contra-argumento, semi-interno, micro-onda, anti-ibérico, supra-auricular, infra-axilar, extra-atmosférico, intra-articular etc.

> **OBSERVAÇÃO**
>
> O prefixo **co-** liga-se sem hífen mesmo quando a vogal inicial do elemento seguinte for **o**. Exemplos:
> cooperar, coordenar, coobrigação, coocupante etc.

Regras especiais

Ligam-se por meio de hífen ao elemento seguinte.

Veja o quadro.

Prefixos	Se o elemento seguinte começar por:	Exemplos
Hiper-	H e R	hiper-**h**umano, hiper-**r**equintado
Inter-		inter-**h**emisférico, inter-**r**esistente
Super-		super-**h**erói, super-**r**evista
Sob-	R	sob-**r**oda
Ad-, ab-, ob-	R	ad-**r**enal, ab-**r**ogar, ob-**r**eptício
Sub-	B, H, R	sub-**b**ase, sub-**h**epático, sub-**r**egião
Circum-	H e **vogal**	circum-**h**ospitalar, circum-**e**scolar
	M e N	circum-**m**urado, circum-**n**avegação
Pan-	H e **vogal**	pan-**h**elenismo, pan-**a**mericano
	M e N	pan-**m**ágico, pan-**n**egritude

Emprega-se também o hífen nas palavras formadas com os prefixos tônicos acentuados graficamente quando o segundo elemento tem vida à parte.

Prefixos	Exemplos
Pré-	pré-história, pré-escolar, pré-operatório, pré-fabricado, pré-natal
Pró-	pró-homem, pró-europeu, pró-ocidental, pró-africano
Pós-	pós-hipnótico, pós-eleitoral, pós-operatório, pós-modernismo, pós-graduação

Não se encaixam nas regras expostas.
Observe o quadro.

Prefixos	Motivo	Exemplos
Ex- (estado anterior)	Ligam-se por meio de hífen.	**ex**-namorado, **ex**-presidente
Sota-		**sota**-piloto, **sota**-ministro
Soto-		**soto**-mestre, **soto**-capitão
Vice-		**vice**-presidente, **vice**-campeão
Vizo-		**vizo**-rei
Des-	Não se usa em geral o hífen nas formações em que o 2º elemento perdeu o **H** inicial.	desumano, desabituar, desabitar
In-		inumano, inábil, inabilidade

Não se emprega o hífen:

a) nas formações em que o prefixo termina por vogal e o elemento seguinte começa por vogal diferente.

Exemplos:
autoescola, agroindustrial, aeroespacial, coeducação, extraescolar etc.

b) nas formações em que o prefixo termina em vogal e o segundo elemento começa por **r** ou **s**, dobrando-se a consoante.

Exemplos:
contrarregra, cosseno, microssistema etc.

PALAVRAS FORMADAS COM SUFIXOS

Emprega-se hífen apenas com os sufixos tupis -**açu**, -**guaçu** e -**mirim** quando o primeiro elemento terminar em vogal acentuada graficamente ou em vogal nasal.

Exemplos:
acara**ú**-açu, maracan**ã**-guaçu, anaj**á**-mirim

OUTROS CASOS EM QUE SE EMPREGA O HÍFEN

O hífen é também empregado em outras situações:

a) Para dividir a palavra na passagem de uma linha para outra e na representação gráfica da divisão silábica.
   Exemplos:
   - _____ anima-
     da _____
   - a-ni-ma-da

b) Para ligar os pronomes oblíquos enclíticos e mesoclíticos ao verbo.
Exemplos:
encontrei-o, encontrá-lo, dei-lhe, encontrá-lo-ei, dar-lhe-emos

c) Para ligar as formas pronominais enclíticas ao advérbio **eis**.
Exemplos:
eis-me, ei-lo

d) Para ligar palavras que formam encadeamentos vocabulares.
Exemplos:
ponte Rio-Niterói, percurso Brasília-São Paulo-Rio de Janeiro

GRAFIA DE ALGUMAS PALAVRAS E EXPRESSÕES

PORQUE / PORQUÊ / POR QUE / POR QUÊ

Porque

Tem essa grafia quando é empregado como conjunção explicativa ou conjunção causal.

Exemplos:
Não reclames, **porque** é pior.
Faltou à aula **porque** estava doente.

Porquê

É assim escrito quando empregado como substantivo. Significa *motivo*, *razão*, *causa*, e normalmente aparece acompanhado de determinantes (*artigo*, *pronome* etc.).

Exemplos:
Não entendi *o* **porquê** de sua atitude.
Seus **porquês** não me convenceram.

Por que

Com essa grafia, é empregado:

- quando equivale a *pelo qual*, *pelos quais*, *pela qual*, *pelas quais*.
  Exemplos:
  São muitos os lugares **por que** passamos. (pelos quais)
  Essa é a razão **por que** eu vim aqui. (pela qual)

- nas frases interrogativas diretas, quando as inicia, e nas interrogativas indiretas.
  Exemplos:
  Por que você fez isso? (inicia interrogativa direta)
  Não sei **por que** você fez isso. (interrogativa indireta)

Por quê

É acentuado quando aparece no final das interrogativas; nessa posição, o **que** passa a ser monossílabo tônico.

Exemplo:
Você fez isso **por quê**?

SENÃO / SE NÃO

Senão

Assim se escreve:

- quando equivale a *caso contrário*.
  Exemplo:
  Saia daí, **senão** vai se molhar.

- quando equivale a *a não ser*.
  Exemplo:
  Não faz outra coisa **senão** reclamar.

Se não

Tem essa forma quando equivale a *caso não*, introduzindo orações subordinadas condicionais.

Exemplos:
Esperarei mais um pouco; **se não** vier, irei embora.
Se não quiser, não faça.

HÁ / A

Há

Com essa forma, equivale ao verbo **fazer**, indicando tempo já transcorrido.

Exemplos:
Não se encontram **há** (faz) tempos.
Saiu **há** (faz) duas horas.
Não o vejo **há** (faz) quinze dias.

A

Essa forma, que é comum se confundir com a anterior, é *preposição*: a substituição por *faz* é impossível.

Exemplos:
Sairei de casa daqui **a** duas horas.
Daqui **a** pouco, os convidados chegarão.

Estava **a** um passo de mim e eu não percebi.
Moro **a** dois quilômetros da escola.

MAL / MAU

Mal

É antônimo de *bem*. Pode ser empregado como *advérbio*, *substantivo* ou *conjunção*.

Exemplos:
O candidato foi **mal** recebido na cidade onde nasceu. (advérbio)
Fizeram **mal** em dizer tais coisas. (advérbio)
O **mal** nem sempre vence o bem. (substantivo)
Há **males** que vêm para o bem. (substantivo)
Mal você saiu, ele chegou. (conjunção adverbial temporal)

Mau

É antônimo de *bom*. Emprega-se como *adjetivo*.

Exemplos:
Não era **mau** rapaz, apenas um pouco preguiçoso.
Não estavam **maus** os trabalhos dos alunos.
Teve **má** criação, mas tornou-se um excelente homem.

AONDE / ONDE

Aonde

(preposição **a** + advérbio **onde** = a *que lugar*) é usado com verbos que exprimem movimento e que regem a preposição **a**.

- **ir** *a*
  Exemplos:
  Aonde você vai? Você vai **aonde**?
  Você sabe **aonde** ir com isso?

- **chegar** *a*
  Exemplos:
  Sei bem **aonde** você quer chegar com essas insinuações...
  Você quer chegar **aonde** com suas perguntas?

- **dirigir-se** *a*
  Exemplo:
  Não sei **aonde** dirigir-me para obter o documento.

Onde

(= *em que lugar*) é usado com verbos que não regem a preposição **a**.

Exemplos:

Onde você está?

Encontraram o menino **onde**?

Onde fica a sua escola?

Não sei ainda **onde** vou comprar o material.

AO ENCONTRO DE / DE ENCONTRO A

Ao encontro de

Tem dois significados:

- *aproximar-se de*

  Exemplo:
  Assim que chegou, fui **ao encontro dele**. (ao seu encontro)

- *ser favorável a*

  Exemplo:
  Somos parecidos: suas ideias vêm sempre **ao encontro das** minhas.

De encontro a

Também tem dois significados:

- *colisão*, *choque*

  Exemplo:
  A criança foi **de encontro à** porta de vidro e machucou a cabeça.

- *ser contrário a*

  Exemplo:
  Somos muito diferentes: suas ideias vêm sempre **de encontro às** minhas.

DEMAIS / DE MAIS

Demais

Classifica-se como *advérbio* ou *pronome*.

- *advérbio de intensidade* (= muito)

  Exemplo:
  Não se deve comer **demais**.

- *pronome indefinido* (= outros)

  Exemplo:
  Votei e saí da reunião antes que os **demais** membros tivessem votado.

De mais

É o contrário de *de menos*.

Exemplos:

Não percebi nada **de mais** nas suas perguntas.

Venderam ingressos **de mais** para o jogo.

A FIM DE / AFIM

A fim de

Indica uma finalidade.

Exemplo:
Vive reclamando **a fim de** me irritar.

Afim

Significa *semelhante*.

Exemplo:
Temos objetivos **afins**.

ACERCA DE / HÁ CERCA DE

Acerca de

Significa *a respeito de*.

Exemplo:
Nada disse **acerca de** seus problemas emocionais.

Há cerca de

Indica um tempo já transcorrido.

Exemplo:
Estivemos aqui **há cerca de** uns dez anos.

> **OBSERVAÇÃO**
>
> Há também a expressão **a cerca de** (com a preposição **a**) que marca distância no espaço ou no tempo futuro. Exemplos:
>
> Vimos o carro tombar **a cerca de** 30 metros de onde estávamos.
>
> Naquele momento, estávamos **a cerca de** dois meses das eleições presidenciais.

A PRINCÍPIO / EM PRINCÍPIO

A princípio

Significa *no começo, inicialmente*.

Exemplo:
A princípio, sua sugestão pareceu-me boa, mas depois percebi que não era daquilo que precisávamos.

Em princípio

Significa *em tese, teoricamente*.

Exemplo:
Em princípio, sua sugestão é muito boa, vamos vê-la na prática.

EM SÍNTESE

Sinais gráficos — acento agudo, circunflexo e grave, til, apóstrofo, trema (só em nomes estrangeiros e derivados).

Acentuação gráfica — acentuam-se:
- todas as proparoxítonas.
- paroxítonas terminadas em **-l, -n, -r, -x, -ps, -us, -ã, -ão, -ei, -i, -um**.
- oxítonas terminadas em **-a, -e, -o, -em** e ditongos abertos **-éi, -éu, -ói**.
- monossílabos tônicos terminados em **-a, -e, -o** e **-éi, -éu, -ói**.
- hiatos **-i** e **-u** quando sozinhos na sílaba ou seguidos de **s**.
- verbos **ter** e **vir** na 3ª pessoa do plural do presente do indicativo.
- verbo **pôr**, no infinitivo e no pretérito perfeito **pôde**.
- substantivo **fôrma**.

Emprego do hífen — usa-se em:
- substantivos compostos por justaposição (exceto aqueles em que se perdeu a ideia de composição).
- substantivos compostos que designam espécies botânicas e zoológicas.
- nomes de lugares iniciados por **grã**, **grão**, **verbo** ou **artigo** entre os elementos.
- formações com os advérbios **bem** e **mal**.
- formações com **além, aquém, sem**.
- palavras com prefixos se o 2º elemento começar com **h**.
- palavras com prefixos (exceto **des-, in-, co** ou se o 2º elemento perdeu o **h**).
- palavras em que a vogal final do prefixo e a 1ª do segundo elemento forem iguais.
- palavras com sufixos **-açu, -guaçu, -mirim**.
- ligações de pronomes oblíquos a verbos.

Grafia de algumas palavras e expressões — porque, por que, porquê, por quê; senão, se não; há, a; mal, mau; aonde, onde; ao encontro de, de encontro a; demais, de mais; a fim de, afim; acerca de, há cerca de; a princípio, em princípio.

No texto

Leia alguns trechos de notícias jornalísticas.

> **Entrei para a história, diz Giovanni Augusto, autor do 1º gol do Itaquerão**

(Título de notícia em destaque no jornal *Folha de S.Paulo*.)
Disponível em: <http://www1.folha.uol.com.br/esporte/folhanacopa/2014/05/1456361-entrei-para-a-historia-diz-giovanni-autor-do-primeiro-gol-do-itaquerao.shtml>. Acesso em: 1 jun. 2014.

> **É um momento histórico. Vamos poder falar que estivemos aqui**

(Diz torcedor à *Folha de S.Paulo* na inauguração do Estádio Itaquerão em São Paulo.)
Disponível em: <http://www1.folha.uol.com.br/esporte/folhanacopa/2014/05/1456328-torcedores-comparam-inauguracao-do-itaquerao-com-emocao-da-casa-propria.shtml>. Acesso em: 1 jun. 2014.

> **[...] é a Roma, da Itália, que historicamente registra a maior concentração de atletas que disputaram uma Copa do Mundo pelo Brasil.**

(Trecho de uma notícia sobre convocação de jogadores brasileiros do exterior para a seleção brasileira.)
Disponível em: <http://www1.folha.uol.com.br/esporte/folhanacopa/2014/05/1450648-com-maicon-roma-domina-lista-de-convocados-do-exterior-para-selecao.shtml>. Acesso em: 1 jun. 2014.

> **Um jogador alemão explica como o Brasil sofreu a maior goleada da história**

(Título de notícia veiculada no UOL, Belo Horizonte, após o jogo Brasil e Alemanha.)
Disponível em: <http://copadomundo.uol.com.br/noticias/redacao/2014/07/09/um-jogador-alemao-explica-como-o-brasil-sofreu-a-maior-goleada-da-historia.htm>. Acesso em: 11 jul. 2014.

1. Nesses trechos, aparecem três palavras de uma mesma família, ou seja, que contêm o mesmo radical. Identifique-as.
2. Observe atentamente essas palavras. O que as duas primeiras têm em comum, além de apresentar o mesmo radical?
3. Justifique a presença de acento gráfico nessas palavras.
4. Justifique a grafia do substantivo **concentração** (**c** na sílaba **cen**), indicando a palavra da qual é derivado.
5. Observe o substantivo **goleada** no último trecho e indique a palavra da qual é derivado.

APÊNDICE

Pontuação

Um primeiro olhar

Leia a tirinha do cartunista estadunidense Charles Schulz.

Disponível em: <https://www.facebook.com/casadobrincar/photos/a.320633334636806.82463.320445744655565/763265170373618/?type=1&theater>. Acesso em: 22 maio 2014.

1. A historinha é narrada por meio da linguagem não verbal, mas são empregados dois sinais gráficos específicos da língua escrita. Que sinais são esses?
2. O que tais sinais expressam?
3. O personagem surpreende-se com o quê?
4. De acordo com a narrativa, crie frases para substituir os sinais gráficos utilizados na tirinha.

SINAIS DE PONTUAÇÃO

PONTO FINAL (.)

Representando a pausa máxima da voz, é empregado ao final de frases declarativas ou imperativas.

Exemplos:

Um experiente jornalista prestou enorme serviço à imprensa brasileira.

Faça o favor de me passar o caderno.

PONTO DE INTERROGAÇÃO (?)

É empregado ao final de qualquer interrogação direta, ainda que a pergunta não exija resposta.

Exemplos:

Onde estarão as causas dos problemas sociais brasileiros?

Por que estariam todos ali? Por que não me disseram nada?

PONTO DE EXCLAMAÇÃO (!)

É empregado ao final de frases exclamativas, imperativas e, normalmente, depois de interjeições.

Exemplos:

Que bom seria se todos tivéssemos os mesmos direitos!

Vamos à luta!

Ah! quanto há por fazer ainda...

VÍRGULA (,)

Marcando uma pequena pausa, a vírgula é geralmente empregada nos seguintes casos:

- em datas, para separar o nome da localidade.

  Exemplo:

  Valparaíso, 28 de setembro de 2009.

- depois do *sim* e do *não*, usados como respostas no início da frase.

  Exemplos:

  — Você vai estudar?
  — *Sim*, vou estudar.
  — Depois você vai sair?
  — *Não*, vou ficar em casa.

- para indicar a omissão de um termo (geralmente de um verbo).

  Exemplos:

  Do lado, uma grande árvore. (havia)

  Todos chegaram alegres e eu, muito triste. (cheguei)

- para separar termos de mesma função sintática.

  Exemplos:

  Havia portugueses, brasileiros, espanhóis e italianos naquela festa.

  Crianças, jovens e idosos participaram do manifesto contra a violência.

> **OBSERVAÇÃO**
>
> Normalmente se usa a conjunção **e** para substituir a vírgula entre o penúltimo e o último termo.

- para separar o vocativo.

  Exemplo:

  "Oremos, *Maria*, porque eu quero agradecer ao Divino Criador sua proteção sobre esta casa." (*Cornélio Penna*)

- para separar o aposto.

  Exemplo:

  O Brasil, *um dos maiores países do mundo*, tem grande parte de sua população vivendo na miséria.

- para separar palavras e expressões explicativas ou retificativas, como *ou melhor*, *isto é*, *aliás*, *além disso*, *então* etc.

  Exemplos:

  Ele disse tudo, *ou melhor*, tudo o que sabia.

  Eles viajaram ontem, *aliás*, anteontem.

- para separar termos deslocados de sua posição normal na frase.

  Exemplos:

  Logo pela manhã, as crianças saíram para o passeio. (adjunto adverbial anteposto)

  De doce, eu gosto. (objeto indireto anteposto)

  A carne, você trouxe? (objeto direto anteposto)

- para separar os elementos paralelos de um provérbio.

  Exemplo:

  Tal pai, tal filho.

- para separar orações coordenadas assindéticas.

  Exemplo:

  Abriu a porta lentamente, sentiu o silêncio, foi até seu quarto, dormiu em paz.

- para separar orações coordenadas sindéticas, com exceção das introduzidas por *e*, *ou* e *nem*.

    Exemplos:
    Falam muito, *mas* ouvem pouco.
    Fez o que pôde, *pois* sentia-se responsável pela criança.
    Não fique triste, *que* será pior.

> **OBSERVAÇÕES**
>
> a) As conjunções **e**, **ou** e **nem**, quando repetidas ou empregadas enfaticamente, admitem vírgula antes delas. Exemplos:
>
> Todos cantavam, **e** dançavam, **e** sorriam, **e** estavam felizes.
> Persegui-lo-ei por mares, **ou** terras, **ou** ares.
> Não irei com você, **nem** muito menos com ele.
>
> b) As conjunções coordenativas adversativas, quando não introduzem a oração, ficam entre vírgulas (exceção ao *mas*, que sempre introduz a oração). Exemplo:
>
> O problema foi exposto; ninguém, *entretanto*, conseguiu resolvê-lo.
>
> A frase assim estruturada fica com uma pausa acentuada entre uma e outra oração, por isso o ponto e vírgula para separá-las.

- para separar orações intercaladas.

    Exemplo:
    O importante, *insistiam todos*, era que o plano desse certo.

- para separar orações adjetivas explicativas.

    Exemplo:
    O homem, *que é um ser racional*, constrói sua própria vida.

- para separar orações subordinadas substantivas e adverbiais quando antepostas à oração principal.

    Exemplos:
    Quem mandou as flores, ninguém ficou sabendo.
    Embora estivesse doente, foi trabalhar.

- para separar orações reduzidas.

    Exemplos:
    Chegando os participantes, começaria a reunião.
    Terminada a festa, os convidados retiraram-se.

PONTO E VÍRGULA (;)

Marcando uma pausa menos longa que o ponto e mais longa que a vírgula, é empregado:

- para separar orações coordenadas que já tenham vírgula no seu interior.

  Exemplos:

  "Não gostem, e abrandem-se; não gostem, e quebrem-se; não gostem, e frutifiquem." (*Pe. Antônio Vieira*)

  "Qualquer outro homem ficaria alvoroçado de esperanças, tão francas eram as maneiras da rapariga; podia ser que a velha se enganasse ou mentisse; podia ser mesmo que a cantiga do mascate estivesse acabada." (*Machado de Assis*)

- para alongar a pausa antes de conjunções coordenativas adversativas, substituindo a vírgula.

  Exemplo:

  Poderia fazê-lo hoje; contudo só o farei amanhã.

- para separar orações coordenadas assindéticas, com conjunções subentendidas.

  Exemplos:

  Disse que não viria; veio.

  Uns riem; outros choram.

- para separar itens de uma enumeração ou de um considerando.

  Exemplo:

  Considerando:

  a - a necessidade de reduzir gastos;

  b - que não se deve desperdiçar energia elétrica;

  c - que não se deve desperdiçar água;

  d - que há muita gente para poucos banheiros;

  e - que para tudo na vida deve haver limites; os banhos devem durar, no máximo, 10 minutos.

DOIS-PONTOS (:)

Marcando uma sensível suspensão da voz numa frase não concluída, são geralmente usados:

- para anunciar uma citação.

  Exemplo:

  Lembrando um verso de Manuel Bandeira: "A vida inteira que podia ter sido e que não foi.".

- para anunciar uma enumeração.

  Exemplo:

  Os amigos são poucos: Paulo, Renato, José e Antônio.

- para anunciar um esclarecimento ou explicação.

Exemplos:

Não se trata de um homem inteligente: é, apenas, muito esperto.
O desejo da maioria dos brasileiros é um só: ter melhores condições de vida.

- para anunciar a fala do personagem.
  Exemplo:
  E o pai perguntou:
  — Aonde vai, garoto?

RETICÊNCIAS (...)

Marcando uma suspensão da frase, devido, muitas vezes, a elementos de natureza emocional, são empregadas:

- para indicar continuidade de uma ação ou fato.
  Exemplo:
  O balão foi subindo...

- para indicar suspensão ou interrupção do pensamento.
  Exemplo:
  E eu que trabalhei tanto pensando que...

- para representar, na escrita, hesitações comuns da língua falada.
  Exemplo:
  Não quero sair porque... porque... eu não estou com vontade.

- para realçar uma palavra ou expressão.
  Exemplo:
  Não há motivo para tanto... choro.

ASPAS (" ")

São empregadas:

- nas citações ou transcrições.
  Exemplo:
  Como Carlos Drummond de Andrade, "perdi o bonde e a esperança".

- na representação de nomes de livros e algumas legendas.
  Exemplo:
  Camões escreveu "Os Lusíadas" no século XVI.

- para destacar palavras que representam estrangeirismo, vulgarismo, ironia.
  Exemplos:
  Assistimos a um belo "show" de cores.
  É um "carinha" inconveniente.
  Mas que "beleza": sujou a roupa!

PARÊNTESES (( ))

Com a função de intercalar, no texto, qualquer indicação acessória, são geralmente empregados:

- para separar qualquer indicação de ordem explicativa.

  Exemplo:
  Zeugma é uma figura de linguagem que consiste na omissão de um termo (geralmente um verbo) que já apareceu anteriormente na frase.

- para separar um comentário ou reflexão.

  Exemplo:
  Era o momento de falar. Sua voz ecoava para além das paredes (pelo seu jeito quieto e franzino, não se podia imaginar tamanha eloquência) e chegava aos ouvidos dos transeuntes, que desconheciam o que ali dentro acontecia.

- para separar indicações bibliográficas.

  Exemplo:
  "O homem nasceu livre, e em toda parte se encontra sob ferros." (Jean-Jacques Rousseau. **Do contrato social e outros escritos**. São Paulo: Cultrix, 1968.)

TRAVESSÃO (—)

É usado:

- no discurso direto, para indicar a fala do personagem ou a mudança de interlocutor nos diálogos.

  Exemplos:
  "Os meninos começaram a gritar e a espernear. E como sinhá Vitória tinha relaxado os músculos, deixou escapar o mais taludo e soltou uma praga:

  — Capeta excomungado." *(Graciliano Ramos)*

  — O que faz aí, filho?

  — Espero o senhor, pai.

- para pôr em evidência palavras, expressões e frases.

  Exemplo:
  Vimos um homem — um mendigo, decerto — sentado na calçada.

EM SÍNTESE

Sinais de pontuação — representações gráficas das pausas e entonações da linguagem oral.
- **Ponto final** — marca uma pausa máxima na frase.
- **Ponto de interrogação** — usado em frases interrogativas diretas.
- **Ponto de exclamação** — usado em frases exclamativas e imperativas e após interjeições.
- **Vírgula** — marca uma pequena pausa na frase.
- **Ponto e vírgula** — marca uma pausa intermediária entre o ponto e a vírgula.
- **Dois-pontos** — marcam uma suspensão da frase, para depois concluírem-na.
- **Reticências** — marcam uma suspensão da frase para indicar continuidade do fato ou interrupção do pensamento, hesitação, ironia.
- **Aspas** — usadas para destacar palavras, expressões e frases.
- **Parênteses** — usados para intercalar elementos acessórios ou explicativos.
- **Travessão** — usado antes das falas nos diálogos e no lugar dos parênteses.

No texto

Leia a frase a seguir, reflita e responda às questões.

> Se o homem soubesse o valor que tem a mulher rastejaria aos seus pés.

Essa frase circulou por muito tempo na internet como uma brincadeira para demonstrar que o emprego da vírgula, em um lugar ou em outro do período, produz sentidos diferentes.

1. Reescreva a frase e insira uma vírgula de modo que o seu significado privilegie as mulheres.

2. Reescreva agora a frase, inserindo uma vírgula de modo que o seu significado privilegie os homens.

3. Explique por que, na frase cujo significado privilegia os homens, não empregamos a vírgula entre o termo **a mulher** e o verbo da segunda oração: **rastejaria**.

4. Essa brincadeira conseguiu alertar os internautas para a importância da pontuação em um texto?

EXAMES E CONCURSOS

(Fuvest)

Texto para a questão **1**.

> A civilização "pós-moderna" culminou em um progresso inegável, que não foi percebido antecipadamente, em sua inteireza. Ao mesmo tempo, sob o "mau uso" da ciência, da tecnologia e da capacidade de invenção nos precipitou na miséria moral inexorável. Os que condenam a ciência, a tecnologia e a invenção criativa por essa miséria ignoram os desafios que explodiram com o capitalismo monopolista de sua terceira fase.
>
> Em páginas secas premonitórias, E. Mandel* apontara tais riscos. O "livre jogo do mercado" (que não é e nunca foi "livre") rasgou o ventre das vítimas: milhões de seres humanos nos países ricos e uma carrada maior de milhões nos países pobres. O centro acabou fabricando a sua periferia intrínseca e apossou-se, como não sucedeu nem sob o regime colonial direto, das outras periferias externas, que abrangem quase todo o "resto do mundo".

Florestan Fernandes, **Folha de S.Paulo**, 27 dez. 1993.
(*) Ernest Ezra Mandel (1923 -1995): economista e militante político belga.

1. O emprego de aspas em uma dada expressão pode servir, inclusive, para indicar que ela

 I. foi utilizada pelo autor com algum tipo de restrição;

 II. pertence ao jargão de uma determinada área do conhecimento;

 III. contém sentido pejorativo, não assumido pelo autor.

Considere as seguintes ocorrências de emprego de aspas presentes no texto:

A. "pós-moderna";
B. "mau uso";
C. "livre jogo do mercado";
D. "livre";
E. "resto do mundo".

As modalidades I, II e III de uso de aspas, elencadas acima, verificam-se, respectivamente, em

a. A, C e E.
b. B, C e D.
c. C, D e E.
d. A, B e E.
e. B, D e A.

(Instituto Federal Catarinense) — Técnico Administrativo

2. Assinale a opção em que todas as palavras sejam acentuadas obedecendo à mesma regra:

a. Táxi; Amapá; Útil; Tórax.
b. Prótons; Você; Petrópolis; Lápis.
c. Fórum; Caráter; Álbuns; Útil.
d. Bíceps; Vó; Órfã; Sofá.
e. Pólen; Bocó; Café; Má.

(FCC-TRT) — Técnico Judiciário
Instruções: Para responder à questão de número 3, considere o texto a seguir.

> Para ver uma cidade não basta ficar de olhos abertos. É preciso primeiramente descartar tudo aquilo que impede vê-la, todas as ideias recebidas, as imagens pré-constituídas que continuam a estorvar o campo visual e a capacidade de compreensão. Depois é preciso saber simplificar, reduzir ao essencial o enorme número de elementos que a cada segundo a cidade põe diante dos olhos de quem a observa, e ligar os fragmentos espalhados num desenho analítico e ao mesmo tempo unitário, como o diagrama de uma máquina, com o qual se possa compreender como ela funciona.
>
> A comparação da cidade com uma máquina é, ao mesmo tempo, pertinente e desviante. Pertinente porque uma cidade vive na medida em que funciona, isto é, serve para se viver nela e para fazer viver. Desviante porque, diferentemente das máquinas, que são criadas com vistas a uma determinada função, as cidades são todas ou quase todas o resultado de adaptações sucessivas a funções diferentes, não previstas por sua fundação anterior (penso nas cidades italianas, com sua história de séculos ou de milênios).
>
> Mais do que com a máquina, é a comparação com o organismo vivo na evolução da espécie que pode nos dizer alguma coisa importante sobre a cidade: como, ao passar de uma era para outra, as espécies vivas adaptam seus órgãos para novas funções ou desaparecem, assim também as cidades. E não podemos esquecer que na história da evolução toda espécie carrega consigo características que parecem de outras eras, na medida em que já não correspondem a necessidades vitais, mas que talvez um dia, em condições ambientais transformadas, serão as que salvarão a espécie da extinção. Assim a força da continuidade de uma cidade pode consistir em características e elementos que hoje parecem prescindíveis, porque esquecidos ou contraditos por seu funcionamento atual.

(CALVINO, Italo. Os deuses da cidade. **Assunto encerrado**: discurso sobre literatura e sociedade. Trad. Roberta Barni. São Paulo: Companhia das Letras, 2006, p. 333-334.)

3. O comentário correto sobre o emprego do sinal de pontuação no trecho citado é:

a. *parecem de outras eras, na medida em que já não correspondem a necessidades vitais* / a vírgula introduz expressão que, em consequência do emprego de **na medida em que,** expressa ideia de "em conformidade com".

EXAMES E CONCURSOS

b. *(penso nas cidades italianas, com sua história de séculos ou de milênios)* / os parênteses abrigam lembrança cuja presença no texto sugere que elas sejam o exemplo mais expressivo das adaptações referidas.

c. *descartar tudo aquilo que impede vê-la, todas as ideias recebidas, as imagens pré-constituídas* / a substituição das duas vírgulas por parênteses, seguidos por vírgula, não altera a relação original entre os segmentos.

d. *uma cidade vive na medida em que funciona, isto é, serve para se viver nela e para fazer viver* / a segunda vírgula, por ser optativa, pode ser retirada sem que haja prejuízo da correção gramatical.

e. *pode nos dizer alguma coisa importante sobre a cidade: como, ao passar de uma era para outra, as espécies vivas... as cidades* / os dois-pontos introduzem a síntese do que foi tratado com mais detalhes anteriormente na frase.

(FCC) Técnico Administrativo

4. Considere as afirmativas abaixo:

   I. *Hoje a publicidade não serve apenas para convencer o possível comprador de que um carro é mais potente do que o outro.*
   Uma vírgula pode ser inserida imediatamente após **Hoje**, sem prejuízo para a correção e o sentido original.

   II. *A publicidade se estabeleceu nas economias capitalistas como um recurso indispensável para o escoamento dos bens de consumo; mas o desenvolvimento de suas técnicas...*
   O ponto e vírgula pode ser substituído por ponto final, fazendo-se as devidas alterações entre maiúsculas e minúsculas.

   III. *Ele funciona de acordo com a lógica da realização (imediata) dos desejos, que na verdade...*
   A vírgula colocada imediatamente depois de **desejos** pode ser suprimida, sem qualquer alteração do sentido original.

   Está correto o que se afirma APENAS em:

   a. II.
   b. II e III.
   c. III.
   d. I e III.
   e. I e II.

(IFSP) — Técnico Administrativo

5. Assinale a alternativa em que todas as palavras estão grafadas corretamente.

   a. Exceção, discussão, enchente, prazeroso.
   b. Tigela, tacha, paralizar, prazeroso.

c. Excessão, opinião, opção, prazeiroso.
d. Tijela, taxa, discução, atrás.
e. Sobrancelha, cabelereiro, manteigueira, trás.

(Vunesp-Tribunal de Justiça) — Escriturário

6. Assinale a alternativa que preenche, correta e respectivamente, as lacunas do trecho a seguir, de acordo com a norma-padrão.

   Além disso, ☐ certamente ☐ entre nós ☐ do fenômeno da corrupção e das fraudes.

   a. a ... concenso ... acerca
   b. há ... consenso ... acerca
   c. a ... concenso ... a cerca
   d. a ... consenso ... há cerca
   e. há ... consenço ... a cerca

7. Assinale a alternativa que completa as lacunas do trecho a seguir, empregando o sinal indicativo de crase de acordo com a norma-padrão.

   Não nos sujeitamos ☐ corrupção; tampouco cederemos espaço ☐ nenhuma ação que se proponha ☐ prejudicar nossas instituições.

   a. à ... à ... à
   b. a ... à ... à
   c. à ... a ... a
   d. à ... à ... a
   e. a ... a ... à

(Cesgranrio)
Texto para as questões **8** e **9**.

Tarde cinzenta

A tarde de inverno é perfeita. O tempo nublado acinzenta tudo. Mesmo os mais empedernidos cultores da agitação, do barulho, das cores, hoje se rendem a uma certa passividade e melancolia. Os espíritos ensimesmados reinam; os ativos pagam tributo à reflexão. Sem o sol, que provoca a rudeza dos contrastes, tudo é sutil, tudo é suave.

Tardes assim nos reconciliam com o efêmero. Longe das certezas substanciais, ficamos flutuando entre as névoas da dúvida. A superficialidade, que aparentemente plenifica, dissolve-se; acabamos ancorados no porto das insatisfações. E, ao invés de nos perenizarmos como singularidade, desejamos subsumir na névoa... como a montanha e a tarde.

A vida sempre para numa tarde assim. É como se tudo congelasse. Moléculas, músculos, máquinas e espíritos interrompem seu furor produtivo e se rendem, estáticos, à magia da tarde cinzenta.

EXAMES E CONCURSOS

Numa tarde assim, não há senão uma coisa a fazer: contemplar. O espírito, carregando consigo um corpo por vezes contrariado, aquieta-se e divága; torna-se receptivo a tudo: aos mínimos sons, às réstias de luz que atravessam a névoa, ao lento e pesado progresso que tudo conduz para o fim do dia, para o mergulho nas brumas da noite. As narinas absorvem com prazer um odor que parece carregado de umidade; a pele sente o toque enérgico do frio. O langor impõe-se e comanda esse estar no mundo como que suspenso por um tênue fio que nos liga, timidamente, à vida ativa.

Nas tardes cinzentas o coração balança entre a paz e a inquietação, porque a calma e o silêncio inquietam. O azáfama anestesia; o não fazer deixa o espírito alerta — como um nervo exposto a qualquer acontecer.

Não há jamais nada de espetacular nas tardes cinzentas, a não ser o espetáculo da própria tarde. E este é grandiosamente simples: ar friorento, claridade difusa que se perde no cinza, contemplação, inatividade e o contraditório do espírito aguçado e acuado por esse acontecer minimalista da vida.

Na tarde fria e cinzenta, corpos se rendem ao aconchego de roupas macias ou de braços macios em abraços suaves. Somente olhares e corações conservam o fogo das paixões. As vozes agudas e imperativas transformam-se em sons baixos, quase guturais, que muitas vezes convertem-se em sussurros, como temendo quebrar a magia da tarde.

Não nos iludamos com as aparências: não há necessariamente tristeza nas tardes cinzentas. Mas também não existe aquela alegria inconsequente dos dias cálidos e dourados pelo sol. Existe, sim, um equilíbrio perfeito, numa equidistância entre o tédio e a euforia, fazendo-nos caminhar sobre um tênue fio distendido entre o amargor e a satisfação, entre o entusiasmo e o tédio. Tudo isso, porém, só se mostra aqui e ali, em meio à bruma difusa, ao cinza que permeia tudo.

Uma simples tarde cinzenta pode parar o mundo, pode deter a vida. Somente por um instante. Mas talvez apenas nos corações sensíveis.

CARINO, J. Disponível em: <http://www.almacarioca.com.br/carino05.htm>. Acesso em: 23 ago. 2010. (Adaptado)

8. O trecho em que a(s) vírgula(s) separa(m) um termo sintaticamente diferente dos demais destacados é

a. "Longe das certezas substanciais,"
b. "...e se rendem, estáticos,"
c. "Numa tarde assim,"
d. "...que nos liga, timidamente, à vida ativa."
e. "Existe, sim,"

9. O substantivo derivado dos verbos abaixo, que difere dos demais quanto à grafia, segundo o registro culto e formal da língua, é

   a. interromper – interrup☐ão.
   b. render – rendi☐ão.
   c. absorver – absor☐ão.
   d. deter – deten☐ão.
   e. converter – conver☐ão.

(Udesc)

10. Por meio das falas e rubricas apresentadas na peça **O pagador de promessas**, Dias Gomes procurou evidenciar alguns problemas socioculturais da vida brasileira.

Analise o diálogo abaixo e escolha os operadores que o completam de acordo com as recomendações da língua escrita.

Sacristão: Também ☐ a senhora vem logo na missa das seis? ☐ não vem mais tarde?

Beata: ☐ quero. ☐ não é da sua conta. *(Aponta para a cruz.)* ☐ é isso?

Sacristão: Isso o ☐?

[...]

Sacristão: *(Apura a vista.)* Ah, sim... agora percebo... É uma cruz de madeira... e parece ☐ há um homem dormindo junto dela.

Beata: Vista prodigiosa a sua! Claro ☐ é uma cruz de madeira e que há um homem junto dela. O ☐ eu quero saber é a razão disso.

Sacristão: Não sei. Como quer que eu saiba? ☐ a senhora não pergunta a ele?

GOMES, Dias. **O pagador de promessas**. 50. ed. Rio de Janeiro: Bertrand Brasil, 2009. p. 52-53.

Assinale a alternativa que completa **corretamente** os espaços, de cima para baixo.

   a. ( ) porque — Por que — Por que — Porque — Que — que — que — que — quê — Por que
   b. ( ) porque — Porque — Porquê — Por que — Que — quê — que — quê — que — Porque
   c. ( ) por que — Porquê — Porque — Porque — Quê — quê — que — que — quê — Por quê
   d. ( ) por que — Por que — Por que — Porquê — Quê — que — quê — que — que — Porquê
   e. ( ) por que — Por que — Porque — Porque — Que — quê — que — que — que — Por que

EXAMES E CONCURSOS

(Insper)
Utilize o texto abaixo para responder à questão **11**.

Yasmin Brunet desliza no português e vira notícia

Yasmin Brunet pisou na bola com a língua portuguesa ao escrever "preguissa" em vez de preguiça em seu Twitter, nesta sexta-feira (18). Logo em seguida, vários seguidores enviaram mensagens corrigindo a moça.

Em resposta, a modelo escreveu: "Nossa! Gente que fica corrigindo o que as pessoas escrevem aqui merecem um dia na praia, para relaxarem!"

O erro acabou virando notícia em alguns *sites*, dizendo que a bela havia se irritado com as correções e Yasmin ironizou: "Não sabia que tinha me irritado! Bom saber por vocês!"

É, pessoas famosas que quiserem postar no Twitter têm que ficar atentas, qualquer deslize é uma notícia! Sasha, a filha de Xuxa, que diga...

Disponível em: <http://virgula.uol.com.br/ver/noticia/famosos/2011/02/18/269535-yasmin-brunet-desliza-no-portugues-e-vira-noticia >. Acesso em: 8 ago. 2014.

---

11. Sobre a questão do impacto dos erros gramaticais cometidos por pessoas famosas, é correto afirmar que:

a. embora o autor tenha debochado do erro ortográfico cometido pela modelo, ele também cometeu um equívoco ao grafar erroneamente a palavra "deslize".

b. na resposta da modelo, está explícita a ideia de que a linguagem empregada no Twitter não pode seguir as mesmas convenções gramaticais dos textos impressos em papel.

c. na resposta aos "tuiteiros", a modelo cometeu outro erro gramatical, já que não estabeleceu a concordância verbal: "merecem" e "relaxarem" deveriam estar no singular.

d. o autor defende que as correções gramaticais feitas por celebridades em postagens do Twitter representam um indício de que os internautas têm zelo pela língua.

e. no último período, as reticências usadas após o aposto têm o objetivo de sugerir a ideia de que houve censura às críticas feitas à filha da apresentadora Xuxa.

(Vunesp-Unesp)
Instrução: A questão de número **12** toma por base uma passagem da crônica *O pai, hoje e amanhã*, de Carlos Drummond de Andrade (1902-1987).

A civilização industrial, entidade abstrata, nem por isso menos poderosa, encomendou à ciência aplicada a execução de um projeto extremamente concreto: a fabricação do ser humano sem pais.

A ciência aplicada faz o possível para aviar a encomenda a médio prazo. Já venceu a primeira etapa, com a inseminação artificial, que, de um lado, acelera a produtividade dos rebanhos (resultado econômico) e, de outro, anestesia o sentimento filial (resultado moral).

O ser humano concebido por esse processo tanto pode considerar-se filho de dois pais como de nenhum. Em fase mais evoluída, o chamado bebê de proveta dispensará a incubação em ventre materno, desenvolvendo-se sob condições artificiais plenamente satisfatórias. Nenhum vínculo de memória, gratidão, amor, interesse, costume — direi mesmo: de ressentimento ou ódio — o ligará a qualquer pessoa responsável por seu aparecimento.

O sêmen, anônimo, obtido por masturbação profissional e recolhido ao banco especializado, por sua vez cederá lugar ao gerador sintético, extraído de recursos da natureza vegetal e mineral.

Estará abolida, assim, qualquer participação consciente do homem e da mulher no preparo e formação de uma unidade humana. Esta será produzida sob critérios políticos e econômicos tecnicamente estabelecidos, que excluem a inútil e mesmo perturbadora intromissão do casal. Pai? Mito do passado.

Aparentemente, tal projeto parece coincidir com a tendência, acentuada nos últimos anos, de se contestar a figura tradicional do pai. Eliminando-se a presença incômoda, ter-se-ia realizado o ideal de inúmeros jovens que se revoltam contra ela — o pai de família e o pai social, o governo, a lei — e aspiram à vida isenta de compromissos com valores do passado.

Julgo ilusória esta interpretação. O projeto tecnológico de eliminação do pai vai longe demais no caminho da quebra de padrões. A meu ver, a insubmissão dos filhos aos pais é fenômeno que envolve novo conceito de relações, e não ruptura de relações.

(De notícias e não notícias faz-se a crônica, 1975.)

12. [...] *e aspiram à vida isenta de compromissos com valores do passado*.

Na frase apresentada, a colocação do acento grave sobre o "a" informa que:

a. o "a" deve ser pronunciado com alongamento, já que se trata de dois vocábulos, um pronome átono e uma preposição, representados por uma só letra.

b. o "a", por ser pronome átono, deve ser sempre colocado após o verbo, em ênclise, e pronunciado como um monossílabo tônico.

c. o verbo "aspirar", na regência em que é empregado, solicita a preposição "a", que se funde com o artigo feminino "a", caracterizando uma ocorrência de crase.

d. o "a", como artigo definido, é um monossílabo átono, e o acento grave tem a finalidade de sinalizar ao leitor essa atonicidade.

e. o termo "de compromissos com valores do passado" exerce a função de adjunto adverbial de "isenta".

EXAMES E CONCURSOS

(UFMT)
Leia a charge.

> INFORMAÇÕES
>
> PODE ME DIZER FICA A ENTRADA DE DÓLARES, QUAL FALAM TANTO? EU QUERIA APANHAR

(www.nanihumor.com. Adaptado.)

13. Assinale a alternativa cujos termos completam, correta e respectivamente, as lacunas.

a. aonde ... de ... algum
b. aonde ... a ... alguns
c. aonde ... na ... algum
d. onde ... à ... algum
e. onde ... da ... alguns

(Fuvest)
Texto para a questão **14**.

> A essência da teoria democrática é a supressão de qualquer imposição de classe, fundada no postulado ou na crença de que os conflitos e problemas humanos – econômicos, políticos, ou sociais – são solucionáveis pela educação, isto é, pela cooperação voluntária, mobilizada pela opinião pública esclarecida. Está claro que essa opinião pública terá de ser formada à luz dos melhores conhecimentos existentes e, assim, a pesquisa científica nos campos das ciências naturais e das chamadas ciências sociais deverá se fazer a mais ampla, a mais vigorosa, a mais livre, e a difusão desses conhecimentos, a mais completa, a mais imparcial e em termos que os tornem acessíveis a todos.

TEIXEIRA, Anísio. **Educação é um direito**. Adaptado.

14. Dos seguintes comentários linguísticos sobre diferentes trechos do texto, o único correto é:

a. Os prefixos das palavras "imposição" e "imparcial" têm o mesmo sentido.
b. As palavras "postulado" e "crença" foram usadas no texto como sinônimas.

c. A norma-padrão condena o uso de "essa", no trecho "essa opinião", pois, nesse caso, o correto seria usar "esta".

d. A vírgula empregada no trecho "e a difusão desses conhecimentos, a mais completa" indica que, aí, ocorre a elipse de um verbo.

e. O pronome sublinhado em "que os tornem" tem como referente o substantivo "termos".

(Instituto Quadrix) — Assistente Contábil

15. Indique a alternativa que possua as palavras que completam corretamente as lacunas abaixo.

"Em uma viagem de avião, São Paulo fica ☐ cinco horas de Lima."

"Coloque-me ☐ da reunião quando chegar, pois ☐ muitas coisas sobre as quais precisamos conversar."

a. acerca de/ a par/ há
b. acerca de/ ao par/ há
c. a cerca de/ ao par/ há
d. acerca de/ à par/ há
e. a cerca de/ a par/ há

16. Marque a alternativa em que todas as palavras têm a grafia correta.

a. O varegista está dando descontos hoje.
b. Meu tênis está sujo de ferrugem.
c. Este pé de larangeira é muito antigo.
d. Ele viu um rio, mas acho que é mirajem.
e. O quintal está repleto de fulijem.

(Vunesp-EMBRAER)

17. Leia atentamente o poema de Mário Quintana.

Do pranto

Não tentes consolar o desgraçado
Que chora amargamente a sorte má.
_____ o tirares por fim do seu estado,
Que outra consolação _____ restará?

Para obter o significado do texto, os espaços devem ser preenchidos, correta e respectivamente, com:

a. Se … lhe
b. Quando … o
c. Apesar de … lhes
d. À medida que … a

ABREVIATURAS E SIGLAS

A

a are(s) (medida agrária)
a.C. ou **A.C.** antes de Cristo
a.m. *ante meridiem* (antes do meio-dia)
A/C ao(s) cuidado(s)
ABI Associação Brasileira de Imprensa
ABL Academia Brasileira de Letras
ABNT Associação Brasileira de Normas Técnicas
abrev. abreviatura
AC Acre (Estado do)
ADA Agência de Desenvolvimento da Amazônia
Adene Agência de Desenvolvimento do Nordeste
adj. adjetivo
Adm. Administração, administrador
adv. advérbio
Ag *Argentum* (prata)
Aids Acquired Immunological Deficiency Syndrome (Síndrome da Imunodeficiência Adquirida)
AL Alagoas (Estado do)
Al alumínio
Al. alameda
Alca Área de Livre Comércio das Américas
alf. alfabeto
Álg. Álgebra
AM Amazonas (Estado do)
Anac Agência Nacional de Aviação Civil
Anatel Agência Nacional de Telefonia
Aneel Agência Nacional de Energia Elétrica
Anvisa Agência Nacional de Vigilância Sanitária
AP Amapá (Estado do)
ap. ou **apart.** apartamento
arc. arcaico
Arit. Aritmética
art. artigo
át. átono

atm. atmosfera
Au *Aurum* (ouro)
aum. aumentativo
Av. avenida

B

B.B. Banco do Brasil
BA Bahia (Estado da)
BCG Bacilo de Calmette e Guérin (vacinação contra a tuberculose)
Bird Banco Internacional para Reconstrução e Desenvolvimento (Banco Mundial)
BNDES Banco Nacional de Desenvolvimento Econômico e Social
BR Brasil
bras. brasileiro
brig.ro brigadeiro
btl. batalhão

C

C carbônio ou carbono
C.el coronel
c/c conta corrente
Cade Conselho Administrativo de Defesa Econômica
cap. capitão
cap., caps. capítulo, capítulos
CBF Confederação Brasileira de Futebol
CC Código Civil (ou NCC- Novo Código Civil)
CCJ Comissão de Constituição e Justiça
CE Ceará (Estado do)
Ceat Centro de Atendimento ao Trabalhador
CEF Caixa Econômica Federal
CEI Comunidade dos Estados Independentes (ex-URSS)
CEP Código de Endereçamento Postal
Cetesb Companhia de Tecnologia e Saneamento Ambiental
Cetran Conselhos Estaduais de Trânsito
CF Constituição Federal

cf. confira
cg centigrama
CGI Comitê Gestor da Internet
CGU Controladoria Geral da União
Cia. companhia
Ciesp Centro das Indústrias do Estado de São Paulo
cl centilitro(s)
CLT Consolidação das Leis do Trabalho
cm centímetro(s)
CND Certidão Negativa de Débito
CNES Cadastro Nacional de Entidades Sindicais
CNI Confederação Nacional da Indústria
CNP Conselho Nacional de Petróleo
CNPJ Cadastro Nacional de Pessoa Jurídica
CNPq Conselho Nacional de Pesquisa
Coaf Conselho de Atividades Financeiras
Cód. Código
Cofins Contribuição para o Financiamento da Seguridade Social
Col. Coleção
compl. Complemento
Contran Conselho Nacional de Trânsito
Copom Comitê de Política Monetária
CPF Cadastro de Pessoas Físicas
CPI Comissão Parlamentar de Inquérito
CPMF Contribuição Provisória sobre Movimentação Financeira
Cx. ou **cx.** caixa(s)

D

D. Dom, Dona
d.C. ou **D.C.** depois de Cristo
dag decagrama(s)
Dai Declaração Anual de Isento
dal decalitro(s)

dam decâmetro(s)
Darf Documento de Arrecadação da Receita Federal
DAS Documento de Arrecadação do Simples Nacional
DD. digníssimo
DDD Discagem Direta a Distância
Deic Departamento Estadual de Investigações Criminais
Denatran Departamento Nacional de Trânsito
Detran Departamento Estadual de Trânsito
DF Distrito Federal
DL Decreto-Lei
DNER Departamento Nacional de Estradas de Rodagem
DNIT Departamento Nacional de Infra-estrutura e Transporte
DNOCS Departamento Nacional de Obras Contra as Secas
Dr. doutor; **Drs.** doutores
Dr.ª doutora; **Dr.ªs** doutoras
DVD Digital Versatile Disc (Disco digital versátil)
dz. dúzia(s)

E

E. editor; **EE.** editores
E.C. Era Cristã
EC Emenda Constitucional
ed. edição
Educ. Educação
EM Estado-Maior
Em.ª ou **Em.ᵃ** Eminência
Embraer Empresa Brasileira de Aeronáutica
Embratel Empresa Brasileira de Telecomunicações
EMP em mão própria
Enade Exame Nacional de Desempenho do Estudante
Enem Exame Nacional do Ensino Médio
eng. engenheiro
ES Espírito Santo (Estado do)
ESG Escola Superior de Guerra
etc. *et cetera*; e outros
EUA Estados Unidos da América
ex. exemplo(s)
Ex.ª ou **Ex.ᵃ** Excelência
Ex.ᵐᵒ ou **Exmo.** Excelentíssimo

F

f. feminino; forma
f., fl. ou **fol.** folha; **fls.** ou **fols.** folhas
FAB Força Aérea Brasileira
Fac. faculdade
FAO Food and Agriculture Organization (Organização para Alimentação e Agricultura)
FAT Fundo de Amparo ao Trabalhador
Fe ferro
FEB Força Expedicionária Brasileira
Febraban Federação Brasileira das Associações de Bancos
FGTS Fundo de Garantia do Tempo de Serviço
Fiesp Federação das Indústrias do Estado de São Paulo
Fifa Federação Internacional das Associações de Futebol
FMI Fundo Monetário Internacional
FNDE Fundo Nacional para o Desenvolvimento da Educação
FOB *free on board* (livre a bordo)
Fr. frei
Funai Fundação Nacional do Índio
Fundeb Fundo Nacional de Desenvolvimento da Educação Básica
Fundef Fundo de Manutenção e Desenvolvimento do Ensino Fundamental e de Valorização do Magistério

G

g grama(s)
g. ou **gr.** grau(s)
Gare Guia de Arrecadação Estadual
Gatt General Agreement ou Tariffs and Trade (Acordo Geral de Tarifas do Comércio)
GB *gigabyte*
gen. general
gên. gênero
geo Geografia
gír. gíria
GMT Greenwich Meridian Time (hora do meridiano de Greenwich)
GO Goiás (Estado de)
gram. Gramática

H

h hora(s)
ha hectare(s)
hab. habitante(s)
hist. História
hl hectolitro(s)
hm hectômetro(s)
HP *horse-power* (cavalo-vapor)
hz hertz

I

I iodo
i.e. *id est* (isto é)
ib. ou **ibid.** *ibidem* (no mesmo lugar, na mesma hora)
Ibama Instituto Brasileiro do Meio Ambiente e Recursos Renováveis
IBGE Instituto Brasileiro de Geografia e Estatística
ICMS Imposto sobre Circulação de Mercadorias e Prestação de Serviços
id. *idem* (o mesmo)
Ideb Índice de Desenvolvimento da Educação Básica
Idec Instituto de Defesa do Consumidor
IDH Índice de Desenvolvimento Humano
IGP-M Índice Geral de Preços do Mercado
Il.ᵐᵒ ou **Ilmo.** Ilustríssimo
Incra Instituto Nacional de Colonização e Reforma Agrária
inf. infantaria; infante; infinitivo
Infraero Empresa Brasileira de Infra Estrutura Aeroportuária
INPC Índice Nacional de Preços ao Consumidor
INRI *Iesus Nazarenus Rex Iudaeorum* (Jesus Nazareno, Rei dos Judeus)
INSS Instituto Nacional da Seguridade Social
IOF Imposto sobre Operações Financeiras
IPC Índice de Preços ao Consumidor
IPI Imposto sobre Produtos Industrializados
IPTU Imposto sobre Propriedade Predial e Territorial Urbana
IPVA Imposto sobre Propriedade de Veículos Automotores

IR Imposto de Renda
ISS Imposto Sobre Serviços

J

J.C. Jesus Cristo
Jr. Júnior
judic. judiciário
Just. Justiça

K

K *Kalium* (potássio)
kg quilograma(s)
Kl quilolitro(s)
km quilômetro(s)
kVA quilovolt-ampère
kw quilowatt internacional
kWh quilowatt-hora

L

l litro(s)
L. leste
LBC Letra do Banco Central
LC Lei Complementar
Lit. Literatura
Loc. cit. *loco citato* (no lugar citado)
log. logaritmo
long. longitude
LP *long-playing*
Ltda. Limitada

M

m metro(s)
m/s metro por segundo
MA Maranhão (Estado do)
maj. major
mal. marechal
Mat. Matemática
MB *megabyte*
MCCA Mercado Comum Centro-Americano
MEC Ministério de Educação e Cultura
méd. médico
Mercosul Mercado Comum do Sul
mg miligrama(s)
MG Minas Gerais (Estado de)
min minuto(s)
ml mililitro(s)
mm milímetro(s)
MM. Meritíssimo
Mons. Monsenhor
MP Medida Provisória
MPE Micro e Pequena Empresa
MS Mato Grosso do Sul (Estado do)
MT Mato Grosso (Estado do)

N

N nitrogênio
N. norte
N. Obs. *nihil obstat* (nada obsta)
N.E. nordeste
n.º número
N.O. noroeste
Nafta North American Free Trade Association (Acordo de Livre Comércio da América do Norte)
Ne neônio
NGB Nomenclatura Gramatical Brasileira

O

O oxigênio
O. ou **W.** oeste
OAB Ordem dos Advogados do Brasil
obs. observação
OEA Organização dos Estados Americanos
OIT Organização Internacional do Trabalho
OK *all correct* (de acordo)
OMC Organização Mundial de Comércio
OMS Organização Mundial de Saúde
ONG Organização não Governamental
ONU Organização das Nações Unidas
op. cit. *opus citatum* (obra citada)
Opep Organização dos Países Exportadores de Petróleo
Otan Organização do Tratado do Atlântico Norte

P

P fósforo
p. ex. por exemplo
P. ou **P.e** ou **Pe.** padre; **PP.** ou **P.es** ou **Pes.** padres
p. ou **pág.** página; **pp.** ou **págs.** páginas
P.D. pede deferimento
p.f. próximo futuro
P.J. pede justiça
p.m. *post meridiem* (depois do meio-dia)
p.p. próximo passado; por procuração
P.S. *post scriptum* (pós-escrito)
PA Pará (Estado do)
Pasep Programa de Formação do Patrimônio do Servidor Público
PB Paraíba (Estado da)
PE Pernambuco (Estado de)
PEA População Econômica Ativa
PEC Proposta de Emenda Constitucional
PEF por especial favor
pg. pago
Ph.D *Philosophiae Doctor* (doutor em Filosofia)
PI Piauí (Estado do)
PIB Produto Interno Bruto
PIS Programa de Integração Social
pl. plural
PNAD Pesquisa Nacional por Amostra de Domicílios
PPD Pessoa Portadora de Deficiência
PR Paraná (Estado do)
pr., pron. pronome, pronominal
Procon Fundação de Proteção e Defesa do Consumidor
prof. professor; **profs.** professores
prof.ª professora; **prof.ªs** professoras
pt. ponto

Q

quím. Química
QG quartel-general
ql. quilate(s)

R

R. rua
Ra *Radium* (rádio)
Rep. República
Rev.mo ou **Revmo.** Reverendíssimo
RFFSA Rede Ferroviária Federal
RG Registro Geral (ou CI – Cédula de Identidade)
RGPS Registro Geral de Previdência Social
RJ Rio de Janeiro (Estado do)
RN Rio Grande do Norte (Estado do)

RO Rondônia (Estado de)
rpm rotação por minuto
RPPS Registro Pessoal de Previdência Social
RR Roraima (Estado de)
RS Rio Grande do Sul (Estado do)

S

s ou **seg** segundo(s)
S. São; sul
s. substantivo
S.A. ou **S/A** Sociedade Anônima
S.A. Sua Alteza; **SS.AA.** Suas Altezas
s.d. sem data
S.E. sudeste ou sueste
S.O. sudoeste
S.S. Sua Santidade
S.W. sudoeste
Samu Serviço de Atendimento Móvel de Urgência
sarg. sargento
SC Santa Catarina (Estado de)
SCPC Serviço Central de Proteção ao Crédito (ou SPC)
SE Sergipe (Estado de)
Sebrae Serviço Brasileiro de Apoio às Micro e Pequenas Empresas
séc. século; **sécs.** séculos
Selic Sistema Especial de Liquidação e Custódia
Senac Serviço Nacional de Aprendizagem Comercial
Senai Serviço Nacional de Aprendizagem Industrial
Senar Serviço Nacional de Aprendizagem Rural
Serasa Centralização dos Serviços Bancários
Sesi Serviço Social da Indústria
SFH Sistema Financeiro de Habitação
Simples Sistema Integrado de Pagamentos de Impostos e Contribuições das Micro e Pequenas Empresas
SMJ salvo melhor juízo
SMS *Short Message Service* (Serviço de mensagens curtas)
SOS *save our souls* (salvai nossas almas); sinal de aviso de perigo e pedido de socorro usado por navios e aviões.
SP São Paulo (Estado de)
Sr. senhor; **Srs.** senhores
Sr.ª ou **Sra.** senhora; **Sr.ᵃˢ** ou **Sras.** senhoras
Sr.ᵗᵃ ou **Srta.** senhorita
STF Supremo Tribunal Federal
Sudene Superintendência de Desenvolvimento do Nordeste
Sunamam Superintendência Nacional da Marinha Mercante
SUS Sistema Único de Saúde

T

t tonelada(s)
t. tomo(s)
TB *terabyte*
TBC Teatro Brasileiro de Comédia
TCE Tribunal de Contas do Estado
TCM Tribunal de Contas do Município
TCU Tribunal de Contas da União
tel. telefone
ten. tenente
ten.-cel. tenente-coronel
TER Tribunal Regional Eleitoral
TN Tesouro Nacional
TO Tocantins (Estado de)
TR Taxa de Referência
Trav. travessa
TSE Tribunal Superior Eleitoral
TSJ Tribunal Superior de Justiça
TST Tribunal Superior do Trabalho
TV Tevê (televisão)

U

U urânio
UBE União Brasileira de Escritores
UE União Europeia
Unesco United Nations Educational, Scientific and Cultural
USA United States of America (Estados Unidos da América)

V

v volt
V. Ex.ª ou **V. Exa.** Vossa Excelência
v. verbo; você; volume(s)
V.A. Vossa Alteza; **VV.AA.** Vossas Altezas
V.-alm. via-almirante
V.Ex.ᵃˢ ou **V. Exas.** Vossas Excelências
V.M. Vossa Majestade; **VV.MM.** Vossas Majestades
V.P. Vossa Paternidade
V.S. Vossa Santidade
V.S.ª Vossa Senhoria; **V.S.ᵃˢ** Vossas Senhorias
VA Volt-ampère
VIP *Very Important Person* (pessoa muito importante)
VOLP Vocabulário Ortográfico da Língua Portuguesa.
vs. *versus* (contra)
VT videoteipe

W

W *watt*
W. oeste
W.C. *water-closet* (sanitário)
Wi-Fi Wireless Fidelity (fidelidade sem fio)

X

x incógnita, primeira incógnita (em Matemática)
xilo xilogravura

Y

y segunda incógnita (em Matemática)
yd *yard* [iarda(s)]

Z

z terceira incógnita (em Matemática)
Zn zinco
Zool. Zoologia
Zoot. Zootecnia
Zr zircônio

ÍNDICE ANALÍTICO

a fim de / afim (emprego)	471
abreviação vocabular	43
acentuação gráfica	459
acento agudo	459
acento circunflexo	459
acento grave	459
ditongos abertos	461
hiatos -i e -u	461
monossílabos	461
oxítonas	460
paroxítonas	460
proparoxítonas	460
verbos	461
acentuação tônica	370
adjetivo	72
classificação	72
biforme	78
composto	73
derivado	73
pátrio	75
primitivo	72
simples	73
uniforme	79
grau comparativo	81
de igualdade	81
de inferioridade	81
de superioridade	81
grau superlativo	82
absoluto	82
relativo	82
adjetivo adverbializado	155
adjunto adnominal	240
adjunto adverbial	241
classificação	242
advérbio	150
classificação	151
interrogativos	152
grau	153
comparativo	153
de igualdade	153
de inferioridade	153
de superioridade	153
superlativo	154
analítico	154
sintético	154
absoluto	154
afixo	29
alfabeto	457
alfabeto fonológico	363
aliteração	427
agente da passiva	115; 229
anacoluto	425
anáfora	425
antítese	421
antonímia	413
ao encontro de / de encontro a (emprego)	470
aonde / onde (emprego)	469
aposto	246
apóstrofo	463
artigo	68
definido	68
indefinido	69
aspas	479
assíndeto	424
aumentativo	63
catacrese	421
código	23
coerência textual	403
coesão textual	401
colocação dos pronomes oblíquos	316
combinação (preposição)	160
complemento nominal	236
complemento verbal	232
composição	38
por aglutinação	39
por justaposição	39
compostos eruditos	39
concordância nominal	295
concordância verbal	285
conjunção coordenativa	170
aditiva	170
adversativa	170
alternativa	171
conclusiva	171
explicativa	171
conjunção subordinativa	171
causal	172
comparativa	173
concessiva	173
condicional	172
conformativa	173
consecutiva	172
final	172
integrante	173
proporcional	172
temporal	172
conotação	417
consoante de ligação	30
contração	161
crase	162
casos em que é facultativa	166
casos em que não ocorre	164
casos em que ocorre	163
demais / de mais (emprego)	470
denotação	417
derivação	33
imprópria	34
parassintética	34
prefixal e sufixal	33
regressiva	34
desinência	29
desinência modo-temporal	44
desinência nominal	29; 44
desinência número-pessoal	29
desinência verbal	29; 46
dígrafo	366
diminutivo	64
dissílabas	369
ditongo	375
divisão silábica	458
dois-pontos	478
elemento mórfico	27
elipse	423
ênclise	318
encontros consonantais	376
encontros vocálicos	375
estrofe	432
tipos	433
eufemismo	422
fala	23
figuras de linguagem	418

figuras de palavras	419
figuras de pensamento	421
figuras fonéticas	426
figuras sintáticas	423
flexão das palavras	44
fonema	**363**
vogais	368
consoantes	368
semivogais	369
fonética	**23**
fonologia	**23; 361**
classificação das consoantes	**380**
classificação das vogais	**379**
formas nominais	**112**
frase	**201**
tipos	201
declarativa	201
exclamativa	202
imperativa	202
interrogativa	202
nominal	202
optativa	202
verbal	202
função sintática	**323**
da preposição	342
do adjetivo	326
do advérbio	341
do artigo	325
do numeral	327
do pronome	328
do substantivo	323
do verbo	336
gerúndio	**112; 142; 274; 339**
há / a (emprego)	**468**
hiato	**376**
hibridismo	**39**
hífen (emprego)	**463**
hipérbato	**424**
hipérbole	**422**
homonímia	**395**
infinitivo	**112; 142; 274; 340**
ironia	**422**
interjeição	**176**
classificação	177
língua	**23**
locução	
adjetiva	73
adverbial	151
conjuntiva	169
interjectiva	177
prepositiva	160
verbal	116
mal / mau (emprego)	**469**
mesóclise	**317**
metáfora	**419**
metonímia	**419**
modo verbal	**109**
imperativo	112
indicativo	110
subjuntivo	111
monossílabas	**369**
monossílabos	**371**
átonos	371
tônicos	371
morfema	**27**
morfologia	**23**
numeral	**87**
numeral adjetivo	89
cardinal	87
fracionário	88
multiplicativo	87
ordinal	87
substantivo	89
objeto	**232**
direto	232
direto e indireto com pronomes pessoais oblíquos	233
direto e objeto indireto pleonásticos	236
direto preposicionado	234
indireto	232
onomatopeia	**44; 426**
oração	**203; 251**
adjetiva	264
adverbial	268
apositiva	264
causal	269
comparativa	273
completiva nominal	262
concessiva	272
condicional	270
conformativa	272
consecutiva	271
explicativa	267
final	271
intercalada	282
justaposta	281
objetiva direta	261
objetiva indireta	262
predicativa	263
proporcional	270
reduzida	274
restritiva	267
sem sujeito	211
subjetiva	260
substantiva	259
temporal	269
ortoepia	**385**
ortografia	**456**
oxítona	**371**
palavras	**26; 33; 39; 394**
compostas	38
denotativas	180
homófonas	396
homógrafas	395
homônimas perfeitas	396
invariáveis	44
variáveis	44
paradoxo	**422**
parênteses	**480**
paronímia	**397**
paroxítona	**371**
particípio	**112; 142; 274; 340**
perífrase	**421**
período	**204**
composto	204; 250
misto	280
por coordenação	252
por subordinação	259
simples	204
pessoas do discurso	**94**
pleonasmo	**424**
plural	**80**
adjetivo composto	80
adjetivo simples	80
substantivo composto	59
substantivo simples	58
polissemia	**398**
polissílaba	**370**
polissíndeto	**424**
ponto de exclamação	**475**
ponto de interrogação	**475**
ponto final	**475**
ponto e vírgula	**477**
porque / porquê / por que / por quê (emprego)	**467**

ÍNDICE ANALÍTICO

predicado	205
nominal	219
verbal	219
verbo-nominal	220
prefixo	29; 35
em palavras com hífen	463
gregos	36
latino	36
preposição	158
acidental	159
essencial	159
próclise	316
pronome	94
adjetivo	103
demonstrativo	99
indefinido	100
interrogativo	101
pessoais de tratamento	97
pessoal	95
oblíquo	95
reto	95
possessivo	98
relativo	102
substantivo	103
proparoxítona	371
prosódia	385
prosopopeia	422
que (emprego)	452
radical	27; 40; 106
grego	41
latino	40
regência	303
nominal	312
verbal	303
reticências	479
rima	433
se (emprego)	451
senão / se não (emprego)	468
siglonimização	44
significado e significante	368
signos	23
sílaba	369
silepse	425
sinais de pontuação	475
sinais gráficos	463; 474
sinestesia	421
sinonímia	395
sintaxe	23; 200
de colocação	316
de concordância	285
de regência	303
substantivo	48
abstrato	49
biforme	52
coletivo	49; 50
composto	51
comum	49
comum de dois gêneros	54
concreto	49
derivado	51
epiceno	54
primitivo	51
próprio	49
simples	51
sobrecomum	54
uniforme	53
sufixo	30; 37
em palavras com hífen	463
adverbial	38
nominal	37; 38
verbal	38
sujeito	205
tipos	209
composto	210
determinado	209
elíptico	210
indeterminado	210
simples	209
núcleo	208
posições na oração	208
tema	28
tempos verbais	109
presente	109
pretérito	109
futuro	109
primitivos e derivados	117
compostos	113
termo	
regente	158
regido	158
til	463
travessão	480
trema	463
trissílaba	370
tritongo	376
variações de fala	23
formal	23
informal	23
verbo	106
anômalo	137
classificação	118
conjugações	107
estrutura	106
de ligação	218
flexão	108
modo	109
número	109
pessoa	109
tempo	109
voz	115
paradigma	108
abundante	141
auxiliar	142
defectivo	139
impessoal	145
intransitivo	215
irregular	120; 121; 123; 134; 136
pronominal	143
reflexivo	144
regular	119
transitivo	216
unipessoal	145
versificação	430
verso	430
formação	430
tipos	431
vírgula	475
vocativo	247
vogal	23; 379
de ligação	30
temática	28
vozes do verbo	225
agente da passiva	229
estudo da voz passiva	226
sujeito agente	225
sujeito agente e paciente	225
sujeito paciente	225
tipos de voz passiva	227
reflexiva	115
ativa	115
passiva	115
zeugma	423

RESPOSTAS

INTRODUÇÃO

Um primeiro olhar p. 22

1. a) Como ele não determinou o lugar para onde ia, ela o fez por ele: **sair** passa a significar ir ao lugar em que se encontrava antes, ou seja, "voltar pro seu quarto".

   b) A mãe atribuiu o significado que lhe era conveniente naquele momento, com o objetivo de fazer valer a ordem dada ao filho. Sim, no quadrinho seguinte Calvin encontra-se em seu quarto.

2. a) A fala de Calvin sugere que ele não entendeu o sentido que a mãe atribuiu ao verbo **sair**, dito por ele com intenção totalmente diferente. Quando não conhecemos uma língua, os signos que compõem seu código não podem ser compreendidos. Para Calvin, houve um problema de comunicação, pois a mãe pareceu não compreender o que ele pretendia fazer de fato, como se desconhecesse o código por ele utilizado.

   b) Sua expressão facial, pois ele parece surpreso. Professor, explique que língua nativa ou língua materna é a primeira que alguém aprende e que, geralmente, corresponde à língua da comunidade na qual o indivíduo vive.

3. a) Os elementos não verbais se articulam aos verbais para constituir a história da tirinha. Por meio deles, é possível interpretar atitudes, sentimentos dos personagens, visualizar o espaço. No caso dessa tira, é possível visualizar a indignação da mãe, o aborrecimento e a surpresa do garoto, sentimentos que, sem os gestos e as expressões faciais, seria difícil determinar com clareza.

   b) Espera-se que os alunos respondam que o diálogo é composto de palavras (linguagem verbal) e elementos visuais (linguagem não verbal).

MORFOLOGIA

Um primeiro olhar p. 26

1. Essas palavras foram formadas a partir do elemento **bol-**. Outros exemplos: bolota, bolada, boleado, boleiro, embolar, rebolar etc. Professor, explique a estrutura da palavra **bola**, mostrando que o **a** é uma vogal que desaparece por ser átona, daí o radical **bol-**.

2. O elemento -**inh** sugere diminuição de tamanho e -**ona** sugere aumento.

3. O -**s**, nesse caso, é marca de plural.

4. O -**a** é indicação de feminino do diminutivo -**inho**.

No texto p. 31

1. As palavras são **malamar** e **desamar** e seu radical é **amar**. No primeiro caso, o autor indica que as nossas escolhas amorosas são duvidosas e muitas vezes inadequadas. No segundo, indica que, apesar disso, trocamos nossos amores incertos por novos amores.

2. Nesses vocábulos, foram utilizados prefixos de negação: -**i**, -**in**. No primeiro caso, o sentido é de uma paixão que não tem limites. Enquanto isso, o segundo reforça o **não** reconhecimento da pessoa amada por esse amor incondicional.

Um primeiro olhar p. 32

1. a) **Super-** (prefixo), **bactéri-** (radical), -**as** (desinência).

   b) **Super-**.

   c) A palavra **bactéria**. Exemplos: bacteriano, bactericida, bacteriologia, bacteriológico, bacteriologista, bacteriólogo.

2. Supermercado, super-homem, super-herói, supersônico, superlotado, supermãe, superaquecimento, super-rápido etc. Após o prefixo **super-** emprega-se hífen caso o segundo elemento comece por **h** ou **r**.

3. De maneira geral, formamos palavras a partir de outras já existentes na língua. Professor, outras hipóteses podem ser consideradas, como a formação de novas palavras com o acréscimo de prefixos e sufixos a outras, por exemplo.

No texto p. 46

1. Calvin utiliza principalmente palavras do contexto jurídico.

2. No contexto, Calvin reforça a ideia de que tem direito irrevogável à felicidade, ou seja, tem o direito de não assistir à aula e permanecer na ignorância para ser feliz.

3. O processo é o da derivação prefixal. O prefixo latino **in-** foi acrescentado à palavra

499

alienável, que significa "que pode ser transferido". Como o prefixo significa negação, a palavra inalienável quer dizer "intransferível".

4. A afirmação "e irei para o parqu**inho**" quebra as expectativas do leitor em relação à argumentação que vinha sendo desenvolvida até então por Calvin. O sufixo diminutivo na palavra **parque** traz de volta para o leitor o mundo infantil do personagem.

5. Tentativa deliberada.

6. A palavra é **socorro**, que vem de socorrer. A fala final torna a tirinha ainda mais engraçada porque Calvin resume em duas únicas palavras toda a argumentação anterior, sem perder seu posicionamento político: ele se sente tolhido em sua liberdade de não cumprir os deveres escolares.

Um primeiro olhar   p. 47

1. Tais palavras representam objetos (jato, calculadora, isopor), lugares (litoral), pessoas (namorado, paraninfo) etc. Elas esclarecem a finalidade de apresentada na canção – por exemplo, no verso "para viagem longa: jato" o eu poético demonstra que para fazer uma viagem longa é necessário ter um jato, e assim por diante.

2. Nessa lista, as palavras nomeiam objetos, lugares, coisas presentes no cotidiano das pessoas, ou seja, presentes no seu dia a dia, daí o título "Diariamente".

3. Resposta pessoal. Sugestões:
Para o telefone que toca: telefonista
Para a água lá na poça: pano de chão
Para a mesa que vai ser posta: fome

No texto   p. 66

1. Os substantivos são: inexistência, medo, purificação, vida, compreensão, caridade, autocontrole.

2. Não. Como representam nomes de sentimentos, qualidades, ações e estados, sua existência depende de outros seres, no caso, seres humanos. São, portanto, substantivos **abstratos**.

3. Resposta pessoal. Sugestões: tranquilas, puras, compreensivas, caridosas, controladas etc.

Um primeiro olhar   p. 67

1. A expressão "o dia" representa uma data importante, específica, decisiva na vida dos jogadores. Professor, explique que se trata do último jogo amistoso da seleção brasileira, antes da convocação dos jogadores para a Copa do Mundo. Os dois jogadores foram confirmados para o amistoso e do desempenho deles nesse jogo dependerá sua convocação para o Mundial.

2. Não, porque perderia em especificação e, principalmente, em importância: um dia passaria a significar um dia qualquer de jogo do qual os jogadores participariam.

3. Ele quis enfatizar o quanto é importante para um jogador de futebol ser convocado para a Copa do Mundo. No caso, esse jogo é que decidiria a convocação ou não desses jogadores.

No texto   p. 70

1. O uso do artigo **a** antes do substantivo **ratazana** indica que ela se considera particular e única, pois é portadora de características nocivas. O uso do artigo **um** antes de **ratinho** indica que, para o homem, ela é um rato qualquer, insignificante.

2. O uso de um artigo definido e um indefinido contribuiu para criar perspectivas diferentes para a importância da personagem e sua suposta ameaça aos seres humanos.

Um primeiro olhar   p. 71

1. São elas: malvado, mais velho, grandalhão, minúsculo.

2. Provavelmente, Hagar gostaria de conhecer feitos, ações, situações que levaram a designar Max pela característica de "malvado". Professor, se necessário, explique à turma que os personagens são *vikings*, termo que se refere a exploradores que invadiram e colonizaram a Europa entre os séculos VIII e XI, conhecidos como aventureiros brutos e violentos.

3. Pode-se concluir que Max não é malvado de fato, o apelido foi dado porque o irmão não conseguia pronunciar a palavra minúsculo. A partir da fala de Max, deduz-se que o personagem é **minúsculo** e mais novo em comparação ao irmão, grandalhão e mais velho.

No texto   p. 85

1. O narrador expressa o desejo de que esse coração também pudesse auxiliar o indivíduo nas questões sentimentais, além das físicas.

2. Fisiológicas, sentimentais.

3. O novo coração pode ganhar funções adicionais, além das **fisiológicas**, isto é, cuidar de nossos sentimentos, ajudar a dar conta de nossos problemas **sentimentais**, pois nosso outro coração, encarregado das funções fisiológicas, parece estar sobrecarregado, segundo o narrador.

Um primeiro olhar   p. 86

1. O objetivo do infográfico é mostrar os tipos de transporte usados pelos moradores da região

metropolitana da cidade de São Paulo. Para isso, primeiramente, há a comparação entre o número de viagens realizadas diariamente em transporte coletivo e individual, em dois momentos: 2007 e 2012. Mais à direita, compara-se a porcentagem de viagens realizadas coletiva ou individualmente em 1967, 1997, 2002 e 2012.

2. a) Porque o infográfico precisa ser objetivo, proporcionar leitura rápida e apreensão espacial de dados. Os numerais por extenso dificultariam a leitura e a análise das informações.

   b) Em situações formais escritas, o uso de numerais pode ser fundamental. Por exemplo, no preenchimento de cheques, ordens de pagamento ou contratos; em textos jurídicos ou documentos oficiais etc.

3. a) Em 2002.

   b) O transporte individual. O aumento desse tipo de transporte dificulta a locomoção das pessoas em consequência da quantidade maior de veículos nas ruas da cidade.

No texto p. 92

1. O trânsito caótico na cidade de São Paulo devido à greve dos metroviários.

2. Numerais: segundo, 6, 31, 61, 10, 30, 252, 29, 868, 12.

3. Ordinal: segundo; os demais são cardinais.

4. Foram usados para informar: dia do mês, quantidades de estações do metrô, horas, quilometragem e porcentagem.

5. 61: sessenta e um; 252: duzentos e cinquenta e dois.

6. Sexta-feira: substantivo feminino, composto.

7. Representa o ordinal sexto: o sexto dia da semana.

Um primeiro olhar p. 93

1. Você: Charlie Brown; isto: giz de cera; eu: ela mesma, Sally; isso: refere-se à ação de trazer o giz de cera da escola.

2. O nome do irmão: Charlie.

3. Substantivo próprio.

4. Não está especificado quem seja, mas, pelo sentido do texto, refere-se a pessoas da escola.

No texto p. 104

1. Como o narrador é ingênuo, ele imagina esse alguém como um ser dotado de grandes poderes. Resposta pessoal.

2. O uso desse pronome indefinido indica que o narrador não sentiu medo de tudo que encontrou na cidade. Isso é confirmado quando ele, em seguida, relata as coisas que lhe causaram espanto: elevador e chuveiro, por exemplo.

3. O pronome indefinido **outra** se refere ao prédio. O prédio é a outra caixa que contém o elevador, a primeira caixa.

4. Ele se refere aos chuveiros e o seu grande espanto é o fato de a água poder sair quente ou fria.

Um primeiro olhar p. 105

1. a) **Descobrir**, **conhecer**, **consulte**.

   b) A fala indica que por meio da leitura é possível realizar as ações expressas anteriormente; daí ser necessário consultar um bibliotecário.

   c) Resposta pessoal. Sugestões: **viver**; **experimentar**; **participar de**.

2. a) No terceiro quadrinho, com a forma verbal **consulte** (você).

   b) **Descobrir** e **conhecer**.

3. a) O pronome **eu**.

   b) As palavras para exprimir essas ações seriam: **descobri**, **conheci**, **consultei**.

   c) As palavras seriam: **descobrirei**, **conhecerei**, **consultarei**.

No texto p. 148

1. Os verbos são **escrever** e **coçar**. Professor, comente que o verbo **começar** não representa esse aprendizado, mas registra a atuação instintiva do futuro escritor ao exercer as ações anteriores.

2. O provérbio é: "Comer e coçar é só começar". O jornalista quis dizer que, na teoria, o ato de escrever seria apenas uma reação natural, espontânea, assim como o ato quase irrefletido de coçar, uma vez que se tenha necessidade e o ato seja desencadeado.

3. O jornalista, ao fazer uso do verbo **continuar**, procura acentuar a dificuldade que o futuro escritor de textos literários terá de enfrentar ao escrever textos mais longos, como um romance, por exemplo. Além disso, a escolha da forma verbal no infinitivo enfatiza a ideia de prolongamento e multiplicação das ações do autor ao tentar produzir um texto literário — prender o seu leitor até o final da narrativa e conseguir acabar sua obra.

4. Os verbos, em sua forma infinitiva, expressam o processo verbal em si mesmo. A discussão proposta (o título é uma frase interrogativa) é se basta um bom começo para se produzir uma obra literária de qualidade. Nada melhor, portanto, que escolher a forma nominal dos

verbos **começar**, **escrever** e **continuar** para construir sua argumentação: além de um bom começo, a obra tem de ter um bom desenvolvimento e uma boa conclusão.

Um primeiro olhar   p. 149

1. A palavra **duro** e a expressão "a vida inteira".
2. A palavra **agora** se relaciona a *levantar*; **não**, a *terminou*; **não** e **muito**, a *gostei*; e **direto**, a *ir*.
3. Na tira **A**, a palavra **duro** indica o modo como Hagar trabalha e a expressão "a vida inteira" marca o período de tempo em que ele trabalhou. Na tira **B**, a palavra **agora** indica tempo, **não** expressa negação, **muito** indica intensidade e **direto** expressa o modo de Calvin ir para a cama.

No texto   p. 156

1. São: **não** aumente, **depois** você for, **mais** barulhento, **não** durma, incomoda **demais**, **não** hesite, baixados **gratuitamente**, **mais** cuidadosa.
2. Em "podem ser baixados gratuitamente", o advérbio em destaque faz referência ao modo como os usuários de fones de ouvido podem usufruir de ações preventivas para evitar futuros problemas. A expressão adverbial "à sua volta" faz referência e chama a atenção dos usuários de fones de ouvido para possíveis lugares com barulhos de intensidade prejudicial à saúde.

Um primeiro olhar   p. 157

1. a) na academia, da universidade
   b) para dar suporte, a fim de estimular
   c) entre os alunos
   d) de ensino
   e) a pequenos negócios
2. As palavras **na**, **da**, **de**, **para**, **a fim de**, **a**, **entre**.
3. Tais palavras ou locuções são usadas para ligar termos nas orações, estabelecendo algumas relações de sentido.

No texto   p. 167

1. Primeira ocorrência: **modo**; segunda ocorrência: **matéria**.
2. Na expressão "**por** uma vovó", a preposição **por** indica o agente da ação. As propagandas procuram utilizar a imagem de uma vovó preparando comida industrializada para dar credibilidade ao produto. Na expressão "tipo de vovó", cria-se a ideia de uma espécie de vovó que foge aos padrões de bondade e doçura. Essa ideia é reforçada no último quadrinho pela imagem da bruxa que oferece a maçã envenenada à Branca de Neve. Com o contraste entre as vovós, busca-se chocar o leitor: comida industrializada (com corantes, conservantes e agentes de sabor) é comida envenenada.

Um primeiro olhar   p. 168

1. **Acaba** / quando eu **digo** / que **acabou**.
2. As palavras **quando** e **que**.
3. A palavra **quando**.
4. Resposta pessoal. Sugestão: Acaba no momento em que eu digo que acabou.
5. A palavra **pois**, que pode ser substituída por **porque**.

No texto   p. 174

1. A jornalista inclui um dado novo sobre os furacões ("fenômenos tipicamente tropicais") e estabelece uma relação de conclusão em relação aos dados anteriores de que os furacões se formam em "condições especiais" e "em regiões de águas muito quentes e ventos calmos".
2. As passagens são: "Óbvio que o furacão não é uma chuvinha qualquer [...]" e "No Brasil, os cientistas achavam que era impossível ocorrer algum furacão [....]". Na primeira passagem, essa informação refere-se à intensidade e à força de ação dos furacões. Na segunda, acrescenta-se um dado novo e resultante de pesquisa científica (opinião de cientistas) sobre esse fenômeno da natureza.

Um primeiro olhar   p. 175

1. A palavra "AAAAAH!". A princípio, ela parece indicar espanto, decepção.
2. Perdão.
3. Na verdade, a reação de Isaura é um tanto exagerada, o que acaba assustando o garoto. Ao pedir perdão e dizer "me veio uma lágrima aos olhos", a menina quis explicar que sua reação marcava emoção, alegria, e não o que Linus poderia supor.
4. Ele parece meio confuso.

No texto   p. 178

1. Nelas o homem demonstra estar descontente com o fato de não conseguir despertar o interesse do cavalo pela cenoura e, por isso, a carroça não sai do lugar.
2. O homem, ao trocar o cavalo por coelhos, conhecidos por gostarem de cenouras, consegue seu objetivo, que é fazer a carroça andar. Daí seu contentamento expresso pela interjeição **UEBA!**.

3. O humor ocorre justamente pela atitude inesperada do homem ao trocar o cavalo por coelhos, animais que não costumam conduzir uma carroça. O mais comum seria trocar o alimento para estimular o cavalo.

Um primeiro olhar p. 179

1. O título recupera o famoso enunciado "ser ou não ser, eis a questão", pronunciado pelo personagem Hamlet, criado pelo escritor inglês William Shakespeare.

2. A palavra **eis** insere a designação do termo **questão**.

No texto p. 182

1. Na primeira ocorrência, o sentido é de inclusão. Na segunda, é de situação.

2. O personagem reconsidera o fato de que talvez não tivesse sido uma boa ideia a mudança, pois ele já previa que poderia não se adaptar à nova casa e ao novo local de moradia.

3. O personagem não está gostando da nova casa, ele não queria se mudar. Essas palavras reforçam a ideia de que mais uma vez ele encontra justificativa para sua situação desconfortável e acaba aceitando-a em função de sua mulher.

SINTAXE

Um primeiro olhar p. 200

1. Há quatro frases: 1ª) "Descoberta"; 2ª) "Asteroide com anéis"; 3ª) "Chariklo, um asteroide que orbita o Sol entre Saturno e Urano, tornou-se o primeiro objeto com anéis 'não planeta' conhecido no sistema solar."; 4ª) "A descoberta é de um grupo liderado por brasileiros".

2. A primeira frase não apresenta verbo (frase nominal). A segunda é uma frase verbal.

3. A primeira frase verbal é um período composto, pois apresenta mais de um verbo. Já a segunda é constituída por apenas um verbo, sendo um período simples.

No texto p. 206

1. A frase do título representa e reforça as informações sobre a humanização dos animais de estimação por parte de seus donos, ou seja, o costume de tratar os animais como pessoas.

2. a) Os dois-pontos dividem esse período em duas partes. Na primeira é feita uma afirmação; na segunda, justifica-se o que foi dito na primeira.

   b) Frase interrogativa.

Um primeiro olhar p. 207

1. Sim. O título é constituído de um período simples — uma única oração, com quatro palavras apenas e na ordem direta: sujeito antes do predicado. A impressão de atualidade é dada pelo emprego do verbo no presente do indicativo e o efeito de impessoalidade se dá pelo apagamento do sujeito: o fato é enunciado como se falasse por si mesmo. A ausência de artigo passa essa ideia.

2. O medo de que toda essa beleza acabe e a necessidade de se fazer algo para que isso não ocorra. É importante observar as intenções do redator por trás do texto: toda organização visual e linguística — escolha de palavras — é pensada. Logo, a impessoalidade do texto é apenas aparente. O autor está presente em tudo, mas quanto maior a aparência de impessoalidade no texto, maior também sua abrangência.

3. Ameaça, afetam, alerta, corre, zelam.

4. a) O aquecimento global.
   b) As mudanças climáticas.
   c) A WWF.
   d) A floresta no norte do país.
   e) Os funcionários espalhados pelo Japão.

5. As respostas dadas na questão **4** constituem os termos sobre os quais se declara alguma coisa, ou seja, o sujeito dos verbos da questão **3**. Existe, também, uma relação de concordância entre os verbos apontados na questão **3** e os sujeitos.

No texto p. 213

1. "Há dez anos, quis fazer um programa para atender 200 mil crianças e me puxaram o tapete."

2. Não é possível saber quem "puxou o tapete" de Paulo Herkenhoff, pois o sujeito está indeterminado.

3. A informação está publicada em um jornal de circulação nacional que tem um grande grupo de leitores e que afirma prezar pela ética e pela verdade. Dessa forma, citar nomes responsáveis pela reprovação de um projeto que envolve 200 mil estudantes sem provas pode ferir a reputação de pessoas.

4. Ele buscou em primeiro lugar entender o que significaria "puxar o tapete". Descobriu que foi a recusa de verba para o projeto; logo, inferiu que a pessoa responsável pela administração de verbas do museu poderia ser a responsável pela ação e a procurou para que falasse sobre o caso.

5. "Não se trata de criar um corpo burocrático com funcionários donos de seus espacinhos. Isso é um museu onde o pensamento é vivo".
6. No primeiro caso, o verbo foi conjugado na 3ª pessoa do plural. No segundo, o verbo foi conjugado na 3ª pessoa do singular e está acompanhado do pronome **se**.

Um primeiro olhar   p. 214

1. É, precisava.
2. a) Na primeira oração.
   b) Na segunda.
3. a) Eu queria mesmo adjetivos novos.
   b) A preposição **de**.
   c) A frase original apresentaria problemas estruturais, já que o verbo **precisar** exige a preposição.
4. a) Resposta pessoal.
   b) Uma preposição.

No texto   p. 223

1. No início do quarto parágrafo: "Se era forte demais o sol". Predicativo do sujeito: forte — predicado nominal.
2. Expressam ações, acontecimentos — predicado verbal.
3. O cenário da natureza e o do trabalho da moça.
4. Um interferindo no outro, isto é, interagindo. O quarto e quinto parágrafos evidenciam essa interação.

Um primeiro olhar   p. 224

1. O sujeito é o *spam* e ele não pratica a ação expressa pelo verbo.
2. Provavelmente os alunos responderão "a empresa de Bill Gates", "a Microsoft" etc.
3. Sugestão: "Em dois anos, minha empresa resolverá o spam".

No texto   p. 230

1. Atividade microbiana.
2. Sofre a ação do verbo.
3. O verbo encontra-se na voz passiva.
4. Nesses períodos, não é possível identificar quem praticou tais ações, uma vez que o agente da passiva de cada oração na voz passiva analítica foi omitido.
5. O emprego da voz passiva analítica com a omissão do agente produz o efeito de imparcialidade e objetividade, uma vez que transmite ao leitor a impressão de que a ação foi desenvolvida sem a influência de qualquer pessoa (do sujeito).

Um primeiro olhar   p. 231

1. Na primeira oração, o verbo polui não precisa de complemento. Na segunda e terceira orações, pega e precisa precisam de complemento, contudo o primeiro não apresenta preposição e o segundo, sim.
2. "Transporta 350 pessoas por vagão." Complemento verbal: 350 pessoas (objeto direto).
3. Resposta pessoal. Sugestões:
   O transporte coletivo produz menos poluição sonora e visual. – objeto direto.
   Os moradores das grandes cidades não precisam de tanta poluição sonora e visual. – objeto indireto.

No texto   p. 238

1. **Tem**, verbo transitivo direto.
2. Proteção, amparo, promoção, habilitação e garantia.
3. Todas são substantivos abstratos derivados de verbo.
4. Os termos são: à família, à maternidade, à infância, à adolescência, à velhice, classificados sintaticamente como complementos nominais.
5. Leis são sempre válidas, ou seja, não têm um tempo definido. Dessa forma, é preferível optar por palavras que não expressem ideia de tempo, que é o caso dos verbos.

Um primeiro olhar   p. 239

1. a) Passaporte, turismo, planeta.
   b) Liga-se ao substantivo **passaporte** o adjetivo **verde**; ao substantivo **turismo**, o adjetivo **sustentável**; e a **planeta**, o artigo **um** e o adjetivo **vivo**.
2. a) O objeto direto é **consciência**.
   b) A locução adverbial **na bagagem**.
3. a) A palavra **mais**.
   b) Advérbio de intensidade.

No texto   p. 244

1. Os termos em destaque contêm informações relativas ao espaço e ao tempo dos acontecimentos relatados, dados imprescindíveis à investigação policial.
2. Adjuntos adverbiais.
3. O termo **generalizada** é importante à investigação, pois justifica a impossibilidade de identificar cada um dos envolvidos na confusão, inclusive a vítima do furto.
4. Adjunto adnominal.

Um primeiro olhar   p. 245

1. O século 21.
2. A expressão se refere ao objeto direto: um só tema.
3. Sujeito: pensadores de várias áreas; verbo transitivo direto: discutem; objeto direto: um só tema: o século 21. Professor, aproveite para destacar que o aposto possui o mesmo valor sintático do termo a que se refere.

No texto   p. 248

1. O apelo é para que os brancos respeitem os aspectos físicos e culturais dos afrodescendentes.
2. O termo **brancos**.
3. Vocativo.
4. Sim, haveria prejuízo de sentido, isto é, o sentido se alteraria, significando os cabelos brancos de uma pessoa. **Branco** deixaria de ser um vocativo e passaria a ser adjunto adnominal de cabelos.

Um primeiro olhar   p. 249

1. a) Dois: **use** e **salve**.
   b) 1ª oração: "Use o seu poder"; 2ª oração: "e salve o planeta".
   c) O conectivo **e**.
2. Período composto.
3. São orações independentes. Ao serem separadas e ao se eliminar o conectivo, elas passam a equivaler a orações absolutas de períodos simples: Use o seu poder. Salve o planeta.

No texto   p. 257

1. As orações são independentes — uma não depende sintaticamente da outra — e podem ser separadas em dois períodos simples.
2. A conjunção coordenativa (conectivo) **e** liga as orações indicando a soma de ações que devem ser executadas por Garfield.
3. A conjunção coordenativa **mas**, que indica oposição.
4. Atenuaria o sentido de soma de ações e de oposição que são impressos pelas conjunções coordenativas **e** e **mas**. As conjunções reforçam esse sentido.

Um primeiro olhar   p. 258

1. Há três períodos: um simples ("Está sonhando comigo, Zero?") e dois compostos ("Quando sento neste sofá, eu apago totalmente."; "Eu sempre soube que a minha maior concorrente era essa tal de 'soneca'.").

2. a) É a oração: "Quando sento neste sofá".
   b) A conjunção subordinativa **quando**.
   c) Período composto por subordinação. Existe uma relação de dependência entre as orações; a que indica circunstância de tempo subordina-se à oração que apresenta o verbo **apagar**.
3. a) Exerce a função de objeto direto a oração "que a minha maior concorrente era essa tal de 'soneca'."
   b) Período composto por subordinação, uma vez que a função de objeto direto está sendo exercida por uma oração.

No texto   p. 278

1. "[...] diz que acidente fatal no Itaquerão não foi culpa do solo".

   "[...] concluiu que a razão da queda do guindaste não foi o deslizamento do solo".

   "[...] não diz qual foi a causa do acidente fatal".

   "[...] e conclui que o solo não cedeu e não foi o causador do acidente".

   "[...] diz que o solo cedeu de 4 a 5 vezes menos [...]".

   "Kochen disse que vai entregar o laudo para a polícia técnica e para o IPT (Instituto de Pesquisas Tecnológicas) [...]".

   "[...] (disse) que está fazendo um laudo para o Ministério do Trabalho".

   Todas essas informações são iniciadas por um conectivo posposto a um verbo elocutivo (verbo que introduz discurso direto ou indireto).

2. As informações são apresentadas por meio de orações subordinadas substantivas objetivas diretas, pois todas ocupam o lugar de um objeto direto requerido pelo verbo da oração principal. Trata-se do discurso indireto, recurso bastante empregado na linguagem jornalística por atribuir declarações ou informações a seus responsáveis (testemunhas, autoridades, cientistas, políticos, especialistas, instituições etc.): Kochen disse que....

3. Não, pois estruturas mais simples, sem verbos, não poderiam designar informações complexas. Para construções sintáticas mais complexas, em que se estabelecem relações hierárquicas de ideias, emprega-se predominantemente o processo de subordinação.

Um primeiro olhar   p. 279

1. a) "que prometem anonimato"
   b) "de quem posta"

2. "Aplicativos para redes sociais fazem sucesso": oração principal da subordinada adjetiva; "prometem anonimato": oração principal da substantiva completiva nominal.
3. "mas geram debate sobre ética e responsabilidade": oração coordenada sindética adversativa à oração "Aplicativos para redes sociais fazem sucesso".

No texto   p. 283

1. O autor expressa uma crítica negativa sobre a maneira como a causa indígena é hoje abordada nas escolas.
2. O período sublinhado é mais longo, apresentando informações mais complexas e em número maior em relação aos demais períodos, que são mais pontuais.
3. Ele é formado de orações coordenadas e orações subordinadas.
4. A possibilidade de em um mesmo período haver tanto orações coordenadas quanto subordinadas, ou seja, de tratar-se de um período misto.

Um primeiro olhar   p. 284

1. Na oração, o sujeito **unhas** está no plural, concordando com a forma verbal **viram**, também no plural.
2. Pelo contexto, pode-se compreender que o verbo **virar** significa "transformar-se", "tornar-se"; logo, o termo "item descolado" é predicativo do sujeito.
3. Outra opção seria: "Unha vira item descolado". Nesse caso, o verbo poderia ficar no singular, concordando com o predicativo do sujeito. Professor, comente que, isoladamente, a frase é ambígua, já que a forma **viram** poderia ser interpretada como pretérito perfeito do verbo ver. Nesse sentido, o termo "item descolado" seria objeto direto. Nesse caso, o sentido da frase seria absurdo; o contexto esclarece o real significado do verbo.
4. Concordância entre o sujeito e as formas verbais: **viram** e **levam** (plural) concordam com **unhas**; **faz surgir** (singular) concorda com **alta**; **inovam** e **criam** (plural) concordam com **negócios**. Concordância entre nomes: **as** (feminino/plural) concorda com **mãos**; **descolado** (masculino) concorda com **item**; **novos** (masculino/plural) concorda com **negócios**; **especiais** (plural) concorda com atrativos; **a** (feminino/singular) concorda com clientela.

No texto   p. 301

1. O trecho "Não estou sozinha" permite saber que o narrador é alguém que se reconhece como do sexo feminino; o uso do adjetivo **sozinha** permite confirmar a afirmação.
2. Em geral, na língua portuguesa, quando queremos fornecer uma informação e não temos certeza quanto ao gênero dos seres envolvidos, usamos o masculino plural.
3. O uso do pronome **dela** no feminino indica que Pari é uma pessoa do sexo feminino; já o uso do artigo **o** antes de **jovem** sinaliza que baba é alguém do sexo masculino.
4. É a partir das marcas do feminino e do masculino e do singular e plural que se podem recuperar, em um texto, os referentes e identificar informações sobre as personagens e o narrador. A flexão verbal permite atribuir ações a determinados sujeitos.

Um primeiro olhar   p. 302

1. a) "Em dinheiro" e "de muito dinheiro", respectivamente.
   b) As preposições **em** e **de** não poderiam ser invertidas, pois as construções "pensam de dinheiro" e "precisaria em muito dinheiro" não são possíveis na língua portuguesa.
2. a) Transitivos indiretos.
   b) São transitivos indiretos porque pedem sempre uma preposição.
3. a) Complemento nominal.
   b) O termo regente é o substantivo **necessidade**.
   c) Preposição **de**.

No texto   p. 314

1. Ele critica as autoridades do Poder Público pela irresponsabilidade na nomeação de profissionais que atendem ao público. Começa pela Saúde, referindo-se à escassez de médicos e à incapacidade do médico existente, e chega à Segurança, pois, ironicamente, o personagem é nomeado delegado.
2. O verbo **vir** (em "vir a ser alguma coisa") foi usado no sentido de **tornar-se**. Trata-se, portanto, de um verbo transitivo direto preposicionado, sendo acompanhado por uma preposição, que não é exigida pelo verbo. O verbo **cair**, no texto, está no sentido de **lançar-se**, sendo, portanto, transitivo indireto, acompanhado pela preposição **em**.
3. O verbo **chegar** é intransitivo em "chegou mesmo ao fim"; indica direção; logo, é regido

pela preposição a. Nesse caso, **ao fim** funciona como adjunto adverbial. Já em "chegou a delegado", **chegar** é um verbo transitivo direto preposicionado, porque está no sentido de **tornar-se**, sendo também regido por preposição. Nesse contexto, **a delegado** é objeto direto.

Um primeiro olhar   p. 315

1. a) Sujeito elíptico ou desinencial: tu; predicado: **me belisca**; verbo transitivo direto: **belisca**; objeto direto: **me**.
   b) Não.

2. "Belisca-me", com o sujeito elíptico ou desinencial na 2ª pessoa (tu), ou "belisque-me", com sujeito desinencial na 3ª pessoa (você).

3. Por ser essa a colocação mais comum na fala cotidiana dos brasileiros. Como se trata de uma publicação de entretenimento, essa linguagem informal fica mais próxima do leitor.

No texto   p. 321

1. **Autorretrato falado** significa que o autor pretende criar a sua imagem com palavras, isto é, dizer como ele vê a si mesmo, usando o código linguístico. Para formular esse tipo de texto, a pessoa gramatical usada é a 1ª pessoa do singular.

2. "Aprecio viver em lugares decadentes..."; "[...] ao publicá-los me sinto meio desonrado e fujo [...]"; "Me procurei a vida inteira e não me achei — pelo que fui salvo"; "[...] eu sou tão ocaso!"; "[...] só faço coisas inúteis." "No meu morrer tem uma dor de árvore."

3. Nos versos "Me criei no Pantanal [...]", "Me procurei a vida inteira [...]", de acordo com a norma-padrão, o pronome **me** deveria estar depois do verbo, uma vez que não é adequado iniciar frase com pronome oblíquo átono. No caso de "Os bois me recriam", também deveria ser empregada a ênclise porque a próclise não se justifica. O trecho "[...] e não me achei [...]" está de acordo com o padrão porque o advérbio **não** atrai o pronome para antes do verbo.

4. Que no português brasileiro a tendência hoje é empregar a próclise não só em situações informais como também em situações formais e que a língua é um organismo dinâmico, que se modifica.

Um primeiro olhar   p. 322

1. a) Sujeitos: **as pernas** e **os olhos**. Predicados: **doem** e **brilham**.

   b) Os sujeitos, nesses casos, são compostos de artigos (**as**, **os**) e substantivos (**pernas**, **olhos**); e os predicados, de verbos (**doem**, **brilham**).

2. a) Há quatro substantivos: *trekking* (núcleo do sujeito); **vale** (núcleo do adjunto adverbial de lugar "no Vale do Pati"); **Pati** (núcleo do adjunto adnominal "do Pati"); **disposição** (núcleo do objeto direto "muita disposição").

   b) Verbo **exige**; núcleo do predicado verbal.

3. O substantivo e o verbo, pois são os núcleos dos termos principais da oração, sujeito e predicado. Professor, ressalte que o substantivo poderá ser núcleo de qualquer termo da oração e o verbo, com exceção dos verbos de ligação, será núcleo do predicado verbal.

No texto   p. 343

1. a) A pessoa chama-se Léo. Palavras usadas para designá-la: ele, homem, Léo.

   b) Não. **Léo** e **homem** são substantivos, **ele** é pronome. Professor, comente que o pronome substitui o nome para evitar sua repetição.

   c) **Desidratado** e **cansativo**, respectivamente. São adjetivos.

2. O texto apresenta a dinâmica da rotina de trabalho de Léo, por isso emprega verbos para produzir o efeito de movimento do cotidiano dele.

FONOLOGIA

Um primeiro olhar   p. 362

1. A mãe entende que o filho quer "carinho", "cuidado", "atenção", já que ela sabe que Cebolinha costuma trocar o som da letra r pelo som da letra l.

2. Cebolinha refere-se a um brinquedo, um "carrinho de bombeiro". Tal confusão ocorre porque a letra **r** pode apresentar sons diferentes e, na palavra calinho, há duas possibilidades decorrentes da troca que Cebolinha costuma fazer: **carrinho** e **carinho**.

3. **Carrinho** tem oito letras (c, a, r, r, i, n, h, o) e seis sons (/k//a//R//i//n//o/). **Carinho** tem sete letras (c, a, r, i, n, h, o) e seis sons (/k//a//r//i//n//o/).

4. A diferença estabelecida por um único som é responsável pela distinção de significados entre elas.

5. a) gracinha – sete sons (/g//r//a//c//i//n//a/); beijinho – sete sons (/b//e//i//j//i//n//o/); esquina – seis sons (/e//s//k//i//n//a/).

b) gracinha – oito letras (g, r, a c, i, n, h, a); beijinho – oito letras (b, e, i, j, i, n, h, o); esquina – sete letras (e, s, q, u, i, n, a).

No texto p. 373

1. As palavras são **pichação** e **pixação** (nome do movimento). A mudança de letra não resultou em mudança de fonema, pois, nesse caso, **x** e **ch** representam o mesmo som, ou seja, o mesmo fonema.
2. Transgressão é um dos lemas da prática da pichação. Dessa forma, os integrantes do grupo transgridem as regras de ortografia ao intitularem o próprio movimento de **Pixação** (com **x** e não ch).

Um primeiro olhar p. 374

1. Quando, andar, venta e acampar.
2. Resposta pessoal. Sugestões: aquele, chave, assunto, molho.
3. Pra, trenó, soltar.
4. Azucrinar.
5. Sim, conforme a separação: quan-do; coi-sa, ma-mãe.
6. Resposta pessoal. Sugestões: saúde, rainha, moinho, joelho, baú, país, juiz, sabiá, soar, Paraíba etc.

No texto p. 377

1. O narrador chama de *povo burro* as pessoas que pronunciam as palavras diferentemente do previsto pela norma culta da língua. Essa é uma forma de discriminação das pessoas pela linguagem.
2. a) A substituição da letra **l** pela letra **r** nos encontros consonantais. Nas demais línguas, o **l** mantém-se nos encontros consonantais.
   b) Não. A troca da letra **l** pela letra **r** mostra que esse fenômeno linguístico é uma tendência histórica da língua portuguesa.

Um primeiro olhar p. 378

1. No plural, o som do primeiro **o** (**o**vos) passa a ter timbre aberto.
2. Timbre aberto: até; quero; timbre fechado: eles, deixam, eu.
3. Tira **A**: Um, muito, mais, em, conta, muquirana, mas, econômico. Tira **B**: tomar; banho, não, mas, deixam, quem, Armandinho.
4. Tira **A**: Vai, ser, divertido, fazer, Páscoa, mais, você, mas, sou. Tira **B**: deixam, eles, mas, frio, preguiça.

No texto p. 383

1. Não. Para cada uma dessas letras há apenas uma possibilidade de fonema: p /p/, g /g/, f /f/, v /v/ e b /b/.
2. Os fonemas /g/ e /k/ sao velares, /f/ e /v/ sao labiodentais, /b/ e /p/ são bilabiais.
3. Os fonemas /g/, /b/, /v/ são sonoros, ou seja, sao produzidos com a vibração das cordas vocais. Os fonemas /k/, /f/ e /p/ são surdos, ou seja, são produzidos sem a vibração das cordas vocais.
4. Os fonemas trocados pelos falantes têm o mesmo ponto de articulação, portanto a diferença de sonoridade entre eles é muito sutil, tem a ver apenas com a vibração ou não das cordas vocais. Dessa forma, esses erros ocorrem quando o ouvinte não percebe a diferença entre cada fonema e, assim, a diferença de registro de cada um deles.

Um primeiro olhar p. 384

1. a) Fogos.
   b) No plural, a primeira vogal **o** passa a ter timbre aberto (ó).
   c) Ovos, caroços, corpos, tijolos etc.
2. Essa palavra e oxítona; portanto, a sílaba tônica é **til**.
3. A palavra **nobel** é oxítona, assim como **sutil**, e a sílaba tônica é **bel**. As outras palavras são paroxítonas terminadas em **l**.

No texto p. 387

1. A redução das palavras é uma recorrência no texto. Exemplos: mando (mandou), derruba (derrubar).
2. Da palavra **mas**: conjunção coordenativa adversativa.
3. Esse emprego foi proposital para imprimir um estilo à canção e também para reproduzir a fala dos personagens, dando mais autenticidade ao texto.
4. Em quase toda a letra de canção, as regras de concordância nominal e verbal são empregadas adequadamente.
5. Esse emprego foi proposital para imprimir um estilo à canção e reproduzir com autenticidade a fala dos personagens.

SEMÂNTICA

Um primeiro olhar p. 394

1. **Cesta**: e fechado; **sesta**: e aberto; **sexta**: e fechado.

2. **Cesta** = recipiente; **sesta** = tempo de descanso após o almoço; **sexta** = dia da semana (sexta-feira).
3. Todas são diferentes na escrita e no significado. No som, **cestas** e **sextas** são iguais e **sestas** é parecida com as duas.
4. Resposta pessoal. Sugestões:
   a) banco (assento) / banco (instituição financeira); cedo (verbo ceder) / cedo (advérbio de tempo); grama (medida de peso) / grama (relva); mangueira (tubo de borracha) / mangueira (árvore); nós (pronome pessoal) / nós (plural de nó).
   b) acordo /ô/ (pacto, decisão) / acordo /ó/ (verbo acordar); olho /ô/ (órgão da visão) / olho /ó/ (verbo olhar); seca /ê/ (ausência de chuvas) / seca /é/ (verbo secar).
   c) sesta, em relação à cesta e sexta; comprimento (extensão) / cumprimento (ato de cumprir; saudação); descrição (ato ou efeito de descrever) / discrição (qualidade de discreto); fuzil (arma de fogo) / fusível (peça de instalação elétrica).

No texto p. 399

1. Tapas.
2. A palavra **tapas** produz humor pelo duplo sentido que adquire no contexto. No primeiro quadrinho, a expressão "a tapas" designa algo positivo. Significa que todos os eleitores querem votar no deputado. Já no segundo, a palavra passa a designar algo negativo, uma violência contra o eleitor.
3. No primeiro quadrinho, a imagem mostra um deputado discursando feliz sobre sua mudança de partido — todos o querem. No segundo, a imagem mostra um eleitor com a palma de uma mão estampada no rosto, imprimindo assim o sentido denotativo (pancada no rosto) à palavra.
4. A charge critica a troca de partidos pelos deputados e os seus discursos, que dissimulam os interesses particulares deles e negligenciam os interesses dos eleitores.

Um primeiro olhar p. 400

1. Primeiro quadrinho: **que**, **na**, **de**; segundo quadrinho: **que**, **sobre**, **e**; terceiro quadrinho: **pra**, **que**, **com**.
2. a) À mãe de Hugo.
   b) Ao vexame de Hugo veiculado pelo noticiário.
   c) Ao próprio Hugo.
   d) A quem fala; nesse caso, Hugo.
   e) Podemos pressupor que a palavra aqui se refere à casa da mãe de Hugo.
   f) A Hugo.
3. O significado de um texto se constitui pelas relações que as palavras e frases estabelecem entre si. Assim, esses recursos são mecanismos responsáveis pela textualidade, ou seja, pela construção da coesão e coerência do texto.

No texto p. 406

1. "Dois mortos andavam pelo elevado de 120 t", trecho inserido no olho da notícia. A incoerência ocorre porque não existe a possibilidade de pessoas mortas andarem por uma passarela.
2. Das quatro vítimas, duas morreram quando estavam caminhando pelo elevado de 120 t.
3. A rapidez com a qual um fato deve ser relatado e publicado pelos jornalistas com certeza contribuiu para que a notícia fosse publicada com tal incoerência.

ESTILÍSTICA

Um primeiro olhar p. 416

1. a) Carros e ônibus.
   b) Sugere imobilidade.
   c) Animais: caracóis e sardinhas.
2. O autor sugere que os motoristas dos carros são como caracóis: são lentos, andam devagar, rastejantes. As sardinhas representam os passageiros dos ônibus, recuperando a expressão popular "feito sardinha em lata", que significa espremido em algum lugar, extremamente apertado.
3. a) A charge refere-se ao problema da mobilidade nas grandes cidades, com foco nos congestionamentos, por conta do excesso de veículos e do transporte público insuficiente.
   b) Não. Não haveria o estranhamento provocado pela presença dos animais nos veículos e também não se daria a transferência das características desses animais para os seres humanos: a lentidão dos caracóis e o "aperto" vivido pelas sardinhas. Lembrar também que o caracol carrega sua própria casa, assim como os motoristas solitários vivem dentro de seus carros. Professor, comente que esse efeito é obtido por meio da riqueza da linguagem figurada, que proporciona ao falante exteriorizar ideias e sentimentos de forma criativa.

No texto p. 428

1. O amor representa luz, calor, chama, vida, morte, dor, ardência, queimadura, perigo, alegria, destruição, aconchego. Importante observar que envolve tanto aspectos positivos quanto negativos: a contradição que percorre todo o poema.

2. Ao mesmo tempo em que se está em meio a muitas pessoas, sente-se sozinho sem a presença da pessoa amada.

3. Para o eu lírico, como o amor envolve sensações muito diferentes, é um sentimento contraditório em si mesmo, não sendo, portanto, algo tranquilo, pacífico. Pelo contrário, é revolto, tempestuoso, angustiante. O soneto termina com um questionamento; é como se o eu lírico estendesse para o leitor a lógica de sua conclusão.

4. **Zeugma**. O termo **Amor** é o sujeito de todos os versos das três estrofes, aparecendo explicitamente apenas no primeiro verso. Nos dez versos seguintes, repete-se a mesma estrutura sintática com a omissão do sujeito. **Repetição**. Os versos são iniciados pelo verbo ser no presente do indicativo.

5. A repetição intensifica a ideia que o eu lírico pretende defender de que o amor é um sentimento contraditório.

6. Trata-se de um amor atemporal e universal, sem limitação de tempo e de espaço.

7. Mas como seu favor pode causar amizade nos corações humanos se o Amor mesmo é tão contrário a si? Na ordem direta, os versos não teriam o mesmo impacto e a construção não seria poética, pois haveria problema com as rimas e a palavra **Amor** não seria a última, fechando o poema.

Um primeiro olhar p. 429

1. Há rima entre a terminação da palavra d**ois** e da palavra dep**ois**.

2. Resposta pessoal. Sugestões: "Essa eu sei: é dezoito, p**ois**!"; "É dezoito, e o que vem dep**ois**?".

3. No último quadrinho, Maluquinho está utilizando uma calculadora, o que sugere que o garoto está querendo ganhar tempo para obter a resposta correta.

No texto p. 438

1. A metáfora é chama, fogo.

2. De/ tu /do ao/ meu/ a/mor/ se/rei/ a/ten/to/ A
An/tes,/ e/ com/ tal/ ze/lo, e/ sem/pre, e/ tan/to/ B
Que/ mes/mo em/ fa/ce/ do/ mai/or/ en/can/to/ B
De/le/ se en/can/te/ mais/ meu/ pen/sa/men/to/ A

Versos de dez sílabas. Rimas interpoladas ou opostas.

3. É formado de duas estrofes de quatro versos — quartetos — e duas de três versos — tercetos. Todos os versos têm o mesmo número de sílabas: são decassílabos. As rimas obedecem a um esquema, no caso: ABBA / ABBA / CDE / DEC.

APÊNDICE

Um primeiro olhar p. 450

1. A palavra **que**, nesse contexto, é uma conjunção subordinativa adverbial consecutiva.

2. Resposta pessoal. Sugestões: conjunção integrante (Espero que você volte logo.); pronome relativo (O trabalho que você fez ficou excelente.); interjeição (Quê! Você não pode fazer isso!); substantivo (Esse poema tem um quê de tristeza.) etc.

3. Pronome indefinido.

No texto p. 455

1. A palavra **se**.

2. Conjunção subordinativa adverbial condicional.

3. A conjunção **se** possibilitou o encadeamento significativo – exposição de várias condições para se chegar à conclusão — e a métrica, o ritmo do poema – versos de doze sílabas ou alexandrinos.

4. Não. Se ele tivesse empregado outra conjunção subordinativa condicional, o significado se manteria, mas se perderia o ritmo, a construção poética.

Um primeiro olhar p. 456

1. A palavra é **exceção**.

2. ex-ce-ção

3. Essas múltiplas grafias sugerem o desconhecimento por parte dos usuários da ortografia da língua, ou seja, o caos se refere às dificuldades apresentadas pelas pessoas diante da grafia de algumas palavras. Assim, a solução para esse caos é conhecer as regras ortográficas, as grafias mais complexas, enfim, desvendar "as 10 armadilhas de grafia que mais atormentam os brasileiros", conforme se expõe na capa.

No texto p. 473

1. **História**, **histórico** e **historicamente**.

2. São acentuadas.

3. **História**: proparoxítona aparente. **Histórico**: proparoxítona real.
4. O substantivo **concentração** é grafado com c porque é derivado do verbo **concentrar**.
5. Gol.

Um primeiro olhar   p. 474

1. Um ponto de interrogação e um ponto de exclamação.
2. O ponto de interrogação indica que o personagem está se perguntando algo. Já o ponto de exclamação sugere surpresa, espanto do personagem diante de algo.
3. Com a esperteza do cachorro, que lhe rouba o sorvete enquanto ele olha para cima.
4. Resposta pessoal. Sugestões: 2º quadrinho: "O que você está olhando?"; 4º quadrinho: "Ele comeu meu sorvete!"; "Você me enganou!".

No texto   p. 481

1. Se o homem soubesse o valor que tem a mulher, rastejaria aos seus pés.
2. Se o homem soubesse o valor que tem, a mulher rastejaria aos seus pés.
3. Neste caso, a **mulher** é sujeito da forma verbal **rastejaria**, e jamais se usa vírgula entre o sujeito e seu respectivo verbo.
4. Provavelmente sim, pois ressalta a importância da vírgula na produção do sentido e deixa claro que textos aparentemente iguais têm significados opostos de acordo com o lugar da vírgula.

Gabarito – Exames e concursos

MORFOLOGIA   p. 183

1. E	10. A	19. E
2. E	11. D	20. A
3. C	12. C	21. A
4. E	13. C	22. B
5. C	14. D	23. C
6. A	15. B	24. E
7. D	16. C	25. B
8. A	17. D	26. A
9. B	18. A	27. C

SINTAXE   p. 344

1. C	8. C	15. C
2. D	9. C	16. A
3. E	10. A	17. E
4. D	11. E	18. B
5. E	12. E	19. C
6. A	13. C	20. C
7. D	14. D	21. E

FONOLOGIA   p. 388

1. C	6. B
2. A	7. A
3. C	8. E
4. C	9. B
5. D	10. C

SEMÂNTICA   p. 407

1. C	6. A
2. D	7. D
3. E	8. E
4. A	9. A
5. B	10. D

ESTILÍSTICA   p. 439

1. D	7. A
2. C	8. C
3. E	9. D
4. D	10. E
5. C	11. C
6. E	12. C

APÊNDICE   p. 482

1. A	10. E
2. C	11. C
3. B	12. C
4. E	13. E
5. A	14. D
6. B	15. E
7. C	16. B
8. B	17. A
9. E	

BIBLIOGRAFIA

ALI, M. Said. **Gramática histórica da língua portuguesa**. São Paulo: Melhoramentos, 1975.

ANTUNES, Irandé. **Lutar com as palavras**: coesão e coerência. São Paulo: Parábola, 2005.

BAGNO, Marcos. **Dramática da língua portuguesa**. São Paulo: Loyola, 2000.

BAGNO, Marcos. **Gramática pedagógica do português brasileiro**. São Paulo: Parábola, 2011.

BECHARA, Evanildo. **Moderna gramática portuguesa**. Rio de Janeiro: Nova Fronteira, 2009.

CÂMARA JR., J. Mattoso. **Estrutura da língua portuguesa**. Petrópolis: Vozes, 1986.

CASTILHO, Ataliba T. de. **Gramática do português brasileiro**. São Paulo: Contexto, 2010.

CUNHA, Celso, CINTRA, Lindley. **Nova gramática do português contemporâneo**. Rio de Janeiro: Lexikon, 2008.

FÁVERO, L. L., KOCH, I. V. **Coesão e coerência textuais**. São Paulo: Ática, 1991.

FÁVERO, L. L., KOCH, I. V. **Linguística textual:** introdução. São Paulo: Cortez, 1988.

FERNANDES, Francisco. **Dicionário de verbos e regimes**. Porto Alegre: Globo, 1967.

GARCIA, Othon M. **Comunicação em prosa moderna**. Rio de Janeiro: Fundação Getúlio Vargas, 1978.

HOUAISS, Antônio. **Dicionário da língua portuguesa**. Rio de Janeiro: Objetiva, 2001.

ILARI, Rodolfo. **Introdução à semântica**: brincando com a gramática. São Paulo, Contexto, 2004.

KOCH, I. V. **A coesão textual**. São Paulo: Contexto, 1989.

KOCH, I. V., TRAVAGLIA, L. C. **Texto e coerência**. São Paulo: Cortez, 1989.

LAPA, M. Rodrigues. **Estilística da língua portuguesa**. Rio de Janeiro: Acadêmica, 1973.

LIMA, Rocha. **Gramática normativa da língua portuguesa**. Rio de Janeiro: José Olympio, 1983.

LOPES, Edward. **Fundamentos da linguística contemporânea**. São Paulo: Cultrix, 1972.

NEVES, Maria Helena de Moura. **Gramática de usos do português**. São Paulo: Unesp, 2000.

NEVES, Maria Helena de Moura. **Gramática na escola**. São Paulo: Contexto, 2003.

PERINI, Mário A. **Gramática descritiva do português**. São Paulo: Ática, 1999.

ROJO, Roxane (Org). **A prática da linguagem na sala de aula**: praticando os PCNs. São Paulo: Educ; Campinas: Mercado de Letras, 2000.

TRAVAGLIA, Luiz Carlos. **Gramática e interação**: uma proposta para o ensino de gramática. São Paulo: Cortez, 2005.

TRAVAGLIA, Luiz Carlos. **Gramática**: ensino plural. São Paulo: Cortez, 2003.

VOCABULÁRIO ortográfico da língua portuguesa. São Paulo: Global, 2009.